현대소설사와 근대성의 아포리아

저자 강진호(姜珍浩, Kang, Jin-ho)는 문학박사 · 문학평론가이며 성신여대 교수로 있다. 『한국문학평론』, 『문화예술』, 『작가연구』 편집위원을 역임하였다. 저서로 『한국근대문학 작가연구』, 『탈분단 시대의 문학논리』, 『한국문학의 현장을 찾아서』, 『한설야』 등이 있으며, 편저로 『한국 문단이면사』, 『김정한』, 『문학작품 바로읽기』, 『증언으로서의 문학사』, 『국어교과서와 국가 이데올로기』 등이 있다.

현대소설사와 근대성의 아포리아

초판 발행 2004년 5월 20일 **수정증보판 1쇄 발행** 2009년 3월 5일
지은이 강진호 **펴낸이** 박성모 **펴낸곳** 소명출판 **출판등록** 제13-522호
주소 서울시 서초구 서초동 1621-18 란빌딩 1층
전화 02-585-7840 **팩스** 02-585-7848 **전자우편** somyong@korea.com

값 22,000원

ISBN 978-89-5626-371-7 93810

수정증보

현대소설사와 근대성의 아포리아

The history of modern novel and the aporia of modenity

강진호

소명출판

다시 책을 내면서

초판을 낸 지 벌써 5년여의 시간이 흘렀다. 증보의 형식으로 다시 책을 내게 된 시점에 이르고 보니, 여러 가지 감정이 교차한다. 5년 전 이 책을 낼 당시에 미진한 내용이 많았기에 다시 고치고 보완할 기회를 갖게 된 것은 기쁜 일이다. 그러나 보완의 과정을 거치면서 난감함에 사로잡혀야 했다. 과감히 첨삭하고 보태야 할 부분들이 너무도 많이 눈에 띄었기 때문이다. 이미 낡은 시각이 되어버린 항목도 보였다. 그래서 다듬고 고치는 시간이 결코 유쾌하거나 수월하지만은 않았다.

한편으로 문학이 처한 현실은 한층 나의 가슴을 무겁게 압박하며 다가왔다. 오랜 관록의 문예 월간지들이 언제부턴가 서점의 가판대에서 사라지고 있고, 계간지들도 정부의 지원금으로 가냘픈 명줄을 이어가는 상황, 가까운 대형서점에 가보면 문학의 현주소를 상징하듯이 모퉁이로 밀려난 문학 코너를 쉽게 목도할 수 있다. 더불어 연구자들의 상황도 활기와 흥을 잃기는 마찬가지다. 이런 현실에서 두꺼운 책을 다시 만들어 낸다는 것이 무슨 의미를 가질지 자못 두렵기까지 하다.

처음 책을 낼 당시에 이제 주변에는 근대성(modernity)의 광포한 격랑만이 요동치고 있다는 생각을 했다. 반세기를 지나 두꺼운 벽으로 굳어진 분단 현실, 산업화의 격랑 속에서 갈수록 심화되는 경제적 불평등, 사회 곳곳에 산재해 있는 전근대적인 질곡 등은 현대문학 연구자가 결코 외면할 수 없는 시대적 현안이며, 전후 현대문학의 역사란 이 시대적 질곡에 맞선 문학적 고투의 역정이라고 해도 틀린 말은 아닐 것이다. 지금도 그런 생각에는 변함이 없다. 오히려, 최근의 현실은 그런 부정성이 한층 극대화된 형국으로 느껴진다. 세계적인 불황과 보수화의 격랑은 이전까지 누렸던 자유와 평등의 공간마저 뒤흔들어 허물고 있다. 주체의 독선적 행보만이 폭군처럼 거리를 활보하는 형국. 이 책에서 문제 삼은 '주체'와 '타자'의 문제는 그런 점에서 여전히 중요한 것으로 판단되었다. 시대가 어려울수록 주체는 더욱 각박해진다. 배타적이고 독선적인 주체는 타자를 고려하지 못한다.

원고를 다시 살피고 보완하면서 여러 가지 생각을 하였다. 현실이 고통스러울수록 행복과 화해에 대한 열망은 더욱 강해질 수밖에 없다. 그 열망과 꿈이 존재하는 곳에서 살아 숨쉬는 식물처럼 문학은 발아한다. 문학은 현실문제에 직접적인 '해답'을 주는 것은 아니지만, 우리는 문학을 통해 현실 너머의 다른 세계를 꿈꿀 수 있으며 인간의 삶과 꿈을 다양한 방식으로 모색할 수 있다. 문학의 존재 근거는 인간의 삶과 꿈 그 자체에 놓여 있고 어쩌면 그것이 문학의 생명력이 아닐까 한다. 원고를 다시 읽으면서 나는 다시 한번 가슴 속에서 겨울잠에 빠진 생명체의 체온 같은 그 느낌을 확인할 수 있었던 것 같다.

책의 1부와 2부는 이전과 동일하며, 3부에서 다소 조정을 보았다. 첫 글이었던 「반공주의의 소설·사회학적 기능」을 빼고, 대신 「아비 부재 시대의 아비 찾기」와 「분단문학의 전개와 전망」을 추가하였다. 물론 전체적으로 미흡했던 부분을 조금씩 보완했고 또 잘못 서술된 내용을 바로잡기도 하였다. 「반공주의의 소설·사회학적 기능」은 후일 다른 책으로 묶을 생각이다.

이 책을 다시 낼 수 있도록 도움을 준 여러 분들께 감사한다. 초롱초

롱한 눈망울을 통해 암울한 세상에 생기를 부여해주는 학생들과 동학들께 고마움을 전하고 싶다. 아울러 증보판 출간을 즐겁게 받아준 박성모 사장님과 실무 일정을 총괄한 공홍 편집장께 감사드린다.

2009년 2월, 필자

한나 아렌트(Hanna Arendt)의 비통한 고백을 빌리자면, 우리는 이성과 진보를 얘기한다는 것이 위선이 되어버린 시대를 살고 있다. 이런 시대에서 문학하는 사람으로서 존재한다는 것이 어떤 의미를 갖는지 자문하게 된다. 어떤 의미를 규정하기 이전에 무력감 또는 위기감 그리고 참혹함과 매순간 마주해야 하는 실존의 몫을 헤쳐가야 하는 게 문학하는 사람의 업이 아닌가 한다.

근래 들어 문학 연구의 환경은 예전에 비해 많이 악화되었다. 대학원에 진학하는 학생들의 숫자가 급격히 줄어든 것은 이미 오래 전의 일이고 연구자들 역시 다른 사람의 논문을 읽거나 참조하지 않는다. 연구자들은 학문의 성과를 공유하기보다는 자신의 세계 속에 칩거하여 제도와 관성의 힘에 의존해서 연명하는 상황에 이르렀다는 느낌이다. 시야를 좁혀서 이른바 '민족문학'으로 눈을 돌리자면 그 참혹한 경지는 말할 수 없을 정도다. 민족문학을 말하는 논자를 찾기도 힘들거니와 설혹 있다 하더라도 그로부터 이전의 열정과 활기를 발견할 수 없다. 더구나, '민족'과 '민족 담론'이 폭넓게 회의되고 한편으론 세계화와 국제주의가 일상의 세목들을 지배하는 현실에서 민족문학이라는 용어는 그 자체가 형용모순이 아닌가 하는 의구심마저 자아내는 지경에 이르렀다. 이제 주변에는 근대성(modernity)의 광포한 격랑만이 요동치고 있다.

본 연구서는 전후 1950년대에서 최근까지의 소설을 대상으로 한다는 점에서 근대성의 문제가 한층 전면적으로 노정된 시기를 고찰 대상으로 한다. 분단 반세기를 지나 새로운 세기의 벽두를 통과하고 있는 지금, 전후문학의 형성과 이후의 변화 양상을 통해서 현대문학사가 포지(抱持)한 문학과 현실연관성의 문제를 고찰해 보고자 한 것이다. 반세기를 지나 이제 두꺼운 벽으로 굳어진 분단 현실에 대한 천착이나 산업화의 격랑 속에서 갈수록 심화되는 경제적 불평등의 문제, 아직도 사회 곳곳에 산재해 있는 전근대적인 질곡의 문제 등은 현대문학 연구자가 결코 외면할 수 없는 시대적 현안이자 아포리아(aporia)다. 전후 현대문학의 역사란 이 시대적 질곡에 맞선 문학적 고투의 역정으로 이해될 수 있고, 본 『현대소설사와 근대성의 아포리아』는 그런 문제의식을 미력하게나마 감당해보고자 하였다. 이 과정에서 특히 주목한 것은 '주체'와 '타자'를 중심으로 한 '근대성(modernity)'의 문제였다.

최근 들어 우리 사회가 급격한 혼란상을 보여주는 원인의 하나는 근대적 이성(理性)이 재래의 권위주의와 결합되면서 독선적인 '주체'를 만들었고 그 권위적 주체가 사회 전반을 지배하게 된 데 있다. 전쟁과 뒤이은 서구적 근대화, 군부독재 억압과 그에 맞선 변혁운동의 격랑 속에서 우리 사회는 점차 민주화되고 근대적 체제를 갖추었으나, 그것은 역으로 효율과 합리성을 중시하는 도구적 이성의 구현과정이었다는 점에서 한편으론 독단적 이념과 배제의 논리가 고착되는 과정이기도 하였다. 그런데, 문제는 이러한 주체가 이제는 더 이상 절대적인 믿음과 수용의 대상이 되지 못한다는 데 있다. 데카르트의 명제는 주체를 보편적 가치, 보편적 삶, 보편적 이성이라는 소중한 덕목으로 규정하고 그것을 절대화한 것이지만, 이러한 주체관은 동구 사회주의권의 몰락에서 분명해졌듯이, 이미 그 한계를 드러낸 것이라고 할 수 있다. 기계론적 세계관과 진화론, 생산적 · 계산적 이성의 지배라는 근대 사회의 핵심적 특성들은 사회주의의 몰락과 더불어 일거에 흔들렸고, 그에 바탕을 둔 근대적 '주체' 역시 스스로를 전면적으로 반성하지 않을 수 없게 된 것이다. 미래를 제대로 예측하지 못했다는 것은 현실을 바르게 인식하지 못했다는 말이고, 그것은 주체의 시각으로는 미처 파악하지 못한 또 다른 측면이 현실에 내재되어 있다는 뜻이다. 말하자면 근대적 주체란 자신의 입장을 절대화함으로써 그와는 다른 입장과 가치에 의해 조율되는 타자를 아예 배제하는 독선의 논리를 내포하고 있고, 따라서 그것은 비판적 사유와 자기 성찰의 전제가 되는 상호 주관성의 문제를 도외시한 것이었다. 주체가 갖는 비판적 사유와 자기 성찰의 능력은 타자의 가치를 인정하고 받아들이는 상호 주관성의 차원에서만 함양되고 실천된다. 그런데, 기존의 주체는 스스로를 보편적 가치나 이성으로 규정하는 독선적이고 고립적인 주체였을 뿐만 아니라 주체에 내재하는 이질적인 국면들을 간과한 것이기도 했다. 지금의 시점에서 주체를 생각한다는 것은 곧, 주체의 이 타자적 측면들을 인식하고 그것을 통해서 기존 주체의 이성적 능력과 힘을 강화하는 일이 될 것이다.

이런 문제의식을 바탕으로 이 책은 크게 세 항목의 주제들을 감당하고자 했다. '1부 전후 현실과 소설의 존재방식'에서는 전후소설의 존재방식을 문제 삼았다. 전쟁과 그 상처는 아직도 우리를 괴롭히는 원죄와도 같으며 그 원죄와도 같은 삶의 과정을 기록한 게 전후문학이고, 그런 관계로 그것은 오늘의 문학과는 사뭇 다른 방식으로 존재한다. 공산주의자들에 대한 적대감이 직정적이고 고양된 감정의 형태로 드러나며, 한편으론 당대를 지배한 반공주의에 침윤되어 대상의 실상을 확인하지도 않고 바로 부정하고 매도하는 극단의 편향성을 보여주기도 한다. 선우휘 · 정비석 · 박경리 · 손창섭 소설의 독특함은 이런 사실과 관계되고, 이범선과 하근찬 역시 예외가 아니었다. 이들에 대한 고찰을 통해서 전후소설의 독특한 존재방식을 확인할 수 있었다. '2부 근대화를 보는 주체와 타자의 시선'에서는 산업화(혹은 근대화)를 문제 삼은 일련의 작품들을 고찰하였다. 이호철 · 김정한 · 황석영, 1980년대 노동소설 등을 고찰하면서 주목한 것은 근대화의 부정성과 그에 대한 이들 작가의 비판인 바, 특히 황석영을 통해서는 타자의 시선을 도입해서 주체의 일방성을 반성하는 한층 성숙한 태도를 확인할 수 있었다. 「소설교육과 타자의 지평」은 그런 문제의식을 문학교육에 적용해 본 글이다. '3부 분단현실과 소설사의 지평'에서는 아직도 천형의 무게로 작용하는 분단과 관련된 소설사의 제 특성들을 살폈다. 이른바 분단소설이 왕성하게 창작되어 문단의 주류로 떠오른 1970년대 분단소설을 고찰하였고, 이 과정에서 반공주의가 작가들에게 어떠한 압력을 가했고, 작품에 현상(現像)했는가를 박완서를 중심으로 살펴보았다. 또 7차 교과과정의 『국어』 교과서를 분단문학이라는 차원에서 고찰하여 문학교육과 교사의 역할을 고민해보았다.

이 책에 수록된 논문들은 1993년도에서 최근까지 발표한 것들로 구성되어 있다. 그런 관계로 생각의 일관성이나 논지의 방향에서 다소 어긋나거나 중첩되는 대목이 발견되고 또 문체 역시 논문마다 다소 상이한 모습을 보여주기도 한다. 30대 초반의 삶과 40대 중반을 넘어선 필자의 나이테라고나 할까.

이 책을 낼 수 있도록 지혜와 용기를 준 여러 분들께 감사한다. 자기 몫의 삶을 각자 감당하면서도 늘 따스한 시선을 보내는 가속들, 선배 및 동료 교수들, 그리고 학문적 반려가 되어준 여러 벗들에게 고마움을 드린다. 아울러 출판인이자 연구자로서의 소명감으로 많은 동학들의 벗이 되고 있는 박성모 사장님에게도 감사를 드린다.

모쪼록, 이 책이 문학과 더불어 이 척박한 시대를 건너고 있는 분들에게 누가 되지 않기를 바라며, 아울러 나의 학문적 여정에서 비판과 성찰의 소중한 계기가 될 수 있기를 소망한다.

2004년 5월

신록의 봄날에, 필자

차례

2부_근대 사회를 보는 주체와 타자의 시선

'아비 부재' 시대의 아비 찾기
한승원과 윤흥길의 경우

분단문학의 전개와 전망

1부

전후 현실과 소설의 존재방식

전후 현실과 행동주의 문학

선우휘론

1. 전후소설의 존재 방식

전후 대표작가의 한 사람으로 거론되는 선우휘(鮮于煇)는 1950~60년대 소설을 논하는 자리에서 꼭 살펴야 할 작가이다. 스스로 밝히고 있듯이, 1950년대 문학에 나타난 '관념적이고 병적인 태도'에 반기를 들고 문학을 시작했다는 점이나, 작품에서 인간의 행동적 의지나 앙가쥬망적 경향이 두드러진다는 점에서 선우휘는 1950년대를 대표하는 손창섭이나 장용학의 개아(個我)의 분열된 자의식이나 현실 도피적 모습과는 다른 특성을 보여준다. 선우휘는 6·25의 참상이나 전후의 혼란상, 이념의 갈등 등 사회 문제를 집요하게 추적하고, 그 속에 내재된 따스한 인간애를 포착하여 제시하였다. 이런 점에서 선우휘 소설은 1950년대 소설사에서 예외적이고 동시에 병적이거나 자기 분열적이지 않다는 점에서 상대적으로 건강하고 독특하다.

선우휘에 대한 연구들은 작가의 건강성에 주목한 것이 대부분인데, 기왕의 논의들은 크게 세 부류로 나누어 볼 수 있다. 먼저, 인물의 능동적 행동성에 주목한 경우이다. 초기작에 중점을 두고 이루어진 이런 평가는 인물의 행위가 시대적인 문제를 계기로 발단되며 그것이 강한 현실 참여적 성격을 드러낸다는 것으로, 이광훈의 「불꽃」에 대한 행동주의적(行動主義的) 분석이나 김상일의 '역사와 인생의 체험에 밀착된 현실을 참된 실감과 인간적 겸허함으로써 묘사하고 있다'는 평이 그 예가 된다. 둘째는 앞의 평가와 동일한 발상에 기반을 둔 것으로, 전쟁 중에 피어난 휴머니티에 대한 적극적인 옹호가 작품의 중심이 된다는 견해이다. 「불꽃」을 휴머니티의 적극적인 옹호로 본 윤병노의 견해나, '선우휘 작품의 태반이 휴머니틱한 것으로 일관되었다'고 보는 백철의 견해, '인간의 생명적인 앙양'이 소설의 중심축이라는 이재선의 견해 등이 그 예이다. 이런 평가들은 모두 선우휘의 긍정성에 주목한 것으로 그간 선우휘론의 주류를 이루어 왔다. 그렇지만 이와는 달리 선우휘의 역사의식은 소박한 수준을 벗어나지 못한다는 최근의 평에서 선우휘의 또 다른 일면을 보게 되는데 예컨대, 선우휘는 사회 현실에 별관심이 없는 단지 '개인주의자'일 뿐이라는 평이 그것이다. 즉 '남의 일에 흥미도 없거니와 남의 한계를 침범할 생각은 없다'는 폐쇄적 수동주의자로 선우휘를 규정하고 그것이 때로는 허무주의로, 때로는 현실 도피적 순응주의로 드러난다고 보는 염무웅의 견해가 이를 대표하며, 이런 견해는 선우휘 소설을 '역사와 현실에 대한 세심한 관찰과 비판이 결여되었다'고 보는 김윤식 · 김현의 견해[1]로 이어진다.

---

1) 선우휘에 대한 평으로는 다음 글들을 참고하였다. 이광훈, 「선우휘론」(『문학춘추』, 1965.2); 김상일, 「선우휘론」(『신한국문학전집』 24, 어문각, 1974); 윤병노, 『한국 근대소설의 탐구』(범우사, 1980); 백철, 「한국문단 10년」(『사상계』, 1960.2); 이재선, 「인간주의의 불꽃」(『선우휘전집』, 조선일보사, 1987); 염무웅, 「선우휘의 문학」(『창작과비평』, 1967년 겨울); 김현 · 김윤식, 『한국문학사』(민음사, 1973); 황헌식, 「선우휘론」(『현대문학』, 1972.6);

이 일련의 평가에서, 우리는 선우휘 소설에는 강한 행동성이 두드러진다는 점, 그리고 이면에는 휴머니즘이 놓여 있다는 점, 그렇지만 그것은 역사에 대한 섬세한 통찰을 전제한 것이 아니라는 사실을 알 수 있다. 이 글은 이런 평가에 대체로 공감하면서 선우휘 소설을 규정하는 본질적 계기의 하나로 작가의 원체험(原體驗)에 주목하기로 한다. 예컨대 행동성과 휴머니즘의 옹호, 역사의식의 결여라는 상반된 평가는 근본적으로 작가적 체험의 과잉이 부른 필연적 결과라는 점에서 체험과 결부된 소설의 제특질을 살피는 것이 곧 기존 평가에 대한 검증이자 아울러 선우휘 소설의 원형질에 다가서는 과정이라 생각되기 때문이다.

문학이 작가의 체험과 상상력을 날줄과 씨줄로 하여 재구(再構)된 것이라면, 그것은 자연 그대로의 것이 아니라 일정한 원리 하에 선별되고 가공된 것으로 실제적 체험과는 일정한 거리를 갖게 마련이다. 예컨대 우리의 일상 체험이 단편적이고 감각적인 것이라면, 작품 속의 그것은 상상력에 의해 변형된 총체적이고 추상적인 것이다. 그렇기 때문에 작품은 우리가 발 딛고 있는 '지금-여기'를 이야기하면서도 동시에 그와는 다른 가공의 세계를 지시한다. 문학이 우리에게 의미 있는 것이라면 그것은 이런 속성으로 하여 우리가 현실을 반성하고 또 다른 삶을 꿈꾸도록 도와주기 때문이다. 그렇지만 이 글이 문제 삼는 전후소설에는 그것이 특이한 양태로 드러나는데, 그것은 무엇보다 대부분의 소설이 감정 과잉의 상태를 벗어나지 못한 데 원인이 있다. 고은이 적절하게 표현했듯이 "전쟁터에서 쓰러진 청춘, 전쟁터에서 부상당한 청춘, 수정할 수 없게 이지러진 청춘이 하나의 비극적 연대기를 만든 시기"가 곧 1950년대였고, 그런 까닭에 당대인들은 그러한 현실을 감당할 언어를

배경렬, 「선우휘 소설 연구」(서울대 석사논문, 1992); 이동하, 「선우휘의 '불꽃' 연구」(『우리문학의 논리』, 정음사, 1988); 김현, 「테러리즘의 문학」(『사회와 윤리』, 일지사, 1974); 이화진, 「1950년대 선우휘 문학에 나타난 현실대응 양상」(『한국 전후문학 연구』, 성대 출판부, 1993).

가질 수 없었다. 그런 점에서 그들은 막대한 그러나 공허한 소재 앞에서 과거도 현실도 망각한 채 "6·25적 테러, 6·25적 제스처"[2]로 일관했고 순화되지 못한 감정을 거침없이 토로할 수밖에 없었다. 강만길은 6·25 이후 통일될 시점까지를 분단 시대로 규정하며 분단 극복을 민족사 최대의 과제로 내세운 바 있으나,[3] 불행히도 전후소설에서 그런 의식이 발견되지 않는 것은 그런 데 원인이 있다. 타오르는 적개심과 죽어 가는 동지의 절규, 포화에 시달리는 동포의 참상 등 여과되지 않은 감정만이 연대기처럼 나열될 뿐, 왜 서로가 서로를 죽이는지 그리고 그것을 가능케 하는 이데올로기의 실체가 무엇인지를 냉정하게 묻지 않았던 것이다. 요컨대 문학을 구성하는 두 축 중에 하나인 작가의 원체험만이 앙상하게 드러났던 것이 이 시기 소설의 실체라 해도 과언이 아니다.

선우휘 역시 이 점에서 예외가 아니었던 까닭에 그에 대한 기존의 평가가 나름의 타당성을 확보하고 있음에도 불구하고 중요한 사실의 하나를 간과하고 있는 것을 알 수 있다. 예컨대 선우휘의 '행동성'은 전후의 감정 과잉에서 나온 즉자적인 것이라는 점, 그렇기에 거기에는 역사의 방향성이라든지 분단 의식이 개입되지 않은 단지 반공주의에 불과하다는 점, 따라서 휴머니즘 역시 엄밀한 의미의 그것이라기보다는 인정주의(人情主義)에 지나지 않는다는 점이다. 이런 사실을 간과한 채 이루어진 기존의 평가는 이 글에서 당연히 재고되며, 오히려 선우휘의 미덕은 다른 데서 찾아진다. 예컨대 전쟁의 참상을 실감나게 그려냄으로써 당시 현실의 한 측면을 예리하게 보여준다는 점은 충분히 인정될 만한 것인 바, 특히 「불꽃」에서 확인되듯 전후 반공주의가 단순한 부정(否定)의 논리가 아니라 우리 민족의 뿌리 깊은 피해 의식과 보호 본능이 결합된 것이라는 점, 그리고 「오리와 계급장」에서 그려진 것처럼 이념

2) 고은, 『1950년대』, 청하, 1989, 17면.
3) 강만길, 『한국현대사』, 창작과비평사, 1984.

이란 한갓 공허한 것이고, 그것은 노력 여하에 따라 충분히 치유 가능하다는 인식은 주목할 필요가 있으며, 바로 여기에 선우휘 소설의 성과가 놓여 있다.

이 글은 이런 맥락에서 선우휘의 대표작이자 이 시기 소설을 대표하는 「불꽃」, 「테로리스트」, 「오리와 계급장」을 중심으로 작가의 원체험과 그것의 문학적 굴절 양상을 살펴보기로 한다.

2. 작가의 원체험과 그 굴절 양상

선우휘 소설은 1960년대 중반 이후 일정한 변화를 보이지만, 그 이전 1950년대를 일관되게 관통하는 것은 그가 살아오면서 품게 된 원체험과도 같은 전쟁과 인간의 문제이다. 그는 평북 정주(定州)에서 평범한 소지주의 아들로 태어나 경성사범학교를 졸업하고, 해방되던 해에 『조선일보』 사회부 기자로 입사하였다. 이후 그는 인천중학교에서 교편을 잡다가 육군 소위로 입대(1948) 정훈장교로 복무한 뒤 1958년 대령으로 예편한다. 그 후 『한국일보』와 『조선일보』에서 논설위원으로 활동하면서 작고할 때까지 꾸준히 작품을 내놓았다. 이런 소략한 이력에서 알 수 있듯, 그의 젊은 날은 거의 전부가 역사의 격변기에 걸쳐 있다. 말하자면 자신과 타자를 구별하는 자의식과 세계관이 정상적인 역사발전 과정이 아닌 폭력과 좌절로 점철된 시기에 형성되며, 이 과정에서 역사의 광기와 공산당에 대한 강렬한 적개심을 키우게 된다. 예컨대 평화로운 삶을 가로막는 주된 요인은 전쟁이며, 그 근본에는 '청부업자'에 지나지 않는 '공산당'이 도사리고 있다고 확신한다. 그리하여 『불꽃』에서 단호한 결의로 드러나듯이, 그들을 근절하지 않고는 결코 정상적인 삶을 향유할 수 없다는 인식을 하기에 이르는 것이다.

그런데 문제는 '청부업자'나 다름없는 공산당원들이 실상은 자신의 옛친구이자 동포라는 데 있다. 선우휘의 갈등은 여기서 비롯되거니와, 그들의 '광기'는 마땅히 부정해야 하지만, 그것은 단지 이데올로기에 긴박(緊迫)된 '환상'일 뿐 사람 자체가 악한 것은 아니라는 점이다. 실상 이 시기 소설은 이런 갈등을 그린 것이라 해도 과언이 아닌데, 공산당에 대한 단호한 거부감을 내보이다가도 때로는 따스한 연민의 정을 드러내는 모순된 형국을 취하는 것은 그런 연유이다. 가족과 재산을 모두 잃고 월남한 '달호'가 공산당에 대한 복수심을 불태우다가, 자신을 박해한 옛 친구이자 당원인 '용칠이'의 죽음을 전해 듣고 그에게 인간적인 연민을 느낀다든지(「똥개」), 어느 중년의 머리를 깎아 주던 '이발사'가 그 사내가 자신의 원수라는 사실을 발견하고 순간적인 살의(殺意)를 느끼지만 초라한 행색에서 돌연히 불쌍한 감정을 갖는다든지(「거울」) 하는 것이 그 예가 된다.

그렇지만 그는 동포를 연민의 시선으로 바라보기만 한 것이 아니라 점차 그들을 객관화하는 변화를 보이는데, 여기에는 그의 사회적 지위가 중요하게 작용한 것으로 보인다. 선위휘는 전쟁과 격변의 현장에서도 교사·군인·기자 등의 상대적으로 안정된 지위를 누렸고, 그로 인해 실향민으로서의 좌절과 고통을 겪지 않은 채 사회의 중심에 진입할 수 있었다. 이런 특수한 처지로 말미암아 그는 점차 전쟁과 사회를 객관화하게 되며, 특히 군복을 벗은 후 갖게 된 '기자'라는 직업과 신분은 이런 경향을 더욱 강화시켜 현실에 대한 비판적 거리를 가능케 한다. 그리하여 그의 소설은 1950년대 후반으로 갈수록 점차 현실에 대한 거리감을 확보하고 객관적 경향을 보여주는 것이다.

따라서 그의 소설은 공산당에 대한 단호한 적개심을 보이다가도 한편으로는 비판적 거리를 유지하는 상반된 양태를 취하며 자연스럽게 두 부류로 나누어진다. 하나는 전쟁을 야기한 공산당에 대한 강한 적개심과 근절 의지를 보인 것이고, 다른 하나는 전쟁으로 파괴된 인간과 사회 현실에 대한 연민과 사실적 묘사에 주력한 것이다. 전자에는 「불꽃」·「화재」·「승패」 등이 있으며, 후자에는 「테로리스트」·「오리와 계급장」·「견제」 등이 있다. 전자에서 우리는 전쟁과 공산당에 맞서는 작가의 강한 행동성을 읽을 수 있고, 후자에서는 전후의 참담한 현실과 왜곡된 인간 군상을 접할 수 있다. 그를 '행동주의 작가'로 규정하고 앙드레 말로와 비교한 것[4]은 전자의 단호한 행동성에 주목한 것이며, 리얼리스트로 평가한 것은 후자에서 보이는 예리한 관찰에 평가의 근거를 둔 것이다. 이런 두 부류의 작품을 통해서 우리는 전쟁이 한국 사회에 미친 영향과 그것을 극복하기 위한 집요한 노력을 만날 수 있고, 아울러 전후소설의 한 경향을 접하게 된다.

1) 전쟁의 광기와 반공의 논리화

작가의 체험을 기본 골격으로 한 이 부류 작품에는 전쟁 체험 세대의 반공(反共)의식이 구체적인 실체를 갖추면서 형상화되는데, 그 서곡이 되는 것이 곧 데뷔작 「귀신」이다. 흔히 데뷔작은 작가의 순수한 지향과 의식 상태를 보여준다고 말하거니와, 「귀신」 역시 그런 점에서 주목할 수 있다. 전쟁 직후인 1955년에 발표된 이 작품에서 작가는 '귀신'의 시점을 빌어서, 인간 세계의 가장 큰 불행은 "맑고 순수한 것"이 파괴된 사실이라고 말한다.

천상에서 인간 세계를 주재하는 귀신이 깊은 잠 속에 빠져 있다가 어느 날 우연히 "한반도의 한 가운데서 들려오는 소녀의 깊은 한숨 소리"를 듣는다. 소녀는 지금 지척의 거리에 사랑하는 사람을 두고 있지만,

4) 황헌식과 배경렬의 앞의 글 참조.

불행하게도 그 애인이 국방군 장교인 까닭에 만날 수 없는 처지에 놓여 있다. 게다가 소녀의 아버지는 그녀를 당 간부와 강제로 결혼시키려고 한다. 그렇지만 사랑에 빠진 소녀는 아버지의 강요와 월경(越境)의 위험을 무릅쓰고 결연히 젊은 장교를 찾아 나선다. 여기서 귀신은 심각한 갈등에 빠지는데, 이제 그녀는 한 걸음만 발을 잘못 디뎌도 보초에게 발각되어 사살될 위기에 처한다. 인간 세계에 절대 관여할 수 없다는 귀신 세계의 불문율과 이데올로기를 초월한 이들의 지순한 사랑을 실현시켜야 한다는 정의감 사이에서 갈등하다가 귀신은, 동료들로부터 갖은 질타와 비판을 당하고 심지어 귀신 세계에서 추방될 각오까지 하면서, 마침내 소녀를 도와 무사히 휴전선을 넘게 한다.

이런 알레고리(allegory)적 발상을 빌어서 선우휘가 말하고자 하는 바는 "순수한 것이 불행해진다는 것을 도저히 참을 수 없습니다. 맑고 아름다운 것이 천대를 받는 그러한 것만은 도저히 좌시할 수가 없습니다" 하는 메시지이다. 사실 선우휘 소설은 이런 메시지의 전달 과정이라 해도 과언이 아닌데, 주목할 점은 그러한 목적을 실현하기 위해서는 자신의 존재마저 부정하는 단호한 결단을 보인다는 데 있다. 선우휘 소설이 강한 행동주의적 특성과 계몽적 성격을 갖는 것은 이런 사실과 관계된다. 요컨대 선우휘의 근본 지향 중의 하나는 순수하고 아름다운 그 무엇에 대한 동경이라는 점, 그리고 그것을 가로막는 제반 상황에 대한 단호한 투쟁을 보인다는 사실은 기억할 대목이다.

'동인문학상'을 수상하고 무명의 선우휘를 일약 주목받는 소설가로 끌어올린 『불꽃』은 이런 작가적 지향이 보다 극명하게 논리화된 작품이다. 자전적 성격을 강하게 드러낸 『불꽃』에는 3·1운동에서 6·25까지 한민족의 이지러진 반세기가 배경으로 처리되어 단순한 가족사가 아닌 민족사의 축도를 염두에 둔 것임을 알 수 있다. 작품의 물리적 시간은 하룻밤이지만, 내용은 3대에 걸친 방대한 양을 포괄한 것이나, 3·1운동 당시 부친이 총탄을 맞고 쓰러진 동굴에서 유복자 고현이 6·25의 포성을 배경으로 새로운 결의를 다지는 장면 등은 이러한 작가의 의도를 드러내기 위한 구체적 장치로 이해할 수 있다.

작품에는 두 개의 인간형이 등장하는데, 하나는 봉건적인 수탈 속에서 국가나 민족에 대한 신뢰감을 잃고 오로지 개인의 안위만을 절대시하는 할아버지와 다른 하나는 기독교의 세례를 받고 사회 활동에 적극 참여하는 아버지이다. 할아버지는 역사 속에서 형성된 "남을 괴롭히지도 않고 괴로움도 받지 않겠다"는 소극적 개인주의자로 제시되며, 아버지는 "국가와 민족"을 중시하는 공동체적 성향의 소유자로 그려진다. 그리고 그 가운데 유복자 '고현'의 성격이 놓여 있다. 그런데 불행하게도 아버지가 3·1운동에 희생된 까닭에 고현은 그의 감화를 직접적으로 받지는 못했고 대신 어머니와 학교 선생님을 통해서 아버지의 성격을 전해 듣고 간접적으로 내면화한다.

고현의 성격 형성 과정에는 주목할 만한 몇 개의 삽화가 제시되는데 우선, 유년기의 체험을 들 수 있다. 고현은 어느 날 할아버지의 '혹'을 조롱하는 아이들과 맹렬히 싸워 피투성이가 된 적이 있다. 할아버지의 명예를 위해서 싸웠기 때문에 "현은 의젓이 할아버지에게 사연을 얘기하고 은근히 공명과 찬사"를 기다린다. 그러나 할아버지의 입에서 떨어진 것은 뜻밖에도 호된 질책이었다. "야 이 녀석아 웬 말썽이냐, 제발, 네 애비처럼—." 불필요한 행동으로 스스로의 불행을 자초하지 말라는 조부의 질타, 이 사건을 계기로 현의 가슴에는 "예기치 않았던 불안"이 밀려든다. 말하자면, 누구에게도 말썽을 부리지 않고 자족적으로 살아가는, 고현을 지배하게 된 가치 기준의 하나가 형성되는 것이다.

> ① 현의 성격을 잘 알고 있는 담임선생도 너무나 무관심한 그 태도에 놀랐다.
> 『이만 하면 저는 족합니다. 무리를 할 생각은 없습니다. 저는 집에 돌아가 어머니 모시고 편히 살아갔으면 합니다.』
> 『그러면 인생에 대한 아무런 목적도? 청년다운 아무런 야망도?』

『네, 남을 괴롭히지 않고 그저 저는 저대로 살아간다는 것, 저는 그것뿐입니다.』

현은 돌아가는 차안에서 눈앞을 스치는 낯익은 시골 풍경을 내다보며 생각에 잠겼다.

―그저 나대로 살아가겠다는 것은 할아버지 같은 그런 생각일까. 아니 할아버지와는 다르다고 생각되지만 설혹 같은 것이라면 그것이 또 어떻다는 것이냐. 인생의 목적? 야망? 포부?―

모두 그에게는 걷잡을 수 없이 희미한 술어에 지나지 않았다.[5)]

이런 가치관으로 인해 그는 학병으로 끌려갔다가 결국 탈주하여 고향으로 돌아오고, 또 교사를 하면서도 지극히 소심하고 방관적인 태도로 일관한다. 이 과정에서 학병 체험은 그의 가치관을 더욱 위축시켜 완고한 개인주의자로 변모시킨다. '아시아의 해방'이라는 허구적 구호로 스스로를 중독시켜 엄청난 살상을 자행한 일제의 '남을 괴롭히는 선민의식과 값싼 영웅주의'에 환멸감을 느낀 현은 학병을 탈출하지만, 우연히 인계된 연안의 '팔로군'(1937~1945년에 일본군과 싸운 중국 공산당의 주력부대의 하나)에게서 또 한번 그런 집단주의적 광기를 목격한다. 그들을 지배하는 것은 민족 해방의 신념이 아니라, "어느 때고 그들이 활기를 칠 수 있는 세계가 오고야 말리라는 확신"이었다. 이 광기가 결국 해방 후로 이어져 조선생 부친과 같은 무고한 사람을 인민재판으로 내몰고, 할아버지의 처절한 죽음을 불러온 것으로 현은 이해한다. 이런 사실을 목격하면서 현은 공산당을 '청탁자 없는 청부업자'로 인식하며 고정관념으로 굳히게 된다.

이렇듯 현은 일제의 만행이나 팔로군의 독립 투쟁 그리고 해방 후 공산당 활동 등을 전혀 차등 없는 것으로 이해한다. 그의 인식 범주에는 숭고한 '개인' 대 광기어린 '집단'만이 존재할 뿐, '역사'의 문제는 배제

---

5) 선우휘, 「불꽃」, 『불꽃』(단편집), 을유문화사, 1959, 49면. 본문의 인용은 특별한 언급이 없는 한 이 책에 의존한다.

되어 있다. 팔로군이 왜 '확신'을 식량삼아 항일전의 최전선에 뛰어들었는지, 그들의 복수심이 과연 '까닭모를 복수심'이었는지? 선우휘의 논리체계에서 이런 문제는 피안에나 존재할 뿐, '남에게서 괴로움을 받기 싫은 것처럼 나도 남을 괴롭히지 않는다는 신조'를 완고하게 지키면 그만인 셈이다. 염무웅이 선우휘를 '소극적 개인주의자'로 규정했던 연유는 이런 데 있다.

한편 독실한 기독교 신자이자 아버지의 분신과도 같은 어머니는 이와는 상반된 견해를 갖고 있다. 이는 아버지를 평가하는 시선에서 확인되는데, 모친은 아버지를 "남을 위하는 마음이 두터웠고 바른 일을 위해서는 무엇이고 두려워하시질 않"은 분으로 설명한다. 요컨대 아버지는 정의로운 인물이며 어린 현이 본받아야 할 대상이다. 어머니의 생활방식 역시 이런 아버지에게 뒤지지 않은 인내심과 희생정신을 보여준다. 그녀는 주변의 도움 없이 자식을 뒷바라지하며 결코 주어진 문제를 외면하지 않는다. 그런 모습에서 감동을 받은 현은 막연하게나마 아버지를 존경하고 어머니와 함께 '훌륭한 인물'로 내면화하는 것이다. 현을 규정하는 가치의 이중성은 여기서 비롯된다고 하겠는데, 곧 하나는 앞에서 지적한 '소극적 개인주의자'의 모습이고, 다른 하나는 아버지를 연상케 하는 다음과 같은 지사적 모습이다.

> ② 분명한 한 가지는 외면하거나 도피하지는 않을 것이다. 외면하지 않고 어떻든 정면으로 대하자. 도피할 수 없도록 절박된 이 처지, 정면으로 대하도록 기어이 상황은 바싹 내 앞으로 다가온 것이다.
>
> 이미 꽃밭의 시대는 끝난 것이다.
>
> 살아서 먼저 청부업자들을 거부하자. 떠들어대어야 인생은 더욱 무의미할 뿐이라는 것을 뼈저리도록 알으켜 주자. 꺼리고 비웃는데 그치지 말고 정면으로 알몸을 던져 거부하자.[6]

6) 선우휘, 「불꽃」, 84면.

이렇게 상반된 두 개의 가치 기준이 그에게는 공존하거니와, 할아버지의 영향 밑에서는 ①과 같은 소극적 개인주의자로 드러나다가 할아버지의 죽음과 더불어 ②의 세계로 변화된다. 이를테면, 내재되어 있던 가치의 하나가 연호의 이데올로기적 광기와 살인 행위에 의해 밖으로 표출되는 형국이다. 그리하여 그때까지 자기 생활을 지배하던 할아버지의 세계에서 탈피하여 아버지의 세계로 들어서는 것이다. 이런 의미에서 그의 변화는 이동하의 주장[7]대로 돌발적이라기보다는 오히려 내면화된 가치가 외적 계기에 의해 촉발된 형국이라고 할 수 있다.

그런데 현의 성격은 아버지의 그것과는 사뭇 다른데 가령, 아버지의 행위가 '민족이 독립되어야 한다'는 역사적 가치에 의해 규율된 것이라면, 현의 행위는 이데올로그에 대한 적대감이 중요한 원인으로 작용한다. 말하자면 자신의 체험만이 유일한 가치 판단의 기준이며, 객관적 사실이나 역사성의 문제는 배제되고, 단지 ②에서 드러나듯 '꽃밭의 시대'로 표현된 모호한 목표만이 행동을 부추기는 식이다. 이런 체험의 절대화로 인해서 그는 '팔로군'의 역사적 성격을 간취하지 못하고 그것을 일제의 만행과 동일시하거나 '청부업자'와 '서민'을 양분하는 도식적 사고를 드러내는 것이다. 그렇지만 이동하의 지적대로, 연호를 위시한 공산주의자 전부를 간단하게 '청부업자'로 규정할 수는 없으며, 그들에 대비되는 일반 서민을 가치 판단의 유일한 기준으로 수용할 수도 없다. 선우휘 소설이 소박한 인정주의와 강한 이념 편향성을 드러내는 근본 이유는 이런 주관적인 체험의 절대화에 있다.

이런 이유로 그의 소설은 행동성과 휴머니즘적 특성을 보임에도 불구하고 강한 친체제적 성향을 드러내는 것이다. 흔히 전쟁을 제재로 한 소설은 전쟁의 무모함이나 잔혹한 의미를 고발·표현함으로써 전쟁의 비인간성과 반윤리성에 대한 비판적 성격을 띠고 동시에 보편적인 휴

7) 이동하, 「선우휘의 '불꽃' 연구」, 『우리문학의 논리』, 정음사, 1988, 132~154면.

머니즘을 기조로 하는 경우가 많다. 선우휘 역시 여기에서 크게 벗어난 것은 아니지만, 그의 휴머니즘은 특정 집단을 부정하는 양가적 사고의 산물이라는 점에서 상대적으로 협소하고 또 강한 반공주의적 성격을 갖는다. 주지하듯이, 반공주의는 부정의 논리이자 양가치적 사고의 산물[8]로, 이승만 정권에 의해 전후 혼란된 민심을 수습하고 자유 민주주의를 수호하는 이데올로기로 널리 유포된 바 있다. 이 정권은 이런 이념을 무기로 정권 초기 국민적 신임을 얻을 수 있었고 강력한 전제정치를 행할 수 있었으나, 그것의 도식성과 폐해는 엄청난 것이어서 같은 민족을 적대시하고 이질화하는, 그리고 비판자를 탄압하는 빌미로 이용되기도 했었다. 선우휘의 주관주의와 강한 배타성은 이런 부정의 논리와 너무나 쉽게 결합되었고, 그래서 그의 휴머니즘은 진정한 의미의 그것이라기보다는 반공주의에 침윤된 인정주의에 머물게 되는 것이다. 예컨대 어떠한 상황이 인간다운 삶을 가로막는지, 그것을 제거하기 위한 구체적 행동은 무엇인지에 대한 질문이 생략된 채 동포에 대한 막연한 연민만이 두드러지며, '청부업자'와 '착한 이웃들'이라는 흑백논리적 도식 하나로 현실을 재단하는 소박한 도덕주의에 머무는 것이다. 따라서 선우휘를 휴머니즘의 맥락에서 고평한 기존의 논의는 부정되며, 『불꽃』은 단지 작가적 체험 과잉이 부른 반공 이념의 논리화에 다름 아닌 것으로 평가할 수 있을 것이다.

『불꽃』의 미덕은 오히려 전후의 반공주의가 단순히 공산당에 대한 적대감만을 뜻하는 것이 아니라, 할아버지의 성격이 현에게 고스란히 이어진 데서 확인되듯이, 우리 민족의 오랜 피해의식과 결합된 것이라는 점, 그리하여 그 폐해가 더욱 증폭되었다는 사실을 포착한 데 있을 것이다. 이를테면, 구한말 이래 나라로부터 착취와 고통만을 받아 왔던 할아버지가 자기 이외에는 누구도 믿지 않는 완고한 개인주의자로 성

8) 리영희, 『전환시대의 논리』, 창비사, 1974, 32면.

격화되고, 그러한 피해의식이 전쟁이라는 파천황의 폭력 앞에서 다시 한번 엄청난 피해의식으로 내면화되어 급기야 반공주의로 전환되는 역사적 추이를 이 작품은 날카롭게 포착하고 있다. 반공주의는 극도의 피해의식이 자기 보호본능과 결합되어 파괴적으로 증폭된 정신병리 현상이었던 것. 이를 통해서 우리는 전후 반공주의의 실상을 이해할 수 있고 또 그것이 오늘날까지도 가공할 위력을 발휘하게 된 원인을 짐작하게 된다. 이런 의미에서 『불꽃』은 전후 현실의 한 단면을 솔직하게 보여주는 작품이자 동시에 체험의 절대화로 인한 역사의식의 부재를 드러낸 단적인 사례로 이해할 수 있을 것이다.

2) 전후 현실과 왜곡된 인간상

「테로리스트」·「오리와 계급장」·「견제」 등 이 부류 작품에는 전자의 이념 편향성이 약화되고 대신 전후의 현실이 사실적으로 포착된다. 경향(京鄕) 각지에서 공산당과 맞서 싸우면서 자신의 존재 이유를 확인했던 인물들이 공산당이 없어진 지금에 와서 '주먹의 대상'을 찾지 못해 방황하는 모습이라든지(「테로리스트」), 순박한 농민마저 넉넉한 인정과 공동체 의식을 상실하고 자신의 이익만을 추구하는 모습(「오리와 계급장」), 야비한 충동과 따스한 인간애 사이에서 갈등하는 자아의 분열상(「견제」) 등은 모두 전후 현실에 대한 핍진한 기록들이다. 또 사회의 혼돈과 무질서를 치부의 수단으로 악용하는 「화재」의 아버지나, 전쟁의 후유증으로 아내와 자식을 잃게 된 「ONE WAY」의 인물 역시 예외가 아니다. 이렇듯 전쟁과 인간성의 황폐화에 주목한 것이 이 부류인 바, 이는 선우휘를 '인간적'이라고 평가하게 된 근거이기도 하거니와, 여기서 특히 주목되는 작품은 「테로리스트」와 「오리와 계급장」이다.

「테로리스트」는 공산당 본부를 습격하고 월남한 후 경향 각지에서 공산당과 싸워 온 '걸', '길주', '학구'가 종전 후 겪게 된 정신적 방황을 소재로 한 작품이다.[9] 이들은 한 때 공산당에 대한 증오심을 "주먹"(테러리즘)으로 해소하며 존재의 이유를 확인했던 인물이지만, 전쟁이 끝나고 시대가 바뀐 현재 더 이상 "상황이 불가피하게 요구했던 필요악의 에너지"(즉 물리력)를 주체하지 못해 방황한다. "주먹만 내두르면 모든 것이 잘 될 것이라고 믿었던 어리석은 꿈이 깨어지고" 지금 그러한 타성에서 벗어나려고 "꿈틀거리는" 중이다. 발 빠른 친구들은 벌써 생활인이 되어 남대문 시장에서 노점을 벌이기도 하고 또 경찰이 되어 위세를 과시하기도 하지만, '걸'은 미처 전쟁의 망령에서 벗어나지 못한 상태다. 이런 '걸'에게 이해되지 않는 두 개의 사건이 목격되는데, 하나는 '빨갱이'가 분명 사라졌음에도 불구하고 그들로 인해 야기된 '지울 수 없는 정신적 상처', 이를테면 레드 콤플렉스(red complex)에 시달리는 군중

9) 이 작품은 서북청년회, 대동청년단 등 해방 후 우후죽순처럼 생겨 활동한 이른바 우익단체 소속의 청년을 소재로 한 작품이다. 당시 대표적인 우익단체는 서북청년회였다. 서북청년회는 대한혁신청년회 · 함북청년회 · 북선청년회 · 황해도회청년부 · 양호단 · 평안청년회 등이 1946년 11월 30일 서울 YMCA에서 창단한 단체로, 선우기성이 중앙집행위원장이었다. 강령으로 ① 조국의 완전 자주독립 쟁취, ② 균등사회의 건설, ③ 세계평화에 공헌 등을 내세웠으며, 주요 활동은 좌익세력에 대한 우익세력의 선봉역할로, 1947년 3 · 1절 기념식을 각각 가진 좌우익의 시가행진 중 남대문에서 충돌한 남대문충돌사건을 비롯하여 부산극장 사건, 조선민주애국청년동맹 사무실 점령사건, 정수복 검사 암살사건 등 좌익에 대해 테러를 전개하고 대북공작을 하는 한편 경찰의 좌익 색출 업무를 도왔다. 1949년 12월 19일 대한청년단에 흡수 · 통합되었다. 대동청년단은 당시 지지 기반이 약했던 이승만이 1949년 12월 청년조선총동맹 · 국민회청년단 · 대한독립청년단 · 서북청년회 등 전국 20여개의 청년단체를 흡수 · 통합하여 만든 단체이다. 200만 단원을 확보하여 전국적인 조직체계를 갖추고 문화운동과 향토방위를 위한 군사훈련을 실시하였으나 청년단체로서의 역할보다는 주로 이승만을 지원하는 정치활동에 치우쳤다. 1951년 1월 국민방위군사건으로 방위군이 해산되고 5명의 주요간부가 처형되면서 활동이 침체되었다. 이후 재건을 꾀하였으나, 1952년 8월 제2대 대통령선거 이후 내분이 심해지자 1953년 9월 10일 해체되어 민병대에 편입되었다. 「테러리스트」의 '걸' '길주' '학구' 등과 「오리와 계급장」의 '김춘봉' 등은 바로 이들 단체에서 활동했을 것으로 추정되는 인물이고, 그런 점에서 이들 작품은 해방 이후 전쟁이 끝난 뒤 이들 반공청년들이 겪는 정신적 혼돈과 갈등을 그린 것으로 이해할 수 있다.

의 모습이고, 다른 하나는 빨갱이가 아니면 폭력을 사용하지 않겠다던 옛 동료인 '길주'가 몇 푼의 돈에 매수되어 '빨갱이가 아닌 사람들'에게 폭력을 휘두르는 광경이다. 이런 충격적 사실을 접하면서 '걸'은 심한 혼란에 빠지는데, 특히 전자는 아무리 해도 뚜렷한 '논리'를 발견할 수 없다. 왜 그들이 빨갱이에 대한 본능적 거부감을 갖고 심한 알레르기 반응을 보이는 것인지? 전쟁이 끝난 지금에 와서 그들의 광기는 과연 어떤 의미를 갖는 것인지? 레드 콤플렉스의 무의미함을 어렴풋이나마 자각한 '걸'에게는 그것이 도저히 납득되지 않는 일이었다. 그리하여 '걸'은 그런 현실을 뒤로하고 낙향을 결심하기도 한다. 그런데 우연히 목격하게 된 정치 연설에서 연사에게 시비를 건 사건이 발단이 되어 '걸'은 '길주' 일행에게 집단 테러를 당한다. 피투성이가 되고 의식이 혼몽해진 상태에서 '걸'은 뜻하지 않은 도움을 받는데, 그것은 다름 아닌 '길주'로부터였다. 모리배의 앞잡이가 된 길주가 그 집단을 배신하고 위기에 처한 걸을 구원한 것이다. 이를 통해서 걸과 길주는 다시 옛날의 우정을 회복하고, 전후 현실에서 알몸뚱이의 상태로 재출발해야 함을 깨닫는 것이다.

이런 내용에서 우리는 『불꽃』과는 구별되는 선명한 문제의식을 읽게 되는데, 먼저 '논리화'될 수 없는 반공주의를 점차 객관화하는 인식의 진전을 발견할 수 있다. 『불꽃』에서 확인되었듯이, 작가에게 있어서 그것은 객관적 인식의 산물이라기보다는 주체의 체험을 절대시한 양가적 사고의 산물이자, 동시에 전쟁으로 인해 야기된 깊은 상처와도 같은 것이었다. 그런데 여기서는 그것이 전후 현실에서 더 이상 용납될 수 없는 무의미한 것이며, 정상적인 삶을 가로막는 장애 요인으로 파악된다. 예컨대 전시하의 집단 최면이 이승만 정권의 정치적 광기로 변하여 사회를 혼탁하게 만들고 있다는 것이다. 왜 전쟁이 끝났음에도 불구하고 그 광기가 현실에서 횡행하며, 그것을 바로잡아야 할 정치인들이 그것을 이용하려고만 하는 것인지? 여기서 작가는 전후 현실을 지배하는 테러리즘의 실체를 확인하고, '걸'과 '길주'의 화해를 빌어서 그것은 단지 서로를 불편하게 하는 이데올로기에 지나지 않는다는 사실을 간파해낸다. 말하자면 이승만 정권의 정치적 광기는 생산적인 출구를 찾지 못한 반공주의의 연장에 있다는 점, 그리고 그것은 서로를 불편하게 하는 편견에 지나지 않는다는 사실. 이런 예리한 인식에 힘입어 이 작품은 당대 현실과 전쟁을 계기적으로 파악하는 뛰어난 성과를 획득하는 것이다.

「오리와 계급장」에서는 이런 문제의식이 한층 심화되어 나타난다. '성 대령'의 시점을 빌어 기술되는 이 작품에는 세 인물이 등장한다. 북한에서 공산당 본부를 습격한 후 월남한 우파 테러리스트인 김춘봉과 열렬한 좌익분자이자 성대령의 초등학교 담임인 김선생, 그리고 화자이자 현역 군인인 성대령이다. 춘봉과 김선생은 과거 적대 관계에 있던 인물이지만, 현재 벽촌에 묻혀 오리를 키우면서 함께 살고 있다. 이 세 인물이 김춘봉의 초대로 하룻밤의 술자리를 갖는데, 여기서 특히 주목되는 것은 춘봉의 강인한 생활력이다. 그는 현재 오리를 키우며 전쟁의 상처를 씻고 생활의 근거를 마련하려 하지만, 10평 남짓한 땅을 빌리지 못해서 실의에 빠져 있다. 그리하여 동생뻘 되는 성대령을 초대하여 '계급장'의 위력을 빌어서 문제를 해결하려 한다. 그런 의도에서 그는 성대령을 데려오는데, 이 과정에서 동네 어귀에서부터 찝차의 경적을 울리게 하고 또 뜬금없이 지서로 데리고 가서 생면부지의 순경에서 인사를 시키는 등 자기 과시적 행동을 의도적으로 연출한다. 이런 춘봉의 초대로 마을에 도착한 성대령은 처음에는 그의 경박스러운 행동에 눈살을 찌푸리지만, 김선생을 대하는 사려 깊은 태도를 목격하고는 그에게 공감하게 된다.

셋은 옛 이야기로 술자리를 이어가다가 자리가 무르익자 노래를 부른다. 노래를 못하는 성대령은 무엇을 부를까로 고민하다가, 혹시 춘봉 형님이 술만 마시면 부른다는 공산당을 쳐부수자는 내용의 '서북청년회의 노래'를 부르지 않을까 걱정하지만, 김춘봉은 뜻밖에 '푸른 하늘 은하수'를 부른다.

> 푸른 하늘 은하수—
>
> 춘봉 형님이 저렇게 취하고 있으면서도 마음을 쓰고 있다고 대령은 생각했다. 춘봉 형님이 다시 한번 쳐다보였다.
>
> —음 그런 노래가 있었군, 그걸—
>
> 대령은 선수를 당한 것 같은 느낌이 들었다.
>
> (…중략…)
>
> —자 그럼 난 무얼 부른다? 유행가, 그것이야 멋적어 부를 수 있나. 일본 노래를 부를까, 그것은 더욱 안 되지, 카츄사 노래? 그것은 김선생에게 실례가 되지, 푸른 하늘 은하수라, 잘도 골랐군—[10)]

이런 세심한 배려와 애정으로 세 사람은 이데올로기에 상처받은 과거를 잊고 어느새 하나가 되어 '아리랑'을 합창한다. 비록 전쟁과 이데올로기의 상처가 가슴속에 도사리고 있지만, 그리고 같이 부를 수 있는 노래가 기껏 구슬픈 '타령조'밖에 없지만, 민족 고유의 정서를 회복함으로써 하나가 되는 것이다. 이를 통해서 작가는 이념이란 공허한 것이며, 노력 여하에 따라 얼마든지 치유 가능한 것임을 설파한다.

이런 인간애가, 전혀 쓸모없이 방치된 땅을 "오리 똥이 독해서 배나무를 망칠지도 모른다"는 황당한 이유를 들어 빌려주지 않는 농민에게 이어져 문제 해결의 실마리로 작용한다. 춘봉과 김선생의 온갖 노력에도 불구하고 땅을 빌려주지 않았던 농민은 실상 퇴역 군인으로 전쟁의 상처를 깊게 간직한 인물이었다. 그가 순박한 농심을 잃고 완강한 자기 보호본능을 보인 것은 전쟁이 남긴 숨은 상처였던 것이다. 성대령은 이런 그의 본질을 간파하고 군대 체험을 주고받으면서 점차 인간적인 신뢰를 회복한다. 이를 통해서 작가는 언젠가는 6·25의 상처가 치유되고 민족

10) 선우휘, 「오리와 계급장」, 『불꽃』, 을유문화사, 1959, 184면.

화합의 분위기가 조성될 것이라는 낙관적 전망을 내보이는 것이다.

이런 인식에 힘입어 이 작품은 ①계열의 이데올로기적 도식에서 벗어나 점차 현실을 객관화하는 진전을 보여준다. 예컨대 전후 현실에서 생존하기 위해서는 '오리'로 표현된 생활의 근거뿐만 아니라 '계급장'으로 상징된 힘이 필요하다는 점, 그렇지만 그것은 물리적인 것이 아니라 왜곡된 인간성을 바로잡는 데서 출발해야 한다는 사실을 말해준다. 유종호가 해방 이후 민족 비극을 증언하는 단 하나의 작품을 들라고 한다면 이 작품을 드는 데 주저하지 않을 것[11]이라고 했던 것도 실상은 전후의 열악한 현실과 각박한 세태를 춘봉의 희화적이기까지 한 생명력과 결부시켜 드러낸 데 있을 것이다.

이렇듯 이 부류에는 전쟁으로 야기된 인간성의 왜곡이 주된 제재를 이룬다. 그러나 전자와 같은 체험의 절대화나 심리적 거부감이 상대적으로 약화되고 대상에 대한 객관적 시야가 확보되어 있음을 알 수 있다. 그리하여 주관적 체험이 보편적인 가치 기준처럼 횡행하던 전후 현실에서 점차 그것을 객관화하려는 노력을 목격할 수 있다.

여기서 우리는 선우휘 소설에서 돋보이는 것은 ①의 『불꽃』 계열이라기보다는 ②의 「테로리스트」, 「오리와 계급장」임을 알 수 있다. 기존의 평가는 대부분 전자에 모아져 그의 행동주의에 주목했지만, 그것은 실상 반공주의의 논리화에 다름 아니며, 오늘날까지 깊은 폐해를 남긴 전쟁의 부정적 산물이라는 점에서 재고를 요하는 것들이다. 물론 그 점이 전후 현실의 한 특성을 예리하게 포착하고 있음은 부인할 수는 없지만, 민족문학의 거시적 맥락에서 보자면 넘어야 할 걸림돌인 것은 분명하다. 따라서 선우휘 소설의 성과는 체험에 대한 상대적 거리감이 확보된 ②에서 보인 왜곡된 인간 군상의 제시와 그 극복 노력이라 할 수 있다.

11) 유종호, 『한국단편문학 대전집』 8, 동화출판사, 1976, 135면.

3. 인정주의의 의미와 한계

이상에서 우리는 선우휘 소설을 두 계열로 나누어 각각의 특징을 살펴보았다. 선우휘의 가치 체계에는 전쟁과 결부된 전율할 체험과 공산당에 대한 단호한 적대감이 도사리고 있고, 거기서 비롯된 그의 문학은 당연히 그 체험을 소재로 선택할 수밖에 없었으며, 공산주의를 완강히 부정하는 방향을 취하게 되었던 것이다. 그렇지만 그는 '기자'라는 사회적 신분으로 말미암아 점차 현실을 객관화하는 진전을 보이는데, 후반기 소설은 그런 인식에 힘입어 냉정하게 문제의 근원을 천착하고 있음을 알 수 있었다.

선우휘의 출세작이자 초기를 대표하는 『불꽃』은 작가의 주관적 체험의 절대화로 인하여, 행동주의와 휴머니즘으로 고평한 기존의 평가와는 달리 반공주의로 채색되고 역사의식이라든지 방향 감각이 결여되어 있음을 알 수 있다. 특히 주관적 체험에 기반을 둔 양가적 사고가 작품 전반을 규율하는 까닭에 소박한 인정주의를 벗어나지 못하는, 이를테면 일종의 본능과도 같은 동정과 연민을 내보이는 수준에 머물고 있다. 이런 견지에서 이 작품에 대한 기존의 평가는 부정되며, 오히려 그의 미덕은 반공 이념이나 광기가 전후 현실이 낳을 수밖에 없었던 정신적 외상(trauma)이라는 점, 예컨대 반공주의는 단지 이승만 정권의 체제 유지를 위한 통치 수단일 뿐 아니라 역사적으로 형성된 우리 민족의 오랜 피해의식과 결합된 것이라는 점을 예리하게 간파한 데 있다.

한편 「테러리스트」, 「오리와 계급장」에서는 과도한 체험이 점차 여과되고 현실에 대한 객관적 시야가 확보되고 있음을 볼 수 있는데, 여기서 우리는 전후 반공주의의 실체와 그것을 극복하려는 진지한 노력을 만나게 되며, 전쟁의 광기가 이승만 정권하의 정치적 폭력으로 이어지고 있음을 확인하게 된다. 「테러리스트」에서 보이는 출구를 찾지 못해

방황하는 젊음과 「오리와 계급장」에서 드러난 전쟁의 후유증과 그 극복의 어려움 등은 당시의 현실을 핍진하게 보여준 대표적 사례라 하겠다. 곧, 전후 현실에서 생존하기 위해서는 오리로 표상된 생산수단뿐만 아니라 계급장으로 상징된 물리적 힘이 요구된다는 사실, 그렇지만 거기에는 또 하나의 장애가 가로놓여 있는데 그것은 모두의 가슴속에 도사린 전쟁의 깊은 상처라는 점 등의 인식은 실로 탁월한 바가 있으며, 이런 견지에서 선우휘 소설의 성과는 당연히 이 부류에서 찾아져야 할 것이다. 기왕의 평가는 대부분 전자에 모아져 그의 행동주의와 앙가쥬망에 주목했는데, 이는 당시 대부분의 소설이 병적 자의식을 드러낸 사실과 관계되지만, 이미 살핀 대로 그것은 단지 반공주의에 불과하다는 점에서 재고를 요하며, 오히려 이 부류의 냉정한 거리 감각과 예리한 관찰에 보다 높은 평가를 매길 수 있는 것이다.

하지만 선우휘의 소설은 전반적으로 반공 이념에 깊게 침윤되어 있는 까닭에 과도한 이념 편향성, 계몽적 어투, 인물 형상의 작위성 등의 문제를 남긴 것도 사실이다. 서사 양식으로서의 소설이 궁극적으로 일상적인 삶의 묘사를 떠나서 존재할 수 없는 것이라면, 일상적 삶이란 현상과 본질의 교묘한 융합이고 따라서 소설은 일상 현실을 묘사하지만 단순히 현상의 기술에 그치는 것이 아니라 그것을 통해서 본실을 세시해야 한다. 그렇지만 전쟁의 한복판, 그리고 이후의 폐허 위에 선 1950년대 작가들은 엄청난 체험을 소화할 여유를 갖지 못했고 현상을 차분히 탐구할 여력이 없었다. 그리하여 소설 속의 일상은 단지 현실의 표면만을 겉돌고 문제의 본질에는 다가서지 못했던 것이다. 선우휘가 보인 인간주의가 문제의 본질을 직시하지 못한 채 한갓 인정주의에 머문 것이라든지, 주관적 체험과 역사적 사실을 구분하지 못하고 적개심만으로 일관한 것은 그런 사실과 관계된다. 따라서 선우휘 소설은 시대를 초월한 보편적인 것이라기보다는 다분히 당대적이고, 시대 국한적인 것이라 하겠다.

전후의 풍속과 소설의 존재 방식

『자유부인』을 중심으로

1. 1950년대 현실과 『자유부인』

『자유부인』(정비석)은 종전 직후인 1954년 1월에서 8월까지 『서울신문』에 연재되면서 사회적으로 큰 파문을 불러일으킨 소설이다.

이 작품은 발표 당시 사회 지도층인 대학교수의 부인과 국회의원의 비리를 파헤쳤다고 해서 사회적으로 거센 항의를 받았고, 심지어 국가의 이익을 실추시켰다는 이유로 작가가 치안국에 소환되는 유명한 일화를 갖고 있기도 하다. "중공군 40만 명보다 더 무서운 해독을 끼치는 소설"이라든가, "북괴의 사주로 남한의 부패상을 샅샅이 파헤치는 이적소설"이라는 비난은 그런 저간의 사정을 짐작케 해준다. 물론 이러한 비난은 작품을 통독하고 행해졌다기보다는 대개 풍문이나 부분적인 내용을 근거로 해서 이루어졌고, 또 저널의 선정성에 편승한 것이어서 그대로 받아들일 수는 없다. 하지만, "당시의 현실을 그대로 그렸다"는 작가의 말처럼, 『자유부인』은 지도층의 부정과 도덕적 타락을 사실적으로 문제 삼고 있다는 점에서 풍속사적인 성격과 아울러 사회 비판적인 특성을 동시에 갖고 있음을 알 수 있다. 특히 반공주의를 무기로 무소불위의 권력을 행사하던 권위적 정권 밑에서 현역 국회의원을 비롯한 사회 지도층을 비판했다는 것은 작가로서는 상당한 모험을 각오한 일이고, 실제로 그런 사실을 암시하듯 정비석은 1985년 재판을 내면서 『자유부인』을 통속소설로 보는 세간의 시선을 비판하고 작가로서의 강한 자부심을 내비친 바 있다.[1] 또한 『자유부인』은 대중적으로도 큰 반향을 일으켰다. 작품이 연재되면서 연재지인 『서울신문』의 발행 부수가 기하급수적으로 늘었고, 연재가 종결된 뒤에는 5만 2천부 이상이 일시에 격감하는 등 "우리 신문 역사상 처음 있는" 진기록을 세웠다고 하는데, 이는 그만큼 작품이 독자들에게 호소력을 갖고 있었음을 말해준다.[2]

그 동안 『자유부인』에 대한 연구는 거의 없었다고 할 수 있다. 이 작품은 문학사에서 간혹 언급되거나 1950년대 문학을 다루면서 난편적으로 거론되었을 뿐 본격적 조망을 받지는 못했는데,[3] 그것은 무엇보다

---

1) 「작가의 말」(『자유부인』, 고려원, 1985년)에서 정비석은 다음과 같이 이 작품에 대한 자부심을 드러내고 있다.

"나는 올해로서 꼬박 50년 동안 소설을 써 오지만, 지금으로부터 31년 전인 1954년에 『서울신문』에 『자유부인』을 연재했을 때처럼 만천하가 소설로 열화(熱火)같이 떠들썩했던 일은 한 번도 없었다. (…중략…) 나로서는 기념비적이라고 볼 수 있는 이 작품을 오랫동안 출간하지 못했다가 이제 다시 선을 보이는 것은, 오늘의 젊은 독자들로부터 공정한 평가를 받고자 함에서이다."

2) 이 작품에 대한 당대의 반응을 엿볼 수 있는 글들은 다음과 같다. 정비석의 「작가의 말」(『자유부인』, 고려원, 1985년판)과 황산덕의 비난에 반박한 「탈선적 시비를 박함」(『서울신문』, 1954.3.11)과 황산덕의 「『자유부인』 작가에게 드리는 말」(『대학신문』 69호, 1954.3.1)과 「다시 『자유부인』 작가에게」(『서울신문』, 1954.3.14) 등.

3) 『자유부인』을 비교적 심도 있게 다룬 글로는 정한숙의 「대중소설론」(『현대한국소설론』, 고대 출판부, 1977)과 유임하의 「전후소설과 대중문화의 상호연관」(『대중문학과 대중문화』, 아세아문화사, 2000)이 있다. 물론, 이 글에서도 『자유부인』은 대중소설로 분류되어 평가되고 있다.

작품이 갖고 있는 통속성에서 비롯된 것으로 보인다. 『자유부인』은 1930년대의 『찔레꽃』(김말봉)이나 『순애보』(박계주)의 계보를 잇는 대표적인 통속소설[4]로 치부되어 순수문학이나 본격문학에 비해서 한 단계 낮은 것으로 평가되었고, 그로 인해 연구자들로부터 무시되는 경우가 대부분이었다. 게다가 작가 정비석이 이후 흥미 위주의 작품을 양산하여 통속작가로 평가받은 사실 또한 작품에 대한 편견을 덧붙이는데 일조했던 것으로 보인다. 하지만 이러한 편견을 액면대로 수용할 수는 없을 것이다. 소설이란 본질적으로 독자 대중의 기호나 취향에 부응할 수밖에 없는 양식이고, 그렇기에 그것을 기준으로 작품을 평가할 수는 없기 때문이다. 물론 소설은 사회적 양식으로서 독자들의 기호나 취향에 부응하면서도 다른 한편으로는 자율적이고 자기 충족적인 가치 체계로서 문학 내적인 조건을 동시에 갖추고 있어야 한다. 작품이 광범위한 독자 대중의 호응을 얻었다는 것은 수요자들의 요구를 상당 부분 충족시켜 주었다는 것이고 또 거기에 부합하는 내적 특질을 갖추고 있다는 말이다. 그러므로, 중요한 것은 '통속'이냐 아니냐의 여부가 아니라 작품을 통해서 확인해 낼 수 있는 당대인들의 가치와 지향, 나아가 그것을 포

---

4) 대중소설(혹은 통속소설)이라는 규정은 '소설'에 대한 규정만큼이나 다양하고 자의적이다. 흔히, 동시대의 사회와 역사에 대한 진지한 문제의식이 없이 단순히 이야기의 흥미만을 위해 씌어진 소설을 대중소설 혹은 통속소설이라고 하지만, 이러한 규정이 과연 객관성을 갖는 것인지 의문이다. '진지한 문제의식'이라는 말의 내포가 모호할 뿐만 아니라, '이야기의 흥미'를 추구한다는 것도 사실은 소설가라면 누구나 지향해야 할 가치인 까닭이다. 통속성이란 문학성이 뛰어난 작품들과 대비해서 상대적으로 규정되는 것이고, 또 통속성의 척도가 되는 '문학성'이라는 말 역시 객관화되기 힘들다. 최근 널리 주목되고 있는 문화론(혹은 문화주의)적 관점에 기대하면, 대중문화란 저급한 것이기보다는 광범위한 문화 현상의 하나로 이해될 수 있다. 필자는 대중소설이라는 말은 더 이상 존속할 필요가 없다고 본다.

대중문학에 대한 논의는 『대중문학이란 무엇인가?』(대중문학연구회, 평민사, 1995), 『대중문화론의 원점』(알란 스윈지우드, 이강수 역, 전예원, 1984), 『대중문학과 대중문화』(동국대 한국문학연구소, 아세아문화사, 2000), 『소설의 운명』(서영채 평론집, 문학동네, 1995) 중 「1930년대 통속소설의 존재방식」, 『한국 근대대중소설 연구』(강옥희, 깊은샘, 2000) 참조.

착해서 드러내는 작가의 문제의식이 될 것이다. 그런 맥락에서 이 작품을 통속소설로 치부하고 평가의 대상에서 제외하는 것은 옳지 못하다. 『자유부인』은 무엇보다 전후 사회의 풍속과 전후소설의 존재 방식을 이해할 수 있는 중요한 계기를 제공하는 작품이다.

1950년대는 전쟁과 분단이라는 시대적 상처와 싸우면서 민족의 진로를 모색해야 하는, 즉 타율화된 근대와 결별하고 민족의 요구에 바탕을 둔 진정한 근대화를 추진해야 했던 시기였다. 교육 인구의 양적인 팽창과 급속한 도시화, 우익 반공체제의 난립 등으로 이 시기는 전후 한국 사회의 성격이 결정되는 급격한 변화의 소용돌이 속에 처해 있었다.[5)]참혹한 전쟁을 겪은 뒤의 백지 상태에서 밀물처럼 유입된 외래문화는 재래의 도덕과 가치관을 급속히 붕괴시켜 새로운 변화의 계기를 제공하였다. 개인들은 책임과 의무를 외면한 채 무분별한 욕망에 휩쓸려 들면서 정신의 공백 상태에 빠져들었고, 한편으로는 그러한 혼란을 수습하고 새로운 가치를 모색하려는 움직임 또한 부단히 솟구쳤던 때가 바로 1950년대였다. 『자유부인』에서 그려진 서구적 가치와 전통적 가지의 충돌, 물신화된 욕망을 바탕으로 서서히 똬리를 틀기 시작한 천민자본주의적 파토스(pathos) 등은 그러한 현실의 구체적 단면인 것이다. 『자유부인』은 이 전후 현실에 대한 문학적 증언으로 먼저 이해될 수 있다.

또한, 화자의 시선을 빌어서 구체화되는 작가의 시각은 당대 사회를 이끄는 지식인이자 기득권층의 가치를 대변하는 것이기도 하다. 전후의 폐허를 하루 빨리 극복하려는 시대적 사명감이 작가의 과도한 계몽성을 불러 왔고, 그런 점에서 화자를 통해서 토로된 춘원(春園) 식의 계몽

5) '근대성'에 대한 논의가 활발해지면서 최근 사회과학계에서 활발하게 논의된 시기가 식민지 시대와 전후 1950~60년대이다. 식민지 근대화와 전후 이승만, 박정희 정권의 근대화 정책을 어떻게 볼 것인가가 중요한 논점이다. 자세한 것은 『해방 50년의 한국정치』(새길, 1995), 『박정희시대와 오늘의 한국사회』(학술단체협의회, 1997), 백낙청의 「한반도에서의 식민성 문제와 근대 한국의 이중과제」(『창작과비평』, 1999년 가을) 등 참조.

적 열정은 시대착오적인 것이라기보다는 오히려 전후소설의 특성으로 이해될 수 있는 것이다. 그리고, 바로 그런 태도가 작중의 여성들로 하여금 자신의 욕망을 억압하고 하나 같이 회개하고 반성하게 하는 작품 외적인 요인으로 작용하는데, 이는 '근대적 여성 주체'의 형성이 얼마나 지난한 일이었는가를 보여주는 역설적 사례로 이해할 수 있다. 이를테면, 가부장적 주체의 권위 속에서 굴종적인 삶을 살 수밖에 없었던 당대 여성들의 삶을 단적으로 증언하는 게 이 작품이다. 그런 점에서 『자유부인』은 전후의 세태를 이해하고, 그런 특수성을 바탕으로 해서 형성된 전후소설의 존재 방식을 확인할 수 있는 좋은 사례가 될 것이다.

2. 전후의 '자유'와 경박한 세태

『자유부인』[6]에는 종전 직후의 사회 풍속을 엿볼 수 있는 많은 사례들이 소개된다. 사회의 모든 시설이 포화와 더불어 잿더미로 변해버린 상황에서 호구를 위해서 정숙하던 가정부인이 윤락의 길로 내몰리게 된 것이나, 전력 공급이 충분하지 않아서 보통선과 상시선으로 나누어서 전력을 공급한 일, 그런 현실과는 무관하게 유행을 좇는 부나방과도 같은 상류 유한층의 행태 등은 한편으로 가슴 아픈 현대사의 단면들이다.[7] 물론, 작품에서 작가의 시선은 생존의 극한으로 내몰린 민중들의

6) 본 연구에서 텍스트로 사용한 책은 1954년 정음사판 『자유부인』이다. 이후의 인용은 모두 이 책에 의한다.

7) 이런 점에서 이 작품은 시정(市井) 세태의 풍속을 그려낸 세태소설로 볼 수도 있다. 물론, 작가의 의도는 시정 세태의 묘사와 비판에 모아져 있기보다는 자신의 가부장적인 도덕률을 설파하는데 집중되어 있다. 그래서 전후의 다양한 현실이 그려지고 있음에도 불구하고 그것이 작품을 규율하는 서사의 근본 특징을 형성하지 못하고 단지 스쳐 지나가는 풍경으로만 드러난다.

참상에 모아져 있지는 않다. 「쑥 이야기」(최일남)에서 핍진하게 그려진 바 있는, 쑥과 푸성귀로 하루하루를 연명할 수밖에 없는 민중들의 참상에 비하자면 『자유부인』에서 그려진 현실은 먼 외국의 이야기처럼 낯설기만 하다. 유행에 뒤쳐지면 사교 모임에도 낄 수 없고, 친목계 한두 개를 하지 않으면 친구들로부터 소외되는 현실이란 민중들의 실생활과는 거리가 먼 소수 혜택 받은 자들의 생활인 것이다. 그런 상류층 인사들의 행태를 통해서 작가는 '자유부인'으로 상징되는 상류층의 허위의식을 문제 삼고 있다.

작품의 중심 소재가 된 '자유'는 여러 문헌에서 확인할 수 있듯이, 당대 사회의 정신적 분위기를 상징적으로 보여주는 말이다. 한 평론가의 회고대로, '자유'라는 말이 홍수처럼 범람했고, 모든 일탈과 방종이 '자유'라는 이름 아래 버젓이 행해졌던 게 전후의 현실이었다.[8] 작중의 선영과 그 주변 인물들의 행태를 통해서 그려지듯이, 그런 현실은 도덕적인 측면에서 매우 심각하고 위태로운 수준이었던 것으로 보인다. 그런 사실을 반영하듯이, 정비석은 작품을 연재하게 된 동기를 말하면서 "봉건주의 사회에서 자유 민주주의 사회로 넘어가는 과도기의 가정적인 혼란상과 사회적인 부패상을 소설로 그려봄으로써, 참된 민주주의란 어떤 것이어야 한다는 것을 보여 주고자"[9] 했다고 술회한 바 있다. 작품의 제목인 '자유부인'이라는 말 역시 그런 타락하고 천박스러운 세태를 비꼬아서 한 말이다.

작품에서 작가의 의도는 우선, 인물들의 성격을 통해서 구체화된다. 작품에는 대략 두 부류의 인물이 등장하는데, 하나는 시대 흐름에 민감한 즉, 자유주의를 맹신하는 인물들이고, 다른 하나는 그런 흐름에 대해 비판적인 보수적 성향의 인물들이다. 전자는 욕망의 화신과 다름없는 존재로 제시되고, 후자는 도덕주의적 인물로 그려지는데, 오선영을 포

8) 유종호, 「자유라는 이름 아래」, 『비순수의 선언』, 민음사, 1995, 288면.
9) 정비석, 「작가의 말」, 『자유부인』, 1985년판 참조.

함한 화교회(花交會) 회원, 대학생 신춘호, 국회의원 오병헌 등 거의 대부분은 전자에 속하고, 오선영의 남편인 대학교수 장태연은 후자를 대표한다. 이 두 부류의 인물들을 통해서 작가는 전후 사회의 실상을 그려내는데, 특히 시선이 집중된 인물은 연재 당시 세인의 관심을 끌었던 자유부인 '오선영'이다. 허영심에 사로잡혀 자식과 남편을 버리고 가출하여 남편의 제자와 놀아난 행적은 그 자체로도 문제적이거니와, 특히 사적인 욕망의 분출과 좌절의 행적은 그 당대의 도덕적 기대지평을 일정하게 대변하는 것이라는 점에서 주목할 수 있다.

두 자식을 키우며 성실한 국어학자인 남편을 존경하면서 살아왔던 평범한 주부 오선영이 어느 날 갑자기 남편을 경멸하고 가정을 뛰어나오는 '노라'로 변신한 것은 사회 전반에 넘쳐나는 자유주의 사상을 접하고 난 이후였다. 작품 곳곳에 묘사되듯이, 전쟁이 끝난 직후의 서울 거리는 사람들로 들끓었고 쇼윈도는 휘황한 광선이 발산되어 전에 보지 못했던 새로운 풍경들을 연출하고 있었다. 자유주의 사상이 사회 전반에 만연되면서 청춘 남녀들은 주변의 시선은 아랑곳하지 않고 길거리에서 대담하게 키스를 나누고, 단성사 광고판에는 남녀 간의 애정을 노골적으로 묘사한 그림들이 내걸리고 있다. 이런 광경을 목격하면서 선영은 차츰 잠재된 욕망에 눈뜨기 시작한다. 그러한 현실이 "신비의 세계요, 동경의 세계"로 다가왔던 것. 특히, 사교 모임인 '화교회'에 출입하면서 그런 심리는 더욱 고조된다. 당시의 자유주의 분위기를 대변하는 화교회는 정부 관료나 고관들의 부인만으로 이루어진 단체로, 회원들은 사교춤에 능숙할 뿐만 아니라 이성 교제에도 적극적이어서, 최신 유행의 옷을 자랑하고 돈을 물 쓰듯 하면서 자유롭게 애인들과 어울리는 관행을 갖고 있다. 이 부류들과 어울리면서 선영은 남편 뒷바라지와 가난한 살림살이 속에 갇혀 지냈던 지난 세월을 "노예의 생활"로 인식하고 자연스럽게 남편의 속박에서 벗어나 "진정한 자유의 세계"로 발걸음을 옮기는 것이다. 신춘호로부터 댄스 교습을 받으면서 자신의 탄력 있는 육체를 자각하고 육체적인 쾌락에 빠져들며, 급기야 두 유부남 사이를 줄타기 하면서 가족으로부터 멀어지는 것이다.

이런 선영의 행태를 통해서 작가는 전후의 정신적·도덕적 혼란상을 사실적으로 포착해낸다. "명동의 무너진 건물 사이의 길을 끼고 노천 주점에서 무겁게 취해 가고 있었다. 모든 고전음악과 낭만파 음악까지도, 제1차 대전 후의 〈글루미 선데이〉까지도, 아니 루이 왕조의 어떤 간음 풍속까지도 전후의 실존적 감정에 포함되는 유례없는 사이비 문학 시대를 만들어 냈다"[10]는 고은의 회고처럼, 선영을 비롯한 화교회 인사들은 그런 당대의 세태를 상징하는 존재들이다. 물론 정비석은 고은이 지적한 전후의 실존적 분위기를 문제 삼고 있는 것은 아니지만, 길거리를 가득 메운 젊은이들이나 선영을 비롯한 여성들의 들뜬 분위기는 그런 세태와 무관한 게 아니었다. 사회적으로 뚜렷한 전망이 존재했던 것도 아니고, 그렇다고 삶의 목표가 분명했던 것도 아닌 폐허와 혼돈의 상황에서 이들은 '자유'라는 당의정에 취해들면서 점차 분방한 분위기를 연출하는 것이다. 더구나 선영은 허영심이 유독 강해서 '자유'라는 말이 빚어내는 화려한 분위기에만 매료되었지 그 실상을 꿰뚫어 볼 능력을 갖고 있지 못했다. 또한, 그녀는 해방기와 전쟁의 소용돌이 속에서 젊은 시절을 보낸 까닭에 '청춘의 즐거움'을 누릴 기회를 갖지 못했고, 그런 세대로서 의당 갖기 마련인 심리적인 억압상태에 놓여 있었다. 그렇기에 그녀의 가출은 전혀 근거 없는 행동은 아니고, 전후 사회의 혼란과 무질서 역시 전쟁으로 야기된 억압 감정의 자연스러운 분출로 이해될 수 있다.

도덕과 사회적 책임이 방기된 정신적 공백 상태에서 인물들의 행위는 당연히 대담하고 적극적일 수밖에 없다. 남편의 제자인 대학생과 춤바람이 나서 가정에서 뛰쳐나오는 것이나 두 유부남을 저울질하면서

10) 고은, 『1950년대』, 청하, 1989, 29면.

외도를 일삼는 장면 등은 사회적 책임이나 도덕과는 거리가 먼 행동들이다. 선영을 둘러싸고 있는 인물들은 거의 전부가 그런 일탈적 행동을 주저하지 않는 사람들이다. 애인이 있으면서도 선영을 사모하여 춤으로 유혹하는 대학생 신춘호나 아내와의 만남을 '일생일대의 중대한 착오'라고 고백하면서 선영에게 접근하는 한태석, 한 여자를 유혹하여 남편과 헤어지게 한 뒤 함께 살면서도 전혀 죄의식을 갖지 않고 심지어 그 친구까지 유혹하려는 백광진 등의 행동은 하나같이 도덕과는 거리가 파렴치한 행동이다. 하지만 이들은 '자유'와 '민주주의'라는 말을 구실로 자신의 부도덕한 행동을 합리화한다는 점에서 이기적 심리에 사로잡혀 있고, 따라서 "누구를 사랑하든지 그것은 어디까지나 그 개인의 자유일 뿐"이라는 신춘호와 같은 방종의 모습을 보여준다.

더구나, 이들의 행위는 물신주의와 결합된 신분 상승의 욕망에 의해서 추동된다는 점에서 단순한 도덕적 타락의 수준을 넘어서 있다. 선영이 화교회 회원들과 관계를 갖기 시작하면서 제일 먼저 눈을 뜬 것은 자신이 경제적으로 초라하고, 그래서 어떤 식으로든 돈을 벌어야겠다는 생각이었다. 한태석의 도움으로 양품점을 경영하면서 "무슨 짓을 해서라도 승리자가 되겠다"는 생각에 사로잡히고, 그런 집착에서 처음 보는 손님에게도 선뜻 '에로 서비스'라는 대담한 행동을 서슴지 않는 것이다. 손님에게 차를 대접하고 눈웃음을 치는 것은 물론이고 서로 뜻이 통하면 교외에서 데이트를 즐길 정도로 그녀의 행동은 대범해지고 도덕과는 점점 멀어지는 것이다. 백광진은 이런 행위를 지켜보면서 그녀의 사업 수완이 훌륭하다고 칭찬하지만, 그것이 종국에는 공금을 횡령하고 심지어 서류를 조작해서 주인을 기만하는 식으로 발전한다는 점에서 결코 온당한 것이라고 볼 수 없을 터이다.

선영을 둘러싸고 있는 한태석이나 백광진의 행위 역시 이와 전혀 다르지 않는데, 특히 사회 명사이자 세도가인 국회의원 오병헌 행위는 당시의 정치권 역시 그런 흐름에서 예외가 아니었음을 보여준다. 충청도에 지역구를 갖고 있는 국회의원 오병헌은 지역구에 대해서는 전혀 관심이 없고 오로지 권력을 행사하는 데만 혈안이 되어 있다. 그의 집에는 권력을 빌어서 이권을 챙기려는 협잡배들로 들끓고, 오병헌은 그것을 '뿌듯한 자랑'으로 생각한다. 지역구에 중학교를 세운 것도 그런 치부 수단의 하나였고, 그래서 폭력배나 다름없는 인물을 교장으로 앉혀서 학교를 돌보게 한 것이다.

이처럼 인물들의 행동을 사로잡고 있는 것은 오로지 돈과 신분 상승 욕망이며, 그것을 가능케 하는 수단으로써 협잡과 부정이다.

> 「돈이면 못할 일이 없으니, 돈이 제일이지 뭡니까? 일전에 누가 어떤 외국인더러, 우리나라는 인푸레 관계로 화폐 가치가 자꾸 떨어져서 큰 걱정이라고 말했더니, 그 외국사람 말이, 너희 나라에서는 돈으로 안 되는 일이 없으니까, 너희 나라 화폐처럼 절대적인 가치를 가진 화폐가 어디 또 있느냐고 그러더라나요. 그야말로 명담(名談)이죠, 하하하.」
>
> 한태석은 통쾌하게 웃었다.
>
> 「선생님은 그런 현실을 옳다고 생각하십니까?」
>
> 오선영 여사는 한태석의 마음을 한번 떠보려고, 그렇게 물어 보았다.
>
> 「옳지 않은 일인지 모르지만, 거세(擧世)가 모두 그런 걸 어떻게 합니까. 물속에서 사는 것이 물고기라면, 물고기는 물 흘러가는 내로 살아갈 수밖에 없겠죠. 오는 님을 막지 말고, 가는 님을 붙잡지 않는 태도로 살아야겠죠.」
>
> 한태석의 말은, 들을수록 커다란 도량(度量)이 엿보였다.[11)]

인물들이 연출하는 이러한 행태들은 전후의 도덕적 공백상태가 물신주의와 결합하는 과정을 보여주는 문학적 증언으로 이해될 수 있을 것이다. 유종호의 언급대로, 전후의 10여 년을 지배한 사회 풍조의 하나는 '자유와 그에 따른 방종'이었다. 한글을 깨친 전후 세대가 학교에서 배운 최초의 모국어 단어의 하나가 '자유'였고, 그 후 이 말은 부단히 이

---

11) 정비석, 『자유부인』 상권, 119~120면.

들의 '시각과 청각과 상상력'을 자극해 왔다. 전쟁 직후 정신적 공백 상태에서 그 말은 본연의 의미를 상실한 채 방종과 타락을 정당화하는 엉뚱한 도구로 전락해서 자유라는 이름 아래 엄청난 죄악과 폭행을 야기한 것이다. 그래서 전후의 역사란 "자유라는 말이 주는 환멸의 역사"[12]라고 말한다. 작품 속의 선영을 비롯한 오병헌 등은 바로 그러한 세태의 특성을 상징적으로 보여주며, 특히 국회의원 오병헌과 그 주변의 협잡꾼들은 그것을 바로잡아야 할 지도층이 오히려 그것을 주도하고 있음을 시사해준다. 당시 이승만 정권은 국민 경제의 기틀을 잡고 민생을 안정시킬 효과적 정책을 수행하지 못했을 뿐 아니라 높은 물가고를 유발시켰고, 더구나 자유주의라는 이름 아래 사회 전반을 경직된 분위기로 몰아갔는데,[13] 작중의 지도층은 바로 그것을 주도한 인물들이다. 그런 상황에서 많은 사람들은 미래에 대한 꿈을 갖기보다는 향락적인 분위기에 젖어들었고, 그것을 작가는 인물들의 행태를 통해서 이렇듯 날카롭게 포착해 낸 것이다.

작품에서 전후 사회에 만연되기 시작한 소위 천민적 풍토를 엿볼 수 있는 것은 이런 사실과 관계된다. 사회적으로 불안정했고, 경제적으로도 뚜렷한 산업이 존재하지 않았던 까닭에 먹고살기 위해서는 권력을 이용하거나 투기에 가담하는 등의 변칙적인 행동을 하지 않을 수 없었고, 더구나 전쟁을 겪으면서 '나만 살면 된다'는 식의 이기주의와 허위의식에 사로잡혀 있었던 까닭에 사람들에게서 도덕적 정결성이나 공동체 의식을 전혀 기대할 수 없는 상황이었다. 그렇기에 추악한 이기심과 물신주의가 판을 치게 되고, 그것을 작가는 작중의 선영이나 백광진, 한태석 등을 통해서 보여준 것이다. 우리 사회가 지금껏 질풍노도의 성장가도를 달려왔음에도 불구하고 아직도 전근대적 질곡에서 벗어나지 못하는 것은 전후 사회의 이러한 특성이 여전히 사회의 심층에서 무의식

12) 유종호, 「자유라는 이름 아래」, 『비순수의 선언』, 민음사, 1995.
13) 진덕규 외, 『1950년대의 인식』, 한길사, 1981.

으로 작동하고 있기 때문인데, 그런 점에서 이 작품은 지금의 우리를 이해할 수 있는 중요한 근거를 제공해준다. 물론, 작중 인물들의 행위가 경제 활동을 중심으로 이루어지는 것은 아니고 또 작가의 의도 역시 거기에 모아져 있지도 않다. 하지만, 여러 인물들이 보여주는 이기심과 도덕 부재의 행동은 1960년대 이후 본격화된 근대화 정책과 결합되면서 한국 사회의 천민성을 주조(鑄造)한 결정적 요인이었음을 감안하자면, 이런 사실을 부인할 수는 없을 것이다.

『자유부인』은 이렇듯 '자유'라는 미명 아래 행해진 전후 사회의 도덕적 타락과 물신주의, 점차 구조적 형태를 갖추기 시작한 천민자본주의적 파토스를 문학적으로 포착해낸 작품이고, 이를 통해서 우리는 왜곡된 형태로 발아하는 근대적 주체의 일그러진 단면을 엿볼 수 있다.

3. 가부장적 윤리와 계몽의 의미

『자유부인』에서 목격되는 또 다른 특징은 자유주의의 물결에 휩쓸렸던 인물들이 후반부 들어서 하나같이 회개하거나 벌을 받는 등의 급격한 반전을 보인다는 데 있다. 선영을 비롯한 신춘호, 한태석, 최윤주 등은 모두 자신의 과오를 깨닫고 반성하거나 아니면 참담한 파경에 이른다. 선영은 집을 나온 뒤 며칠 동안 '자유'를 누리지만 곧 아이들과 남편을 그리워하며 '가정을 버리는 것이 자유롭기보다는 오히려 부자유스럽다'고 자각하기에 이른다. 백광진에게서 사기를 당했고, 한태석에게는 우롱을 당해서 결국 "잃어버린 것은 남편과 자식들이었고, 얻은 것이라고는 처량한 신세뿐"이었음을 깨닫는다. 그리고, 신춘호는 향락적인 태도를 청산하고 성실한 삶을 살겠다는 다짐으로 미국 유학을 떠나고, 한태석은 가정으로 돌아와 아내와의 단란한 생활을 되찾는다. 욕망에 몸을 맡겼던 부나방과도 같은 최윤주는 참담한 파경에 이르러 때늦은 후회의 눈물을 쏟는다. 남편과 자식을 버리고 집을 나와 정부와 놀아났으나 정부인 백광진은 사기꾼으로 판명이 났고, 그녀는 유산의 후유증으로 사경을 헤매는 처지가 된 것이다.

작품의 뒷부분은 이렇듯 이전까지 유지되던 인물의 성격이 일관성을 유지하지 못하고 급격히 몰락하거나 굴절되는 등 서사적 반전을 드러낸다. 오늘의 시점에서 보자면 작위적이고 또 희극적인 웃음까지 자아내는 형국이지만, 발표된 시기를 감안하자면 이러한 사실은 오히려 당대의 도덕적 기대지평을 역설적으로 보여주는 사례로 이해할 수 있을 것이다. 즉, 인물들이 자신의 과오를 반성하고 다시 이전의 평범한 생활을 희망한다는 것은, 그들이 발 딛고 있는 공간이 가부장적인 권위와 도덕률이 완고하게 지배하는 현실이라는 사실을 역설적으로 시사해준다. 교수 부인의 외도를 문제 삼은 게 '사회 지도층의 권위를 침범한 것'이 되고, 또 국회의원의 비리를 고발한 게 '지배층의 권위를 모독하여 북한을 이롭게 하는 것'으로 오인되는 상황에서,[14] 조카와 연적 관계가 되어 젊은 대학생을 유혹하거나 국회의원의 비리를 비난하는 등의 행위는 당대의 현실에서 거부감을 자아내기에 충분했을 것이다. 독자들이 받게 되는 이 도덕적 충격을 완화하기 위해서 작가는 기존의 도덕과 상식이 통용되는 세계로 이들을 귀환케 한 것이 아니었을까. 이를테면, 작가는 당대 사회의 압력과 기대지평을 수용할 수밖에 없었고, 그로 인해 급격한 일탈보다는 순응을 택하게 한 것이다.

사회 현실을 바라보는 작가의 시각이 남성 중심의 가부장의식에 사로잡혀 있는 점 역시 이런 사실을 뒷받침해 주는 사례로 볼 수 있다. 작가 정비석은 원래 '시대의 흐름을 경박하게 수용하기보다는 전통적인

14) 황산덕, 「『자유부인』 작가에게 드리는 말」, 『대학신문』 69호, 1954.3.1.

가치를 유지하면서 도덕적으로 선하게 살아야 한다'는 신념을 갖고 있었다. 앞에서 언급한 대로, 작가가 "과도기의 가정적인 혼란상과 사회적인 부패상을 소설로 그려" 보고자 했다는 것은, 당대 현실을 '혼란'과 '부패'로 규정하고, 한편으론 가부장적 가치관으로 그런 현실을 이해하고 해결의 가닥을 찾고자 했다는 것을 암시한다. 기존의 가치관과 도덕을 유지해야 할 '전통'으로 본다는 것은 그만큼 그것을 신뢰한다는 말인 까닭이다. 그런 시각에서 전후의 현실을 보고 있었기에, 작품은 근대 초기 소설과도 같은 강한 계몽성을 띠게 된다.

가령, 젊은이들 사이에서 민주주의라는 미명 아래 극도의 이기주의가 팽배하는 현실을 서술하면서, 작가는 "민주사상이란 나의 영역을 존중하는 동시에 남의 영역을 절대로 침범해서는 안 된다는 사상인 것이다. 이 문제만은 진정한 민주 발전을 위하여 '자유부인'들이 깊이 인식해야 할 시대적 과제의 하나"(상권, 279면)라고 강조한다. 또, 화교회 모임에서 부인들이 남편을 헐뜯고 허영심에 빠진 모습을 보이자 "철따구니 없는 마누라"(상권, 25면)라고 엄하게 힐난한다. 또, "아내를 맞이한다는 것은 위험인물을 집안에 맞아들이는 것과 마찬가지"(상권, 71면)이고, 여자들은 "목적을 위해서 수단을 가리지 않는 무자비한"(상권, 72면) 존재들이며, 또 여자들은 외형적으로는 얌전하지만 사실은 "언제나 자기감정으로 흥분해서 스스로 유혹을 환영"(상권, 86면)하는 존재라고 말한다. 여성이란 야비하고 교활하며 욕망에 사로잡힌 존재이고, 그러므로 결혼한 여자는 내면의 욕망을 표현해서도 또 적극적으로 사회 활동을 해서도 안 된다는 식이다.

반면에 남성에 대해서는 이와는 달리 매우 관대하다. 작가를 대변하는 듯한 장태연을 통해서 이런 사실이 구체적으로 확인되거니와 가령, 고지식한 인물인 장태연 역시 시대 흐름에 예외가 아니어서 젊은 처녀에게 자연스럽게 연정을 품게 된다. 한글교습을 하면서 알게 된 박은미의 청순한 자태에 매료된 장교수는 연정을 키우고 사랑에 빠져들며, 심지어 데이트 비용을 만들기 위해 약혼시계까지 전당포에 맡기는 도덕 불감증의 모습을 보여준다. 남편의 제자와 놀아난 오선영과 전혀 다를 바 없는 이런 행위를 서술하면서도 작가는 "장교수도 역시 남자임에는 틀림이 없는 모양이다"(상권, 67면)라고 그의 심리를 너그럽게 변명하고 두둔해준다. 또, 장태연은 대학 교수인 까닭에 시대 흐름을 적극적으로 수용해야만 교수라는 직분을 유지할 수 있다고 생각하는 개방적인 성격으로 제시되지만, 실제 행동은 그와는 전혀 달라서 아내를 비롯한 여성들에게 매우 완고한 도덕적 기준을 적용한다. 이를테면, 자신은 댄스를 배우고 젊은 처녀와 연애를 하면서도 아내는 '절대로 그런 행동을 해서는 안 된다'고 하는 가부장의 이중성을 곳곳에서 보여주는 것이다. 작품 전반에서 이러한 이중적 시선이 투사되어 있는 관계로, 작품은 반여성적이고 가부장적인 가치를 전파하는 신파조와도 같은 모습을 드러내는 것이다.

『자유부인』이 곳곳에서 작위성을 드러내고 상대적으로 미흡한 대목을 보이는 것은 이런 사실과 관계될 것이다. 작가의 시선이 편견으로 채워져 있는 까닭에 등장인물들의 내면은 매우 협소한 형태로 제시되고, 심한 경우 작가의 의도에 의해 임의로 왜곡되기까지 한다. 인물들의 행위란 작가에 의해 규정되는 것이 아니라 작품 내적 논리와 흐름을 쫓아야 하고, 그것을 통해서 새로운 가치의 지평을 제시해주어야 하지만, 작가의 편협성은 그런 흐름마저 차단하고 대신 자신의 의도만을 일방적으로 강요하는 방식으로 드러나는 것이다. 그 결과 인물들은 고유한 내면을 갖지 못하고 단지 허영심만을 좇는 무책임한 인물로 그려지게 된다.

> 그러나 오늘날 자유 부인들이 놀아나는 것은, 먹고살기 위해서가 아니라, 순전히 허영 때문인 것이다. 그들의 행동은 하나에서 열까지 허영 아닌 것이 하나도 없다. 화장을 하는 것도 허영이요, 옷치장을 하는 것도 허영이요, 사교

를 하는 것도 허영이요, 계에 가입하는 것도 허영을 만족시키기 위한 행동에 지나지 않는다. 오선영 여사는, '젊다'는 허영심을 만족시키기 위하여, 철없는 대학생에게 성적 충동을 일으키게 하는 파렴치한 행동조차 사양치 않았다. 그런 허영의 괴뢰(傀儡)가 어찌 오선영 여사 한 사람뿐이랴! 민주주의란 과연 좋은 사상이기는 하다. 그러나 자유와 방종(放縱)이 혼동되어, 사회 질서가 그로 인하여 파괴될 우려가 있을 경우에는, 민주주의를 잠시 무시해도 좋으니, 여성 각자에게 지각이 생길 때까지는 아낙네들을 엄중히 단속할 필요가 있을지도 모른다.[15)]

장태연은 사려 깊고 분별력 있는 인물임에 반해 선영은 마치 단세포와도 같은 천박한 인물로 제시되는데, 이는 남성에 대해서는 관대하고 여성에게는 엄격한 이중적 시각이 적용되고 있기 때문이다. 이런 시각에 의하자면, 선영의 행동은 허영심 외에는 달리 설명할 길이 없다.

이런 사실은 이 작품보다 10년 뒤에 씌어져 널리 인기를 끌었던 이호철의 『서울은 만원이다』와 대비해보면 한층 선명해지거니와, 가령 여기서 이호철은 평범한 시골 처녀가 상경하여 매춘부로 전락하는 과정에 주목하면서 그녀의 삶을 도덕적 타락이나 허영으로 서술하지 않는다. 오히려 전락의 과정에서도 사랑을 갈구하고 삶의 의지를 포기하지 않는 주인공(길녀)의 성격을 통해서 민초들의 강인한 생명력과 삶의 의지를 포착해내고 있다. 이를테면, 창녀로 전락할 수밖에 없는 길녀의 행적을 사회적인 연관 속에서 서술하는 한층 폭넓은 시각을 견지해서 인물들이 그렇게 될 수밖에 없는 필연의 과정을 보여주는 것이다. 그런데 『자유부인』에서는 그와는 달리 당대의 도덕 기준을 바탕으로 인물들의 행동반경을 정하고 거기서 벗어난 행위를 일탈과 부정으로 규정하고 과감히 단죄하고 있다.

그렇다면 작가는 왜 이렇듯 과도한 계몽성을 근간으로 인물의 성격마저 자신의 의도대로 굴절시키는 무리수를 범한 것일까? 언급한 대로,

15) 정비석, 『자유부인』 하권, 38~39면.

이 작품은 『무정』과도 같은 계몽조의 언술을 곳곳에서 보여주며, 특히 주인공 선영은 이형식과 거의 흡사한 범주의 문제로 갈등하는 모습을 보여준다. 이를테면, 개인의 욕망을 충족하는 과정이 도덕적인 문제와 충돌하고, 그 욕망과 도덕 사이에서 방황하다가 결국 도덕에 순응하는 식인데, 이는 영채로 상징되는 도덕과 선형으로 상징되는 욕망 사이에서 갈등하다가 마침내 욕망을 좇는 것과 같은 양상이다. 물론 이광수 이후 '사랑'의 문제를 다룬 작품들은 하나같이 개인의 욕망을 중시하는 편에 서 왔고, 그것은 개아의 '욕망'을 중시하는 근대성의 구체적 표현으로 이해되어 왔다. 그런데 정비석은 그로부터 30여 년이 지난 시점에서 다시금 그 문제를 들고 나와 이광수와 정반대의 결론을 보여주는 것이다. 시대착오적으로 비쳐질 수밖에 없는 대목이다. 그렇다면 과연 정비석의 이런 태도를 어떻게 이해해야 할 것인가?

정비석이 욕망보다는 도덕을 중시한 것은 비단 이 작품에서만 보여준 태도는 아니며, 사실은 식민지 시대 이래의 일관된 특성이었다. 정비석은 「성황당」이나 「졸곡제」로 등단한 이래 줄곧 개인의 욕망보다는 사회적 규범과 가치를 강조하는 경향의 작품을 써 왔다. 주인공 '순이'가 그를 사모하는 두 남자의 유혹과 협박을 뿌리치고 다시 남편 곁으로 돌아간다는 내용의 「성황당」에서 구체적으로 목격되듯이, 정비석은 성과 토속적 자연의 조화를 강조하는 한편으로 집단과 공동체적 삶의 중요성을 환기하는 내용의 작품을 줄곧 써 왔다. 그렇기에 『자유부인』의 문제의식이 이전과 현저하게 달라졌다고 볼 수는 없다. 그런데, 주목할 점은 「성황당」이나 「졸곡제」에서는 작가가 작품 속에 직접 뛰어들어 자신의 계몽적 의도를 피력하지는 않았다는 데 있다. 작품과의 '거리'를 유지하면서 인물들의 내면을 천착하고 그런 과정을 통해서 자연스럽게 주제를 표출했으나, 『자유부인』에서는 그러한 거리감이 파괴되고 작가의 의도가 보다 적극적으로 투사되어 있음을 목격할 수 있다.

『자유부인』이 갖는 전후소설사적 의의는 이런 사실과 관계될 것이다.

즉, 욕망과 도덕의 문제에서 작가의 도덕적 의지가 두드러지는 것은 무엇보다 전쟁을 겪고 난 뒤의 참혹한 현실과 그에 대한 작가의 사회적 책임감에서 비롯된 것으로 이해할 수 있다. 「작가의 말」에서 확인되듯이, 작가가 이 작품을 쓰게 된 동기는 전후의 혼란스러운 현실, 특히 "봉건주의 사회에서 자유 민주주의 사회로 넘어가는 과도기의 가정적인 혼란상과 사회적인 부패상"을 바로잡고자 하는데 있었다. 지식인이자 사회의 지도층으로서 작가는 전후의 혼란과 도덕적 타락을 어떤 식으로든 극복하고자 했고, 그것을 새로운 가치의 창출보다는 기존의 가치를 회복하는 식으로 추구하고자 한 것이다. 즉, 새로운 시대 흐름을 부정하고 기존의 보수적인 입장에서 문제를 해결하고자 한 것이다. 그런 의도에서 작가는 수시로 작품에 개입하여 인물의 행동에 논평을 가하고 비판하는 등의 적극성을 보인 것이고, 그로 인해 작가와 작품, 화자와 인물 사이의 '미적 거리'는 파괴된 것이다. 이런 데서 작가들의 상상력마저 제약한 전쟁의 위력을 새삼 실감하게 되거니와, 전후 작가들이 보인 자의식의 과도한 표출이나 직정적(直情的)인 서사는 모두 이런 사실과 관계되어 있다.

실제로 전후소설을 주역들인 손창섭·장용학·선우휘·박경리 등의 1950년대 소설은 하나같이 작가와 현실, 작가와 인물, 수체와 객제 사이의 거리감을 확보하고 있지 못하다. 전쟁의 공포가 여전히 생생하게 작가들을 사로잡고 있었고, 또 전쟁의 전율할 체험을 미처 소화하지도 못했던 까닭에 이들은 현실에 대한 객관적인 조망력을 회복하지 못하고 즉자적이고 감정적인 태도로 현실을 대할 수밖에 없었던 것이다. 박경리가 「불신시대」에서 "사람을, 사람을 좀 미워해야겠다. 있는지도 없는지도 모르는 신을 왜 생각은 해. (…중략…) 반항을 해야겠다. 모든 약탈적인 살인자를 저주해야겠다"[16]고 절규했던 것은 전쟁 직후의 그런 격

16) 박경리, 『불신시대』(『전집』 19권), 지식산업사, 1987, 24면.

한 심리를 단적으로 보여준다. 그래서 이들은 작품 내적인 논리를 좇기보다는 자신의 의도와 감정을 일방적으로 토로하는 직정적이고 감정적인 서사를 구사했던 것이다. 전후소설의 중요한 특성의 하나는 바로 이 점이고, 『자유부인』은 그러한 특성을 전형적으로 보여주는 것이다. 더구나 정비석은 지식인으로서의 책임감을 강하게 자각하고 있었던 까닭에 현실에 대한 비판은 한층 단호할 수밖에 없었을 것이다. 그러므로, 작품의 과도한 계몽성은 시대착오적인 것이라기보다는 오히려 전후의 특수한 현실을 이해하게 해주는 구체적인 사례이고, 『자유부인』의 문학적 의의는 이렇듯 전후소설의 존재 방식을 단적으로 보여준 데 있다.

4. 전후의 질곡과 문학의 파행성

한국의 현대사를 사회 전반에 걸친 근대성(modernity)의 제도적 정착 과정으로 이해한다면, 현대문학의 역사란 그것을 미적으로 구현하는 과정이라 해도 좋을 것이다. 근대성의 핵심을 이성의 원리로 본다면, 근대란 이성이 삶의 지배적인 원리가 되는 세계를 의미한다. 물론 이 과정에서 이성적 측면은 삶의 비이성적 측면과 일정한 관계를 맺지 않으면 안 될 것이다. 문학이란 실상 이러한 관계의 장(field)[17]으로 이해될 수 있을 것이다. 전쟁과 휴전, 뒤이은 이승만 독재로 이어지는 한국의 50년대는 한국적 근대의 기틀이 형성된 시기였다. 개항 이래 시대의 거친 파고를 헤치면서 근대라는 거함에 승선하기는 했으나 일제 강점기와 해방기를 거치면서 자력에 의한 근대화의 '주체'로 나섰던 적은 한 번도 없었고,

17) 김우창, 「감각·이성·정신」, 『한국문학이란 무엇인가』, 민음사, 1995, 13~19면.

전쟁은 그 나마의 성과마저 황폐화시켜 분단이라는 새로운 질곡 요인을 첨가하는 또 다른 불행을 초래하였다. 『자유부인』에서 목격되는, 전후의 황폐한 현실에서 새롭게 유입된 서구 합리주의와 재래적 가치의 갈등은 이러한 근대화 과정의 한 단면을 보여주는 셈이다. 또 사회 전반에 확산되기 시작한 물신주의와 천민자본주의적 파토스는 6·25가 우리에게 남긴 것이 단지 엄청난 양의 물질적 파괴뿐만 아니라 정신적인 천민성과 추악한 이기심, 곧 근대성의 부정적 측면이라는 사실을 시사해준다.

현대문학의 전개 과정에서 전쟁은 또한 작가의 상상력을 근원적으로 제약하고 문학적 근대성의 성취를 방해하는 요인으로 작용하였다. 『자유부인』의 중심축이 되는 전통적 가치와 개인적 욕망의 대립은 전근대적 세계에서 근대적 세로로 이행하는 과정에서 흔히 목격되는 평범한 대립 구도로 볼 수도 있다. 하지만, 정비석은 그런 시대의 흐름을 인정하고 있었고 또 거기에 저항하는 것은 "그야말로 당랑거철(螳螂拒轍)에 불과하다는 것"(상권, 244면)을 알고 있음에도 불구하고 그런 흐름을 외면한 채 전근대적인 가치로 회귀하는 특이한 모습을 보여주었다. 그것은 전후의 현실에서 무엇보다 중요한 것이 사회적 안정이라는 점, 그런 생각에서 그는 계몽적 의지를 적극적으로 피력했던 것으로 보인다. 하지만 그러한 계몽성은 이미 근대 초창기에 소화된 주제였다는 점에서 그 한계 또한 분명하다. 더구나 작가의 주장은 보수적 시각에 바탕을 둔 것이라는 점에서 작품의 성과를 이중으로 제한하는 역할을 수행한다. 선형의 외도는 단순한 허영심의 표현이 아니라 그 자체로 강한 시대성을 갖는 것이고, 오병헌의 비행 역시 그렇게 될 수밖에 없는 사회 구조적인 이유를 갖고 있다. 작가가 문제의 근원을 보다 개방된 시선으로 천착했더라면 이들 인물은 단순한 일탈자가 아니라 전후 사회와 유기적으로 결합된 현실성을 갖게 되었을 것이다.

비슷한 소재를 다룬 『인형의 집』이나 『채터리 부인의 사랑』이 평가

되는 것은 그런 사실과 관계될 것이다. 입센이 '노라'로 하여금 가출을 결행하게 한 것은 그런 행동을 하게 만든 남편의 기만적인 행동을 진지하게 성찰한 결과이고, '코니'가 남편과 이혼하고 산지기와 결혼 결심을 굳힌 것은 로렌스가 그녀의 행동에서 인간성의 새로운 개화(開化)를 발견했기 때문이다. 이들 작품은 보수적이고 닫힌 시각이 아니라 개방적인 시각을 통해서 삶의 새로운 가능성을 천착했으나, 『자유부인』은 그와는 달리 기존의 도덕관을 재확인하는 식으로 서사를 종결하는 안이한 수준에 머문 것이다. 그것은 언급한 대로, 작가에게 욕망의 자유로운 표출보다는 기성의 가치를 간직하고 사회를 안정시켜야 한다는 의도가 강박관념처럼 작용하고 있었기 때문이다. 이런 데서 이 작품은 자주적 근대화의 출발기였음에도 불구하고 전쟁으로 말미암아 또 다시 왜곡될 수밖에 없었던 현대문학의 파행적 단면을 다시금 확인시켜 준다. 현대소설의 전개 과정에서 작가들이 전쟁의 체험에서 벗어나 객관적이 시각과 거리감을 갖기 시작한 것은 이러한 혼돈을 경과한 뒤인 1960년대 이후였다. 통속소설로 비판받고 그간 논의의 대상에서 배제되었던 작품임에도 불구하고 『자유부인』이 1950년대 문학을 살피는 과정에서 홀시될 수 없는 이유는 이렇듯 1950년대 소설의 특성을 단적으로 보여주었기 때문이다.

주체의 신념과 절망의 변주곡

손창섭론

1. 손창섭 소설의 주체와 화자

근대의 부정성이 맹위를 떨치고 있음에도 불구하고 '주체'의 문제는 여전히 유효하다. 각종 비판철학이 논의되고 또 '타자'의 문제가 중요한 관심사로 회자되고 있음에도 불구하고, 그 바탕에는 합리적이고 성숙한 주체에 대한 열망이 내재되어 있다. 우리는 아직도 분단으로 인한 파행적 근대를 살고 있고, 세계화의 거센 소용돌이는 그것을 타개할 전망을 더욱 미궁 속으로 몰아넣고 있다. 그런 이유에서 '주체'를 고민한다는 것은 과거와 현재를 돌아보고 근대성(modernity) 전반을 성찰하는 계기가 될 것이다.

소설에서 '주체'란 작중의 서사를 구성하고 조종하는 중심이라 할 수 있다. 소설이 작가의 체험과 가치를 재구성하고, 그것도 체험의 단순한 재배치가 아니라 중요한 것과 사소한 것, 옳은 것과 그른 것, 아름다운 것과 추한 것을 선별하고 배제하는 과정을 전제한다면, 주체는 대상을 수용하고 평가하는 근본 원인(原因)과도 같다. 주체는 물론 타자를 전제한다. 자신의 완고한 성채에서 벗어나 타자의 메시지를 받아들이고 그것에 자신을 동일시하는 과정을 통해서 주체는 거듭난다. 개인이 인간으로서, 혹은 특정한 주체로서 어떤 동일성을 획득하고 유지한다는 것은 바로 이러한 주체가 되었음을 뜻하며,[1] 사실 소설이란 이 주체를 전제하는 양식이다. 더구나 서사(敍事)란 삶의 현실 연관성에 대한 성찰이고, 그것은 주체와 타자, 주체와 세계의 관계에 대한 인식을 전제한다. 루카치가 갈파한 대로 소설은 '근대적 자아(주체)의 길 찾기 과정'이 아니던가. 세계로부터 분리되어 자기 정체성을 소유한 개별화된 주체의 길 찾기 여정이 소설 속 주인공이 걷는 길이고 동시에 그로 형상된 작가의 길 찾기 과정인 것이다. 그러므로, 작가 자신의 맨 얼굴이자 육성과도 같은 실제 모습으로, 혹은 작중 화자나 인물의 목소리를 빌어서 드러나는 주체는 작가와 작품을 이해하는 중요한 매개라 하겠다. 이 글이 손창섭을 주체의 측면에서 고찰하고자 하는 것은 이런 사실의 연장에 놓여 있다.

전후 작가 중에서 손창섭만큼 많은 연구가 이루어진 경우도 드물다. 초기의 평론 수준의 논의에서 최근의 학위논문에 이르기까지 많은 논자들이 손창섭 소설의 특성을 천착해 왔다. 작가의식의 독특함에서 작품의 특성을 찾는 작가론적 연구나, 아이러니(irony)와 시점(視點) 등 작품의 형식적 특성에 주목한 연구, 또 전후 현실과의 상관성을 중심으로 작품의 의미를 해명한 경우 등이 그러한 사례라 할 것이다.[2] 이를 통해

---

1) 주체에 대해서는 다음 글을 참조하였다. 『자크 라캉 : 욕망이론』(J. Lacan, 권택영 편역, 문예출판사, 1996년), 『철학의 탈주』(이진경 외, 새길, 1995), 『현대성과 자아정체성』(A. Giddens, 권기돈 역, 새물결, 1997), 『탐구』 1 · 2(가라타니 코오진, 권기돈 역, 새물결, 1998), 『타자들』(최종렬, 백의, 1999), 『주체』(이정우 외, 산해, 2001) 등.

2) 손창섭에 대해서 많은 연구물이 있으나, 이 글은 주로 다음 논문들을 참고하였다. 「모

서 손창섭 소설의 특성과 의미는 상당한 정도로 해명되었다. 하지만 기존 논의는 대부분 1950년대 소설을 대상으로 한 것이었다. 손창섭이 왕성하게 작품 활동을 했던 시기가 1950년대이고 그런 이유에서 1950년대에 논의가 집중된 것으로 보이지만, 손창섭이라는 한 작가를 온당하게 이해하고 1950년대 소설을 보다 객관적으로 조망하기 위해서는 1960년대 이후까지를 고려해야 할 것이다. 아울러 1950년대 소설과 1960년대 이후의 소설을 단절적으로 이해하는 태도 또한 동의할 수는 없다. 가령, 1950년대 소설은 주관적 자의식에 바탕을 둔 모더니즘 소설이고 1960년대 이후는 현실에 대한 객관적 인식에 바탕을 둔 리얼리즘 소설이라는 견해는[3] 한 작가에게 존재하는 서로 다른 두 경향을 논리적으로 해명하지 못할 뿐만 아니라, 개념에 긴박되어 작가의 본질적 특성마저 왜곡할 우려가 있다. 중요한 것은 한 작가를 근본에서 규율하는 내적 특질과 그것이 상황에 따라 어떠한 모습으로 발현되는가를 구명하는 일이 될 것이다. 이 글이 '주체'의 문제에 관심을 두는 것은 이 일련의 과정을 매개하는 것이 바로 '주체'라는 생각 때문이다.

이 과정에서 주목하게 될 항목은 작품 속에서 목격되는 '화자(話者, narrator)'이다. 작품에서 주체는 대개 화자를 통해서 드러난다. S. 채트먼의 지적대로, 모든 서사물은 '이야기'라고 불리는 내용의 국면과 '담론'이라 불리는 표현의 국면을 갖고 있다.[4] 여기서 표현의 국면은 서사적 진술들의 모임이고, 진술은 어떤 특정한 발현보다 독립적이며 추상적인

멸과 연민」(유종호), 「희화화된 애국자」·「자기모멸의 초상화」(정창범), 「수인의 미학」(이어령), 「긍정에의 의욕」(김우종)(이상 『현대한국문학전집』 3권, 신구문화사, 1981의 부록), 「손창섭 소설의 서술자 양상 연구」(김현희, 충남대 석사논문, 1992), 「손창섭 소설연구」(정은경, 고려대 석사논문, 1993), 「손창섭 소설의 아이러니 연구」(김지영, 고려대 석사논문, 1996), 「손창섭 소설에 나타난 주체형성 연구」(김지영, 서울대 석사논문, 1997), 「손창섭 소설 연구」(김진기, 건국대 박사논문, 1999), 『작가 연구』 1(「손창섭 특집」, 새미, 1996년) 등.

3) 『1960년대 문학연구』(민족문학사연구소편, 깊은샘, 1998)에 수록된 하정일·정희모·차혜영의 글 참조.

4) S. 채트먼, 한용환 역, 『이야기와 담론』, 고려원, 1991, 172면.

표현 형식의 기본적인 구성요소이다. 물론 이 모든 요소를 구성하고 배치하는 것은 작가이다. 반면, 화자는 작품의 진술에 관계되는 존재이지만 작가의 대리인으로 등장하는 경우가 많다. 물론 작가와 화자는 분리되고 또 동일한 존재도 아니다. 그런데 흥미롭게도 손창섭 초기작에서는 작가와 화자는 동일 인물인 경우가 많다. 인물의 행위와 심리를 서술하다가 화자는 돌연 작가의 개인사를 떠올리고 그것을 인물에 투사한다. 그런 까닭에 화자와 인물 사이에는 '거리(distance)'가 존재하지 않으며 작품은 일종의 모놀로그(monologue)와도 같은 양상을 보여준다. 그런데 1960년대 소설에 이르면 인물과 화자 사이에 '거리'가 개입하고 인물의 행동 또한 합리적 시각에서 한층 객관화되어 조망된다. 말하자면 주체의 시선에 '타자'가 개입하고 작품의 서술 역시 서로 다른 시선이 교차하는 등 한층 복합적인 양상을 드러내는 것이다.

본고는 이런 주체와 화자의 개념을 중심으로 초기작의 특성과 의미를 해명하고, 그것이 『낙서족』(1959)을 거쳐 1960년대 이후의 「신의 희작」에 이르면서 어떻게 변화되는가를 살펴보고자 한다. 이를 통해서 본고는 그 동안 불명료하게 처리되었던 손창섭 소설의 변화 과정을 논리적으로 해명하고, 나아가 분단 현실을 살아가는 작가와 '주체'의 문제를 생각해 보고자 한다.

2. 초기 소설의 즉물성과 유아성

손창섭의 초기작은 매우 그로테스크하다. 인물의 비정상적인 성격이나 병적인 행동뿐만 아니라 작품의 배경이나 분위기 또한 다른 소설에서 찾기 힘든 특이한 모습이다. 초기의 인물들은 주변 환경과의 교섭을 거부하고 폐쇄된 공간 속에 칩거하며 미래에 대한 꿈을 전혀 갖고 있지 못하다. 근대적 주체의 눈으로 보자면 이해될 수 없는 이러한 모습은 전쟁이라는 상황의 특수성을 전제하지 않으면 그 의미를 포착해내기가 쉽지 않다.

많은 논자들이 주목한 것처럼, 「비오는 날」의 동옥은 절름발이이고, 「생활적」의 순이는 죽어 가는 병자이며, 「혈서」의 준석은 다리병신이고, 「사연기」의 성규는 송장과도 같은 폐병환자이다. 「광야」의 춘화는 벙어리이고, 「사연기」의 성규는 폐결핵 말기의 환자로 먼지와 그을음과 파리똥으로 절은 음침한 방에서 죽음을 앞에 두고 있다. 우중충한 동굴 같은 방에서 폐병 균을 쏟아 내는 송장이나 다름없는 성규를 두고 작중의 화자는 "차라리 죽여 줄 수 없을까" 하는 살인의 유혹을 받기도 한다. 「비오는 날」의 동옥은 "백지에 먹으로 그린 초상화 같은 얼굴"을 한 절름발이 소녀로 세상 사람들이 모두 자기를 조소하고 멸시한다는 생각에서 일절 바깥출입을 하지 않는다. 「혈서」의 인물들 역시 불구적이기는 마찬가지이다. 준석은 세상에 대한 원망과 분노로 가득한 가짜 상이군인이고, 창애는 흰 거품을 물고 쓰러지는 간질병 환자이며, 규홍은 시를 짓는 문학청년이지만 비정상적인 관념에 사로잡혀 있다. 이들의 삶이란 「인간동물원초」에서 갈파된 대로 '먹고 배설하고 자는' 동물과 다를 바 없고, 그래서 이들이 연출하는 분위기는 병적이고 참담하다.

이들은 또한 서로를 이해하고 배려하는 도덕성을 갖고 있지 못하다. 아내와 자식이 있으면서도 버젓이 처녀와 결혼식을 올리는 「공휴일」의 유부남이나, 성한 사람으로는 도저히 볼 수 없는 귀기(鬼氣) 서린 눈을 가지고 아내에게 그 병을 옮기지 못해서 안달하는 「사연기」의 성규, 불구자 동생을 믿지 못하고 저주를 퍼 붇는 「공휴일」의 동욱, 거기다 불쌍한 동옥의 돈을 가로채서 도망가는 주인집 노파, 동옥을 매춘부로 팔아먹는 주인 남자 등은 한결같이 정상적인 가치관을 소유하고 있지 못하다. 「유실몽」에서는 이 도덕불감증이 반윤리라는 극단의 모습을 드러낸다. 누이는 옆에서 누워 자고 있는 남동생을 의식하지 않고 외간 남자와 정사를 벌이고 또 수시로 남자를 바꾼다. 도덕과 사회성이 배제된 인간의 수성(獸性)적 속성을 거침없이 보여주는 것이다.

손창섭 초기작의 대부분이 이러한 모습을 보이는 것은 무엇보다 미성숙한 주체에 의해서 작품이 조율된 데 원인이 있다. 초기작을 통해서 확인할 수 있는 '주체'는 '사회적 주체'로 정립되기 이전의 이른바 '상상적 동일시' 단계의 소박하고 유아적인 모습이다. 작중 주인공을 통해서 확인할 수 있는 이러한 모습은 작중 인물에 국한된 것이 아니라 작가 자신의 실제 모습이라 해도 과언이 아니다. 인물과 작가가 일치하고 그래서 작중의 인물은 작가를 대리하는 분신이자 '주체'나 다름없는데, 이들은 하나 같이 자기 동일시의 욕망과 대상을 갖고 있지 못하다. 마치 죽음과도 같은 사물화된 상태로 존재하는 게 초기 인물들의 삶이다. 가령, 「공휴일」의 '도일'은 외부와의 관계를 차단한 채 종일 방안에서만 지내는 것을 다행으로 여기고 자기를 둘러싸고 있는 주변 인물들에게 전혀 흥미나 애정을 느끼지 못한다. 그래서 혈연관계의 인연에 대해서조차 무감각한 협착한 세계 속을 살아간다. 「사연기」에서 죽음을 기다리고 앉아 있는 '성규'나 하루하루 소진해 가는 남편을 지키고 있는 '정숙', 그리고 팔일오 해방 이래 한결같이 계속되는 초조·불안·울분·공포·권태 속에서 물심 어느 편으로나 잠시도 안정감을 경험해 본 적이 없는 '동식' 등은 삶에 대한 희미한 의욕마저 갖고 있지 못하다. 또 『생활적』의 '동주'는 살아 있으니까 죽을 수 있다고 생각하고, 그것만이 자기가 확신할 수 있는 단 하나의 '장래'라고 생각한다. 이렇듯 하나 같이 자기 세계 속에 칩거할 뿐 스스로를 반성하고 투사하는 동일시의 욕망과 대상을 갖고 있지 못한 게 초기작의 인물들이다.

그런데, 하나의 개인이 온전한 주체로 성장하기 위해서는 타자와의 차이를 인정하고, 그 타자에 대한 동일시를 통해서 스스로 운동하는 존재가 되어야 한다. 라캉의 주장을 참조하자면, 하나의 개인이 온전한 주체로 성장하기 위해서는 상상계와 상징계의 단계를 통과해야 한다. 상상계란 인간과 세계, 자아와 타자, 자아와 자아 표현을 명백하게 구별하지 못하는 유아적 상태를 지칭하는 말로 이 상상계 속에서 자아는 대상과 거리를 갖지 못한다. 상상계에서 '타자'는 자신의 심상을 비추어 보는 거울이 되고 대상은 종잡을 수 없는 불연속성에 굴복한다. 개별적인 주체와 독립적인 타자가 없는 까닭에 삶은 거울 속의 놀이, 자기 반사의 놀이라는 형태가 되며, 존재의 결여를 채우기 위한 지칠 줄 모르는 탐욕에 지배되는 것이다. 말을 바꾸자면, 거울을 바라보는 주체는 거울 속의 대상만을 절대시할 뿐 자신이 또 다른 타자에 의해 보여진다는 것을 자각하지 못하고 단지 거울 속의 대상만을 실재로 믿고 거기서 벗어나지 못하는 고착상태를 보여준다. 유아를 대상으로 한 라캉의 이러한 견해를 손창섭에게 그대로 적용할 수는 없지만, 작품에서 드러난 화자의 태도는 특이하게도 이 유아기의 모습과 흡사하다는 점에서 손창섭의 정신 상태를 이해하는데 적잖은 시사를 받을 수 있다.

> 아침이 되어도 동주(東周)는 일어날 생각을 하지 않는다. 송장처럼 그는 움직일 줄을 모른다. 그만큼 그의 몸은 지칠 대로 지쳐 버린 것이다. 몸뿐이 아니다. 마음도 곤비(困憊)할 대로 곤비해 있었다. 심신이 걸레 조각처럼 되는 대로 방 한구석에 놓여 있는 것이다. 걸레 조각처럼! 이것은 진부한 표현일지 모른다. 그렇지만 동주의 주제를 나타내는 데 이에서 더 적절한 말은 없을 것이다. 기름기 없이 마구 헝클어진 머리털, 늙은이같이 홀쭉하니 졸아든 채 무표정한 얼굴, 모서리가 닳아서 너슬너슬해진 담요로 싸고 있는 야윈 몸뚱이, 그러한 꼴로 방 한편 구석에 극히 작은 면적을 차지하고 누워 있으니 말이다. 정물인 듯 가만하고 있다가도, 반시간이 못 가서 그는 한 번씩 돌아눕곤 한다.[5)]

"송장처럼 움직일 줄을 모른" 채 골방에 틀어박혀 있는 까닭에 이들

5) 손창섭, 「생활적」, 『현대한국문학전집』 3, 신구문화사, 1981, 152면.

로부터 자신에 대한 반성이나 자기의식의 욕망을 찾기란 불가능하다. '보여짐'을 의식하지 못하는 까닭에 주변의 상황이란 존재할 수 없고 오직 무력한 자의식만이 절대화되어 드러난다. 그런 점에서 이들에게 '타자'란 없는 것이나 다름없다.

이런 사실은 작가 손창섭의 개인사를 통해서도 확인되거니와, 전쟁은 손창섭에게 현실에 대한 엄청난 환멸감을 심어주었고 주변의 타자를 적의와 부정의 대상으로 각인시켜 놓았다. 「아마튜어 작가의 변」에서 고백된 대로, 불우한 가족사를 갖고 있었던 손창섭은 "따뜻한 가정과 사랑이라는 것을 모르고 어려서부터 거칠고 냉혹한 현실의 물결 속에 던져져야 했"고 "이렇게 해서든지 살아야 된다는 발악과 함께, 육체와 정신은 건전한 발육을 가져오지 못하고, 나날이 위축되고 야위어 가고 일그러져만 갔"고, 그것을 스스로를 자각했을 때는 "부모도, 형제도, 집도, 나라도, 돈도, 생일도 없는 완전한 영양실조에 걸린 육신과 정신의 고아"[6]였음을 알게 된다. 이런 정신의 불모 상태에서 전쟁이라는 아비규환의 폭력을 경험한 까닭에 손창섭에게 '타자'란, 반성하고 의탁할 수 있는 대상이 아니라 "이기와 위선에 찬 적(敵)"으로 드러난다. "그렇게도 절실히 내게 필요한 것들을 남들만이 모두 차지하고 있었다. 뿐만 아니라 그들은, 나도 가질 권리가 있는 그런 것들을 독점한 채, 분여(分與)하려 하지 않았다. 여기서 그것들을 뺏기 위한 나의 타인(他人)과의 투쟁은 더욱 격렬해질 수밖에 없었다"[7]고 한다. 그런 까닭에 그에게 타자란 동일시(同一視)의 대상이기보다는 적의와 부정의 대상일 수밖에 없었다.

손창섭의 초기작이 '모놀로그(monologue)'의 형태로 드러나는 것은 이러한 작가의 왜곡된 심리가 작품에 직설적으로 투사되어 작품에 대한 거리감 형성을 방해하고 있기 때문이다. 작품에서 어떤 유형의 화자가

6) 손창섭, 앞의 글, 앞의 책, 473면.
7) 손창섭, 앞의 글, 앞의 책, 474면.

어떤 시각으로 사건을 바라보느냐에 따라 사건은 어느 부분이 강조되고 또 어느 부분은 삭제되고 하는 서술의 양상과 소설 전체의 의미에 상당한 영향을 주는데,[8] 초기작에서 목격되는 화자는 대체로 대상 인물과 거리를 유지하지 못하고 일체화된 상태로 나타난다. 이를테면, 화자에게 타자로 존재해야 할 작중 인물은 진정한 의미의 타자가 아니라 화자와 '동일한 타자'인 셈이다.

> 이번 피난통에 드러나게 주름이 늘어난 모친의 얼굴을 그는 한참이나 물끄러미 바라보다가 느닷없이 뚱딴지같은 말을 묻는 것이었다.
>
> ①"어머니가 정말 저를 낳으셨수?"
>
> ②이 어린애 같은 질문에 어머니는 그만 어처구니가 없어서 무어라고도 대답 못 했다. 어머니의 얼굴을 들여다보고 있노라면 어인 까닭인지 이이가 어째 내 어머니일까? 그렇게 도일에게 느껴지는 것이었다. ③혈연관계의 인연이 그에게는 어인 까닭인지 도무지 애정적으로 느껴지지가 않았다. 직장에 있어서 자기 위의 과장이나 부장이 갈려 새 사람이 오듯이 부모나 형제라는 것도 그렇게 쉬 바꾸어질 수 있을 섯처럼 도일에게는 생각되는 것이었다.[9] (강조는 인용자)

여기서 화자의 역할이란 도현이 ①과 같은 말을 하게 된 내면의 이유를 설명하는 데 바쳐진다. 또 ②에서 "어린애 같은 질문"이라고 작가는 인물의 행동에 대한 평가를 내리고 있지만, 바로 다음에 도현의 내면을 이해하고 설명하는 ③과 같은 진술을 첨부함으로써 도현의 행동을 당연한 것으로 합리화한다. 작가와 인물 사이에 존재하는 '거리'가 인물과 동일시된 화자의 부연으로 사라지고, 작중의 인물은 독립성을 갖지 못한 채 화자의 생각과 가치를 전달하는 대리인으로 전락하는 것이다. 게다가 이 과정에서 화자는 손창섭의 개인사를 연상케 하는 과거의 기억들을 수시로 환기함으로써 작가와 화자, 인물은 서로가 분리되지 않는

8) 서술자(혹은 화자)에 대한 자세한 언급은 F. K. 슈탄젤의 『소설의 이론』(김정신 역, 문학과지성사, 1988) 참조.

9) 손창섭, 「공휴일」, 앞의 책, 21면.

하나의 존재라는 사실을 은연중에 암시한다. 조그만 방안에 틀어박혀 신문이나 잡지에 게재할 글을 쓰고 최근에 바다를 건너온 각종 잡지며 신문을 뒤적이는 도일의 모습에서 작가의 실제 모습을 떠올리는 것은 그리 어려운 일이 아니다. 이런 점들은 자전소설 「신의 희작」을 비롯한 「공휴일」·「사연기」·「생활적」·「혈서」·「미해결의 장」·『낙서족』 등 거의 모든 작품에서 확인되는데, 가령 해방되던 해 봄에 한국 청년과 결혼해 가지고 해방이 되자 곧 남편을 따라 한국으로 나왔다는, 손창섭의 아내를 떠올리게 하는 춘자의 일화(「생활적」), 친구집을 전전하면서 취직자리를 찾아 전전하는 달수의 모습(「혈서」), 일본에 밀항하여 기행을 되풀이하면서 일본 여자를 폭행하는 도현의 행동(『낙서족』) 등은 모두 작가의 개인사에 바탕을 둔 진술들이다.

이와 같이 초기작은 인물과 화자, 그리고 작가가 동일 인물로 존재하기 때문에 인물과 화자 사이에는 비판적 거리감이 존재하지 않고 작품은 모놀로그와도 같은 형태를 보여주는 것이다.[10] 초기소설의 인물들이 무기력한 의식 속을 방황하며 실존을 감당하지 못하는 것은 이렇듯 주체가 즉물적이고 유아적인 상태에서 벗어나지 못하고 있기 때문이다.

---

10) 실제로, 초기작을 주로 수록한 『손창섭 대표작전집』 1~4(1970)에 실린 43편의 작품 중에서 35편이 3인칭 시점이고, 단지 8편이 1인칭 시점이다. 3인칭 시점을 상대적으로 선호하는 것을 볼 수 있는데, 그것도 35편 중에서 전지적 시점은 10여 편 정도이고, 그 나머지는 모두 인물 시각적 서술자 시점으로 되어 있다. 다시 말하면, 총 43편의 작품에서 약 10여 편만 이야기 외부에 서술자를 위치시켰고, 그 나머지 30여 편은 이야기 내부에 서술자를 위치시켜 이야기를 담화해 낸다. 김현희의 「손창섭 소설의 서술자 양상 연구」(충남대 석사논문, 1992) 참조.

3. 타자의 시선과 주체의 균형감각

『낙서족』(1959)은 1950년대의 과잉된 자의식에서 벗어나 객관적인 거리감을 회복하는 과정을 보여준 소설이다. 전후의 현실에서 식민치하로 시선을 돌리고 한 청년의 독립에 대한 열정을 그린 이 작품은 손창섭의 첫 장편일 뿐만 아니라 해방 후에 처음 본격적으로 쓰인 일제시대에 관한 소설이라는 데 의미가 있다.[11] 1950년대의 세계에서 벗어나 사회와 역사 현실로 시선을 돌리고 서사의 지평을 확대한 것은 작가의 변신을 무의식적으로 암시한 것이고, 실제로 손창섭은 『낙서족』 이후 「신의 희작」, 『부부』(1962), 『길』(1968)을 통해서 이전과는 확연히 구별되는 변화를 보여준다. 주관적 관념 속에 파묻힌 미성숙한 주체를 반영했던 단계에서 벗어나 점차 타자를 의식하고 수용하는 사회적 주체로 변신하는데, 『낙서족』은 이러한 변화의 중간 단계에 놓인 작품으로 그 두 개의 국면을 동시에 보여준다. 이를테면 작품에는 초기의 미성숙한 주체의 모습과 이후의 성숙한 주체의 시선이 교사되고, 그 둘의 어색한 길항관계로 인해 작품은 소극(笑劇)과도 같은 특유의 희화적 분위기를 드러내는 것이다. 그런 점에서 『낙서족』은 손창섭 소설의 전개 과정에서 중요한 결절(結節) 지점으로 이해할 수 있다.

『낙서족』의 내용은 사실 간단하다. 작품의 초점은 주인공 도현의 기괴한 행적에 맞추어져 있다. 그는 만주에서 독립운동을 하는 아버지와 좌익운동을 하는 숙부를 둔 지사 집안의 아들이다. 도현은 주위의 감시와 압박을 이기지 못하여 만주로 탈출을 시도하지만 실패하고 대신 삼촌의 도움을 받아 일본으로 밀항한다. 하지만 일본에서도 경찰의 감시를 피할 수 없는 상황이다. 도현이 연락을 취하는 국내의 친구 덕기가 일경의 끄나풀인 자기 형에게 정보를 고스란히 뺏기고 있었던 까닭이

11) 송하춘, 「전후시각으로 쓴 첫 일제체험」, 『작가 연구』, 새미, 1996, 69면.

다. 계속되는 일경의 감시와 압박을 견딜 수 없었던 도현은 수시로 하숙을 바꾸면서 감시를 피하고자 하지만 그것이 오히려 경찰의 경계를 더욱 강화하는 결과를 초래한다. 이에 도현은 일경에 맞서서 천황을 암살하려는 계획을 세우고 그를 추종하는 몇몇 유학생들과 함께 다이너마이트 제작에 들어간다. 그런데 그런 무모한 계획은 성공할 수 없고 오히려 희생만 불러올 뿐이라는, 도현이 존경해마지 않는 상희의 완강한 반대에 부딪히고, 결국 도현은 계획을 포기하고 상희의 권유대로 중국으로 밀항한다.

이런 내용의 작품에서, 우선 도현의 성격이 초기 인물들과 크게 다르지 않다는 것을 알 수 있다. 초기작의 인물들처럼 도현은 주관적 환상 속에 사로잡혀 스스로를 반성하지 못한다. 자신의 행동이 상식적으로 도저히 이루어질 수 없는 기행임에도 불구하고 그것을 깨닫지 못할 뿐만 아니라 맹신하기까지 한다. 아버지가 독립운동에 관여한다는 사실에 큰 자부심을 갖고 있고 그것이 그를 규율하는 중요한 요인이 되고 있지만, 실제 행동은 그와는 거리가 멀다. 도현의 엉뚱한 행동은(희화화된 모습은) 작품 곳곳에서 목격되는데 가령, 친구와 독립단원 이야기를 주고받다가 갑자기 '건잡을 수 없는 분노와 복수심'에 사로잡혀 '경찰을 한번 멋지게 곯려주고 싶다'고 생각하고 곧바로 조선은행에 협박 전화를 걸어 독립 자금을 요구한다. 또, 상희에게 육체적인 흥분을 느끼지만 말 한번 걸지 못하고 대신 집으로 돌아온 뒤 곧바로 하숙집 주인의 딸 노리코를 강제로 성폭행한다. 하지만 도현은 그런 자신의 행위를 "일경에 대한, 아니 일본인 전체에 대한 복수"라고 합리화한다. 이를테면 "일본 사람 전부가 달라붙어서 노리코에게 이렇게 하라는 거나 마찬가지"라고 정당화하는데 이 역시 정상인의 행동은 아니다. 이렇게 보자면 도현은 타자를 의식하지 못한 채 주관 속에 갇혀 있는 과대망상의 돈키호테와 다름없다. 말하자면 개별적인 주체와 독립적인 타자가 없는 까닭에 도현의 삶은 거울 속의 놀이와도 같은, 존재의 결여를 채우기 위한 지칠 줄 모르는 탐욕에 지배되고, 그래서 민족적 투쟁으로 서술되는 은행 협박 소동이나 다이너마이트 제작·테러 기도 등은 전혀 진정성을 갖지 못하는 것이다.

하지만 그럼에도 불구하고 도현이 주목을 끄는 것은 미흡하나마 '타자'를 의식하고 수용하는, 초기작에서 보인 인물들과는 다른 모습을 보여준다는 데 있다. 그것은 우선, 상희와의 관계를 통해서 드러난다. 도현이 누구보다도 존경하고 따르는 상희는 도현의 희극적 성격을 드러내는 대조적 존재이지만, 한편으론 도현에게 "가슴이 쩌릿하도록 신선한 모습", "고상하고 진실한 여자", "신성하고 벅찬 딴 생명의 감촉"을 느끼게 하는 여자로 이상화되어 나타난다. 그녀는 손창섭 소설에서 찾기 힘든 합리적이고 냉철한 사고방식을 소유한 인물로, 그녀 또한 3·1 운동으로 희생된 아버지를 둔 독립 운동가 집안의 자식이다. 그래서 동병상련의 심정으로 도현을 이해하고 후원한다. 그런데 도현은 그와는 달리 상희의 아름다운 외모와 분별 있는 행동에 감격한 상태이고, 상희의 말이라면 죽는 시늉까지 서슴지 않을 정도로 맹신적이다.

도현이 상희의 말을 수용하는 것은 상희가 그에게는 절대적인 타자로(라캉의 표현을 빌리자면 대타자 A로) 작용하기 때문으로 볼 수 있다. 가령, 노리꼬가 자살을 하자 도현이 심한 죄의식에 사로잡혀 스스로를 저주하고 뉘우치는 것은 상희의 냉철한 모습을 의식한 때문이고, 또 다이너마이트를 제작하여 천황을 살해하겠다는 계획을 중도에 철회한 것도 상희의 설득 때문이었다. 상희는 도현의 행동이 자기만을 희생시킬 뿐인 무모한 짓이라고 비판하고 대신 중학을 마치고 대학에 진학해서 차분하게 힘을 기른 뒤 결정적인 시기가 되면 행동에 옮기라고 권유한다. 상희의 이런 설득이 작용해서 도현은 자신의 행위를 중단하는 것이다. 그런 점에서 상희가 도현에게 원하는 모습이란 곧 타자가 요구하는 도현의 모습이고, 그것은 바로 타자를 거쳐서, 타자의 메시지를 통해 형성된 사회적 주체로서의 도현의 모습인 것이다. 상징적 동일시란 타자를 통해서, 곧 상징적인 것을 통해서 형성된 '나'의 이미지와 자신이 동일하다고 가정하는 것이고, 결국은 타자의 메시지를 그 이미지를 통해 받아들이고 그 이미지의 지배 하에 포섭되는 것을 의미한다.[12] 작품 전반에서 도현이 과대망상증에 사로잡힌 인물로 제시됨에도 불구하고 한편으론 현실성을 갖는 것은 상희를 통해서 점차 타자를 인식하는 합리적인 면모를 보여주기 때문이다.[13]

『낙서족』이 이전 작품과는 달리 한층 현실성을 획득하는 또 다른 이유는, 도현을 바라보고 서술하는 '화자'의 시선과 관계된다. 작가의 분신이나 다름없는 화자는 작중인물과는 엄정한 거리를 유지하는데, 이는 사회적 주체로 정립되는 작가의 모습을 무의식적으로 드러낸 것으로 이해할 수 있다. 화자는 인물로부터 거리를 유지하면서 그를 관찰하고 비판한다. 이를테면, 도현의 행동을 서술하는 과정에서 그의 행동이 마치 돈키호테와도 같은 영웅적 환상에 사로잡혀 있음을 부단히 환기하고 그것이 갖는 사회적 의미를 상기시킨다.

> 덕기의 편지는 도현에게 무거운 압박감을 가중해 주었다. 그것은 모친이나 자신이 어떤 거대한 바위 밑에 짓눌리어 있는 것 같은 숨가쁨을 느끼게 했다. 도현은 그 압박감에서 벗어나 보기 위해서 두 차례나 만주로 탈출하려다가 굴욕적인 실패를 맛보고 말았던 것이다. 그렇게 되자 도현은 하루라도 조선에 머물러 있을 마음의 여유를 가질 수가 없어 미칠 듯이 초조한 나날을 보내다가 새로운 앞길을 뚫어보자는 의욕에서 마침내 위험을 무릅쓰고 일본에 밀항해 왔던 것이다. '새로운 앞길' 그것도 역시 '기어코 성공해야 된다'는 생각이나 마찬가지로 너무나 막연한 의욕과 관념에 지나지 않았다. 그래도 도현이 거의 무모할 만큼 구체적인 현실의 장벽에 전신으로 부닥쳐 갈 수 있는 것은

---

12) 이진경 외, 『철학의 탈주』, 새길, 1995, 35면.

13) 물론, 이 과정에서 도현이 상희의 요구를 진정으로 자각하고 수용하는 것은 아니다. 아직 온전한 주체로 정립되지는 못하고 여전히 폐쇄적인 자기 세계의 껍질을 벗지 못한 상태이다. 그런 이유로 도현의 행동은 충동적이고 무모한 것으로 비칠 뿐 진정성을 갖지 못한다.

그렇듯 막연한 관념이 말하는 내적 명령에 의해서였다. 거기에다가 '나는 조국 광복에 헌신하고 있는 독립투사의 아들'이라는 정신적인 과중한 부채(負債) 의식과 혈통적인 연관성은 결국 그로 하여금 눈물겨운 넌센스를 연출케 하고야 마는 것이다.[14]

도현의 심리와 행동을 서술하면서 그의 행동에 논평을 가하고 있는 부분으로, 여기서 특히 주목할 점은 도현의 행동을 "독립투사의 아들이라는 정신적인 과중한 부채의식"에서 비롯된 "눈물겨운 넌센스"로 보는 대목이다. 도현은 스스로를 민족적 영웅으로 생각하고 자신의 모든 행위를 애국심으로 합리화하고 있으나, 그것을 바라보는 화자의 시선은 그의 행동이 사실은 일제라는 타자 앞에서는 기껏 넌센스에 지나지 않는다는 것은 냉정하게 꿰뚫고 있다. 화자가 보기에 도현의 행동은 한갓 당랑거철(螳螂拒轍)과도 같은 부질없는 행동일 뿐인데, 이는 초기작에서 화자가 인물의 행동을 부연하고 상술했던 것과는 달리 인물의 행동을 한층 합리적이고 객관적인 시선으로 조망하는 성숙한 태도로 볼 수 있다. 실제로 『낙서족』은 그러한 도현의 '눈물겨운 넌센스'를 서술한 것이라 해도 지나친 말은 아니다.

또 하나 이 작품에서 주목할 대목은 화자의 진술을 통해서 공산당에 대한 작가의 적개심이 한층 정연한 형태로 표현된다는 점이다. 도산 안창호의 준비론 사상에 대한 긍정적인 시선과 무장독립투쟁에 대한 비판을 통해서, 또 상희의 침착한 태도와 도현의 저돌적인 행동과의 대비를 통해서 확인되는 이런 사실은 이후 타자와의 관계 속에서 진행될 손창섭의 행보를 암시하는 중요한 대목으로 이해할 수 있다. 즉, 무모한 행동을 일삼지 말고 성실하게 미래를 준비하라는 상희의 주장은 준비론과 연결될 수 있고, 테러와 폭파를 계획하는 도현의 행동은 무장투쟁론과 연결될 수 있을 것이다. 도현이 다이나마이트를 만들고 천황 암살

14) 손창섭, 『한국소설문학대계』 30, 두산동아, 1995, 395면.

을 계획하는 것은 후자와 관계되고, 그것을 비판하면서 힘을 기른 뒤에 행동을 하라는 상희의 견해는 전자와 연결되어 있다. 이 둘을 제시하면서 작가는 도현이 자신의 주장을 유보하고 상희의 의견을 좇는 것으로 방향을 바꾸는데, 이는 손창섭이 무장투쟁에 대해 동의하지 않고 있음을 시사해준다. 손창섭이 그것을 비판한 것은 그 무모함과 아울러 일사불란한 규율에서 비롯되는 전제적 성격 때문으로 볼 수 있는데, 이는 한편으로 손창섭이 1970년대 들어서 일본으로 건너가게 된 이유를 암시하는 대목이기도 하다. 손창섭에게는 공산당과 분단 현실에 대한 거부감이 가슴 속 깊숙이 내면화되어 있었고(손창섭의 도일에 대해서는 여러 견해가 있으나, 그 중의 하나가 북한의 위협을 피해서 한국을 떠났다는 것이다), 『낙서족』은 그 이유를 한층 정연한 형태로 보여주는 것이다.

이와 같이 『낙서족』에는 인물의 시선과 화자(혹은 작가)의 시선이 동시에 드러남으로써 인물의 행동은 초기작과는 달리 한층 객관화되고 그로 인해 작품은 주관성에서 벗어난 균형감을 갖추게 된다. 또 초기작이 모놀로그와도 같은 자기 대화의 형식이었다면 여기서는 타자의 시선이 적극적으로 개입되는 한층 복합적인 양상을 보여준다. 그렇다면, 『낙서족』은 주체 형성 과정에서 주관의 울타리에 갇혀 있던 작가가 점차 자신의 행위를 객관화하고 조정하는 이를테면, 상상적 동일시에서 상징적 동일시로 넘어가는 중간 과정에 있는 작품으로 이해할 수 있을 것이다.

4. 체험의 고백과 성찰의 서사

「신의 희작」(1961)은 『낙서족』이 쓰인 뒤 2년 후에 발표된 작품으로, '자화상'이라는 부제에서 알 수 있듯이 작가 자신의 개인사를 숨김없이 고백하여 작가의 전기 연구의 중요한 근거로 제시되는 작품이다. 여기서 작가는 쉽게 고백할 수 없는 치부나 다름없는 불구적인 가족사와 유년의 체험을 숨김없이 드러냄으로써 독자들을 당혹스럽게 만드는데, 이 작품이 주체 형성 과정에서 중요하게 평가될 수 있는 것은 그런 진솔함이 바로 『낙서족』과는 다른 한층 성숙한 주체를 표상한 데 있다. 이를테면 자기를 절대시하고 타자를 의식하지 못했던 고립적이고 자폐적인 세계에서 벗어나 스스로를 객관적인 지평 속에서 성찰하는 정체성 형성의 중요한 과정을 보여주는 것이다.

「신의 희작」의 내용은 사실 손창섭의 여러 소설에 산재되어 있던 개인사를 집약해 놓은 형국이다. 홀어머니 밑에서, 그것도 유곽이라는 불우한 환경에서 정상적인 교육을 받지 못하고 자라야 했던 유년의 체험과 자신도 모르게 소변을 누게 되는 야뇨증과 그로 인한 수치심과 강박관념, 그런 비정상적인 성장 과정에서 형성된 자기모멸과 반항 심리, 일본에서의 곤궁한 생활과 아내와 만나게 된 내력, 공산치하 북한에서의 고통스러웠던 체험과 전쟁 등 작가의 개인사를 숨김없이 고백해 놓은 게 작품의 내용이다. 「공휴일」·「사연기」·「생활적」·「혈서」·「미해결의 장」·『낙서족』 등에 산재된 단편적인 개인사를 총괄해서 연대기 형식으로 정리해 놓았고, 이를 통해서 작가는 궁극적으로 과거사를 되돌아보고 성찰한 것이다. 그런 점에서 이 작품은 기든스(A. Giddens)의 용어를 빌자면 일종의 '전기적 서사(傳記的 敍事)'에 해당한다. 기든스는 과거사를 단편의 형태로 정리함으로써 과거에 일어났던 일과 그때 겪었던 느낌을 가능한 한 정확히 재현하고 그것을 통해서 새로운 출발의 전기를 마련하고자 하는, 자아 형성 과정의 중요한 단계를 일컬어 '전기적 서사'라고 명명한 바 있는데,[15] 「신의 희작」이 바로 그런 경우에 해당한다.

---

15) A. Giddens, 권기돈 역, 『현대성과 자아정체성』, 새물결, 1997, 136~161면.

「신의 희작」에서 개인사에 대한 성찰은 크게 두 가지로 나타난다. 하나는 어머니의 부정한 행위와 관련된 유년기의 체험이다. '멧돼지 같은 남자와 어머니가 동침하던 광경'을 목격하고 또 자신의 성기를 어루만지는 어머니의 손장난을 경험하면서 어린 화자는 "왜 그런지 죽고 싶을 만큼 창피한 일이며, 집안의 운명을 망치는 무서운 결과가 올 것만" 같은 공포에 사로잡힌다. 사춘기에 접한 어머니의 난잡한 성관계와 부도덕한 생활, 게다가 그것을 지켜보는 화자에게 가해지는 성적인 희롱 등은 화자의 정상적인 성장을 가로막는 장애물이 되어 어머니에 대한 믿음을 완전히 부정적인 것으로 바꾸어 놓았다. 그에게 어머니란 신뢰와 믿음의 대상이기보다는 수치와 공포의 대상이었다. 이 과정에서 화자는 "까닭 모를 공모(共謀)의식"까지 경험한다. 즉, 어머니의 손장난에 반응하여 자신의 성기가 발기하자 이를 향락하는 미묘한 심리에 빠져드는데, 이는 수치심의 한 모퉁이에 도사리고 있는 은밀한 욕망에 눈뜨는 과정이자 동시에 자기모멸과 자괴감을 야기한 원죄의 확인이기도 하다. 화자가 부엌에서 목을 매어 자살을 시도한 것은 그런 죄의식에서 비롯된 것이다. 성장 과정에 대한 이러한 회고를 통해서 우리는 손창섭의 기이한 성격과 더불어 초기작에서 목격되는 인물들의 비정상적인 행동의 근원을 이해할 수 있다.

다른 하나는 야뇨증과 관련된 수치와 공포심이다. "야뇨증에서 오는 수치심과 공포심은, 그에게 열등감을 깊이 뿌리박게 해 주었다"는 작중의 고백처럼, 야뇨증은 손창섭의 왜곡된 성격을 형성하게 만든 또 다른 결정 요인이었다. 성인이 된 뒤에도 근절되지 않은 야뇨증은 그를 여러 형태로 괴롭혀서 성기를 학대하는 '성기 증오증'을 보이는 등 자학과 모멸의 정신적 상처를 남겨 놓았다. 선배의 집에서 하룻밤을 유숙하면서도 요를 흥건히 적셨고, 심지어 결혼 후에는 아내와 한 이불을 사용하면서도 방뇨를 하는 어처구니없는 행동을 연출하였다. 그런 수치심에서 고무풍선을 성기에 끼우고 잠을 청해보기도 하지만 소용이 없는 일이었다. 이런 상황에서 손창섭은 스스로를 자학하고 급기야 불량배와 같은 일탈적 행동을 일삼는 인물로 변해간다. 중학 시절 불량소년으로 낙인찍혀 '겐까도리(싸움닭)'이라는 별명을 얻었던 것은 그런 증오와 부끄러움 때문이었고, 그것이 급기야 '자기 자신은 별수 없는 인간'이라는 깊은 정신적 상처로 내면화된다. 또 그 모멸감이 야비한 성욕과 결합하여 연약한 여성을 폭행하는 등 음행을 연출하게 한 것으로, 손창섭이 아내를 맞게 된 동기 또한 그런 가학 심리와 관계되어 있다. 조선인이라는 이유로 자기를 멀리하고 피하는 친구 아버지의 편견에 반발해서 친구의 여동생을 성폭행하고, 마치 『낙서족』의 도현이 일본인에 대한 복수심에서 노리꼬를 겁탈하듯이, 그것이 계기가 되어 부부 관계로 발전한 것이다. 이런 회상을 통해서 우리는 손창섭이 스스로를 통제할 수 없는 피해망상과 가학성을 갖게 되고, 그것이 『낙서족』과 같은 작품에서 왜곡된 자의식과 야비한 성욕에 지배된 유아적 주체의 모습으로 드러난 것을 이해할 수 있다.

손창섭이 이렇듯 자신의 개인사를 고해성사 하듯이 고백한 것은 과거와의 결별을 통해서 새롭게 삶을 기획하려는 의도로 볼 수 있다. 스스로를 진실하게 돌아봄으로써 자신이 살아온 내력을 정리하고 그것을 통해서 허위적 자아로부터 진실한 것을 선별해내고 궁극적으로 '나는 누구이고, 어떻게 살아야 하는가'에 대한 답을 찾고자 한 것이다. 사실 주체란 마음속으로든 명시적으로든 '나는 누구이다'라고 언표할 때 성립한다. 타자와 구분되는 자아, 곧 하나의 개체성이 존재한다는 의식을 통해서 주체는 더욱 온전해지는 것이다. 한 개인이 자서전적인 글쓰기를 통해 과거를 재구성하는 것은 자신의 장단점을 파악하여 삶의 주인이 되고, 그것을 통해서 미래에 대한 전망을 마련하자는 데 종국의 목적이 있고, 따라서 손창섭이 불우한 환경과 신원을 솔직하게 고백한 것은 타자와 구별되는 자기만의 개체적 규정성을 분별해내는 과정으로 볼 수 있는 것이다.

이 과정에서 작가가 자신은 숙명적으로 '피해자의 위치'에 있었고 그래서 언제나 피해와 모욕에 대한 '복수 의식'에 불탔지만, 그럼에도 불구하고 항상 '불의와 부정을 응징하는 정의의 용사'였다고 말한 것은 타자와는 구별되는 자기만의 고유한 성격, 곧 주체의 내용성에 대한 깨달음인 것이다. 더구나 그것은 자신을 그렇게 만든 현실에 대한 적의와 부정의 심리를 내포한 것이라는 점에서 사회적 자각이기도 하다. 앞에서 살핀 대로, 손창섭이 피해 의식에 사로잡혀 있었던 것은 불구적인 가족사와 함께 식민지와 전쟁으로 이어지는 황폐화된 현실에서 비롯된 것이고, 따라서 '정의의 용사'라는 말을 강조한 이면에는 그런 현실을 극복하고자 하는 강렬한 지향성을 내재하고 있다.

작품의 화자가 이전과는 다른 모습을 보이는 것은 이런 사실과 관계될 것이다. 「신의 희작」은 3인칭 전지적 시점을 빌어서 서술되고 또 화자와 주인공(S)이 일치되어 드러나는 「혈서」를 비롯한 초기작과 별 차이가 없으나 화자의 성격은 크게 다른 모습을 보여준다. 초기작에서 목격되는 화자(혹은 인물)는 대체로 암담한 현실에 체념하거나 불행했던 과거사에 긴박되어 미래에 대한 전망을 확보하지 못한 절망적 상태에 있었다. 미래에 대한 전망이 존재하지 않기에 현재의 결핍은 절대적인 것이 되고, 그래서 가난한 고학생이 판검사가 되는 등의 변화는 일어날 수 없는 상황이었다.[16] 그런데 흥미롭게도 「신의 희작」의 화자는 그런 과거와 결별하려는 완강한 의지를 보여준다.

> S는 결혼식이나 장례식뿐 아니라, 졸업식이니, 무슨 축하회니, 수상식이니, 기념회니 하는 식전이나 집회도 딱 질색이다. 야생 인간인 그의 생리는 인습적이요, 형식적이요, 공식적인 것들을 무조건 거부하는 것이다. (…중략…) 이 개똥같은 권위의식이나 명사 의식은, 그가 가장 싫어하고 타기하는 것의 하나

16) 김종갑, 「문학과 현실(손창섭의 '혈서'의 서술분석)」, 『서술이론과 문학비평』, 서울대 출판부, 1999, 158면.

다. (…중략…)

이러한 그의 비현대성, 비문화성, 비일반성은 그의 정신과 육체의 기본 형성 요소인 기형성과 불구성에서 돋아난 가지(枝)로서, 그의 생활과 문학에 비극과 희극을 동시에 투영해 온 근원인 것이다. 그렇다면 그는 그러한 비극을 연출하기 위한 의미로만 존재하는 것일까. 신은 이 세상 만물 중 어느 것 하나 의미 없이 만든 것이 없다고 하니 말이다. 여기서 S는 너무나 저주스럽고 짓궂은 신의 의도와 미소를 발견하고, 새로운 도전을 결의하지 않을 수 없는 것이다. 그 자체가 이미 하나의 완전한 넌센스인 도전을.[17)]

"야생 인간"으로 살아왔음에도 불구하고 이제 "새로운 도전을 결의하지 않을 수 없는 것이다"라는 진술에서 이전과는 다른 작가의 새로운 의지를 목격하는 것은 그리 어려운 일이 아니다. "그 자체가 이미 하나의 완전한 넌센스"일지도 모르지만 그럼에도 불구하고 "도전"을 포기하지 않겠다는 것은 체념과 절망이 아니라 새롭고 진실된 모습으로 세상을 살겠다는 다짐이고, 이러한 진정성의 환기를 통해서 손창섭은 상황에 짓눌려 살았던 이전과는 다른 새로운 삶을 살고사 소망한 것이다.

그런 점에서 주인공 S가 사회적 지평으로 시야를 확장하고 스스로를 조망하면서 자신의 길을 모색한 것은 작가 스스로가 진정한 주체로서 자기동일성을 확보했다는 것을 의미하고, 그렇게 형성된 동일성이 주체 자신의 이미지로 동일시되고 결국은 그것이 상상적 동일시라는 오인을 통해 개인을 지배하게 되었음을 말해준다. 물론 여기서 주체의 의지가 구체적으로 무엇인지는 알 수 없으나, 인용문을 통해 그 대략적인 방향만은 짐작할 수 있다. 즉, 화자는 "이 세상 만물 중 어느 것 하나 의미 없이 만든 것이 없다"는 믿음에서, "야생인간"으로서 자신의 생리에 반하는 "인습적이요, 형식적이요, 공식적인 것들"에 대해서 "무조건 거부"하겠다고 선언한다. '결혼식이나 장례식 · 졸업식과 같은 의례적인 행사'를 포함해서 인간의 자연스러운 본성에 반하는 '모든 인위적인 것'들에 대해 도전하겠다는 것은, 말을

17) 손창섭, 「신의 희작」, 『현대한국문학전집』 3, 신구문화사, 1981, 442~443면.

바꾸자면 개인의 존엄과 창조적 자유를 추구하겠다는 뜻인 것이다. 공산치하에서 보냈던 2년간을 회상하면서 그곳은 "인간성이 결코 뿌리박을 수 없는 불모의 지역"이나 다름없었다고 술회했던 것도 그런 맥락에서 이해할 수 있다. 「신의 희작」 이후 손창섭이 『부부』(1962)·『길』(1968)·『삼부녀』(1970)·『유맹』(1976)·『봉술랑』(1977) 등을 통해서 사회 현실로 시선을 돌리고 정의감에 지배된 긍정적 인물을 통해 속된 현실과 맞서고자 했던 것은 그런 다짐과 무관한 게 아닌 셈이다. 이렇게 보자면 「신의 희작」 전반을 관통하는 것은 성찰과 다짐의 파토스라 할 수 있을 것이다.

5. 주체의 탄생 혹은 절망

주체는 타자와의 '차이'에 대한 자각을 통해서 이루어진다. 차이가 없을 때에는 비유적으로 말하자면 적막하고 고요한 등질성뿐이고, 그것은 주체가 해체된 상태를 말한다. 초기작에서 목격되는 자아와 타자를 구별하지 못하는, 이른바 상상계의 단계가 바로 그런 경우이다. 『낙서족』과 「신의 희작」은 이러한 상태에서 벗어나 타자를 의식하고, 타자와는 다른 자기만의 개체적 특성을 인식함으로써 한층 성숙한 주체로 성장했음을 보여준다.

손창섭의 일련의 소설들이 개체적 인성의 함양과 발전과정을 보여주는 '교양소설'의 면모를 보인다는 것은 그런 점에서 매우 시사적이다. 일련의 소설들은 편모슬하의 어린이가 역사의 격동 속에서 자아를 형성하는 과정을 보여주는 중요한 소설적 사례로 이해될 수 있다. 즉, 손창섭 소설의 전개 과정은 크게 보자면 박경리·이문구·김원일 등의 소설에서 목격되는 현대사의 급격한 전개과정을 배경으로 한 개인의 고통스런 성장과정과 여러 모로 흡사하다. 이들은 하나 같이 전쟁과 분단의 피해자들이다. 손창섭 또한 예외가 아니어서, 앞의 『낙서족』과 「신의 희작」에서 간략히 암시된 공산주의에 대한 적개심은 『유맹』에서 한층 적극적인 형태를 띠어서 조총련계 인물들의 허위와 가식에 대한 통렬한 비판과 연민으로 표현된다. 그런 까닭에 손창섭의 일련의 변화는 불행했던 가족사와 전쟁이라는 트라우마적 사건을 어떻게 수용했는가를 보여주는 중요한 사례로 기억될 수 있을 것이다. 손창섭은 전쟁을 통해서 인간 존엄의 심각한 훼손을 지켜보았고, 그것을 바로잡는 게 자신과 사회의 '불구성'을 바로잡는 일이라고 생각하였다. 그런 생각에서 손창섭은 1960년대 이후 계몽성 짙은 통속적 장편소설을 대거 창작하기에 이른 것으로 보인다.

1960년대 들어서 손창섭은 『저마다 가슴 속에』를 필두로 『부부』·『인간교실』·『길』·『삼부녀』를 연이어 발표하고 도일(渡日) 후인 1976년에는 『유맹』과 『봉술랑』(1977)을 『한국일보』에 연재하였다. 단편작가에서 장편작가로 완전한 변신을 보였고, 또 이전과는 다른 새로운 경향의 작품 세계를 선보인 것이다. 물론 손창섭이 왕성하게 장편소설을 창작했던 것은 글을 발표해서 생계를 꾸려야 하는 전업작가였다는 사실과 무관한 것은 아니지만, 그 이면에는 주체의 계몽적 열정이 깊게 도사리고 있음을 확인할 수 있다. 이들 작품에서 공통적으로 발견되는 것은 적대적 현실을 교정(矯正)하겠다는 작가의 의지이다. 가령, 민중의 의사에 반해서 정권을 탈취한 5·16 군사 정권의 파렴치한 행태를 전도된 부부 관계를 통해서 희화화한 것으로 보이는 『부부』나 성실하고 문제적인 소년 최성칠을 통해서 사회 전반의 타락을 고발하고 그것과 결코 타협하지 않겠다는 완강한 의지를 내보인 『길』, 재일 한인들이 일제치하에서 겪었던 비극을 조망하고 국토의 양단에 따른 민단과 조련계의 갈등과 화해를 다룬 『유맹』 등은 모두 작가의 계몽적 열정에 의해서 조율되는 작품들이다.[18] 물론 이 과정에서 『길』이나 『유맹』처럼 작가의 의도가 지나치게 개입해서 서사의 흐름을 방해하는 경우도 있으나 왜곡된 현실을 바로잡겠다는 계몽적 열정만은 시종일관 유지되는데, 이는 손창섭에게 문학보다는 현실이 그만큼 중요하고도 절실했다는 것을 말해준다.

하지만, 과연 이러한 열정이 현실에서 용납될 수 있을까를 생각하자면, 결과가 그리 만족스러운 것은 아니다. 분단이라는 인위적 장애물이 여전히 현실을 가로막고 있고, 또 손창섭이 부정해마지 않았던 "비현대성, 비문화성, 비일반성"은 산업화와 더불어 한층 강화되는 상황에서 소설을 통해서 현실을 바로잡겠다는 의지를 계속적으로 피력할 수는 없을 것이다. 『길』·『유맹』·『봉술랑』 등이 계몽 의지에 바탕을 둔 안이한 수준을 벗어나지 못한 것은, 가라타니 고진의 말처럼, 소설의 구성은 작가의 지적 능력이나 의지만으로 해결되는 문제가 아니라는 사실을 반증하는 것이기도 하다. 손창섭이 1970년대 들어서 작품 활동을 중단하고 일본으로 건너간 것은 어쩌면 속된 '현실'과 '이상' 사이에 가로놓인 아득한 심연 앞에서 절망한 때문이 아니었을까? 현실에서 주체의 진실을 구현하고자 했던 삶이 사기와 기만으로 가득 찬 모습으로 다가올 때 주체는 현실(혹은 타자)을 의심할 수박에 없고 궁극적으로는 자신 외에는 믿을 게 없다고 생각할 것이다. 손창섭이 도일 후 공원이나 거리에서 성경이나 불경, 기타 세계의 여러 경전에서 좋은 구절들을 뽑아 인쇄한 뒤 사람들에게 나눠주는 일을 하면서, '사람들의 심성을 바로잡아 좋은 세상을 만들고 싶다'는 심경을 토로했다는 풍문은,[19] 그 사실성 여부를 떠나서, 지금까지의 논의로 미루어 충분히 예견되는 행동이다.

손창섭이 보여준 일련의 변화는 전후의 혼란을 수습하고 새롭게 탄생하는 주체의 모습을 상징하지만, 그 이후의 도일과 작품 활동의 중단은 그런 변화 과정 속에서도 결코 자유로울 수 없었던 주체의 절망과

---

18) 『길』과 『유맹』에 대한 자세한 논의는 앞의 『작가 연구』에 수록된 김동환과 강진호의 글 참조.

19) 『작가 연구』 1호, 새미, 1996, 160~164면 참조.

비극을 동시에 보여준다. 주체가 정립되자 바로 현실의 비극을 깨닫고 절망한 형국이라고나 할까. 그런 점에서 손창섭은 분단의 상처로 얼룩진 파행적 근대가 계속되는 오늘날도 계속 음미되고 살펴야 할 작가인 것이다.

주체 정립 과정과 서사적 거리감각

박경리의 1960년대 소설론

1. 작가의 체험과 주체

문학이란 원래 작가의 체험에 바탕을 두는 양식이지만 박경리의 초기작처럼 그것이 작품에 직설적으로 드러난 경우를 찾기는 힘들다. 박경리의 초기 소설은 작가의 체험이 작품의 다른 요소보다도 두드러지는 전후문학의 특성을 전형적으로 보여준다. 「불신시대」, 「영주와 고양이」(모두 1957), 「암흑시대」(1958) 등의 초기작은 대부분 작가의 실제 체험을 소재로 삼고 있는 일종의 사소설(私小說)이다. 전쟁을 경과하면서 사랑하는 남편과 자식을 잃게 된 기구한 운명이 작가의 창작을 무의식적으로 규율하였고 그것이 초기작의 대부분을 형성한 것이다. 당시 '사소설' 작가로 널리 알려졌던 것이나,[1] '소설 쓰는 일'과 '사람 사는 문제'를 동일선상에 올려놓고 생각하는 문학관[2] 역시 초기의 이러한 특성을 보여주는 사례들이다. 하지만 작가의 체험이 작품의 표면에 여과 없이 드러남으로 인해 작품의 구성력이 약화되거나 미적 거리감이 파괴되는 등의 부자연스러움을 드러내는 것도 사실이다. 초기작 곳곳에서 목격되는 작가의 단정적 진술이라든가 타인의 견해를 배제하고 자신의 체험만을 절대시하는 배타성은 현실에 대한 거리감각을 확보하지 못한 채 작품이 쓰였다는 것을 보여주는 사례라 하겠다.

이 글에서 박경리의 초기 소설을 '주체'의 문제를 중심으로 고찰하고자 하는 것은 초기작의 이와 같은 미숙이 사실은 '주체'의 미성숙에서 비롯된다는 판단에 있다. 초기작을 통해서 확인할 수 있는 '주체'는 '사회적 주체'로 정립되기 이전의 이른바 '상상적 동일시' 단계의 소박하고 유아적인 모습이다. 작중 주인공을 통해서 확인할 수 있는 이러한 모습은 작중 인물에 국한된 것이 아니라 작가 자신의 실제 모습이라 해도 과언이 아닌데, 이는 초기작의 대부분이 작중 주인공과 작가가 일치하고 그래서 작중 주인공은 바로 작가를 대리하는 분신이자 '주체'나 다름없는 것으로 판단되기 때문이다. 따라서 작가의 의식 수준과 정체성의 형성 과정은 작가의 대리인이자 분신이나 다름없는 작중 주인공을 통해서 파악이 가능하다.

여기서 '주체'란 현실을 인식하는 주관의 활동이고 동시에 판단과 행동의 주인공을 의미한다. 사람은 누구나 공동체의 일원으로 살아가기 때문에 공동체의 여러 제도와 습관을 자신의 행동 속에 내면화하는 과정을 통해서 진정한 주체로 탄생한다. 이를테면, 사회적 규칙과 질서·통제가 자기에게 필요한 것이고, 따라서 그것을 스스로 선택해서 행동

1) 임중빈의 「삶, 그리고 긍정의 모험」(『문학춘추』, 1966.12, 66면) 및 이인복의 「표류하는 인간상」(『죽음과 구원의 문학적 성찰』, 우진, 1989, 16면) 참조.

2) 박경리의 문학관을 확인할 수 있는 글로는 『Q씨에게』(지식산업사, 1987), 『꿈꾸는 자가 창조한다』(나남, 1994), 『문학을 지망하는 젊은이들에게』(현대문학사, 1995)와 송호근의 「삶에의 연민, 한의 미학」 및 장경렬의 「슬픔, 괴로움, 고독, 사랑 그리고 문학」(『작가세계』, 1994년 가을) 등이 있다.

하고 나아가 그 사회적 장치마저 내면화함으로써 진정한 주체로 정립되는 것이다.[3] 이런 맥락에서 보자면 외부 현실을 완강하게 부정하고 자아를 절대시하는 모습은 대상에 대한 거리감각을 갖지 못한 채 스스로 고립된 체험 속에 유폐되어 있음을 뜻하고, 그것은 루카치(G. Lukacs)의 표현을 빌자면, 대상의 본질적인 요소들을 선별할 수 있는 여유이자 동시에 서사 문학의 전제 조건이 되는 거리감각을 확보하지 못하고 있음을 의미한다. 자전적인 1인칭 소설이든 아니면 일기 형식의 글이든 간에 그것이 없다면 진정한 서사물이 될 수 없는 것이다.

이 글에서는 이 '주체'의 개념을 통해서 박경리의 초기작이 어떠한 특성을 갖고 있으며, 그것이 『표류도』를 거쳐 『시장과 전장』에 이르면서 어떻게 변화되는가를 '거리(distence)'의 문제를 중심으로 살펴보고자 한다. 『표류도』를 계기로 박경리는 사회적 주체로 스스로를 정립하고, 『시장과 전장』에 이르면 사회와 역사 현실을 정면에서 문제 삼는 현저하게 진전된 인식을 보여준다. 이런 과정을 고찰하면서 우리는 소설 창작의 기본 원리가 되는 '주체와 서사적 거리(혹은 미적 거리)'의 문제를 이해하게 될 것이다. 아울러 이런 고찰은 『토지』라는 대하장편의 세계에 이르는 작가적 도정을 살피는 일이자 동시에 한편의 작품을 만들어 내는 작가의 내적 조건을 탐색하는 과정이기도 하다.

2. 주체 정립의 과정과 서사적 거리감각

'주체'에 대한 이론, 즉 하나의 개체가 '주체화'되는 과정에 대한 이

3) 박태호, 「근대적 주체와 합리성」, 『경제와 사회』, 한울, 1994년 겨울, 109면.

론을 정연하게 정리한 인물은 라캉(J. Lacan)이다. 프로이트(S. Freud)의 뒤를 이어 정신분석을 더욱 심화시킨 것으로 평가되는 라캉의 관심은 하나의 개체가 어떻게 해서 '인간'이라 불리는 주체가 되는가, 그 개체가 인간을 둘러싼 문화적 질서 속에 어떻게 포섭되어 가는가의 문제였다.[4] 라캉에 의하면 한 개인은 '타자'의 메시지를 받아들이고 그것에 자신을 동일시함으로써 하나의 완성된 주체로 성장한다. 바꾸어 말해, '주체'란 타자와 구별되는 자기만의 동일성(정체성, identity)을 갖는 존재를 의미하는데, 그것은 주체가 자신이 가정하는 이미지의 지배와 효과 아래 포섭되는 동일시의 과정을 통해서 이루어진다. 이 동일시를 통해서 개인은 사회적 주체로 정립되는데, 그것은 대체로 다음 두 단계를 거쳐서 이루어진다. 첫 단계는 관념적인 자신의 이미지와 자신이 동일하다고 간주하는 '상상적 동일시'(라캉은 이를 '거울 단계'라고 한다)이다. 이는 이전에 라캉이 거울에 비친 모습이 나(I)라는 상상과 착각을 통해 에고(ego)를 정의하던 분석에서 이어지는 것으로, 그 일인칭은 출발점에 있는 발화자로서의 '나'이며 동시에 아직 타자를 통과하기 이전부터 있다고 가성되는 '나'의 동일성에 관한 이미지이다. 상상적 동일시란 이 동일성의 이미지에 자신을 직접적으로 동일시하는 일차적인 동일시이고, 이렇게 형성된 에고는 사회적 규정성 이전의 것으로 허구적인 방향성을 가질 수 있다고 한다. 두 번째 단계는 자신을 목적격의 '나'로 생각하고 객관화하는 즉, 타자를 통과하고 그것을 통해서 '나'를 형성하는 '상징적 동일시'이다. 이 상징적 동일시를 통해서 개인은 스스로를 객관화하고 사회적 상황과 연결시키는 변증법의 단계로 진입하며, 타자의 욕망을 통해서 자신을 조정하고 그 타자와의 협력을 통해서 자신의 대상을 구하는 사회적 주체로 거듭난다.[5] 라캉의 이런 개념을 응용해보자면, 박경리의

---

4) 라캉(J. Lacan)의 이론에 대해서는 권택영 엮음의 『자크 라캉 : 욕망이론』(문예출판사, 1996년판)과 이진경 · 신현준 등의 『철학의 탈주』를 참고하였다.

5) 상상적 동일시와 상징적 동일시에 대한 자세한 내용은 Lacan의 「정신분석 경험에서

초기작에서 볼 수 있는 주체는 대부분 사회적 규정성 이전의 '상상적 동일시' 단계와 흡사한 것임을 알 수 있다.

박경리 초기 소설은 동일한 인물이 반복되고 또 낭만적 사랑을 동경하는 내용이 중심을 이룬다. 인물의 성격이나 체험의 내용 등에서 초기작은 대부분 작가 자신의 실제 모습과 고스란히 일치한다. 「불신시대」·「흑흑백백」·「영주와 고양이」·「암흑시대」·『표류도』·『시장과 전장』 등에서 보이는 전쟁미망인의 힘겨운 세상살이는 수필이나 회고문에서 고백한 바 있는 작가 자신의 실제 체험이다. 알려진 대로, 박경리는 난봉꾼인 아버지를 두었던 까닭에 어려서부터 제대로 된 사랑을 한 번도 받아보지 못하였고, 대신에 과부인 어머니의 신산스러운 삶을 목격하면서 억척스러운 한국 여성의 삶을 내면화하였다. 또 전쟁을 경과하면서 용공(容共) 혐의로 몰린 남편의 억울한 죽음을 받아들여야 했고, 전쟁 직후에는 외아들마저 잃는 비운을 겪어야 했다. 남은 것이라곤 나이든 어머니와 어린 딸 하나, 바로 과부였던 어머니가 살아 온 그대로의 방식이었다. 격세 유전(隔世遺傳)과도 같은 이 운명적인 대물림을 통해서 박경리는 삶과 운명의 강고한 연줄을 느꼈고 삶의 비극성을 실감했던 것으로 보인다. 하지만 올연(兀然)한 자존심을 소유하고 있었던 까닭에 남에게 아쉬운 소리 한번 하지 않았으며 대신 스스로 세상에 맞서는 '저항 정신'을 길렀다고 하는데, 이 과정에서 작가에게 위안이 되었던 것은 '글쓰기와 낭만적 사랑'에 대한 동경이었던 것으로 보인다.[6] 그것을 작가는 작중 주인공의 입을 빌어서 다음과 같이 고백한 적도 있다.

> 순영이는 문학을 공부하고 있는 여자였다. 그리고 열 살 난 계집애, 여덟 살 된 사내아이, 이 두 남매와 늙은 어머니를 부양할 의무를 지닌 극히 불우한 처지의 여자이기도 했다. 순영이는 전쟁 때문에 남편을 잃었다. 그리고 일체

드러난 주체기능 형성 모형으로서의 거울단계」(권택영 역, 앞의 책 참조).

6) 박경리의 생애에 대해서는 앞의 송호근의 「삶에의 연민, 한의 미학」과 류보선의 「비극성에서 한으로, 운명에서 역사로」(『작가세계』, 1994년 가을) 참조.

의 가산도 날려버렸던 것이다. 전쟁 속에서 방황하던 목숨이 전진을 털고 삶의 자리에 마주섰을 때 순영이 앞에는 핍박한 생활이 들이닥쳐 있었다. 가난, 굶주림, 그리고 자기를 잃지 않으려는 몸부림, 이러한 극단과 극단의 사이에서 순영이는 모든 것에 대한 자신의 항거 정신을 보았다. 그러나 인간 본연의 낭만을 버리지 못하는 곳에서 순영이는 문학에 자신을 의지한 것이다.[7]

작가 자신을 작중 인물과 동일시하는 이러한 모습은 초기작 곳곳에서 목격된다. 「불신시대」의 지영을 비롯해서 「흑흑백백」의 혜숙, 「암흑시대」의 순영, 「영주와 고양이」의 민혜는 한결같이 홀어머니와 어린 자식을 거느리고 힘들게 살아가는 전쟁미망인들이고, 이들의 성격 또한 순수하고 결벽성 강한 작가를 그대로 옮겨놓은 듯하다. "아니꼽고 더러우면 팩하니 침을 뱉고 돌아서버리"는 결벽성으로 인해 상사의 치근거림을 견디지 못하고 직장을 그만두는 혜숙이나 불우한 환경에도 불구하고 '순수성'을 지키기 위해 안간힘을 쓰는 「회오(悔悟)의 바다」의 '상혜', 배신한 애인에 대한 지순한 사랑을 간직한 채 현실에 적응하지 못하고 결국 자살로 생을 마감하는 「비는 내리는가」의 '지영'의 성격 등은 소설이라는 거울에 비친 작가의 분신이자 대변인들인 셈이다. 이런 데서 우리는 작가가 초기의 인물들을 자신과 감정 이입적으로 동일시하고 있음을 확인할 수 있다.

작가 개인의 모습과 작중 인물이 이렇듯 동일시되는 까닭에 작가와 작품, 혹은 작가와 인물간의 거리(aesthetic distance)는 거의 존재하지 않게 된다. 또 작중 인물을 자신과 동일시하고 자신의 체험을 통해서 그것을 무의식적으로 조종하는 까닭에 작품의 자율성 역시 상대적으로 약화되어 있다. 라캉 식으로 말하자면, '바라봄'은 '보여짐'에 의해 분열된다는 것을 모르는 독선적인 주체 곧, 타자를 인정하지 않는 고립된 주체의 상태로 초기작의 주인공들이 존재하는 것이다.

---

7) 박경리, 「암흑시대」, 『불신시대』(『전집』 19) 지식산업사, 1987, 233~234면.

신비라고, 예고하고, 꿈 아니야 그것은 우연의 일치였지. 문수의 죽음, 그것은 두말할 것도 없이 인위적인 실수 아니었던가. 인간은 누구나 나이 들면 죽는다고? 물론 죽는 게지, 노쇠해서 죽는 거지…… 설령 아이가 그때 이미 죽을 목숨이었다고 치자, 그래도 그렇게 죽이고 싶지는 않았다. 도수장의 망아지처럼…… 사람을, 사람을 좀 미워해야겠다. 있는지도 없는지도 모르는 신을 왜 생각은 해, 아니 아까는 없다고 하고선…… 아니야 모르겠어. 사람을, 사람을 좀 미워해야겠다. 반항을 해야겠다. 모든 약탈적인 살인자를 저주해야겠다.[8)]

아들의 위패를 두고 벌어지는 종교인의 위선적인 모습이나 병원의 모리적 태도를 체험하면서 주변의 모든 사람들을 '약탈적인 살인자'로 몰아붙이는 독선적 태도는 외부 현실 전체를 부조리한 것으로 보고 거기에 과감히 맞서 저항해야 한다는 극단적 피해의식에서 비롯된 것이고, 사회와 자신의 삶을 상관적으로 파악하지 못하는 유아론적 사고의 단적인 표현으로 볼 수 있다. 이를테면, 문제의 근본을 천착하지 못하고 격앙된 감정에 사로잡혀 외부 현실을 일방적으로 부정하는 형국이다.

그런데 한 연구자의 지적대로, 이런 상황이 발생하게 된 근본 원인은 전쟁에 있다.[9)] 전쟁은 작가에게 남편과 자식을 빼앗았지만 그런 비극은 단지 작가 한 개인에게만 국한된 것은 아니었다. 전쟁은 모든 사람들의 가슴속에 씻지 못 할 상처를 남겨 놓았다. 그리고 사기와 협잡이 판을 치는 전후 사회의 혼란과 비리 역시 그 근본 원인은 전쟁에 있다. 그렇기 때문에 세상의 모든 것을 부정하면서, "사람을, 사람을 좀 미워해야겠다. 반항을 해야겠다"는 절규는 객관적 인식에 바탕을 둔 것이 아니라 극단화된 피해의식에서 비롯된 것이고, 그 피해의식이 결국 주인공으로 하여금 세계로부터 스스로를 격리시키고 완강한 '자기 지키기'에 몰두하게 한 것이다. 어처구니없는 아들의 죽음을 앞에 두고 절규하는

8) 박경리, 「불신시대」, 앞의 전집, 24면.
9) 김외곤, 「전후세대의 의식과 그 극복」, 『1950년대 문학연구』, 예하, 1991, 135~136면.

「암흑시대」의 순영이나, 모든 것을 잃은 뒤 절망의 수렁에 빠진 상태에서 마지막 남은 자존심을 지키기 위해서 죽음을 선택하는 「전도」의 숙혜의 모습은 외적 현실과 타협하기보다는 끝까지 자신의 순결성을 고수하겠다는 작가의 배타적 의지에 다름 아닌 것이다. 그래서, 박경리처럼 자신을 철저하게 표현하는 경우는 없다는 이인복[10]이나, 초기 작품은 작가 자신의 성격과 기호, 꿈을 그대로 반영한 것이라는 홍사중,[11] 박경리 문학은 자기 탐구의 문학이라고 규정하는 이형기 등의 평가[12]가 나오게 된 것이다.

이런 맥락에서 보자면 이 시기까지의 문학이란, 작중 주인공의 말처럼, 가난과 굶주림 속에서 "자기를 잃지 않으려는 몸부림"일 뿐이지 결코 삶과 세계의 진실을 탐구하고 미적으로 승화시키는 대타적인 대상물은 아니었다. 만약 객관적 거리감이 확보되었다면 작품 속의 인물이나 사건은 문학적 관습이나 사회 현실을 좇아 자율적으로 움직이는 존재가 되어야 했을 것이다. 작품 속의 세계는 그 자체의 질서와 규율을 따라서 움직이는 하나의 독립된 공간이지만, 타자와 세계에 대한 자각이 없었던 까닭에 작품 속의 인물은 구체적 현실과 유기적으로 교섭하지 못하고 작가의 관념에 의해서만 조종되는 형국이 된 것이다. 『토지』를 연재하면서 밝힌, "내가 '토지'를 쓰는 것이 아니라 '토지'가 나를 몰고 가고 있다"[13]는 진술은 적어도 이 시기 작품에는 해당되지 않았던 것이다. 그래서 이 시기 소설의 주인공들은 공통적으로 속세 혐오증, 지나친 결벽증, 내면화된 성격을 갖고 있고, 그로 인해 외적 현실을 철저하게 부정적으로 수용하고 행동하는 회의주의자의 모습으로 나타난다.[14] 초기작이 마치 일기나 수필처럼 전후 현실에 대한 고발과 증언으

---

10) 이인복, 「표류하는 인간상」, 앞의 책 참조.
11) 홍사중, 「한정된 현실의 비극」, 『현대한국문학전집』 11, 신구문화사, 1968, 460~463면.
12) 이형기, 「운명의 네가필름」, 『현대한국문학전집』 11, 신구문화사, 1968, 489면.
13) 송호근, 「삶에의 연민, 한의 미학」, 앞의 책, 51면.
14) 정희모, 「현실에의 환멸과 삶의 의지」, 『'토지'와 박경리 문학』, 솔, 1996, 338면.

로서의 역할을 수행하고 있음에도 불구하고, 주관의 울타리를 벗어나 사회적으로 승화되지 못하는 것은 그런 데 원인이 있다.

3. 낭만적 사랑과 자기 부정의 과정

초기를 마감하고 중기로 넘어가는 결절(結節)적 의미를 지닌 것으로 평가되는 『표류도』에서는 초기의 낭만적 동경과 자폐적 태도가 뚜렷하게 변화되어 나타난다. 강현회라는 전쟁미망인의 신산스러운 삶을 소재로 한 이 작품에서 주인공 현회의 성격은 작품의 전·후반에서 확연히 다른 모습이다. 물론 어머니와 어린 딸을 데리고 사는 전쟁미망인이고, 또 낭만적 사랑에 대한 갈망이 작품의 중심 요소가 된다는 점에서 이 작품 역시 초기의 연장선상에 놓여 있다. 하지만 주인공 현회가 스스로를 고립시키는 자폐적 태도에서 벗어나 현실을 냉정하게 인식하는 개방적 자세를 취하고 동시에 '낭만적 사랑' 대신 '현실적 사랑'을 선택하는 등의 변화를 보인다는 점에서 초기와는 확연히 구별된다. 말하자면 이전의 '상상적 동일시' 단계에서 벗어나, 라캉이 말한 두 번째 단계인 '자기'를 '타자'를 통해서 받아들이는 이른바 '상징적 동일시'의 모습을 보여주는 것이다.

여학교 때 담임인 음악 선생이 싫다는 이유로 1년간 휴학을 하기도 했던 현회는 다방을 경영하면서도 "노동을 팔았지 얼굴을 팔지 않는다는 그런 자존심"을 소유한 인물이다. 그녀에게 자존심이란 비록 '사상(砂上)에 구축된 누각'과도 같은 것일지라도, '고집하고 간직해야 하는' 일종의 "인간의 존엄성과 자유"의 마지막 보루와도 같은 것이었다. 그녀는 사회적 질서라든가 명령을 견뎌 낼 수가 없어서 직장에서 여러 번

쫓겨나기도 했으나 자존심을 꺾은 적이 결코 없었다. 현재 그녀가, 사회적 편견을 무릅쓰고 다방을 경영하는 것은 누구의 간섭도 받지 않는 독립된 생활을 할 수 있으리라는 판단 때문이었다. 다방 '마돈나'는 따라서 그녀의 자존을 유지시켜 주는 일종의 자족적 공간인 셈이다.

이 '마돈나'에는 여러 부류의 사람들이 출입하는데, 그 중에서 현회가 특히 싫어하는 인물은 '최강사'이다. 대학에서 강의를 하고 있는 최강사는 교활한 성격의 인물이어서 남의 학설을 도용하여 사회적으로 행세하는 몰염치한이다. 결벽성 강하고 자존심이 센 현회는 그를 몹시 싫어한다. 반면에 현회는 D신문사의 논설위원이자 점잖고 기품 있는 이상현을 매우 사랑한다. 저명한 논설위원이고 상류계급 출신인 이상현의 기품과 교양을 높이 산 까닭이다. 이상현도 비록 유부남이라는 결함을 갖고 있기는 하지만 현회를 사랑하고 장차 결혼할 생각까지 갖고 있다. 그런데 현회는 서로간의 사랑을 확인한 상태지만, 이상현의 결혼 요구를 선뜻 수용하지 않는데, 그 이유는 '사랑은 하고 싶지만 결혼은 하고 싶지 않다'는 데 있다. 이런 데서 우리는 작가가 여러 곳에서 언급한 '낭만적 사랑'을 다시금 목격하게 되는데, 즉 사랑은 하고 싶지만 결혼은 하고 싶지 않다는 생각은 사랑을 이루는 과정에서 야기될 수밖에 없는 현실적 고통을 감수하기가 싫고, 또 그로 인해 본래의 순수한 사랑마저 왜곡될지도 모른다는 소녀적 낭만성이 그녀의 행동을 지배하고 있음을 알 수 있다. 더구나 이상현은 가정을 갖고 있는 유부남인 까닭에 그와의 결합은 보통의 경우보다 훨씬 더 많은 어려움을 감수해야 한다. 그녀가 생각하는 사랑이란, 현실의 고통을 감수하면서 만들어 나가는 것이 아니라 자기 홀로 가슴 속에서 그리워하고 꿈꾸는 일방적인 짝사랑과도 같은 것이다. 사랑에 대한 이런 낭만적 환상으로 인해 현회는 이상현의 간곡한 결혼 요구를 거부한 것이고, 그런 점에서 현회의 성격은 초기 소설의 주인공들과 하등 다를 바 없다.

그런데 문제는 현회가 돌발적인 살인사건에 말려들면서 급격한 성격

변화를 보인다는 데 있다. 최강사에 대한 평소의 불신과 혐오감이 쌓여서 발생한 우발적인 살인사건은, 사실 급작스럽고 개연성이 떨어지지만, 그런 무리를 범하면서까지 사건을 비약시킨 데는 작가 나름의 의도가 있었던 것으로 보인다. 이를테면, 작가는 주인공 현회로 하여금 감옥이라는 가장 밑바닥 생활을 체험케 함으로써 스스로 변화할 수 있는 계기를 제공하고, 그를 통해서 초기작과는 다른 주제 의식을 드러내고자 했던 것이다. 그런 의도를 갖고 있었기에 작중의 현회는 사건이 진행되는 과정에서 상당한 성격의 변화를 보여준다. 1년 6개월을 구형받고 사회의 가장 밑바닥을 체험하면서 자신은 상대적으로 "혜택받은 사람"이라는 사실을 깨닫는 것이다. 현회는 감옥 속에서 다른 죄수들의 편지를 읽어주고 또 대필까지 해주면서, 희망을 포기한 채 무의미하게 삶을 이어가는 불행한 사람들을 이해하게 되고 서서히 "남을 바라보는 눈"의 변화를 겪는다. 자신에게는 아직 자식이 있고 또 어머니가 있고, 주변에는 사랑하는 사람들이 있다. 즉 생명이 붙어 있는 한 살아야만 하는 충분한 가치를 발견하는 것이다. 그래서 자신은 "버림을 받은 사람이 아니"(183면)며, 적어도 그들보다는 혜택 받은 사람이라는 자각을 갖기에 이른다.

이런 깨달음을 통해서 현회는 이전의 완고한 자의식에서 벗어나 스스로를 객관화하는 변화를 보이는데, 이는 라캉이 말한 '타자'라는 상징적 대상을 통해서 '자아'를 형성하는 이른바 '상징적 동일시'와 흡사한 형국이다.

> 전쟁, 죽음, 기아, 사랑, 대부분의 사람들이 겪어야 하는 이러한 인간사를 나도 이제 웬만큼 겪은 셈이다. 사람도 죽였고, 죄수라는 이름도 붙게 되었으니 이만하면 막다른 골목까지 온 셈이다. 그러나 내 생명이 있는 한 나는 나에 대하여 거짓으로 살아가지는 않으리라. 이 속에서도 내가 절망하지 않고 삶을 의식하는 이상 여하한 고난도 내 마음의 생장(生長)을 막지는 못하리라. 나는

확실히 이곳에 와서 내가 지닌 거죽을 한 꺼풀 벗었다. 오만과 묵살과 하찮은 지혜에 쌓였던 한 꺼풀의 옷을 벗어던졌다. 이제 인간의 비극이 내 머리 속에 있는 추리의 세계가 아니요, 내 말초신경의 진동(振動)도 아니다. 내 피부에, 내 심장에 불행한 인간들은 다정한 친구처럼 자리하고 있는 것이다.[15] (강조는 인용자)

이전의 주인공이 세계와 타자를 고려하지 않은 상태에서 자신의 생각을 절대시했던 것과는 달리 자신을 목적격의 '나'로 생각하여 객관화한 것이고, 따라서 이때의 '나'는 타자를 거치고 타자의 메시지를 통해서 형성된 '사회적 주체'의 모습을 갖게 되는 것이다.

자기 중심의 세계에서 벗어나지 못하고 세상에 대한 불신을 드러냈던 초기 단편과는 달리 『표류도』에서는 이렇듯 세상을 수용하고 스스로를 판단하는 기준으로 타인과 그들의 시선을 내면화한다. 이 변화를 통해서 현회는 자신의 삶에 대해서 더욱 애착을 갖고 관념과 환상에서 벗어나 현실을 냉정하게 인식하며, 다음과 같은 구체적인 변화를 보여주는 것이다. 하나는, 낭만적 사랑의 대상이었던 이상현을 잊고 대신에 죽은 남편의 친구이자 오랫동안 자기를 사모해 왔던 현실주의자 김환규를 선택하는 것이다. 그간 지영은 김환규에 대해서는 별다른 애정을 느끼지 못한 상태였었다. 사랑하는 사람이라기보다는 남편의 친구이자 또 미망인인 자기를 여러 가지로 도와주는 은인일 뿐이었다. 하지만 김환규는 지영에게 계속적인 애정을 표시했고 간간이 농담처럼 결혼을 요구하기도 했었다. 이 김환규에게 냉담한 태도로 일관했던 지영이 그를 수용하는 것은, 인간 모두는 외롭게 떠내려가는 '표류도(漂流島)'이고 그렇기 때문에 '서로 의지하면서 살아야 한다'는 깨달음 때문이었다. 고립된 표류도이기를 고집했던 완강한 자의식이 결국 최강사를 죽였고 자식을 죽인 것이라는 김환규의 비판은, 더 이상 자기를 학대하는 비겁

15) 박경리, 『표류도』, 지식산업사, 1980, 184~185면.

한 행동을 하지 말고 현실의 '대해(大海)'로 나서라는 충고였던 것이다. 그래서 "나를 현실에 적응시켜야 한다. 내 생명이 있기 위하여 나를 변혁시켜야 한다"는 마지막 장면의 다짐은 외로운 '표류도'에서 벗어나고자 하는 강한 의지의 표명으로 이해할 수 있다. 그러한 깨달음을 통해서 현회는 낭만적 사랑을 포기하고 현실적 사랑을 선택하는 것이다. 두 번째는 현회의 유일한 희망이자 삶의 근거이기도 했던 딸 훈아의 급작스런 죽음이다. 출감 후 자식이 교통사고로 죽었다는 비보를 전해 듣고 현회는 거의 자포자기의 절망감에 빠져드는데, 이런 데서 작가의 비정한 성격을 새삼 확인할 수 있거니와, 이 역시 이전의 삶과 단호히 결별하려는 비감한 통과의례로 이해할 수 있다. 초기 단편의 인물들이 거의 대부분 어린 자식에 대한 희망 하나로 삶을 유지해 왔음을 상기하자면 그 희망의 끈인 자식마저 죽음으로 내 몬 작가의 의도는 이전의 감상적이고 환상적인 삶에서 벗어나겠다는 결연한 의지에 다름 아닌 것이다.

이렇게 보자면 자신의 '억울하고 괴로운 심경을 표현하기 위해 소설을 쓴다'는 「암흑시대」의 진술은 더 이상 실효성을 상실하게 된다. 작가는 세상에 항거하는 수단으로써가 아니라 세상 사람들의 꿈과 슬픔을 이해하고 담아내기 위한 공적 담론으로써 작품을 대하는 진정한 소설가로 전신(轉身)하는 것이다. 다시 말해 체험이라는 고립된 움막 속에 웅크리고 있던 자아가 움막에서 나와 스스로 역사의 시·공간 속으로 걸어가서, 박경리의 표현대로 '감정의 문학'에서 '주지의 문학'으로, 창작의 무게중심을 옮기는 것이다.[16] 다음에서 살필 『시장과 전장』에서

16) 박경리는 문학을 감정의 문학과 주지의 문학으로 나누어서 생각한다. '감정의 문학'이란 주관적 개인주의나 개방적 서정주의에 바탕을 둔 것이고, '주지의 문학'은 객관적 사실주의나 과학적 형식주의에 바탕을 둔 문학이다. 이 둘 중에서 박경리가 선호하는 것은 '감정의 문학'으로 보인다. 박경리는 '주지의 문학'은 사회인이나 사회 또는 객관화된 개인을 과학적으로 분석하고 있는 그대로의 사실 묘사로 시종함으로써 궁극적으로는 인간 상실을 초래하게 된다고 한다. 하지만 "감수성이 맑게 세련되어 인생과 절절한 애정이 교류되었을 때, 그것이 낭만이 아닌가"라고 하면서 감정의 문학에 긍정적인 태도를 보여준다. 주관적 감정과 고도화된 서정성에 바탕을 둔 낭만적 경향을 지

확인되는 6·25에 대한 이데올로기적 탐구라든가 가족과 소시민적 삶에 대한 천착은 모두 이런 변신을 통해서 가능했던 것이다. 그런 까닭에 살인이라는 극단의 방법까지 동원하면서 작가가 얻게 되는 깨달음은 이후 소설의 전개 과정에서 매우 소중한 것으로 이해할 수 있다. 연보를 통해서도 확인되듯이, 박경리는 이 시기 이후 엄정한 거리감각을 바탕으로 사회적 지평으로 시야를 확대하고, 작품도 단편보다는 장편을 주로 창작하는 등의 일대 변화를 보여준다.

4. 소시민의 일상과 6·25의 본질

박경리의 1960년대 작품을 대표하는 『시장과 전장』은 사적 담론의 수준에서 벗어나지 못했던 단계에서 벗어나 작가가 사회 현실로 관심을 돌리면서 산출한 대표적인 성과물이다. 물론 이 작품 역시 여러 면에서 작가의 실제 체험을 서사의 근간으로 하고 있다. 연안에서의 짧은 교직생활, 용공 혐의로 몰린 남편의 죽음, 자식의 돌발적인 사고사 등은 작가의 실제 체험이며, 주인공 지영의 성격 역시 초기 소설의 그것과 여러 면에서 흡사하다. 하지만 구체적인 시공 속에서 존재하는 인물이 그려지고 그들을 통해서 공산주의 이데올로기와 소시민의 일상이 문제시된다는 점에서 초기작과는 엄연히 구별된다. 아울러 초기의 인물들이 작가 개인을 대변하는, 전쟁 직후의 피폐하고 극단화된 자의식을 투사한 것이라면, 여기서는 남편과 직장을 갖고 있는 평범한 소시민이 주인

닌 감정의 문학을 선호하는 셈이데, 그렇다면 박경리는 기질적으로 리얼리즘과는 다소 거리가 있는 작가라고 할 수 있을 것이다(자세한 것은 「자기 목소리」, 『Q씨에게』 참조).

공으로 등장하고 그의 시각에서 전쟁의 참혹함이 고발된다. 또 6·25라는 비극적 사건 역시 주관적 체험의 영역에서 벗어나 이데올로기라든가 일상생활과의 관련성 속에서 객관화되어 천착되는, 다시 말해 단편적인 인식에서 벗어나 구조적인 차원에서 조망되고 인식되는 등의 거리감각을 전제하고 있다.

『시장과 전장』의 한 축을 구성하는 지영을 통해서 작가가 보여주고자 한 것은 전쟁과 소시민의 일상, 나아가 가족과 생명의 소중함에 관한 것이다. 사실 지영을 중심으로 전개되는 이야기는 평범한 소시민 가족이 겪는 전쟁 체험담이라 해도 과언이 아니다. 소녀적인 감상과 결벽성을 갖고 있던 지영이 전쟁을 계기로 현실적이고 억척스러운 여인으로 변해 가는 대목은 내용상으로는 초기작과 별 차이가 없다. 가령, 지영은 결혼하기 전에 남편이 될 하기석이 자기를 하대(下待)한다는 이유로 돌연 파혼을 생각하고, 또 책 세 권을 사면서 두 권 값만 지불하는 모습을 목격하고는 심한 혐오감을 느끼며, 길을 가다가 무심히 남의 감자를 훔치는 행동을 보고 강한 거부감을 갖는 등 남다른 결벽성의 소유자였다. 반면 남편은 '소박한 허영심'의 소유자여서 고졸 학력의 그녀를 대학 졸업자로 만들고 싶어 했고, 심지어 '종이 인형'처럼 그녀를 취급하려 했다. 남편의 이 허영심을 견딜 수 없었던 지영은 38선 근처 황해도 연안에 취직자리가 생기자 주저하지 않고 부임했던 것이다. 요컨대 지영은 결벽성이 강하고 허영심을 싫어했던 인물로, 『표류도』 전반부의 현회와 거의 흡사한 성격의 소유자이다.

하지만 전쟁을 경험하면서 이 결백한 인물은 심각한 변화를 보이는데, 그것은 지영이 그렇게 부정했던 속물적이고 소시민적인 남편에 대한 극적인 이해와 수용으로 나타난다. 이를테면 연안행을 통해서 남편과 가족으로부터 거리를 두고자 했으나 그것이 오히려 가족과 남편의 소중함을 환기시켜 주는 계기가 된 것이다. 부재(不在)를 통해서 존재의 소중함을 인식한 것이라고 할까. 전쟁이 발발하자 지영이 보여준 첫 반응은 바로 타성화된 가족 관계에 대한 자각이었다.

> 산판을 밟고 땅 위에 발을 내려놓았을 때 지영의 눈앞에는 아이들의 모습이 확실히 떠올랐다. 남편과 어머니의 얼굴도 똑똑히 나타났다. 지영의 눈에서 처음으로 눈물이 흐른다. 모두 모르는 사람끼리 얼싸안고 눈물을 흘리고 있다. 정말 대지에 입맞춤하고 싶은 감동에 모든 것은 새롭게 정답고 소중하기만 하고.
>
> 낯선 사람끼리, 낯선 바닷가에서 서로 손을 잡고 눈물을 흘린다.[17)]

가족의 안위를 걱정하는 가운데 보이는 이러한 깨달음을 통해서 지영은 이제 감상적이고 결백한 인물에서 억척스러운 아내이자 어머니로 변신한다. 지영이 자신의 배고픈 상황을 떠올리며 남편의 감자서리를 이해하는 것은 '오만한 결벽증'보다는 '생존'이 더욱 소중하다는 전쟁이 가르쳐준 깨달음 때문이다. 이제 그녀는 감상적인 소녀가 아니라 가족과 일상의 안위를 생각할 줄 아는 '소시민'으로 스스로를 탈바꿈하는 것이다. 그래서 작품 속의 '전장'은 더 이상 주관적이고 단편적인 체험의 공간이 아니라 삶에 개입하고 작용하는 사회적 환경이 되며, 인물의 성격 역시 그런 환경과의 유기적인 교섭을 통해서 형성되는 생동감을 획득하는 것이다.

지영에게 있어서 전쟁이란 일상의 평화와 생명을 파괴하는 폭력에 지나지 않는 것으로 의미화된다. 곧, 공산주의라든가 자유주의라는 이념은 기껏 허황된, 그것도 모순투성이의 구호에 불과한 것이지 결코 사람들의 실존을 구속하는 본질적 요소는 아니었다. 전쟁의 와중에서 민중들이 그 어느 편에도 손을 들지 않았던 것은 전쟁이 어느 한편에 가담할 수 있는 뚜렷한 명분을 제공해주지 못했던 까닭이다. 국군에 대해서 공공연히 욕을 하는 사람도 없었고, 그렇다고 인민군을 저주하는 사

17) 박경리, 『시장과 전장』(『전집』 1), 지식산업사, 1979, 127면.

람도 없었다. 피난민 중에는 인민군 유격대가 있을 수도 있고 또 대한민국의 정보원이 있을 수도 있다. 대세가 분명해지지 않은 상태에서 어느 한쪽에 섣불리 가담했다가는 바로 목숨을 잃을 지도 모르는 상황이었고, 그래서 민중들은 하나같이 "생존을 위한 신중함"으로, 혹은 "현실을 좇는 현명함"으로 전쟁을 관망할 수밖에 없었던 것이다. 민중에게 중요했던 것은 생존이지 어느 특정 집단의 정통성이라든가 이데올로기의 우월성 여부는 아니었던 것이다. 그래서 민중들은 전쟁을 단지 '관전(觀戰)'할 뿐이었다.

지영이 보기에 전쟁은 이처럼 민중과 무관한 곳에 존재하는 것이었다. 하지만 그럼에도 불구하고 전쟁은 민중의 삶을 총체적으로 파괴한다는 데 작가의 문제의식이 놓여 있다. 남편 하기석은 입당원서를 냈다는 이유만으로 죄인 취급을 받아 감옥에 갇혔고, 쌀 한 톨을 구하겠다고 한강변에 나갔던 어머니는 국군의 무자비한 총격에 의해 참혹하게 목숨을 잃었다. 뿐만 아니라 전장의 한 복판에서 민중들의 질박한 심성은 한없이 교활해지고 잔인해져서 약탈과 도둑질을 다반사로 행하며 혼란을 이용한 살인 행위마저 주저하지 않는다. 민중과는 무관한 전쟁이 역설적으로 민중을 참혹하게 파괴한 것이다. 지영이 파악한 전쟁은 바로 이런 모습이었다.

이런 내용을 통해서 우리는 전쟁과 민중의 일상적 삶을 보다 사실적으로 이해하게 되는데, 이 과정에서 특히 주목을 끄는 것은 작가가 이 모든 것을 단지 보여줄 뿐이라는 사실이다. 초기작에서 두드러졌던 단정적이고 설명적인 진술이 줄어들고 대신 체험하거나 목격한 주변의 일화들이 다양하게 교직되는 것은 이런 변화에 의한 것이다. 작가는 이제 사회 현실을 객관화할 수 있는 여유를 확보하고 전쟁을 거시적인 차원에서 바라보며, 그래서 전쟁은 운명적인 것이 아니라 교조적 이데올로기의 맹신적 숭배와 극한적 대립에서 비롯된 사회·역사적인 것이라는 인식을 보여주는 것이다.

'지영'과 함께 작품의 또 다른 축을 형성하는 '하기훈'을 통해서 작가가 보여주고자 한 것은 공산주의 이데올로기의 교조성과 허구성이다. 작중의 하기훈은 교조적 공산주의자로 사실은 매우 모순적 성격을 갖고 있는, 그래서 일찍이 백낙청으로부터 "모순투성이의 인물"이며 그로 인해 "독자가 알아보기조차 어렵"[18]다는 혹평을 듣기도 했던 인물이다. 작가의 말대로, 하기훈은 언어나 동작으로 자신의 신념을 밝힌 일이 한 번도 없다. 공산주의 조직 밑에서 철저한 훈련을 받았기 때문에 자신의 행동을 냉소하거나 회의하기보다는 어떤 경우에도 신념을 굽히지 않는 인물이다.[19] 그런 성격을 갖고 있음에도 불구하고 빨치산 활동을 하는 과정에서 걸핏하면 외로움에 빠져들고 때때로 딱한 사람들을 보면 사심 없이 동정하는, 인정 많은 모습을 보여준다. 작가는 이 모순된 성격의 인물을 통해서 공산주의의 본질을 질문하는데, 그것은 구체적으로 그를 둘러싼 두 인물, 즉 석산선생과 장덕삼과의 대비를 통해서 이루어진다.

석산과 기훈은 한때 공산주의 활동을 같이 했던 관계지만 지금은 '개인과 전체'에 대한 의견에서 서로 다른 입장을 보이고 있다. '개인의 자유'를 무엇보다 중시하는 석산은 바쿠닌의 사진을 벽에 걸어놓고 숭상하는 열렬한 아나키스트이다. 하지만 '개인'보다는 '전체'를 우선시하는 하기훈은 이 석산을 "모순 덩어리, 지리멸렬한 이론가, 환상에 허위적거리는 늙은이"로 비판한다. 그런데 작가의 시선은 석산에게 모아져 있다. 석산에 의하면, 공산주의자들은 교조적 믿음만을 갖고 있을 뿐이지 결코 현실을 사랑하지 않는 사람들이다. 미래의 행복이라는 공수표를 통해서 개개인의 자유를 박탈하였고, 그리하여 민중을 '영혼 없는 기계'와 같은 존재로 전락시켰다. 말하자면 '예수쟁이'가 하나님만을 맹목적으로 믿듯이 공산주의자들은 이념만을 맹신할 뿐이라는 게 석산의 생각

18) 백낙청, 「피상적 기록에 그친 6·25 수난」, 『신동아』, 1966.4, 327면.
19) 박경리, 「띄엄띄엄 읽고 갈겨쓴 비평일까」, 『신동아』, 1966.5, 366면.

이자 박경리의 판단이다. 한편, 낭만적 공산주의자인 장덕삼은 다분히 휴머니스트로 그려진다. 그는 남한 지주 출신의 인텔리로, 학생시절부터 "연인을 생각하듯 컴니즘을 동경"했던 인물이고, 실제로 애인으로부터 배반을 당하자 월북하여 공산주의자가 되었다. 장덕삼이 공산주의자가 된 것은 스스로의 고백처럼, "사상으로 시작된 게 아니구 혁명가의 한 스타일을 동경"한 것이거나 아니면 "혁명가의 스타일이기보다 소설적인 인물"을 동경해서였다. 그런 까닭에 장덕삼은 기훈으로부터 끊임없이 비판을 당하고 '해당주의자', '관념론자'로 낙인찍혀 결국은 "그쪽에서(컴니스트 쪽에서—필자) 밀어내는 벽"을 느끼게 된다.

작가가 이 장덕삼을 통해서 말하고자 한 것은 대략 두 가지로 정리할 수 있다. 하나는 사회주의의 목적은 인간 해방이지만, 사실은 그 명분을 빌미로 인간을 "사회주의 경쟁을 위한 수단으로" 전락시켰다는 점이다. 전쟁을 치르면서 연출되는 잔혹한 살상 행위는 장덕삼이 보기에는 목적을 위해 수단과 방법을 가리지 않는 일종의 기만행위로밖에 보이지 않았다. 그리고 지식인들의 계급의식 역시 작위적이라는 점이다. 장덕삼은 스스로를 프롤레타리아의 세계관으로 무장했다고 자부하고 있었으나 빨치산 활동에 가담한 농민들의 본능적인 행동과 비교하자면 그것은 한갓 관념에 지나지 않는다는 것을 알게 된다. 프롤레타리아의 계급의식이란 본능에 가까운 것이지만 지식인의 그것은 기껏 의식적으로 학습된 것에 지나지 않는다는 사실, 이런 깨달음을 통해 장덕삼은 결국 전향하고 만다. 물론 장덕삼의 생각이 시종일관 합당한 것은 아니다. 자기 분열적이고 모순에 빠진 듯한 모습을 보여주기도 하지만, 작가는 이를 통해서 하기훈이 신봉하는 공산주의의 한계를 사실적으로 포착하고자 한 것이다. 말하자면 공산주의자(혹은 그 대리인인 하기훈)의 본질은 대의명분을 위해서 인간을 도구화할 뿐만 아니라 개인의 자유를 철저히 파괴하는, 그로 인해서 자기 기만적인 허위의식에 빠진 존재라는 게 작가의 판단이다.

박경리의 생각이 고스란히 투사된 이런 견해는, 수백만 명의 인명이 살상되고 사회 전체가 황폐화되다시피 했던 것이 사실은 6·25가 이념의 대리전쟁이고, 더구나 그 한 축을 형성했던 게 교조적 공산주의였다는 사실을 감안하자면 상당히 예리한 것임을 알 수 있다. 작품 속에서 드러난 6·25의 참상은 사실 하기훈으로 상징되는 교조적 이데올로그에 의해 주도되었고 그래서 민중과는 무관한 것임에도 불구하고 엄청난 비극을 불러 왔던 것이다. 더구나 전쟁과 평화의 문제는 운명적인 것이라기보다는 인간의 사회 및 정치적 제도, 그리고 인간과 집단의 일련의 선택들의 역사적 결과라는[20] 점을 고려하자면, 작가의 이러한 인식은 당시로는 상당히 높은 수준의 것임을 알 수 있다. 아울러 반공주의자가 아닌 아나키스트나 낭만적 공상주의자의 시선으로 공산주의를 비판하고, 빨치산 활동에 대한 밀도 있는 묘사를 보여준 점 등도 이 작품을 돋보이게 하는 요소들이다. 이 과정에서 작가가 자신의 생각을 직설적으로 토로하지 않고, 석산이라든가 장덕삼과 같은 주변 인물을 통해서 대비적으로 제시했다는 것은 그만큼 사회 현실을 객관화하고 구조적으로 인식하고 있음을 말해준다. 그런 점에서 이 작품은 "이전 소설이 보여주었던 선악 이분법을 시원히 걷어내고 있으며, 1950년대 소설이 그려내지 못한 이념 논쟁을 치열하게 형상화했다"[21]는 평가를 받게 된다.

물론, 이 과정에서 초기작 이래의 특성이 유지되고, 그로 인해 작품의 초점이 분산되는 한계를 노정하고 있음을 부인할 수는 없다. 삽화처럼 제시된 '이가화'의 성격은 초기작에서 발견되는 작가의 낭만적 지향을 고스란히 이어받고 있다.[22] 이념에 대한 이해가 전혀 없으면서도 하

20) 이삼성, 『20세기의 문명과 야만』, 한길사, 1998, 102~107면.
21) 김복순의 「『시장과 전장』에 나타난 사랑과 이념의 두 구원」(『『토지』와 박경리 문학』, 솔, 1996) 및 조남현의 「박경리의 『시장과 전장』」, 『한국 현대소설의 해부』(문예출판사, 1993) 참조.
22) 작품 속에 드러난 '낭만성'은 이가화라는 인물 외에도 '시장'이라는 공간에서도 찾

기훈에 대한 사랑 하나로 빨치산 활동에 가담하는 것이나, 하기훈의 비인간적인 행동에 전혀 구애받지 않는 모습은, 그녀의 성격을 비현실적으로 만들기에 충분하다. 그녀는 전장의 한복판을 살고 있는 인물임에도 불구하고 실상은 그와는 무관한, 이를테면 사랑을 위해서 자신의 모든 것을 바친, 마치 '전장' 속에서 '시장'의 세계를 사는 인물이다. 작가가 그녀에게 깊은 애정을 보였던 것은 이 헌신적이고 가식 없는 사랑을 통해서 인간 구원의 가능성을 발견하고자 했기 때문이다. 작가는 그런 생각을 이미 여러 글을 통해서 '사랑'과 '생명'에 대한 강조로 표현한 바 있다. 그러므로 이가화는 작가의 본원적 지향을 보여주는 상징적 존재로 이해할 수 있을 것이다.

하지만, 이가화에 대한 이러한 집착은 역으로 작품의 성격을 혼란스럽게 만드는 중요한 요인이 되고 있음을 간과할 수 없다. 작가는 전쟁과 이데올로기에 깊은 관심을 보이면서도 다른 한편으로는 이가화라는 구원의 여인을 통해서 문제를 해결하려는 자세를 동시에 추구하였다.[23)]

을 수 있다. 작가가 평소에 추구했던 낭만적 삶이 고스란히 투영된 공간으로서의 '시장'은 이념도, 전쟁도, 살인도 존재하지 않는 곳이다. 거기에는 음악이 있고, 화해가 있으며, 활기가 넘친다. 또 그곳에는 유년기의 추억과 동화가 있으며, 자연과 어우러진 원초적 조화가 있다. 인민군도 있고 국군도 있으나 그들은 모두 이념 이전의 순수한 인간일 뿐이다. 시장은 이렇듯 작가의 낭만적 지향이 고스란히 투사된 곳으로 그려져 있다. 그렇지만 여기서 발견되는 낭만성이 현실과 꼭 유리된 것만은 아니다. 전쟁의 참혹함을 보여주기 위한 대비적 장치로 제시된 것이 바로 시장이다. 그렇기에 '시장'을 자본주의와 결부지어 이해하거나 아니면 그것의 현실성을 묻는 것은 무의미하다고 볼 수 있다. 작가의 의도는 '시장'의 사회학적 의미보다는 그와 대비되는 '전장'의 비인간성과 파괴에 있기 때문이다.

23) 물론 이런 점을 꼭 부정적으로 볼 필요는 없을 것이다. 작가의 변화에도 불구하고 지속되는 이런 특성은 사실 전 작품을 관통하는 작가의 본원적 지향이자 정체성을 이루기 때문이다. 사실 지영을 통해서 보이는 생명에 대한 존중과 외경심은 박경리 문학의 한 축을 형성하는 생명사상과 연결되어 있고, 이가화를 통해서 드러난 낭만적 사랑 역시 중요한 요소를 이룬다. 이렇게 보자면 이런 점은 부정적인 것이라기보다는 오히려 작가 박경리의 정체성이 점차 분명하게 정립되고 있는 것으로 이해할 수 있다. 주 17)에서 '주지의 문학'보다도 '감정의 문학'을 선호하는 박경리의 태도 역시 이와 결부지어 이해할 수 있을 것이다.

그래서, 작품의 중요한 한계로 거론되는 지영의 세계와 하기훈의 세계가 유기적으로 연결되지 못하고 분리되는 작위성을 노정하는 것이다. 이를테면, 전쟁의 본질을 천착하다가 이가화라는 인물을 통해서 구원의 가능성을 찾았던 까닭에 작품은 전쟁을 한 축으로 하면서도 동시에 구원이라는 또 다른 축이 병렬되는 이원성을 갖게 되고, 두 개의 서사가 부자연스럽게 결합되는 작위성을 드러내는 것이다. 이 작품이 전쟁에 대한 사실적인 묘사와 인식을 보여줌에도 불구하고 리얼리즘과는 다소 거리가 먼 작품이 된 것은 이런 사실과 관계될 것이다. 전쟁으로 남편과 자식을 잃는 참척을 겪어야 했던 작가에게 전쟁과 공산주의는 이 시기까지도 여전히 합리적 인식을 방해하는 천형의 무게로 작용하고 있었던 것이다.

5. 60년대 소설과 '주체'의 문제

시대와 사회 환경에 따라서 작가가 보여주는 세계는 다를 수밖에 없다. 또 같은 시대와 사회를 사는 작가의 경우에도 현실적인 또는 허구적인 생활 세계에 대한 인식은 그 체험에 의하여 원근법을 크게 달리하게 마련이다. 초기 박경리 소설에서 보이는 체험의 과도한 노출은 그 자체가 전쟁에 대한 핍진한 고발과 감동을 제공하지만, 한편으로는 주체가 주관적 체험에 바탕을 둔 고양된 자의식에서 벗어나지 못한 상태였기에 그 감동의 정도는 상대적으로 제한적일 수밖에 없었다. 물론 전후의 황폐한 현실에서 작가가 '사회적 주체'로 스스로를 정립한다는 것은 거의 불가능했다고 볼 수도 있다. 대상을 객관화하는 거리감각을 통해서 작가들은 현실을 구조적으로 인식하고 스스로 사회적 주체로 거듭나게 되지만, 전쟁의 폐허 위에서 그것은 사실상 불가능한 일이었다. 전쟁으로 모든 것이 황폐화되고 사회적 안정이 순식간에 아수라장으로 변해버린 게 1950년대였고, 그런 까닭에 작가들은 그러한 현실을 감당할 여유를 가질 수 없었던 것이다. 남편과 자식을 잃은 전쟁미망인으로서 박경리 또한 그런 상황에서 예외일 수 없었고, 그래서 초기작은 대부분 자신의 체험 영역을 벗어나지 못했던 것이다. 하지만 사회가 점차 안정되고 작가 역시 타자를 수용하는 과정을 통해서 점차 '상상적 동일시'에서 벗어나 '상징적 동일시'에 이르는, 이른바 사회적 주체로 거듭나면서 이전의 미숙함에서 벗어나 한층 성숙한 모습을 보여주게 된다.

『표류도』라든가 『시장과 선상』은 이런 변화의 과정에서 나온 산물로, 거기서 발견되는 것은 사회적 주체로 스스로를 정립하는 과정과 그 시선으로 포착된 당대의 현실이다. 전후의 황폐한 현실에서, 그것도 전쟁미망인으로서 모진 삶을 이어왔던 작가는 이제 서서히 완고한 주관의 껍질을 벗고 사회적 지평에서 자신의 삶을 응시하기 시작한다. 인생은 외롭게 흘러가는 '표류도'이지만 결코 혼자서는 살 수 없는, 따라서 서로 의지하고 도우면서 살지 않을 수 없다는 인식은 초기작에서는 볼 수 없었던 이러한 성숙의 결과물인 셈이다. 이런 변화를 통해서 작가는 전쟁이라든가 이데올로기의 문제를 거시적으로 인식하고 이전보다 한 차원 진전된 작품을 창작하는 것이다. 『시장과 전장』 이후 대하장편 『토지』로 나갈 수 있었던 내적 계기는 이렇게 해서 마련된 것으로 볼 수 있다. 문학사적으로도, 1950년대 소설이 대부분 내면 독백이나 자의식 과잉의 단편이었던 데 비해 1960년대 들어서는 외부 묘사가 현저히 증가된 장편이 압도적으로 늘어났다는 사실, 이를테면 『광장』, 『회색인』, 『시장과 전장』, 『김약국의 딸들』, 『소시민』, 『서울은 만원이다』 등의 장편이 장관을 이루듯 발표된 것도 사실은 이와 같은 '주체'의 정립 과정과 무관한 것은 아니라고 할 수 있다.

이상의 고찰을 통해서 이 글은 작가의 주체의 정립과정이 작품의 질적 완성도를 높이는데 중요하게 기여한다는 점, 특히 사회적 주체로 스스로를 정립한 경우에야 삶과 현실에 대한 포괄적이고 깊이 있는 인식이 가능하다는 사실을 확인하였다.

추상적 민족주의와 간도 문학

안수길론

1. 작가의 역사의식과 문학

안수길은 평생 하나의 제재를 천착해 온 문학사에서 보기 드문 뚝심의 소유자이다. 1935년 『조선문단』에 「적십자병원장」으로 등단한 이래로 간도를 소재로 한 작품을 일관되게 발표하여 그에게는 '간도 문학', '개척 문학', '북방 문학' 등의 꼬리표가 늘 붙어 있다. 대표작 『북간도』를 비롯한 『북향보』나 『을지문덕』은 모두 간도와 만주를 배경으로 한 작품들이고, 자전적 기록이나 다름없는 『통로』와 『성천강』도 간도로 이주하기까지의 과정을 다루고 있다. 간도는 안수길 문학의 출발점이자 귀결점이고, 안수길은 간도 문학을 대표한다고 해도 과언이 아니다.

안수길이 문학사에서 평가되기 시작한 것도 사실은 『북간도』를 발표한 1960년대 이후였다. 물론 식민지 시대나 해방 후에도 간도를 제재로 한 많은 작품을 발표했으나, 작가의 문제의식이나 작품의 성과 면에서 만족스러운 결과를 얻었던 것은 아니었다. 『북간도』는 기존 소설의 인물과 공간을 확장하고 문제의식을 심화시켜 안수길을 문학사에 우뚝 세운 작품이고, 동시에 1960년대 소설사에서 리얼리즘이라는 이정표를 새롭게 정립한 작품이다. 이 글이 안수길을 1960년대 문학사와 결부지어 이해하려는 것은 이런 문학적 성과를 염두에 둔 것이다. 『북간도』를 비롯한 안수길의 대표작들은 대부분 리얼리즘의 전통이 극도로 위축되고 실존과 자의식 과잉의 서사가 범람했던 1950년대 후반과 1960년대라는 상황에서 발표되었다. 1950년대는 '마른하늘의 날벼락'과도 같았던 전쟁의 상처를 미처 소화하지 못한 채 절망과 혼돈으로 일관했던 시기였고, 그런 까닭에 작가들은 현실에 대한 객관적 거리감각을 가질 수 없었다. 리얼리즘이란 현실에 대한 구조적이고 계기적인 인식과 함께 대상에 대한 거리 감각을 전제한다. 대상을 객관적으로 조망하지 못했을 경우 서사(敍事)는 단편적인 체험이나 일화의 나열에서 크게 벗어나지 못하는 것이다. 그런데, 『북간도』는 전후의 과잉된 자의식과 혼란에서 벗어나 현실에 대한 객관화된 묘사와 역사주의적 시각으로 우리 민족의 한과 고통을 웅장한 서사의 화폭에 담아내 이 시기 소설의 지평을 크게 확장해 놓았다. 이 글은 『북간도』와 안수길 문학이 갖는 이러한 문학사적 평가를 수용하면서 씌어진다.

그런데 과거의 역사적 삶을 소재로 해서 작품을 창작한다는 것은 단순히 과거사를 기록하는데 그치는 것이 아니라 그것의 현재적 의미를 포착하고 궁극적으로 미래를 전망하는 일이라는 점에서, 안수길의 성과는 상대적으로 제한적이라는 게 이 글의 입장이다. 역사적 사실을 소재로 한 작품이 문학적 성과를 획득하려면 무엇보다 작가가 역사적 대상과 현실에 대한 냉철한 인식을 소유하고 있어야 한다. 즉, '현실'이란 어떠한 시각을 통해서 보느냐에 따라서 각기 다른 모습으로 드러나게 마련이다. 현실은 눈으로 보고 느낄 수 있는 표피만을 뜻하는 것은 아니며, 또 우연하고 순간적이며 개연적 현상으로만 이루어지는 것도 아니다. 표면과 이면, 현상과 본질은 항상 유기적으로 연관되어 있다. 따라서 작품 속의 디테일한 묘사는 현실의 역동적 움직임과 유기적으로 연관되어 있어야 한다. 『삼대』(염상섭)가 장광설과 디테일한 묘사로 산만한 느낌을 줌에도 불구하고 리얼리즘 소설로 높이 평가되는 것은 사건과 인물의 유기적 통합을 통해 당대 사회의 근원적 특성을 포착해 냈기 때문이다. 그렇기에 과거사를 현재화하기 위해서는 무엇보다 작가가 객관현실을 인정하고 그것과 유기적으로 교섭하는 인물을 그려낼 수 있어야 한다.[1] 그런데, 안수길의 경우 인물들의 개인사가 지루할 정도로 자세하게 제시되어, 작품은(특히 『북간도』와 『성천강』) 마치 민중들의 수난사를 파노라마처럼 펼쳐 놓은 듯한 느낌을 주고, 또 작가의 민족주의적 시각이 돋보이기는 하지만, 자세히 살피자면 민중들의 곤궁한 삶은 단지 원경(遠景)으로만 처리되어 있다. 또 작가의 민족주의적 시각 역시 추상화되어 나타난다. 이를테면, 인물들의 행위는 역사성을 띠기보다는 생물학적 삶에 구속되어 역사 현실과 유기적으로 교섭하지 못하고, 대신 작가의 관념만이 일방적으로 강요되는 식이다. 『북간도』를 비롯한 일련의 작품들이 갖는 한계는 이런 사실과 관계되어 있다.

이 글은 이 일련의 현상들을 작가의 역사의식과 연결해서 살펴보고자 한다. 안수길 소설의 중요한 특성과 한계는 바로 작가의 추상화된 역사의식에 있다는 게 필자의 판단이다. 우선 식민지 시대를 대표하는 『북향보』를 통해서 안수길 역사의식의 특징을 살피고, 그것이 『북간도』와 『을지문덕』에서 어떻게 변화되고 있는가를 서술하고자 한다. 미리 말하자면, 안수길 작품을 거시적으로 조종했던 것은 작가 특유의 민족주의지만, 그것이 현실(역사적 사건)과 계기적으로 결합하지 못하고 추상화되어 드러나는 까닭에 작품들은 뚜렷한 한계를 갖는다는 게 이 글의

1) 차봉희 편, 『루카치의 변증-유물론적 문학이론』, 한마당, 1987, 114~124면.

주된 논지이다.

2. 간도와 지식인의 양심적 시각

『북향보』는 안수길의 식민지 시대 문학을 대표하는 작품이다. 단편 「목축기」를 근간으로 인물과 사건을 재구성한 이 작품은 『만선일보』에 1944년 12월부터 1945년 4월까지 5개월간 연재되었는데, "일제 강점기 모국어"로 씌어진 "마지막 소설 작품"[2]이라는 지적처럼, 간도라는 특수한 공간을 바탕으로 씌어질 수 있었던 작품이다. 하지만 일체의 문학 행위가 불가능했던 암흑기라는 특수한 상황에서, 그것도 일제의 괴뢰국 기관지인 『만선일보』에 발표된 것이라는 점에서 작품의 한계 또한 자명하다고 할 수 있다. 안수길이 해방 후 이 작품의 존재를 감추었고, 사후에 유족들이 공간(公刊)을 미루었던 것은 작품이 갖는 친일적 특성과 무관하지 않을 것이다.[3]

『북향보』를 발굴・공개한 오양호는, 이 작품이 1940년에서 1945년 사이의 문학적 공백기를 대치할 수 있는 유일하고도 중요한 장편소설이라고 평가하지만,[4] 필자는 그러한 견해에 선뜻 동의할 수 없다. 『북향보』에서 만주 이주민들의 고투사(苦鬪史)를 접할 수 있는 것은 사실이지만, 작품의 성과는 상대적으로 제한적이다. 우선, 작품 내적인 측면에서 '북향촌'을 건설하려는 인물들의 행위가 영웅적으로 과장되어 서사적 개연성을 획득하지 못하고 있고, 또 작가의 계몽적 언술이 작품 전체를 지배해서 내적 자율성을 제한하고 있다는 점이다. 말하자면 이 작품은

2) 오양호, 「신개지의 기수들」, 『북향보』, 문학출판공사, 1987 해설.
3) 오양호, 위의 글.
4) 오양호, 위의 글.

질적인 면에서 현실의 사실적인 반영과는 거리가 멀고 대신 작가의 주관적 신념을 특정 인물을 통해서 토로한 수준에서 크게 벗어나지 못한 것으로 판단된다. 게다가 더욱 문제적인 것은 이 작품이 '북향정신'이라는 일제의 '개척문학'과 여러 모로 연결되어 있다는 점이다. 그런 맥락에서 이 작품에서 주목할 점은 작품의 리얼리즘적 성취보다는 오히려 작품 이면에 놓여 있는 안수길의 만주에 대한 시각과 역사의식의 특성이라 하겠다. 그런 사실은 무엇보다 인물들의 행위가 영웅적으로 과장되어 드러난 데서 확인될 수 있다.

정학도를 비롯한 오찬구 · 마준영 등 『북향보』의 주요 인물들은 하나같이 지사적 사명감과 높은 이상(理想)을 소유한 사람들이고, 특히 '북향목장'의 건설이라는 구체적 목표를 실천에 옮기는 사람들이다. '북향 목장'이란, 선조들이 일구어 놓은 터전 위에 자손만대가 영원히 번영할 수 있는 아늑하고 아름다운 고향을 만들어 보자는 계획 하에 추진 중인 이상적인 공동체를 의미하는데, 정학도는 이 계획을 입안하고 기초를 세운 사람이다. 장편 『북향보』는 이 정학도가 자신의 꿈을 미처 실현하지 못하고 한 많은 생을 마감하면서 본격적으로 시작된다. 오찬구는 정학도의 유지를 받드는 주인공으로, 그의 모든 행위는 스승 정학도의 꿈을 실천하는데 모아져 있다. 목장 경영이 악화되고 급기야 매각될 위기에 처하자 불철주야 힘을 쏟아 붓고 돈을 모금하는 행위는 "지행합치의 실천교육, 계발건설에 솔선하여, 실천궁행"하는 정학도의 이념을 그대로 재현한 것이라 할 수 있다. 이 과정에서 찬구는 일본 관리 사도미의 도움마저 주저 없이 수용하는데, 이는 '북향 목장'을 건설하려는 찬구의 강한 집념을 보여주는 것으로 이해되지만, 한편으론 일제치하의 현실에 대한 작가의 인식이 상대적으로 안이하다는 것을 보여준다. 또 북향 목장에 머물면서 창작 수첩을 만드는 현암 역시 지사적 성격의 인물이다. 작가 안수길을 대변하는 듯한 현암은 "부조(父祖)가 이룩하여 놓은" "만주 개척민의 고투사"를 증언하려는 목적을 갖고 있는 소설가로, 취재를 위해 북향 목장에 들렀으나 찬구 등의 헌신적 행동을 목격한 뒤 돌연 교사로 변신해서 그곳에 정착한 인물이다. 그리고, 찬구를 사랑하는 석순임 역시 정학도의 꿈을 실현하기 위해 앞장서는 인물로, 찬구에 대한 사랑마저도 목장 건설을 위해서 자제하는 순교자적 희생심을 갖고 있다. 『북향보』에 등장하는 인물들은 이렇듯 대부분 지사적 사명감으로 충만해 있고, 그들의 생각과 행위는 모두 그것을 실천하는 데 모아져 있다. 이런 점에서 『북향보』는 정학도라는 위대한 인물의 헌신적 삶과 그의 제자들이 벌이는 한편의 감동적 드라마라 할 수 있을 것이다.

그렇지만 이들의 행위는 한편으로 일제의 개척문학과 연결된 것이라는 점에서 문제가 있다. 즉, 일제는 1932년 만주 건국으로 만주 개척의 필요성을 인식하고 국책문학의 하나로 농민문학, 생산문학, 대륙개척문학을 강조하였다. 1938년 일제는 '대륙개척간화회'를 결성하고 그들의 만주정책을 문학적으로 뒷받침하려 했는데, 이러한 움직임은 그대로 조선 문학계에도 파급되어 1938년을 전후하여 이기영을 비롯한 이태준·채만식·이무영·이석훈·정비석·정인택 등이 만주시찰단의 일원으로 만주를 시찰하고 이를 작품화하였다. 이들이 모두 만주를 배경으로 일제의 지배 이데올로기를 선전하는 내용의 작품을 창작했던 것은 아니지만, 작품의 전망과 의식에서 식민지제도와 환경을 수용한 경우가 많았음은 이미 밝혀진 대로다.[5] 『북향보』에서 그런 사실은 무엇보다 개척민의 갈등이 대부분 조선족 내부의 갈등으로 처리된 사실과 관련지어 생각해 볼 수 있다. 즉, 만주 개척사란 만주족과의 사회·문화적 갈등의 역사라고 할 수 있지만, 작품에서는 그와는 달리 이주 조선족 내부의 갈등에 서사의 초점이 모아져 있다. 더구나 이들이 겪는 고통은 만주 개척과 관계되는 것이라기보다는 농장 운영이나 민족의 부정적 특성을 바로

5) 여기에 대해서는 정현숙의 「안수길의 '북향보'론」(『한국언어문학』, 한국언어문학회, 2005.6) 및 이상경의 「'야만'적 저항과 '문명'적 협력」(『재일본 재만주 친일문학의 논리』, 역락, 2004) 참조.

잡는 것과 관계되어 있다. 물론 이런 점들이 만주 정착 과정에서 직면했던 중요 사안인 것은 분명하지만, 보다 중요한 것은 이태준의 「농군」(1939)에서 볼 수 있듯, 논농사를 중시하는 우리 민족과 밭농사를 중시하는 토착 원주민과의 문화적 갈등이나 경작권 확보를 위한 경제적 투쟁이 될 것이다. 하지만 『북향보』에서는 정학도라는 위대한 인물의 꿈과 그것을 구체화하는 과정에만 초점이 모아져 있을 뿐 이러한 실제 현실의 모습은 언급되어 있지 않다.

> 「만주의 우리 고향을 아름답게 만들라.」
> 하는 그의 북향 정신을 쉬운 말로써 이야기하고 하곤 하였다.
> 밤이면 야학을 열었다. 부녀반, 어른반을 설치하고 누구나 언제든지 와서 배울 수 있게 문을 환히 열어놓았다. (…중략…)
> 학도는 학교 주위에 보기 좋게 수목을 심기도 하고 옮기기도 하였다. 꽃나무도 적당하게 배치해 심었다. 화단을 가꾸었고, 수석(水石)도 적당한 모퉁이에 이룩하는 등, 자연을 이용하여 할 수 있는 풍치를 돋우기에 힘을 썼다.
> 학교가 마가둔의 공원이 된 것은 더 말할 것도 없으나, 학도의 뜻은 북향 정신이라는 것이 별 것이 아니라 농촌을 학교의 공원과 같은 아름다운 풍치를 가진 촌락으로 만들자는 것이요, 그런 좋은 풍경 속에서 생활의 뿌리를 깊이 박고 멀리까지를 생각하면서 아늑하게 선량하게, 살자는 것이라는 점을 학교의 경치를 표본으로 보여주자는 것이었다.[6]

정학도가 추구하는 공동체는 공원처럼 아름다운 풍치를 지닌 마을 가꾸기, 허례허식 개선하기 등 일상의 측면에 초점이 맞추어져 있다. 이주민들이 처했던 역사적인 조건에 대한 근본적인 성찰이 증발된 채, 통치 이데올로기에 편승하는 순응적인 모습이 두드러지는 것이다.[7]

오찬구 등 작중 인물의 행위가 시종일관 계몽적 신념에 지배되어 있는 것도 그런 사실과 연결지어 이해할 수 있다. 즉, 정학도가 이상을 실

6) 안수길, 『북향보』, 문학출판공사, 1987, 178면.
7) 정현숙, 「안수길의 '북향보'론」, 『한국언어문학』 54호, 한국언어문학회, 2005.6, 405면.

천하는 과정에서 직면하는 장면들은, 일찍이 현경준이 「유맹(流氓)」(1940)에서 제시한 바 있는 도박이나 마약 중독자들에 대한 서술은 이광수의 『무정』을 연상시킬 정도의 강한 계몽성을 보여준다. 이들은 북향 정신을 구현하는데 방해가 되는 사람들이고, 그런 생각에서 작가는 그들에 대한 계몽적 언술을 서슴지 않는다. '고성회'(일종의 공동 생일잔치)에 대한 서술과 찬구가 산간벽지 마을을 돌아다니면서 목축의 필요성을 강조하는 대목, 그리고 게으르고 거친 '육패 부락'을 건전한 마을로 가꾸기 위해서 마을 주변을 꽃과 화초로 가꾸어야 한다는 진술 등은 그 단적인 사례들이다. 이 외에도 석순임의 태도 역시 강한 계몽성을 드러낸다. 그녀는 찬구를 사랑함에도 불구하고 목장 건설에 방해가 될까 두려워 감히 마음을 표현하지 못하고, 대신 '동지애'라는 말로 자신의 감정을 얼버무린다. 이런 점에서 보자면 이 작품은 숭고한 사명감을 지닌 주인공이 탐욕스럽고 무지한 이주민들을 계도하여 이상향 건설에 매진하는 한편의 웅장한 '로망스'가 되는 것이다.

그런 관계로 작품에는 계몽적 주체의 일방적 의지만이 드러날 뿐 대상이 되는 이주 한인들이나 그들이 처한 현실은 전혀 언급되지 않는다. 이상향을 한 개인의 헌신적 행위로 건설할 수 있다는 발상의 소박함은 차치하고도, 작품에는 당시 조선족의 행동을 가로막는 가장 큰 장애 요인이었던 일제에 대한 언급이 한 마디도 등장하지 않는다. 물론 검열이나 암흑기의 상황을 고려하여 그것을 의도적으로 배제한 것으로 이해할 수도 있으나, 문제는 정학도나 오찬구의 행위 속에 그러한 비판 정신이 스며들 틈이 전혀 존재하지 않는다는 데 있다. 정학도나 오찬구가 희망하는 것이 재만 한인들의 안정된 생활이라면, 작품에서는 마땅히 그들의 고통스러운 생활상이 주목되어야 할 것이고, 아울러 그들의 자발적인 행위를 통해서 문제 해결의 실마리가 포착되어야 할 것이다. 하지만 작품 속에서 이주 한인들의 고통스러운 생활상이나 자발적 의지는 어느 곳에서도 발견되지 않는다. 지식인이자 선각자인 몇몇 인물들에 의해 목표가 설정되고, 그들을 중심으로 문제를 풀어 가는 형국이며, 그런 관계로 민중들의 고통스러운 삶은 배경조차도 되지 못한다. 작중 주인공이 자신의 꿈을 실현하기 위해서는, 이기영이 『고향』에서 보여주었듯이, 민중 위에 군림할 것이 아니라 부단한 자기부정을 통해서 그들과 동화되고 그것을 통해 민중들의 의식을 고양하고 참여를 유도하는 힘겨운 작업을 벌여야 한다. 하지만 『북향보』의 인물들은 하나같이 민중 위에 군림할 뿐이다. 찬구는 정학도의 유지를 받들 뿐이고, 민중들의 실제적 고통에 대해서는 무관심하다. 심지어 그는 비현실적인 신념에 사로잡혀 있기도 하다. 그가 마을을 돌아다니면서 목축의 필요성을 강조하지만, 그것은 가축을 구입할 사금 한 푼 없는 농민의 입장에서 보자면 전혀 현실성이 없는 잠꼬대거나 아니면 일제의 축산장려정책을 선전하는 결과밖에 되지 않는다. 그렇다면, 『북향보』는 일방적 계몽과 시혜적 사고를 바탕으로 한 한편의 로망스가 되는 것이다.

이러한 내용의 『북향보』를 통해서 우리는 식민지 시대 안수길의 역사의식을 유추해 낼 수 있거니와, 정리하자면 당시 안수길이 관심을 가졌던 것은 개개인의 실제적 삶의 문제라기보다는 이주민 전체의 생존 문제였다. 북향 목장이라는 공동체 건설에 헌신하는 정학도나 찬구의 행위는 개인의 삶보다는 이주민 전체를 문제 삼는 작가의 신념을 대변해서 보여준다. 당시 안수길이 이렇듯 집단의 차원에서 문제를 이해한 것은, 무엇보다 기자라는 신분으로 만주 일대를 취재하면서 이주 농민들의 비참한 생활상을 직접 목격하고 전해 들었다는 사실과 관계될 것이다. "우리 농민들의 생활상을 고로(古老)들의 전언과 더불어 기자였던 탓으로 현지답사 같은 것에 의해 뼈저리게 실감할 수 있었"[8]다는 진술은 그러한 사실을 뒷받침해 주며, 더구나 안수길은 작품 예고란에서 "만주를 고향으로 삼고 여기에 뿌리를 깊이 박자"는 "현시국의 요청"을

8) 안수길, 『명아주 한포기』, 문예창작사, 1977, 245~246면.

수용하여 작품을 쓰겠다고 예고하기도 하였다.[9] 이렇게 볼 때 『북향보』는, 기자였던 작가 안수길의 취재와 목격담을 바탕으로 당시 일제의 정치적 요구를 일정하게 수용하면서 쓴 작품임을 알 수 있다. 이런 맥락에서 보자면, 안수길의 역사의식이란 민중의 시각에 바탕을 둔 것이 아니고, 대신 지식인의 입장에서 이주 한인들의 삶을 추상적으로 고민하는 수준이었다고 할 수 있다.

3. 과거의 대상화와 관념적 민족주의

해방 후 안수길의 역사의식이 집약된 것은 출세작 『북간도』이다. 간도라는 서사적 공간의 채용과 백두산 정계비를 둘러싼 중국과의 영토 분쟁, 그 와중에서 고통 받는 재만 이주민들의 척박한 삶에 대한 서술은 최근세사에 대한 작가의 시각을 집약적으로 보여준다. 『북간도』를 두고, 작가의 역사의식이 체험과 결합되면서 이루어진 성과라거나 민족 대서사시라고 평가했던 것은 작품이 지닌 이 같은 특성을 강조한 말이다.[10] 안수길은 간도를 떠난 지 15년이 지난 시점에서 과거의 체험을 대상화하고, 역사적 의미를 재구성할 수 있게 된 것이다.[11]

---

9) 안수길, 「북향보 연재 예고 및 작가의 말」, 『재만한국문학연구』(채훈), 깊은샘, 1990, 215~216면 재인용.

10) 『북간도』에 대한 연구로는 다음 글들을 참조하였다. 박창순의 「'북간도' 연구」(인하대 박사논문, 1990), 이재선의 『현대 한국소설사』(민음사, 1992년판), 이향임의 「안수길의 '북간도' 연구」(건국대 석사논문, 1987), 홍기삼의 「대상화와 역사의식」(『한국문학』, 1977.6), 신동한의 「안수길의 문학」(어문각 해설, 1972), 윤재근의 「안수길론」(『현대문학』, 1977.9~10), 오양호의 「신개지의 기수들」(『북향보』 해설, 문학출판공사, 1987), 최경호의 「안수길 소설 연구」(계명대 박사논문, 1988), 윤석달의 「한국 현대가족사 소설의 서사형식과 인물유형 연구」(고려대 박사논문, 1991).

11) 안수길이 이처럼 간도를 역사적 맥락에서 인식한 데는 여러 계기들이 있겠지만, 근

『북향보』와 비교하자면, 『북간도』에는 작가의 체험이 훨씬 객관화되어 드러난다. 간도가 지닌 역사적 의미에 주목한 점이나, 이한복 일가 4대에 걸친 파란만장한 삶을 서사의 기본축으로 설정한 점 등은 모두 과거에 대한 거리 감각을 전제한 것이다. 물론 『북간도』가 『북향보』와 완전히 다른 서사원리를 갖고 있는 것은 아니다. 『북향보』 시절의 영웅적 인물과 계몽적 언술이, 『북간도』에서는 이한복 일가의 민족주의적 삶이나 간도가 우리 땅이라는 계몽적 언술로 대체되어 여전히 작품의 중심축을 이루며, 또한 식민지 이래 작가의 지식인적 시각 역시 변화되지 않고 있다. 이런 점에서 『북간도』는 『북향보』와 여러 모로 닮아 있다. 하지만 두 작품이 근본적으로 구별되는 것은 『북간도』에는 '간도'에 대한 작가의 의미 부여가 훨씬 두드러진다는 점, 이를테면 대상에 대한 역사주의적 시각이 한층 강화되어 나타난다는 점이다. 이주민들에게 꿈과 희망의 공간이었던 '간도'가 『북간도』에서는 영토 분쟁을 빚고 있는 역사적 공간으로 변화되고, 작가의 시각 역시 훨씬 객관화되어 있다. 따라서 『북간도』를 제대로 이해하기 위해서는 이전과는 달라진 작가의 시각을 먼저 살펴야 할 것이다.

『북간도』의 여러 서사를 조종하고 인물의 성격을 결정하는 것은 작가의 민족주의이다. 간도를 열강들의 각축장으로 파악하고 그러한 현실

본적인 것은 해방 후 자신에 대한 심각한 반성에서 원인을 찾을 수 있다. 「제3인간형」을 통해서 이런 사실을 확인할 수 있는데, 여기서 안수길은 이전의 무기력과 안이한 작품 활동을 되돌아본다. 속물이 된 소설가 '조운'이나 전쟁으로 파산한, 그래서 생활인으로 전신하지 않을 수 없는 '미아'는 모두 전쟁이 만들어낸 새로운 유형의 인간들이다. 이 두 인물을 목격하면서 주인공은 그러면 과연 자기는 어떤 유형인가를 고민하는데, 여기서 우리는 변화된 현실에 적응하지 못하고 무력감에 빠져 있던 작가 안수길의 실존적 고민을 엿보게 된다. 이러한 고민은 작가의 평소 지론대로 '어떻게 살 것인가'의 문제와 결부된 것이며, 결국 '어떻게 쓸 것인가?'를 의미한다. 이러한 고민 끝에 안수길이 도달했던 지점이 곧 『북간도』의 세계였다. 다시 간도로 회귀한 셈이다. 하지만 이때의 간도란 이전의 체험적 공간으로서의 그것은 아니었다. '역사적으로는 우리의 땅임'에도 불구하고, '복잡다단했던 세기말에서부터 금세기 초기에 걸친 열강'들의 각축장이 된 곳으로서의 간도였다. 이런 까닭에 『북간도』는 해방과 전쟁을 경과하면서 형성된 작가의 새로운 역사의식을 담고 있는 작품이라고 할 수 있다.

과 맞서는 인물들을 중심에 놓은 것은 그런 의도와 관계되고, 그것을 안수길은 실제로 고백한 바도 있다.[12] 아울러 간도라는 공간 자체가 민족주의적 분위기를 환기한다는 사실 역시 『북간도』를 이해하는 과정에서 빼 놓을 수 없는 대목이다. 간도를 우리 땅이라 믿는 조선족과 중국 정부의 힘을 바탕으로 실제적인 권리를 행사하는 만주족과의 갈등은 외견상 명분론 대 현실론의 형국을 취하지만 사실은 생존 자체와 직결된 문제이고, 따라서 양자의 갈등은 필연적으로 민족 간의 대립으로 발전할 가능성을 갖고 있다. 작품의 주된 갈등이 이주 한인 대 만주족으로 설정된 것이나, 백두산 정계비의 해석 문제가 중요하게 거론되는 것은 모두 이 같은 상황의 특수성에 기인한 것이다.

안수길이 작품에서 간도를 우리 땅이라고 주장하는 근거는 다음 두 가지로, 모두 역사적 사실에 바탕을 두고 있다. 이한복을 통해서 표현되고 있듯이, 우선 만주는 고구려 · 발해 등으로 천 년 전까지만 하더라도 우리 민족의 활동 근거지였고, 또 백두산 정계비에 나타난 경계선인 '토문강'이 '송화강'이라는데 근거를 두고 있다. 이 둘을 들어서 작가는 간도가 우리 땅이라는 것을 주장하는데, 이는 실제 역사와 거의 일치한다. 역사서를 참조할 때, 만주 일대는 부여에서 발해에 이르는 시기 동안 한민족의 영토였고, 고구려 유리왕 때에는 압록강변 국내에 노읍을 정하기도 하였다. 고구려가 망한 후에는 그 유민이었던 대조영이 지금의 길림성 돈화 부근에 나라를 세워 국호를 진이라 하고, 그 뒤 발해라 칭하면서 만주 일대를 지배하였다. 발해가 거란에 망하자 만주 일대는 거란 · 금 · 원 등의 지배를 받다가 청조가 들어선 이후 청의 지배로 넘어간 것이다. 청의 강희제는 만주 일대를 조상의 발상지라 하여 출입을 금한 뒤 조선과 국경선을 설정했고, 조선 숙종 때 청의 관리 목극등(穆克登)을 파견하여 1712년 백두산 정계비를 세웠다.[13] 이로써 간도는 조

12) 안수길, 「용정 · 신경시대」, 『명아주 한포기』, 문예창작사, 1977.
13) 이향임, 「안수길의 '북간도' 연구」, 건국대 석사논문, 1987.

약상 중국의 공식적인 영토가 된 것이다.

하지만, 경계비의 애매한 문구를 어떻게 볼 것인가 하는 점과 구한말 이래 조선인들의 집단 이주가 본격화되어 많은 조선인들이 만주 일대에 살고 있는 현실 등을 고려하자면 국경을 획정(劃定)하는 일은 여전히 논란거리일 수밖에 없다. 작품에서 안수길이 만주를 배경으로 서사를 풀어가면서 국경선의 문제를 언급하지 않을 수 없었던 것은 만주 문제를 다루는 과정에서 이러한 문제를 피해갈 수 없었기 때문이다. 백두산 경계비의 애매한 문구를 송화강으로 해석하는 이한복의 태도나, 그것을 근거로 조정에서 월강(越江) 금지령을 해제한 것은 모두 그러한 사실과 관계될 것이다. 그런데, 영도 문제란 현실적으로 국가와 국가 간의 힘의 역학관계에 의해 규율될 수밖에 없다. 힘을 앞세워 역사적 사실을 무시하고 국경을 확장할 수도 있고, 또 이웃 나라의 국토를 강탈할 수도 있는 게 약육강식의 실제 현실이다. 더구나, 당시 만주 일대는 여러 세력들의 힘과 힘이 충돌하는 각축장이었다. 대륙 침략을 노리던 일본이 집요한 관심을 보였고 러시아 또한 야욕을 숨기지 않았으며, 언급한 대로 중국 역시 조상의 발상지라 하여 강한 애착을 보였다. 이런 상황에서 몰락 일로를 걷던 조선 사람들의 권리 주장이란 실제적 구속력을 갖기 힘들었을 것이다. 명분상으로는 만주가 엄연한 우리 영토임에도 불구하고, 국제적 역학관계 속에서는 이미 우리 영토가 아니었던 것이다. 그런데, 안수길은 이러한 현실보다는 과거의 역사적 사실을 들어서 간도를 우리 땅이라고 주장한다는데 그 독특함이 있다.

> 이한복 영감을 중심으로 한 편과 최칠성 영감을 중심으로 한 편이었다.
>
> 한두 사람의 대표를 뽑아 변발 흑복을 시키는 건 무방하다. 그리고 우리들의 토지를 통틀어 그 사람의 명의로 집조를 받은 뒤 마음 놓고 농사를 짓는 것을 마다고는 하지 않는다. 그러나 그렇게 되면 이 지역이 청국 영토라는 걸 스스로 인정하고 들어가는 일이 되고 만다. 우리 땅인 걸 알면서 어떻게 그럴

수 있을 것인가? 이것이 이한복 영감을 중심한 사람들의 주장이었다.

그건 그렇기도 하다. 그렇다면 무슨 구체적인 방법을 보여다구. 그것은 이상론에 지나지 않는다. 실제 문제로 우리 정부가 뒷받침을 해주지 못하고 있는 이 마당에서 어떡해야 한단 말이냐? 최칠성 영감의 의견은 어디까지나 현실주의였다.

퍽 건실하고 실질적인 의견 같기도 하다. 그러나 문제는 국토가 우리 것임을 일치단결해 주장하느냐? 남의 것임을 시인하고 들어가느냐의 중요한 고비에 처하고 있는 것이다. 이 지역은 분명히 우리 땅이다. 정부야 힘이 없건, 썩어 빠졌건, 어쨌건 우리 땅인 이 고장, 피땀으로 개척한 이 농토를 남의 나라 땅으로 바치고 그들에게서 토지 문권까지 받는다는 건, 지금은 방편상 편리하다고 할 수 있겠으나 후손에게 청국 사람의 종살이를 마련해 주는 유력한 근거밖에 되지 않는다.[14]

역사적으로 우리 땅이었으므로 어떠한 희생을 각오하고라도 그것을 지켜야 한다는 이한복의 주장이나, 정부의 뒷받침이 없는 상황에서 그러한 주장은 한갓 이상론에 지나지 않는다는 최칠성의 견해는 간도를 바라보는 두 개의 대표적 시각인 셈이다. 이 두 입장이 팽팽히 맞서면서 작품의 서사가 진행되지만, 작가는 인용문의 마지막 단락처럼 시종일관 이한복의 입장을 옹호한다. 최칠성의 현실론은 궁극적으로 "후손에게 청국 사람의 종살이를 마련해 주는 유력한 근거밖에 되지 않는다"는 것이다. 작가의 이 같은 편들기로 인해 작품에서 이한복은 강직하고 민족주의적인 인물로 성격화된다.

하지만, 문제는 그런 입장이 이주민들의 실제 현실을 고려한 것은 아니라는 점에서 추상적이다. 생존의 극한에 몰려 있는 상황에서 역사적 명분을 내세워 청나라의 현실적 힘과 끝까지 맞선다는 것은 스스로 생활의 터전을 포기하는 것이나 다름없기 때문이다.

이한복 일가의 성격이 현실적 계기들을 포섭하지 못하고 경직되어

14) 『북간도』 상, 삼중당, 1994년, 83~84면.

드러나는 것도 작가의 시각이 이처럼 민중들의 실제적인 삶보다는 민족주의적 이념을 드러내는 데 모아져 있기 때문이다. 이한복은 타고난 강직함에다 할아버지로부터 물려받은 민족의식까지 갖춘 인물로, "아득한 옛날, 만주는 우리 민족의 발상지였고 천여 년 전의 고구려와 그 뒤를 잇는 발해 때에는 우리 판도의 중심지"였다는 할아버지의 말을 행동의 좌우명으로 삼고 있는 인물이다. 조정의 '월강(越江) 금지령'을 무시하고 과감히 두만강을 건너서 농사를 지었던 것은 이 같은 믿음이 있었기 때문이다. 더구나 그는 십년 전 우연히 백두산 정계비를 직접 목격한 경험까지 갖고 있다. 그래서 사잇섬 농사가 발각되고, 종성 부사 이정래로부터 문초를 당하는 자리에서도 당당한 태도를 보일 수 있었던 것이다.

> "예에, 뵈아 디릴 거는 강 건너가 우리 땅이라고 새겨 놓은 빗돌이고, 들려 디릴 거는 나라에서는 어째서 강 건너 우리 땅인 무인지경에다가 옥토르 두 구서리 몇 해르 내리 백서엉 굶게 쥑이느냐는 겝메다." (…중략…)
> "강 건너는 우리 땅입메다. 우리 땅에 건너가는 기 무시기 월강쬠메까?"
> 대담무쌍한 말이었다. 무엄하기 짝이 없는 말이었다. 관속들이 아슬아슬했다.[15)]

이한복의 강직한 모습은 여러 곳에서 제시되는 가령, 밀고자나 배신자와는 이웃해서 살 수 없다는 생각이나 청인들의 명령에 항거하여 상투 자르기를 거부하는 장면, 그리고 청인들로부터 손자가 강제로 단발을 당하자 의분을 참지 못하고 끝내 절명하는 모습 등은 비장하다 못해 처절하기까지 하다.

이렇듯 강직하고 민족주의적인 이한복의 성격은 이후 자식들에게 대물림되어 강력한 저항성을 보여준다. 아들 이장손은 청인의 앞잡이 노

15) 『북간도』 상, 27~28면.

릇을 하는 최삼봉과 노덕심의 본질을 꿰뚫고 과감하게 비판하며, 손자 창윤은 청인과의 갈등 속에서 민족의 주체성을 지켜 나가려는 노력을 게을리 하지 않는다. 창윤이가 청인의 송덕비에 불을 지르고 용정으로 피신하여 사포대에 가담하고 다시 비봉촌으로 돌아와 사포대를 조직하는 모습은, 자신을 지키기 위해서는 힘을 길러야 한다는 이한복의 민족주의적 성격을 그대로 실천한 형국이다. 그리고 이한복 가계의 민족주의적 성격을 가장 분명하게 보여주는 정수는 이들보다도 한층 강직하고 적극적이다. 정수는 항일투쟁에 가담해 독립군의 용정은행 15만원 사건, 봉오동 전투, 청산리 전투 등의 현장에서 적극적으로 활동하다가 두 번에 걸쳐 수감되는 등의 고초를 겪은 인물로 작가의 민족주의적 신념을 가장 적극적으로 구현해서 보여준다. 그렇지만 이 과정에서 인물들의 성격이나 행동이 곳곳에서 작위성을 드러내고 있음은 여러 논자들에 의해 지적된 사실이다(이정수의 과장된 성격화로 인해 작품의 전반부와 후반부는 서사적으로 단절되고, 결과적으로 작품의 완성도가 떨어지는데, 이미 많은 지적이 있었기에 여기서는 상세한 논의를 생략한다).

이처럼 이한복 가계의 인물들은 하나같이 민족주의적 성격의 소유자들이다. 이들의 성격은 상황의 변화에도 불구하고 결코 변하지 않으며, 계속적인 갈등 관계 속에서도 전혀 고민하는 모습을 보이지 않는다. 작가의 민족주의적 시각이 서사의 근본 원리가 되어 인물들의 성격과 운명을 일방적으로 조정하기 때문이다. 또 이들과 대비되는 최칠성 일가나 기회주의적인 장치덕 일가 역시 이한복처럼 고정된 성격의 소유자들이다. 이들 역시 현실주의적이거나 아니면 기회주의적인 모습만을 시종일관 보여줄 뿐이다. 이런 까닭에 『북간도』에는 많은 수의 인물들이 등장함에도 불구하고 실상은 이한복, 최칠성, 장치덕 등 몇몇 인물만이 뚜렷할 뿐 나머지 인물들은 고유의 개성과 운명을 갖고 있지 못하다.

그런데, 작품에서 한 인물이 의미를 가지려면, 작가의 의도를 떠나서 자율성을 확보하고 있어야 한다. 작품 속의 인물・사건・상황 등 모든 요소 하나하나는 작가로부터 독립해 그 나름의 생명력을 가져야 하고, 그래야 인물들은 생동감과 함께 개성을 획득하게 된다. 하지만 그렇지 않고 작가의 견해나 이념 등에 의해 인물의 성격이 일방적으로 조종될 경우에는 자율성을 갖지 못한다. 개인적 체험의 변증법적 상승이 중단되는 까닭에 사회와 인간의 관계가 올바로 통찰될 수 없는 것이다. 따라서 이런 작품에서는 현상과 본질의 변증법적 과정도, 주체성의 사실주의로의 고양도 찾을 수 없고, 결과적으로 사실주의적 객관성과는 거리가 먼 주관주의로 전락하게 된다. 안수길의 인물이 하나같이 생명력과 자율성을 갖지 못하는 것은 이렇듯 작가가 현실의 다양한 연관 관계를 계기적으로 파악하지 못하고 대신 자신의 시각만을 일방적으로 인물에 강요한 데 있다.

『북간도』에서 갈등 구조가 왜곡되어 드러나는 것도 같은 맥락에서 이해할 수 있다. 이한복을 비롯한 간도 이주민들의 실제적인 문제는 청인과의 영토 획정을 둘러싼 갈등이라기보다는 경작권의 확보에 있었다. 이주 한인들이 '동복산이'와 끊임없이 갈등했던 것은 경작할 토지를 안정적으로 확보하고 소작료를 낮추기 위한 것이었고, 그것이 여의치 않자 '변복 흑발'을 단행하는 등 만주족의 비위를 맞췄던 것이다. 하지만 작품에서는 시종일관 이한복의 민족주의적 행위에만 초점이 모아진다. 예컨대 비봉촌에서 이한복 일가가 뿌리내릴 수 없었던 것은 이웃의 청인 지팡주(地方主) 동복산이의 방해 때문이었다. 경작권을 얻으려면 변복 흑발을 하라는 청인의 요구를, 이한복은 영토문제로 받아들이고 끝내 그것을 거부함으로써 문제의 본질을 왜곡하는데, 이는 당시 농민들의 실제적인 문제를 고려하지 않고 작가가 자신의 관념을 무매개적으로 개입시킨 결과라 할 수 있다. 이한복 일가가 그토록 애정을 보였던 농토에 정착하지 못하고 기와 장사나 국수 장사 등으로 농업에서 멀어진 것은 이와 같은 서사 구조 속에서는 필연적인 귀결인 셈이다.

이런 점에서 보자면 작가의 민족주의란 현실에 대한 냉정한 관찰을 전제한 것이 아님을 알 수 있다. 민족주의란 민족사의 전개 과정 자체와 밀착되어야만 입론화될 수 있다는 사실, 이를테면 외적의 침략을 받은 대한제국 시기 민족주의의 과제는 주권을 수호하는 데 있었고, 일제 식민지 시대의 그것은 주권을 회복하는 데 있었다는 사실을 감안하자면 안수길의 그것은 상당히 추상적인 것임을 알 수 있다. 더구나 민족주의란 외세에 대한 저항만을 뜻하는 것이 아니라 인민 주권주의를 본질적 속성의 하나로 갖고 있다는 사실을 감안하자면[16] 민중들의 실제적 삶을 소홀히 한 안수길의 민족주의란 심정적이고 주관적인 수준을 벗어나지 못하는 것이다. 그렇다면 『북간도』는 작가의 추상적 민족주의를 북간도의 이주 한인들을 통해서 피력한 작품으로 이해해도 무방할 것이다.

4. 고구려 중심의 역사관과 영웅주의

안수길이 식민지 이래 간도에 대해서 깊은 관심을 표명했던 것은, 거기서 성장하고 생활했다는 체험적 사실 외에도, 장편 『을지문덕』(1975)에서 구체적으로 드러나듯이, 간도와 만주 일대를 우리 민족의 활동 공간으로 봐야 한다는 고구려 중심의 역사관을 갖고 있었기 때문으로 보인다. 그것이 초기부터 분명한 형태를 갖추었다고는 할 수 없지만, 『을지문덕』을 발표할 시점에는 어느 정도 형체를 갖추고 있었던 것으로 보인다. 고구려를 배경으로 을지문덕이라는 영웅적 인물을 내세워 고구려의 자주적 외교 정책을 서술해 냈다는 것은, 그와 대비되는 신라와 백

16) 강만길, 「독립운동과정의 민족국가 건설론」, 『한국민족주의론』 Ⅰ, 창작과비평사, 1982, 95~97면.

제의 "간교한" 외교 정책을 비판하고 한국사의 중심을 고구려로 세우려는 의도를 투영한 것으로 볼 수 있다. 그런 맥락에서 보자면 『을지문덕』은 간도에 대한 안수길의 생각과 관심을 최종적으로 정리한 작품이라 하겠다.

『을지문덕』은 외견상 이광수나 박종화의 역사소설과 별 차이가 없는 듯이 보인다. 을지문덕이라는 실제 장군을 모델로 했고, 그의 성격을 이지(智)와 덕(德)을 갖춘 대범하고 애족적인 인물로 영웅화했다는 점에서, 과거 이광수나 박종화의 영웅주의적 역사소설과 흡사하며, 특히 을지문덕이 교활하고 시기심 많은 이치현에게 끊임없이 모함을 받고 위기에 처하며 그것이 갈등의 중심 요소를 이룬다는 점에서, 일견 시련과 좌절을 딛고 의연히 부활하는 영웅의 일대기와도 흡사한 형국이다. 하지만 그 이면에는, 고구려를 중심으로 민족사를 봐야 한다는 시각이 견지되어 있고 또 작가의 시선이 머무는 곳은 신라와 백제의 '간교한 외교 정책'과 대비되는 고구려의 '자주적 외교 정책'이라는 점에서 그런 영웅서사와는 구별된다.

을지문덕을 중심으로 전개되는 고구려의 외교 정책은 범박하게 자주외교라고 정리할 수 있을 것이다. 을지문덕이 활동할 당시의 주변 정세는 수나라가 진나라를 정복하여 막 중원을 평정한 때이며, 국내적으로는 백제가 다스렸던 한강 유역을 신라가 빼앗자, 백제가 그것을 다시 찾으려고 벼르던 시점이었다. 이런 국내외의 복잡한 정세 속에서 고구려는 광활한 영토와 왕권을 보존하기 위해서 "북방의 부족들을 더욱 어루만지고 아국에 결속해 떨어지지 않도록"하는 북방 정책을 폈는데, 거기에는 타민족에 대한 민족적 자부심이 놓여 있었다. 동명성왕이 개국한 이래 고구려는 만주 일대와 요동까지 미치는 광대한 영토를 600여 년이나 다스렸고, 또한 북쪽의 여러 부족들도 실질적으로 지배하고 있었다. 그래서 고구려의 민족적 자부심은 남달랐다. 더구나 을지문덕을 비롯한 고구려 지배층은 수나라의 정통성을 인정하지 않고 있었다. 수

나라는 실상 북방 오랑캐가 강성해져서 중원을 통일한 나라였고, 따라서 그들에게 신하의 도리를 갖춘다는 것은 오랑캐에게 굽히는 것이고, 궁극적으로 민족적 자존심을 손상케 하는 일이라고 여겼다. 을지문덕이 수나라 사신을 환대하지 않고 연금하는 등의 강경책을 썼던 것은 이러한 배경에서 나온 행동이었다. 하지만 이 일이 계기가 되어 두 나라 관계는 급격히 악화되고, 고구려는 급기야 전쟁의 소용돌이에 휘말리게 된다.

을지문덕의 비범함이 드러나는 것은 이 지점부터인데, 을지문덕은 침략을 예견하면서 '외유내강(外柔內剛) 정책'을 펴며 국방을 게을리 하지 않는 예지와 자긍심을 갖고 있었다. 겉으로는 수나라에 우호적인 태도를 취하면서도 실제로는 수나라에 패망한 진나라 노수(弩手)들은 은밀히 불러들여 쇠뇌[弩]를 양산케 하고, 성곽을 보수하고 확장하는 등 침략에 대한 대비를 게을리 하지 않았으며, 대외적으로는 말갈족을 회유하여 유대 관계를 더욱 강화하였다. 이러한 용의주도함이 있었기 때문에 고구려는 광활한 영토를 보전하고 신라와 백제를 견제할 수 있었던 것이다.

고구려에 대한 이 같은 서술에서 우리는 안수길 특유의 민족적 자부심을 보게 되는데, 수나라를 오랑캐 출신이라고 폄하하는 것이나, 주변 세력을 이용하여 영토를 보전하려는 이이제이(以夷制夷) 정책을 구사하는 것은 그러한 심리의 단적인 표현들이다. 실제로 고구려는 수도인 국내성을 사방의 중심지로 생각하였고, 주변국을 고구려에 신속(臣屬)되거나 신속되어야 할 대상으로 간주하였다. 고구려 왕은 천제의 아들이자 하백의 외손자인 추모왕(주몽)의 후예로서, 천하 만물을 주관할 수 있는 존재였다는 자부심에 차 있었고, 수나라를 단지 힘에서만 인정하였다.[17] 이런 사실을 고려하자면 안수길의 시각은 역사적 사실에 근거를

17) 한국역사연구회, 『한국고대사산책』, 역사비평사, 1996년, 100~101면.

둔 것이고 실상에 부합되는 것임을 알 수 있다. 안수길이 신라나 백제를 비판했던 것은 두 나라가 이러한 민족적 자부심을 배반하는 정책을 펴고 있었기 때문이다.

이런 내용을 서술하면서 작가는 고구려가 자주외교를 폈다면 신라나 백제는 수나라와 은밀한 뒷거래를 통해서 신하를 자청하고 그 힘을 빌려서 주변 두 나라를 견제하는 간교한 정책을 폈다고 보고 있다. 즉 수나라가 중원을 통일하자 신라와 백제는 앞을 다투어 칭신(稱臣)을 요청했고, 은밀히 고구려를 칠 것을 부탁했다. 백제는 1차로 왕효린을 파견하여 고구려 정벌을 청하였고, 그것이 뜻대로 되지 않자 재차 국지모를 파견하여 정벌을 요구하였다. 신라도 이에 질세라 승(僧) 원광이 다듬은 '걸사표(乞師表)'를 바쳤다. 결국 두 나라는 수 양제로부터 고구려 정벌의 확약을 받아 내고야 만다. 물론 이런 정책은 고구려에 비해서 영토가 좁고 힘이 약하기 때문에 어쩔 수 없는 자구책이라고도 할 수 있지만, 작가가 보기에 그것은 도저히 용납할 수 없는 일이었다.

을지문덕을 통해서 피력되는 작가의 비판은 다음 두 가지로 정리할 수 있다. 우선 고구려나 백제, 신라는 동조동근(同祖同根)이라는 점. 비록 현재는 세 나라로 나누어져 적대 관계에 있지만 근본은 모두 단군의 후손이고, 따라서 외세를 끌어들여 고구려를 정벌하려는 것은 "동기를 미끼로 이리떼를 불러들이는 것"과 하등 다를 바 없는 것이다. 그리고 "칭신" 행위는 궁극적으로 권력을 유지하려는 방책에 불과하다는 점. 사신을 밀파하고 걸사표를 바치는 행위는 민족의 이익을 위한 것이라기보다는 "용상(龍床)을 유지하기 위해" 다른 나라의 "흙발로 이 땅을 더럽히려는" 반민족적 행위에 지나지 않는다는 생각이다. 이런 이유로 을지문덕은 신라와 백제 두 나라에 대해서 수나라보다도 더한 분노를 표현하는 것이다.

을지문덕은 남방 두 나라의 알력을 보고 개탄하지 않을 수 없었다.

"앞을 다투어 외국 군사들을 불러들여 동조동근(同祖同根)인 이 땅을 짓밟히려고 애를 쓰고 있다."

"동기를 미끼를 이리떼를 불러들이는 것과 무엇이 다르랴?"

"셋이 힘을 합해도 수(數)가 우세인 수나라 군사를 대항하기 어렵겠거늘 서로 싸우고 있다니……."

을지문덕은 용상(龍床)을 유지하기 위해 다른 나라에 진심으로 칭신(稱臣)하고 그 흙발로 이 땅을 더럽히려는 신라와 백제의 왕에게 수 양제가 고구려 왕을 괘씸하게 여기는 것과는 달리 분노를 금할 수 없었다.[18)]

여기서 을지문덕의 애족적이고 애민적인 태도와 대비되는 신라, 백제의 비자주적이고 외세 의존적인 정책이 확연히 드러나는데, 특히 같은 민족 끼리 싸우는 행위는 "좀스러울 뿐"이라는 게 을지문덕의 생각이었다. 이를테면, 백제의 무왕이 수나라의 후원을 바탕으로 신라의 가잠성을 함락한 일이 있었다. 이를 설욕하기 위해서 신라는 "이를 갈"고 있었는데, 이를 지켜보면서 을지문덕은 동조동근을 망각한 한심한 처사라고 비판한다. 이런 사실은, 어쩌면 작가 안수길이 분난 현실을 우회적으로 비판하려는 의도까지 가지고 있었던 것으로 이해되기도 하지만, 궁극적으로 작가의 시선이 머무는 것은 고구려의 자주외교노선이다. 그러므로 『을지문덕』은 작가의 고구려 중심의 역사관을 을지문덕을 통해서 피력한 작품이라고 할 수 있겠다.

이러한 고구려 중심의 역사관은 신라 중심의 역사해석과 달리 우리 영토에 대한 넓은 시야와 새로운 해석의 지평을 제공해준다는 이점을 갖고 있다. 신라를 중심으로 한국사를 볼 경우, 『을지문덕』에서 구체적으로 비판되고 있듯이, 우리 역사는 민족 내부의 끊임없는 갈등과 내분의 과정이라고 정리할 수 있을 것이다. 신라 중심의 역사 인식이란 사실은 민족 내부의 투쟁과 상호간의 힘겨루기 과정이며, 얼마나 외세를 슬기롭게 이용했는가에 초점이 모아질 수밖에 없다. 고구려가 수나라와

18) 안수길, 『을지문덕』, 일신서적출판사, 1994, 212~213면.

맞서고 있을 당시 신라가 수나라에 사신을 보내서 고구려를 칠 것을 요청했던 것이나, 백제가 신라를 견제하면서 뒤로는 수나라에 사신을 보낸 것과 같은 식이다. 말하자면 외세를 이용하여 민족 간의 분열을 항구화하고 국가 단위의 이익만을 추구하는 소국적 견지에서 벗어날 수 없는 것이다. 하지만 당시 고구려는 북쪽의 말갈족을 이용하여 수나라를 견제했고, 총력을 기우려 광활한 만주를 방어했다. 고구려를 중심으로 역사를 이해한다는 것은 결국 만주 일대를 포함하는 광대한 대륙을 민족의 활동 근거지로 설정하게 되고, 반도적인 시야에서 벗어나 대륙적인 시야를 확보하게 되는 것이다. 이런 시각에 비추자면, 『북간도』에서 보인 간도와 만주 일대에 대한 작가의 관심과 민족주의적 시각은 안수길이 왕성하게 활동했던 1960년대와 1970년대의 경직된 사회 분위기에서 쉽게 생각할 수 없었던 진보성을 갖고 있음을 새삼 확인할 수 있다. 이 작품에서 특히 돋보이는 대목은 바로 이런 시각이다.

하지만 그럼에도, 이 작품에는 『북향보』 이래 작가의 역사관이 고스란히 투사되어 있음을 부인할 수 없다. 지식인적 시각이 이 작품에서는 영웅주의적인 모습으로 변화되어 나타나는데, 이는 단순히 을지문덕의 성격이 영웅적으로 그려졌다는 것이 아니라 역사를 보는 시각이 『북향보』나 『북간도』 이래의 지식인의 시각을 고스란히 유지하고 있다는 의미에서이다. 물론 을지문덕이라는 위대한 장군의 일대기를 서술하려는데 목적이 있었다면 이 점은 당연한 것이라고도 하겠지만, 과연 역사가 한 사람의 영웅에 의해 만들어지는 것인가라는 질문을 놓고 볼 때 그러한 시각은 역사에 대한 작가의 한계를 스스로 드러낸 것이라고밖에 볼 수 없다. 을지문덕에 대한 지나친 영웅화는 작가의 시각이 근본적으로는 민중에 기반을 두고 있지 않음을 말해 준다. 실제로 고구려가 광활한 영토와 막강한 군사력을 지녔음에도 불구하고, 삼국을 통일하지 못하고 나당 연합군에 의해 패망했던 것(668년)은, 사료가 입증하듯이, 연개소문 일가의 권력 다툼에 중요한 원인이 있었다. 민중들의 실제 생활을 돌보지 않았고, 권력 다툼에 눈이 멀었기 때문에 당군이 침략하자 민중들은 항거하기보다는 투항하는 길을 택했던 것이다. 이렇게 보자면 한 사람의 영웅에 의해서 역사가 발전한다는 생각은 지극히 피상적이고 안이한 것임을 알 수 있다.

5. '60년대 리얼리즘의 견인차

작가의 역사의식을 문제 삼는다는 것은, 작가가 어떤 시각을 통해서 역사를 보느냐에 따라 역사적 사실이 달리 드러나기 때문이다. 식민지 초창기의 역사소설처럼, 개인적인 관심이나 주관적 취향에서 역사를 이해한다면 작품은 역사를 사인화(私人化)할 가능성이 농후하며, 작가의 목적의식이 지나치게 개입한다면 역사적 사료는 목적을 달성하기 위한 도구로 전락할 가능성이 높다. 중요한 것은 작가의 이념(역사적 시각)이 역사적 사실과 유기적으로 결합하여 문학적 진실을 제공하는 것일 터이다. 그런데 안수길의 경우 작가의 민족주의적 시각이 작품 속의 인물이나 사건과 유기적으로 결합되어 있지 못하다.

『북향보』에서는 이상적 공동체 건설을 위한 인물들의 신념이 강하게 제시되어 현실을 규정하는 본질적 요소라 할 수 있는 일제라든가 만주족과의 관계가 거의 언급되지 않으며, 『북간도』에서도 간도가 우리 땅이라는 강한 신념만이 반복적으로 강조될 뿐 인물의 성격이나 개별 사건들이 유기적으로 연결되어 전개되지는 못하고 있다. 그리고 『을지문덕』에서는 작가의 고구려 중심의 역사관이 을지문덕을 영웅화하기에 급급한 나머지 민중들의 실생활이 거의 포착되지 못하고 있다. 『북향보』의 정학도나 오찬구, 『북간도』의 이한복 일가, 『을지문덕』의 을지문덕

등은 모두 월등한 능력과 남다른 신념을 소유한 영웅들이고, 그런 시각으로 인해 작품은 역사와 유리되고 현실 연관성의 약화를 불러온 것이다. 구한말에서 1945년 해방까지를 시대 배경으로 한 『북간도』 등의 작품이 현실성을 갖기 위해서는 과거 사실이 단순한 소재의 차원을 넘어서 현실과 긴밀한 관련 속에서 포착되었어야 했다. 이를테면, 『북간도』 초반에 제시된 간도 이주 조선족의 모습은 궁극적으로 구한말의 역사 속에서 파악되었어야 했다. 이주 조선족의 문제는 구한말의 역사와 대응되고, 따라서 작품에서는 물밀 듯이 몰아치는 제국주의 침략 앞에 왜 조선이 그토록 무력하게 대응할 수밖에 없었는가를 진지하게 물었어야 했다. 간도 이주 조선족의 고투사는 결국 외세에 무력할 수밖에 없었던 조선조의 무력한 역사를 대변하는 것이기 때문이다. 하지만 여기에 대한 언술은 추상적이거나 아니면 단편적인 삽화 이상의 의미를 갖고 있지 못하다. 따라서 안수길의 민족주의는 상당히 관념적이고, 역사에 대한 계기적, 구조적 인식을 전제한 것은 아니었음 알 수 있다.

그간 안수길에 대한 평가는, 이상의 검토와는 달리 상당히 긍정적이었다. 권영민은 『북간도』를 "역사의식의 투철성"을 바탕으로 "한국의 농민들이 지니고 있는 땅에 대한 애착과 그 저류에 흐르고 있는 민족의식을 대하적인 구성을 통해 구체적으로 형상화"한 작품으로 고평하면서, 안수길이 전후소설의 "서사적 공간의 확대"와 "대하적 장편소설의 새로운 가능성을 보여준"[19] 작가로 기술하고 있다. 김윤식과 정호웅도, 『북간도』는 "북간도에 이주한 세 집안의 4대에 걸치는 가족사를 통해 한민족의 생존방식을 탐구하고 그 역사를 재구한 5부작 대작"이며, "민족문학의 가장 확실한 거점의 하나"[20]라는 입장을 보여주었다. 물론 이런 평가처럼 안수길이 전후소설사에서 중요한 역할을 수행했던 것을 부정할 수는 없다. 분단이라는 왜곡된 현실에서 간도를 민족사의 공간

19) 권영민, 『한국현대문학사』, 민음사, 1993, 148~150면.
20) 김윤식 · 정호웅, 『한국소설사』, 예하, 1993, 378면.

으로 설정하고 민족적 자존심을 지키는 고투의 과정을 서술함으로써, 안수길은 우리의 닫힌 시야를 일거에 확장시켜 주었을 뿐만 아니라, 1960년대 리얼리즘의 형성과정에서도 중요한 역할을 수행하였다. 체험적 사실에 바탕을 둔 간결하고 속도감 있는 묘사는, 비록 정치하지는 못하지만 1950년대 문학의 불구의식과 실존적 파탄을 무력화시키기에 충분했던 것이다. 아울러 대상에 대한 거리감각의 확보 역시 1960년대 이후 리얼리즘의 부활에 일조했다고 볼 수 있다. 과거사를 체험의 테두리에서 벗어나 역사적 맥락에서 조망하고 서사적 화폭에 담아냈다는 것은 리얼리즘을 향한 중요한 진전이고, 그런 점에서 안수길은 1960년대 소설사를 견인한 중요한 작가였음을 확인하게 된다. 하지만 언급한 대로 안수길의 역사의식은 그리 적극적이지 못했고, 그것도 추상화된 민족주의를 바탕으로 한 것이었다. 그런 까닭에 만주와 간도를 중심으로 전개되는 민족의 투쟁사를 역사 현실과 긴밀히 결합시키지 못했으며, 민중들의 핍진한 생활상을 그려내지도 못했다. 이렇게 볼 때 안수길의 문학적 성과란 상대적으로 제한적이다. 즉 안수길은 식민지 이래 리얼리즘의 전통을 되살리는데 중요한 기여를 했으나 대상에 대한 인식과 시각의 한계로 말미암아 본격적인 리얼리즘 작품을 산출하지는 못했고, 대신 1970년대 리얼리즘을 준비하는 견인차 역할을 했음을 알 수 있다.

월남민의 향수와 서정의 세계

이범선 연구의 비판적 검토

1. 연구 개관

전후문학을 대표하는 작가의 한 사람인 이범선은 1980년대 이후 연구자들로부터 꾸준한 조명을 받아 왔다. 이범선에 대한 연구는 이제 전후문학을 대표하는 손창섭·장용학·선우휘 등에 못지않은 풍성한 양을 축적하게 되었다. 「이범선 소설 연구」, 「이범선 초기 단편 연구」, 「이범선 소설의 갈등 연구」, 「이범선 단편소설의 인물유형 연구」, 「이범선 소설의 대립과 화해의 양상 연구」, 「이범선과 이상 문학의 구조 연구」 등의 학위 논문 제목에서 알 수 있듯이, 이범선 연구는 서지적인 정리의 수준을 넘어서 다양한 측면에서 그 특질을 조망하는 단계에 이른 것이다.

주지하듯이, 이범선은 평안남도 안주군 운학리에서 지주의 아들로 태어나 유복한 청소년 시절을 보낸 뒤, 해방 후 북한에서 토지 개혁이 본격화되자 월남하였다. 1949년에 동국대 전문부를 졸업하고, 1951년에는 거제도 장승포에서 교편을 잡았으며, 1955년에는 서울 대광 고등학교에서 근무하였다. 대광 고등학교 재직 시절 이범선은 본격적인 창작의 길로 들어서서 김동리의 추천으로 『현대문학』에 「암표」와 「일요일」을 발표하였다. 이후 이범선은 「학마을 사람들」(1957) · 「갈매기」(1958) · 「오발탄」(1959) 등의 문제작을 연이어 발표하면서 전후 대표작가의 한 사람으로 평가받기에 이른다.

이범선 소설에는 무엇보다 월남작가로서의 상실감과 향수, 남한 사회에 정착하면서 겪게 된 비애감 등이 깊게 각인되어 있다. 그래서 기존 연구 역시 작품의 이러한 면모를 천착하는데 집중되어 왔다. 감상적 리리시즘(lyricism)과 사회에 대한 정직한 고발이 중요한 특징을 이루고, 그것의 정신적 기반은 휴머니즘이라는 사실은 이제 이범선에 대한 일반화된 견해가 되었다. "섬세하고 가련미가 있는 문학"이자 동시에 "사회에 대하여 상당히 날카로운 비판"을 보여준다는 김동리의 단평[1)]에서부터 비롯되는 이러한 견해는 이후 윤재근과 천승준을 비롯한 거의 모든 연구자들에게 수용되고 있다.

그런데, 비교적 많은 연구가 이루어졌음에도 불구하고 이범선 연구는 사실 초기의 몇몇 선구적인 논의들을 계승하고 보완하는 수준을 크게 벗어나지 못하고 있다. 초기 연구의 선편을 쥐고 있는 윤재근과 천승준의 논지가 이후 대부분의 연구자들에 의해 계승되고 있다는 것은 역설적으로 연구자들의 문제의식이 심화되기보다는 오히려 유사하게 반복되고 있다는 것을 말해준다. 사실, 작품은 연구자들의 다양하고 깊이 있는 문제의식을 통해서만 새롭게 조망될 수 있고, 따라서 다양한 문제의식이란 작품의 실체를 해명하는 연구의 동력과도 같다. 그런데도 뚜렷한 문제의식 없이 그저 남의 논지를 빌려오거나 모방하는 경우가

1) 김동리, 「"학마을 사람들"에 붙임」, 『학마을 사람들』, 오리문화사, 1958, 1면.

흔했던 것이다. 연구란 물론 기왕의 성과를 토대로 해서 보다 진전된 단계로 나가는 것이고, 그렇기 때문에 기존의 성과는 마땅히 존중되어야 하지만, 그 바탕에는 그에 대한 냉철한 반성과 비판이 전제되어야 한다. 그런데 이범선 연구의 대부분을 차지하는 석사논문의 경우 그런 점이 상대적으로 빈약하다. 문제의식의 결여, 중복 연구, 안이하고 피상적인 고찰, 오독과 표절 등은 이범선을 대상으로 한 석사논문에서 두루 발견되는 문제점이었다. 문학 연구의 궁극적 목적이 문학의 본질을 규명하고 문학사의 거시적 흐름을 구명하는데 있다면, 이러한 관행은 반성되어야 할 것이다.

이 글은 기존의 성과를 살피면서 소홀히 되거나 누락된 부분들을 지적하고 향후 연구의 방향을 점검해보고자 하는 취지를 갖고 있다. 이 과정에서 특히 주목하고자 하는 것은 이범선 연구에서 두루 거론되는 '서정성(혹은 리리시즘)'의 문제와 '전후문학적 특성'에 관한 것이다. 이범선 소설에는 다른 어느 것보다 서정성이 두드러진다는 점에서(그렇다고 이범선 소설을 서정소설로 보는 것은 아니다), 동시에 기존 연구의 상당수가 거기에 주목하고 있다는 점에서 상세한 검토가 요구된다고 하겠다. 아울러 전후문학의 측면에서 이범선을 어떻게 이해하고 규정할 것인가의 문제는 이범선 한 개인에게만 국한되는 것이 아니라 전후문학 전반에 대한 이해와 결부된다는 점에서 반드시 살펴야 할 항목이다. 이 과정에서 특히 주목할 점은 그런 개념의 이면에 놓인 연구자들의 시각과 방법이고, 그래서 이 글은 연구 방법론에 대한 비판을 통해서 그런 사실을 살피고자 한다.

2. '원형'과 고향 상실감의 문제

이범선 연구에서 발견할 수 있는 문제로는, 우선 개별 작품이나 주제에 대한 천착이 빈약하다는 사실을 들 수 있다. 이런 문제는 여러 면에서 그 원인을 찾을 수 있으나 특히 중요한 것은 작품의 전모나 작가의 본질적 특성을 하나의 일관된 원리로 설명하려는 의도와 관계되는 것으로 보인다. 연구자들은 대체로 개별 작가나 작품에 대한 이해보다도 작품 전반을 관통하는 원리나 문학사의 거시적 구도에 대해서 더 많은 관심을 보이고, 그것이 전제되어야 개별 논의들이 의미를 갖는 것으로 생각한다. 물론, 작품 내적 질서를 체계화하고 문학사의 거시적 흐름을 이해하려는 것은 연구자라면 누구나 갖는 관심사이고, 따라서 그것이 잘못되었다고 할 수는 없다. 하지만 개별 사실(혹은 부분)에 대한 이해를 전제하지 않은 거시적 구도란 사실과 동떨어진 왜곡을 수반할 가능성이 많다. 골드만이 『숨은 신』에서 강조했듯이, 부분에 대한 인식은 총체 속으로의 통합에 의해 구체화되지 않는 한 추상적이고 피상적일 수밖에 없다.[2] 그런 까닭에 '전체'를 고려하지 않을 수 없지만, 그 출발은 어디까지나 개별적이고 경험적인 사실에 대한 인식에 있다. 이범선 연구의 상당수가 개별 작품에 대한 이해를 소홀히 하고 작가의 근원적 특성만을 문제 삼으려는 것도 결국은 이러한 잘못된 관행에 무의식적으로 유도된 때문으로 보인다.

이범선 논의에서 가장 흔하게 목격되는 용어가 '원형'과 '고향 상실감' 혹은 '동경'이라는 말이다. 즉, 공산 정권이 들어서면서 고향이나 친지들과 강제로 헤어져야 했던 월남민이고, 그런 특수성으로 인해 정신적인 박탈감과 동경심이 작품의 근본적 특성을 이룬다는 지적은 작가

2) 루시앙 골드만, 송기형 · 정과리 옮김, 『숨은신』, 연구사, 1986, 5~28면.

의 처지를 헤아리자면 온당한 것이라 하겠다. 윤재근과 장영우 등이 '원형'과 '동경'이라는 개념을 중심으로 이범선을 설명한 것은 따라서 작가의 본질을 날카롭게 통찰한 결과라 하겠다. 하지만, 윤재근의 논의처럼, 이범선의 다양한 경향을 하나의 용어로 해명할 수 있을지 또 그것이 작품의 본질적 특성을 얼마나 정확히 설명해 주는 것인지는 의문이다.

윤재근이 이범선 소설을 해명하면서 사용한 개념은 '원형'이다. 그것을 통해서 이범선 작품을 리리시즘과 리얼리즘적 경향으로 가르고 각각의 특성을 규명한다. 즉, "한민족의 얼이 담긴 표상이며 그 얼을 삶으로 영위하는 생명력"으로 규정된 '원형'이 현실의 외압과 길항 과정을 겪으면서 각각 리리시즘과 리얼리즘으로 현상하게 된다는 것. 리리시즘은 '창작의 내력(內力)'이 되는 '원형'이 그대로 현상한 것이고, 리얼리즘은 그 원형이 현실이라는 '외력(外力)'에 의해 굴절되면서 만들어진 것이라는 견해이다.[3] 그럴듯해 보이지만 과연 이러한 '원형'이 이범선 한 개인에게만 국한된 특성인지는 의문스럽다. 윤재근은 이범선 문학의 뿌리를 "한민족의 집단의식을 투영해주는 원형"으로 보고, 그 원형인 '내력'과 삶의 현장 상황인 '외력'이 수시로 부딪치면서 작가의 내면 의식을 형성한다고 했으나, 사실 이런 특성은 한국 작가라면 누구나 갖고 있는 일반적 속성이라 할 수 있다. 오영수나 김동리 등에게서 보이는 토속적 서정과 샤머니즘 세계에 대한 동경과 향수 역시 이런 논리로 설명이 가능하다. 사실, 문학이란 근본적으로 '그 무언가'에 대한 동경을 특성으로 하는 양식이다. 아도르노의 말대로, 문학이란 작가에게 무의식적으로 각인된 '부재자', 즉 '존재하지 않는 것'에 대한 동경을 서술한 것[4](그것은 고향에 대한 추억이기도 하고, 한민족의 근원적 정서이기도 하다)으로 볼 수 있다. 그렇다면 한민족의 얼이자 생명력이 '원형'을 이룬다는 진술은

3) 윤재근, 「原型과 事象의 矛盾性」, 『현대문학』, 현대문학사, 1977, 6월호.
4) T. W. 아도르노, 홍승용역, 『미학이론』, 문학과지성사, 1984, 131~163면.

매우 추상적이고 모호한 개념임을 알 수 있다. 따라서 '원형'이라는 말이 적합한 개념이 되기 위해서는 내포가 좀 더 충실히 채워져야 할 것이다.

이범선 소설 전반을 규율하는 '원형'이란 오히려 작가의 실존적 체험 공간, 가령 「학마을 사람들」·「갈매기」·「오발탄」 등에서 단적으로 목격되는 전통적인 공동체로 보는 게 더 합당할 듯하다. 이제는 돌아 갈래야 돌아갈 수 없는, 꿈속에서나 돌아갈 수 있는 그 상실된 고향에 대한 기억이 작가의 무의식 속에서 하나의 원형을 구성한 것이다. 물론 여기서 작가에게 각인된 고향의 모습이 무엇인지 좀 더 엄밀하게 규명되어야 하겠지만, 그것은 이를테면 전통적인 인륜과 미덕이 존중되는 그런 곳을 볼 수 있지 않을까.

> 철호는 그 많은 별들 가운데서 북두칠성을 찾아보았다. 머리를 뒤로 젖혀 하늘을 쳐다보는 채 빙그르르 그 자리에 돌았다. 거꾸로 달린 물주걱 같은 북두칠성은 쉽사리 찾아낼 수 있었다. 그 북두칠성 앞에 딴 별들보다 좀 크고 빛나는 별, 그건 북극성이었다. 철호는 지금 자기가 서 있는 지점과 북극성을 연결하는 직선을 밤하늘에 길게 그어보았다. 그리고 그 선을 눈이 닿는 데까지 연장시켰다. 철호는 그렇게 정북(正北)을 향하여 한참이나 서 있었다. 고향 마을이 눈앞에 떠올랐다. 마을의 좁은 길까지, 아니 그 길에 박혀 있던 돌 하나까지도 선히 볼 수 있었다.[5]

이범선에 있어서 '고향'은 이렇듯 아름답고 선명한 기억으로 각인된 곳이고, 그래서 그것은 암담하고 피폐한 현실과는 뚜렷하게 대립되는 모습을 보여준다. 고향의 매개물로 제시된 밤하늘의 별들은 현실의 고달픈 생활에서 인물을 벗어날 수 있게 해 주는 알리바바의 주문[6]과도 같은 것으로 이해될 수 있는 것이다.

---

5) 이범선, 「오발탄」, 『한국현대문학전집』 6, 신구문화사, 1967, 360면.
6) 김현, 「소시민의 한계」, 『김현문학전집』 2, 문학과지성사, 1991, 330면.

「학마을 사람들」과 「갈매기」에는 이런 고향의 모습이 한층 구체적인 형태로 제시되는데, 그곳은 연장자를 존경하고 마을 사람 전체가 한 가족처럼 생활하는, 이를테면 공동체적 유대감과 자연과의 근원적인 친화성이 살아 있는 곳이다. 최고령 노인이 마을일을 관장하면 어느 누구도 감히 그의 권위를 부정하지 못하며, 그들의 일상생활은 자연의 흐름과 원초적인 조화를 바탕으로 이루어진다. 가뭄이 들어 학나무를 쳐다보면 비가 오고, 장마철에는 반대로 비가 그친다. 학이 날아오는 날이면 청년들은 마음 놓고 술을 마시고 마을 처녀들에게 은밀하게 사랑을 고백한다. 마을 전체는 그래서 「갈매기」의 한 구절처럼 "한 집안"일 수밖에 없는 곳이다. 이 아름답고 평화로운 곳이 바로 이범선이 기억하는 고향이고, 그에 대한 아련한 추억이 작가의 작품을 추동하는 근원적인 힘이 되는 것이다. 이범선에게 있어서 '원형'이란 추상적인 그 무엇이기보다는 이렇듯 구체적인 그 어떤 공간과 관계되어 있다.

윤재근이 이범선의 창작 정신을 세 갈래로 나누어 설명하고 있음에도 불구하고 소박하고 원론적인 수준을 벗어나지 못하는 것도 역시 이 '원형' 개념의 추상성에서 비롯된 것으로 보인다. 즉, 이범선의 소설은 "A. 살아야 한다. B. 살지 못하게 한다. C. 살게 해야 한다"라는 세 개의 요소가 작품 속에서 다양하게 교직된 형국이고, 그 중에서 "A를 통해서 B를 접하는 경우"에는 리리시즘이 되고, "B를 통해서 A를 접하는 경우"에는 리얼리즘이 된다고 한다. 전자에 속하는 작품으로는 「명인」·「표구된 휴지」·「학마을 사람들」이 있고, 후자에는 「정교수의 휴강」·「청대문 집 개」·「오발탄」이 있다고 한다. 물론 이러한 분류를 통해서 이범선 소설의 개략적인 특성과 미적 원리를 이해할 수 있는 것은 사실이지만, 엄밀하게 보자면 A, B, C라는 항목 역시, 앞의 '원형'의 개념처럼 추상적이고 원론적인 것임을 알 수 있다. 즉, A는 '당위(當爲)'나 '이상'이라고 할 수 있고, B는 '현실', 그리고 C는 '의지'라고 할 수 있는데, 사실 대부분의 소설들이 '이상'과 '현실'의 갈등을 통해서 작가의 '의지'를 피력한다는 것을 떠올리자면, 이러한 분류는 너무나 평이한 것임을 알 수 있다. 또 전자 부류의 작품이 리리시즘이고 후자가 리얼리즘인지도 의문이다. 말하자면 윤재근의 논의는 이범선 소설의 본질적 특성을 설명하려는 의도가 앞선 나머지 모호하고 추상적인 논의로 일관하고 있다. 그래서 여러 현학적인 수사를 동원하고 있음에도 불구하고 사실은 작품을 분류하고 설명하는 소박한 수준을 벗어나지 못한다.

소박한 분류 이상을 보여주지 못하는 것은 학위논문의 경우 더욱 심하다. 논문의 대부분이 작가론이고, 그 중에서 상당수는 작품의 유형을 주제별로(혹은 인물의 성격별로) 나누고 각각의 특징을 소박하게 설명하는 식이다. 리리시즘 계열의 작품으로는 「학마을 사람들」·「갈매기」 등이 있고, 리얼리즘 계열로는 「오발탄」·「몸 전체로」 등이 있다는 식의 분류는 거의 모든 논문에서 발견되는 공통점이자 논의의 전제이다. 국립중앙도서관에 소장된 이범선 관련 학위논문 21편의 상당수가 이런 식인데, 실제로 논문제목을 살펴보면 「이범선 소설 연구」라는 동일 제목이 13편, 「이범선 단편소설 연구」가 2편이나 되는 등 대부분이 유사한 이름과 체계로 되어 있다. 그만큼 석사논문이 문제의식 없이 쓰이고 있음을 보여주는데, 생물의 유(類)와 종(種)을 나누는 듯한 이런 연구 방식은, '분류'가 연구의 기초과정이지 그 자체가 연구의 목적은 아니라는 사실을 망각한 결과로 보인다. 중요한 것은 작품(혹은 작가)에 대한 거시적 조망과 더불어 개별에서 출발해서 전체를 이해하고 동시에 그 역과정을 통해서 개별에 대한 이해를 조정하는 일이다. 이범선 연구의 상당수가 갖는 문제점은 이 양자의 교호과정에서, 논의의 출발이 되는 개별 항목들에 대한 상대적인 홀시와 관계되는 것이라 하겠다. 따라서 이범선 연구를 한 단계 진전시키기 위해서는 개별적 항목에 대한 이해를 좀 더 심화시켜야 할 것이다.

3. 리리시즘과 이태준과의 관련성

이범선에 대한 보다 진전된 논의를 위해서는 부분적인 사실을 전체로 과장하는 오류에서 벗어나야 할 것이다. '전체'에 집착하는 앞의 논의들과는 달리, 상당수의 논의에서 발견되는 또 다른 문제는 부분적인 사실을 마치 작가의 근본 특성인 양 과장하는 침소봉대(針小棒大)의 오류라 할 수 있다. 대표적인 예가 되는 게 바로 '서정성' 혹은 '리리시즘'에 관한 논의들이다. 김동리 이래 많은 논자들이 이범선의 서정성에 주목했고, 그것이 이제는 이범선을 이해하는 일반화된 시각으로 굳어진 듯하나, 과연 그것이 이범선 소설의 본질인지는 의문이다. 만일 이범선 소설의 근본 특성을 리리시즘으로 규정한다면, 리리시즘이 과연 무엇이고 또 그것의 구현 양상과 문학적 의미가 무엇인지를 먼저 해명해야 할 것이다.

「이상향의 동경과 휴머니즘의 정신」[7]에서 장영우가 깊게 고민한 것으로 보이는 이런 사실은 그 동안 많은 진전이 이루어졌으나 사실은 아직도 "확고한 논리적 기반을 마련하지 못한 채 심정적·인상적 차원에서 논의되고" 있는 것으로 보인다. 천승준이 이범선 소설의 특징을 '센티멘털한 리리시즘'으로 규정한 이유는 "쾌속미의 서술과 스케치적인 묘사"라는 비교적 소박한 논리에 의존한 것이지만,[8] 장영우의 지적처럼, 이러한 언어적 요소만으로 서사문학의 서정성이 설명될 수 있을지는 의문이다. 음성과 이미저리(imagery)의 내적 모방이야말로 서정적인 것의 본질이라는 프라이(N. Frye)의 견해나, 서정소설이란 소설의 전통 속에서 시적 세계를 추구하는 것이라는 프리드만(R. Freedman)의 견해[9]를 일단

7) 장영우, 「이상향의 동경과 휴머니즘의 정신」, 『한국문학연구』 18집, 동국대 한국문학연구소, 1996, 151~167면.

8) 천승준, 「서민의 미학」, 신구문화사판 『한국현대문학전집』 6권의 권말 해설 참조.

수용한다면, 작품을 통해서 그런 사실들이 확인되고 이론적으로 설명되어야 할 것이다.

서정소설이라는 개념에 대해서 회의적인 필자의 눈에도 이범선 작품 곳곳에서 발견되는 서정적 요소가 작품의 의미 형성에 중요하게 작용하고 있음을 확인할 수 있었다. 가령, 이범선의 대표적인 리얼리즘 작품으로 거론되는 「오발탄」의 경우에도 시각적 이미지와 청각적 음향 효과, 분위기 등은 매우 중요한 의미소를 형성한다. 작품 초반에서 철호가 대야에 손을 담그자 손끝에 묻은 파란 잉크가 번져 가는 광경을 보고 붉은 피를 떠올리는 것이나, "가자! 가자!"를 반복하는 어머니의 간헐적인 외침을 통해서 분단과 이산(離散)의 통한을 제시하는 것, 그리고 어두운 방안에서 어린 아들 손에 쥐어진 빨간 운동화를 통해서 선명한 시각적 효과를 노린 점 등은 서정성을 환기하는 중요한 장치로 이해할 수 있다. 서정적 요소들이 이렇듯 능숙하게 활용되기 때문에 이범선은 이효석과 김유정의 뒤를 잇는 이른바 '서정소설'의 계보를 잇는 작가로 평가되기에 이른 것이다.[10)]

그런데 중요한 것은 이런 요소가 작품을 구성하는 하나의 성분일 뿐이지 결코 작품 전반을 규율하는 본질적 특성은 아니라는 데 있다. 「오발탄」이 궁극적으로 문제 삼은 것은 살아남기 위해서 인륜마저 포기해야 하는 전후의 참혹한 현실이고, 서정적 요소들은 그러한 주제를 드러내는 하나의 장치로 기능하고 있다. 말하자면 여러 요소 중에서 이런 요소들을 작가가 활용하고 있는 것이다. 실제로 한 작가가 구사할 수 있는 기법은 매우 다양하다. 서정적인 요소를 작품에 삽입할 수도 있고, 반전과 아이러니를 활용하여 작품의 미적 효과를 높일 수도 있다. 실제로 이범선 소설에는 다양한 기법들이 활용되고 있다. 간결하고 치밀한

9) 서정소설에 대해서는 프리드만(R. Freedman)의 『서정소설론』(신동욱 역, 현대문학사, 1989)의 '서정소설의 본질과 형태'를 참조할 것.

10) 구인환, 『한국 전후문학 연구』, 삼지원, 1996, 23면.

문장과 분위기로 서정적 효과를 극대화한 것(「학마을 사람들」, 「갈매기」), 인물의 성격적 특성 하나를 부각시킨 성격소설(「몸 전체로」, 「자살당한 개」), 그리고 아이러니의 기법을 활용한 작품(「일요일」) 등 다양한 면모를 보여준다. 그렇기 때문에 중요한 것은, 이 다양한 미적 특성 중의 하나를 마치 작가의 본질인 양 과장하기보다는 오히려 다양한 기법의 활용을 가능케 한 작가의 미적 취향과 의식을 밝혀내는 일이라고 할 수 있다.

이런 점에서, 기존 연구에서 거의 주목되지 않았으나 이태준과의 비교 연구를 생각해 볼 수 있다. 실제로 이범선은 어느 문학 대담에서 이태준과의 관련성을 고백한 바도 있다. "좀처럼 안 하는 얘깁니다만 숨길 수 없는 것인지도 모릅니다. 내 문학수업이 상허(尙虛)에서 시작되었으니까"[11]라는 고백처럼, 이범선 소설에서는 이태준의 흔적들이 곳곳에서 발견된다. 언급한 대로 문장이 간결하고 감각적이라는 점, 분위기를 적절하게 활용한다는 점, 그리고 아이러니를 능란하게 구사한다는 점 등은 두 작가에게서 발견되는 공통점들이다. 가령, 데뷔작인 「일요일」에서는 아이러니의 활용을 구체적으로 확인할 수 있다. 모처럼의 일요일을 느긋하게 보내고자 했던 주인공은 게으름을 부리면서 뒹굴뒹굴하다가 목욕탕을 가게 된다. 탕 안에 몸을 담그고 여유롭게 휴식을 취하고자 한 것인데, 공교롭게도 주변을 의식하지 않는 안하무인의 인물들에 의해 그 꿈이 순간적으로 깨지고 만다는 내용이다. 인물의 기대가 극적으로 배반되는 이러한 아이러니는 「행복」·「어둠」·「꽃나무는 심어놓고」 등에서 이태준이 즐겨 구사하던 기법이었다.

그런데, 좀 더 눈여겨보아야 할 대목은 두 작가 사이에서 보이는 기법적인 유사성이 아니라 그 바탕에 놓여 있는 작가의식의 유사성이라고 할 수 있다. 흥미롭게도 이태준이나 이범선에게서 발견되는 공통된 정신적 특질은 일종의 '고아의식'이다. 이태준은 실제 고아였고, 이범선

11) 「'오발탄' 그리고 '피해자'(이범선 대담취재)」, 『문학사상』, 1974.2, 219면.

은 물론 그렇지는 않았다. 하지만 작품에서 확인할 수 있는 두 작가의 공통된 특질은 '고아'로서의 정신적인 고립감과 소외감이다.

> ① 나의 고향은 어대냐? 윤건은 심사가 울적할 때마다 보던 책을 다다미 우에 집어 내던지고 그리운 곳을 톱파보군 하엿다. 함경북도 배기미냐 서울이냐 철원이냐 그저 막연하게 조선땅이냐, 그러면 배기미나 서울이나 철원에 누가 나를 기다리고 잇느냐 아모도 업다. 배기미 갓지도 안타, 서울도 철원도 아닌 것 같다. 그러나 그는 이말 끄테 엿달어 '조선땅이 아니다'라는 말은 해 본 적이 업섯다.[12]

> ② 그러고 보면 나 자신도 역시 사랑의 고아였다. 아니 뿐만 아니라 가정의 고아이기도 했다. 직장의 고아이기도 했다. 또 교회의 고아이기도 했다. 남편이면서 남편이 아니었고, 아버지이면서 아버지가 아니었고, 스승이면서 스승이 아니었고, 기독교인이면서 기독교인과 어울리지 못하였고, 나는 나를 비로소 발견하는 것이었다. 모든 면에서 나는 고아였다고 새삼스레 생각해보는 것이었다.[13]

이태준에게서 볼 수 있는 고아의식은 육친적인 것이다. 어려서 부모를 잃고 주변의 눈치 속에서 성장하면서 무의식적으로 갖게 된 고아로서의 고적감은 이태준 작품 전반을 규율한다고 해도 과언이 아니다. 이태준은 그런 운명을 스스로 감수하면서 자신의 삶을 자기 손으로 개척하겠다는 강한 의지를 보인 바 있다. 그런데 이범선에게서 보이는 것은 일종의 정신적 고아의식이다. 분단으로 말미암아 가족들과 헤어져 강제로 월남해야 했고, 월남한 후에는 그 정신적 상흔을 간직하면서 살아남아야 했던 이범선은 일종의 정신적 부적응자와도 같았다. 인용문에서 볼 수 있듯이, 스스로를 고아로 규정하고 사회와 유대를 거부한 채 개인적 적대감을 내보이는 것은 현실에 적응하지 못한 작가 특유의 결벽

12) 이태준, 「고향」, 『동아일보』, 1931.4.21.
13) 이범선, 「피해자」, 『한국현대문학전집』 6, 신구문화사, 1967, 274면.

성에서 비롯된 것이다. 물론 그 원인은 전쟁에 있다. 전쟁을 체험하면서 작가는 사회와 국가에 대한 최소한의 믿음마저 잃었고, 그래서 현실에 대한 극도의 불신감을 갖게 되었다. 국가는 국민의 생명과 재산을 보호해 주어야 하지만, 현실은 그와는 정반대로 국민들을 저버렸고 주변 이웃은 선의를 외면하였다. 그래서 이범선은 전쟁이 "내 자신을 완전히 변형시켜 왔어요"[14]라고 말한다.

게다가 전후의 참혹한 현실은 작가의 불신감을 더욱 심화시킨 것으로 보인다. 「오발탄」에서 사실적으로 묘사되듯이, 인륜마저 포기해야만 하는 전후의 현실은 작가의 결벽성을 한층 강화시켰고, 급기야 현실에 대한 극도의 불신감을 갖게 만들었다. 「몸 전체로」에서 보이는 사회 현실에 대한 환멸과 적대감은 그런 심리의 단적인 표현이다. 그래서, "저는 돌아온 이 서울 거리에서 '우리' 대신 폐허 위에 수많은 '나를' 발견했습니다. 나, 나, 나, 나, 나. 나 정말 한강의 모래알만치나 많은 '나'"[15]라는 진술은 전후 현실에 대한 처절한 반감이자 정신적 고아의식을 집약한 말로 이해할 수 있다. 「자살당한 개」에서 육신의 불구로 인해 사랑하는 여인마저 포기한 채 고립된 자존 속에 칩거하는 주인공의 모습이나, 「두메의 어벙이」에서 화려하고 풍요로운 서울을 버리고 혼자 두메산골로 돌아가는 '어벙이' 역시 이런 심리를 대변하고 있다. 이범선 소설은 이 속악한 현실에 대해 '몸 전체로' 맞서고자 하는 단호한 의지를 토로한 것이라 해도 과언이 아닌데, 이는 마치 이태준이 『사상의 월야』에서 자신의 의지만으로 세상을 개척하겠다는 비장한 결의를 내보인 것과 흡사하다. 이런 맥락에서 현실에 대한 작가의 비판은 고아의식에서 비롯된 격절감의 표현으로 이해될 수 있다. 현실에 대한 환멸과 고립감에서 작가는 공동체적인 유대가 온존했던 고향을 추억하고, 그 추억을 현실과 대비하면서 현실에 대한 비판성을 주조(鑄造)해 내는 것이다.

14) 이범선, 「'오발탄' 그리고 '피해자'」, 『한국현대문학전집』 6, 신구문화사, 1967 참조.
15) 이범선, 「몸 전체로」, 『한국현대문학전집』 6, 신구문화사, 1967, 321면.

연구사를 개관하는 이 글에서 이런 사실을 온전하게 석명할 수는 없으나 그것이 이범선을 이해할 수 있는 중요한 요소임은 분명해 보인다. 이범선의 작가의식이 명확하게 규명된다면 그것을 원류로 해서 분비된 작가의 다양한 경향들이 한층 구체적으로 밝혀지지 않을까.

4. 전후문학과 이범선

이범선 연구가 좀 더 객관성을 갖기 위해서는 사적인 고찰과 더불어 공시적인 고찰을 병행해야 할 것이다. 말하자면 '전후문학' 혹은 '전후작가'라는 동일지평 내에서 이범선의 상대적인 특성을 평가해야 작가의 모습은 더욱 온전해질 것이다. 물론 그 동안 전후문학이라는 거시적 틀 속에서 이범선을 연구한 경우가 없지는 않았으나, 논의의 양상은 일관성도 없고 심한 경우 모순적인 모습조차 보여주었다. 예컨대, 하정일은 이범선이 차지하는 전후문학적 위상에 대해서 매우 긍정적이다. 즉 구체적 현실에 대한 집요한 관심과 서민의 삶에 대한 깊은 애정을 통해서, 리얼리즘의 전통이 붕괴된 상황에서 그 명맥을 보존한 작가로 이범선을 규정한다.[16] 하지만 김동환은 이범선·장용학·손창섭 등 월남작가들을 다루면서 이들은 월남작가라는 정신적 특성, 이를테면 북한 체제의 이데올로기에는 동조하지 않으며, 그렇다고 새로 편입된 체제의 이데올로기에도 적극적으로 동조하지 않는 특성으로 인해 올바른 역사의식을 가질 수 없었고, 그래서 추상적인 차원에서 현실을 문제 삼을 수밖에 없었다고 본다.[17] 말하자면 리얼리즘과는 거리가 먼 문학을 할 수밖에 없었다

16) 하정일, 「전후리얼리즘의 외로운 명맥」, 『한국소설문학대계』 35, 동아출판사, 1995.
17) 김동환, 「한국 전후소설에 나타난 현실의 추상화방법연구」, 『한국의 전후문학』, 태학사, 1991.

는 것이다. 물론 하정일과 김동환은 논의의 좌표를 다르게 설정하고 있지만, 동일 작가에 대해서 이렇듯 큰 편차를 보이는 것은 무엇보다 동시대 작가들에 대한 대비적 고찰을 전제하지 않았기 때문으로 보인다.

얼핏 보더라도 이범선은 이호철과 여러 면에서 좋은 대조를 보여준다. 월남자로서 남한 사회에 정착하면서 겪어야 했던 신고(辛苦)라든지 고향에 대한 상실감은 두 작가에게서 두루 발견되는 특성이다. 그것은 이호철의 『소시민』과 「큰 산」의 세계가 이범선의 「오발탄」과 「학마을 사람들」의 세계와 거의 흡사하다는 데서도 확인된다. 『소시민』에서 보여준 전후 현실에 대한 핍진한 천착은 「오발탄」의 짙은 비감과 절망의 정조와 통하며, 「큰 산」에서 보이는 고향에 대한 강렬한 그리움은 「학마을 사람들」에서 볼 수 있는 향토색 짙은 동경과 흥미로운 유사성을 보여준다. 물론 이호철의 작품은 1960년대 중반 이후에 발표된 것이고, 이범선은 1950년대 후반에 발표된 것이라는 시기상의 차이는 있으나, 작품에서 드러나는 전후 현실에 대한 환멸과 고향에 대한 그리움은 여러 모로 닮아 있다.

하지만, 이런 유사성에도 불구하고 두 작가는 많은 차이점을 갖고 있다. 즉 분단 의식이나 산문 정신에서 두 사람은 확연히 다르다. 가령 이호철이 『소시민』에서 볼 수 있는 뿌리 뽑힌 자로서의 비애와 남한 사회에 정착해야 한다는 생각에서 전후 현실에 대한 거시적 천착으로 나아갔다면, 이범선은 간결하고 속도감 있는 문체로 토속적인 서정과 휴머니즘의 구현에 더 많은 관심을 보여주었다. 또 이호철이 「닳아지는 살들」과 「판문점」 등을 통해서 분단 현실에 대한 집요한 천착을 시도했다면, 같은 월남 작가이면서도 이범선은 분단에 대한 의식을 거의 드러내지 않았다. 물론, 이런 사실은 이범선의 성장 과정을 통해서 그 원인을 추적할 수도 있을 것이다. 지주의 아들로 태어나 경제적으로 큰 어려움을 겪지 않았고, 해방 후에도 공산 정권의 만행을 직접적으로 체험하지 않았다는 사실은 이범선의 세계관 형성에 결정적으로 작용했을 것으로 보인다. 토지 개혁이 시작되자마자 바로 월남한 까닭에 공산당이란 막연한 부정의 대상일 뿐이지 구체적 실체를 갖춘 이념이나 집단으로까지는 인식되지 않았던 것이다. 반면, 이호철에게 있어서 공산당은, 『남녘사람 북녁사람』에서 드러나듯이, 인간의 자유를 억압하고 잔혹한 살상을 서슴지 않는 구체적 실체로 각인되어 있다. 그렇지만, 이범선의 경우는 「학마을 사람들」에서처럼 추상적이고 막연한 부정의 대상일 뿐이다. 「학마을 사람들」에서 보이듯, 공산당은 평화로운 마을의 질서를 파괴하고 전통적 권위를 부정하는 악한일 뿐이지 이념과의 유기적인 관련성 속에서 파악되지는 않고 있다. 작품에서 공산당의 앞잡이로 등장하는 바우는 악의 화신(化身)이지 이데올로기적 내용을 갖고 있는 인물은 아니다. 이런 사실은 박경리의 『시장과 전장』에서 보이는 이데올로기에 대한 깊이 있는 천착과 비교해 보자면 한층 분명해지는데, 여기서 작가는 공산주의의 실체를 파악하기 위해서 그와 흡사한 경향의 두 이념, 즉 아나키즘과 낭만적 공산주의와의 대비를 통해서 공산주의의 본질을 질문한다. 두 이념과의 대비를 통해서 드러난 공산주의의 본질은 전체의 행복이라는 환상을 앞세워 개인의 자유와 행복을 억압하는 교조적이고 맹신적인 신념에 지나지 않는다. 이렇게 보자면 공산주의에 대한 이범선의 이해는 상대적으로 소박했다고 하겠다.

그렇다고 이범선이 남한 정부에 공감했던 것도 아니다. 전쟁을 체험하면서 국가와 민족의 허구를 깨달았고 심지어 그것의 필요성조차 거의 느끼지 못했다고 한 것은 이념을 떠나서 정부라는 권력 자체에 강한 거부감을 갖고 있었음을 말해준다. 그에게 중요했던 것은, 앞 절에서 언급한 대로, 이 속된 현실에서 순결성을 지키며 살기 위해서는 어떻게 해야 할 것인가의 문제였던 것으로 보인다. 「오발탄」에서 주인공 송철호가 동생 영호와 충돌하는 것도 결국은 그것 때문이었다. 순결한 양심을 지키고 살려는 철호가 그것을 헌신짝처럼 버리고 속된 현실과 결탁한 동생을 묵인하고 방치할 수는 없었던 것이다. 그것은 자신의 존재

근거를 박탈하는 것이었기에 철호는 뚜렷한 결단을 내리지 못 채 "어디건 가긴 가야 한다"는 막연한 지향성만을 내보인 것이다. 따라서 이범선에게 절실했던 것은 속악한 현실에서 양심과 윤리를 지키면서 살아가는 문제였지 개개인들의 삶을 거시적으로 규정하는 분단 체제라든가 이념의 문제는 아니었던 것으로 정리할 수 있다. 물론, 그 역시 공산당으로부터 벗어나기 위해 남으로 내려온 사람이었기에 소설에는 공산당에 대한 무의식적 거부감이 드러나는 등 반공주의적 색채를 지니고 있음을 부인할 수는 없을 것이다.

이렇게 보자면 「오발탄」에 대한 평가 역시 새롭게 이루어질 수 있을 것이다. 대부분의 논자들이 이 작품을 사회적 리얼리즘으로 규정하지만, 작가의 근본적인 지향과 작가의 전체적인 특성을 고려하자면 이 작품은 사회 일반의 문제보다 전후 사회에서 살아남기 위한 지식인의 윤리적 모색을 그린 작품으로 이해할 수 있을 것이다. 물론 개인적인 고민은 사회 전체의 그것과 긴밀하게 연결되어 있고, 그런 점에서 이 작품이 도달한 리얼리즘적 성과를 부정할 수는 없으나 작품의 중심은 어디까지나 개인의 문제에 놓여 있다. 이범선이 같은 월남작가이면서도 이호철이나 최인훈처럼 이념과 분단문제에 깊은 관심을 보이지 않았던 것은 그런 맥락에서 이해할 수 있을 것이다.[18] 그렇다면 이범선은, 몇 개의 예외적인 작품을 보여주기는 했지만, 대체로 전후의 윤리와 개인적 가치의 문제에 더욱 주목했던 손창섭이나 장용학과 같은 부류로 묶을 수 있을 것이다. 이들 모두는 전쟁의 발발, 그리고 전쟁으로 빚어진 피해의 직접성으로 인해 개인의 체험을 분단에 대한 논리적 인식으로

18) 이런 사실은 '주체'의 문제를 고려할 때 한층 분명하게 드러난다. 최인훈이나 이호철에게서 발견할 수 있는 주체(혹은 작가)는 사회적 가치와 규범을 내면화하면서 스스로를 정립하는 이른바 '사회적 주체'에 근사하지만, 이범선의 경우는 자아를 절대화하고 사회 현실을 상대적으로 부차화하는 유아적인 모습에 가깝다. 리얼리즘이 사회 현실에 대한 계기적이고 주체적인 인식을 전제하는 것이라면 이범선의 경우는 그와는 일정한 거리를 갖는 셈이다.

까지 확산하지는 못했다. 장용학이 「요한시집」에서 전쟁의 부당함을 인지하고 있음에도 불구하고, 폭력에 대한 본능적 반응 이상의 진전된 인식을 보여주지 못했던 것과 흡사하다. 말하자면 현실의 상황적 연관성을 포착하지 못하고 단지 피해 의식으로 현실을 감내하는 단편적 인식만을 보여주는 것이다.

중요한 것은 한 두 작품에서 나타나는 특성이 아니라 작품 전반에 작용하는 작가의 현실 인식의 태도와 세계관이 될 것이다. 그렇기 때문에 이범선에 대한 객관적인 규명은 동시대 다른 작가들과의 대비적 연구를 통해야 보다 큰 호소력을 갖게 될 것이다.

5. 작가 연구와 문학사

이범선 소설이 인간에 대한 따뜻한 애정과 공동체에 대한 동경을 바탕으로 전후의 각박한 현실을 문제 삼고 있다는 것은 많은 연구자들이 공감하는 대목이다. 이 글 역시 그런 관점에 서 있지만, 앞의 몇 가지를 지적한 것은 그것이 좀 더 엄밀하고 실증적으로 밝혀져야 한다는 생각에서였다.

작가에 대한 개별적인 탐구를 전제하지 않은 채 거시적인 문학사의 구도를 적용하거나, 작가의 기법적 특성 하나를 마치 그 작가의 본질인 양 침소봉대 하는 태도는 기존 연구에서 두루 발견되는 문제점들이다. 특히 학위논문에서 발견되는, 유사한 문제의식의 반복과 중복 연구는 매우 심각한 수준으로 보인다. 문학 연구는 새로운 관점에 의해서 끊임없이 보완되고 대체되어야 한다. 과거에 대한 연구는 현재의 관점에서 이루어져야 하고, 현재적 관점 역시 부단히 갱신되어야 하는 것이다. 그러기 위해서는 연구자들의 성실성뿐만 아니라 끊임없는 성찰이 요구된다. 이 과정에서 무엇보다 중요한 것은 사실을 판단하고 평가하되 연구자의 일방적 관점으로 작가의 문학적 진실을 폄하하거나 왜곡해서는 안 된다는 점이다. 레온 에델의 말대로, 전기 작가는 사실을 판단하되 높은 위치에 앉아서 재판하는 투의 행동을 삼가야 하고, 고인을 존경하되 진실만을 말해야 한다.[19] 작가 연구가 종국에는 문학사 연구로 편입될 수밖에 없는 것이라면, 그 전제는 개별 작가에 대한 정확한 이해와 평가이고, 그런 점에서 이범선 연구는 다음 몇 가지 문제를 보완해야 할 것으로 보인다.

먼저, 개별적 사실들에 대한 연구가 미흡한 것으로 보인다. 작품에 일관되게 드러나는 기법의 문제라든가, 그 바탕을 이루는 작가 의식의 문제 등 핵심적인 항목들이 여전히 미진한 상태로 남아 있고, 따라서 좀 더 심도 있는 논의가 필요한 것으로 보인다. 다음은, 작가의 변모와 그 양상에 대한 연구가 미흡하다. 1950년대와 1960년대 이후의 작품 사이에서 보이는 변화를 좀 더 엄밀하게 논리화해야 작가의 전모가 한층 분명해질 것이다. 그리고 그 동안에는 거의 이루어지지 않았으나 10여 편에 이르는 장편소설에 대한 연구가 깊이 있게 이루어져야 할 것이다. 이범선이 단편에 주력한 작가이고, 또 장편의 경우 상당수가 통속물이라는 점에서 기존의 연구를 탓할 수는 없으나 장편 전반을 검토한다면 지금과는 다른 작가의 면모를 발견할 수도 있을 것이다.

한 작가를 연구한다는 것은 그의 전모를 밝혀내고 그것을 바탕으로 문학사적인 의미망을 만들어내는 중층의 활동이다. 이범선이 전후 대표 작가의 한 사람으로 평가되고 또 단편소설의 발전에 기여했다면 작가론은 그런 사실을 도출하고 입증할 수 있는 근거를 작품과 시대 흐름 속에서 튼실하게 마련해야 할 것이다.

---

19) 레온 에델, 김윤식 역, 『작가론의 방법』, 삼영사, 1983, 18면.

민중의 근원적 힘과 '유머'

하근찬론

1. 하근찬 소설과 '유머'

하근찬은 농촌과 거기서 살아가는 민초들의 투박한 삶을 즐겨 다룬 작가이다. 『한국일보』 신춘문예에 당선된 「수난이대」(1957)에서부터 자전소설 『젊은 자화상』에 이르기까지 많은 작품들이 농촌을 배경으로 하고 있다. 그렇다고 작중 인물이 모두 농민이라는 것은 아니다. 신분이 어떠하든 간에 그들은 하나같이 농촌의 순박한 세계에 뿌리를 두고 있고, 또 살아가는 공간 역시 구체적인 삶의 현장이다. 농촌을 제재로 하고 있음에도 불구하고 목가적이거나 폐쇄적이지 않으며 대신 전쟁의 거친 회오리가 휩쓸고 지나간 뒤의 상처가 선연하게 남아 있는 생활의 터전이 바로 작품의 공간이다. 하근찬 소설에서 순박한 생활 세계의 훈훈한 정[1]을 느낄 수 있는 것은 그런 사실과 관계될 것이다. 농촌이란 도시와는 달리 우리의 근원적 정서와 전통이 살아 숨쉬는 공간이다. 산업화가 진행되면서 재래의 투박한 인정과 공동체의 유대감이 사라지고 있지만, 아직도 농촌은 삶과 상상력의 모태로 우리 의식에 작용하고 있다. 하근찬은 이 순박한 농촌에 틈입한 역사의 소용돌이와 그로 인한 상처를 문제 삼는 까닭에 작품은 전후의 갖가지 허위의식이나 자기기만에서 자유로울 수 있었고, 또 현실을 관찰하고 증언할 수 있었다.[2] 전쟁으로 불구자가 된 농민의 비애라든가(「수난이대」, 「흰 종이수염」), 순박한 농촌에 밀려든 서구의 분방한 문화와 풍습(「왕릉과 주둔군」) 등은 모두 전쟁의 상처로 얼룩진 농촌을 배경으로 하고 있고, 그런 점에서 그의 소설은 전쟁 직후 잠시 유행한 바 있는 전원문학과는 본질을 달리한다. 유종호의 지적대로, 겨레의 수난을 가장 무방비 상태로 당해야 했고, 또 가장 가혹한 형태로 겪어야 했던 농촌 사람들의 고단함을 그려냈다는 것은, 하근찬이 겨레의 수난과 삶의 실상을 가장 정직하고 참되게 보여주려는 의도[3]를 갖고 있었음을 말해주는 것이다.

하근찬이 전쟁 직후의 황폐한 현실에 남다른 관심을 보였던 것은 작가 스스로가 전쟁이라는 역사의 격랑을 온몸으로 헤쳐 온 체험의 당사자라는 사실과 관계될 것이다. 하근찬은 한 평생을 살면서 특이하게도 전쟁을 세 번이나 경험한 인물이다. 만주사변이 일어난 지 한 달 뒤인 1931년 10월에 태어난 하근찬은 소학교에 들어가기 한 해 전인 1937년에 중일전쟁을 목격했고, 초등학교 4학년 때 제2차 세계대전의 회오리에 말려들었다. 해방 후에는 좌우가 충돌하는 어수선한 정국에서 생활의 안정을 찾을 수 없었고, 1950년에는 동족상잔의 처절한 비극을 체험하였다. 이를테면, 하근찬은 "전쟁의 그늘 속에서 태어나 전쟁과 더불어 자랐고 또 꿈 많은 시절을 전쟁 때문에 괴로움으로 지샌"[4] 비극의 당사자였다. 『야호(夜

1) 전영태, 「담담한, 혹은 정결한 결벽성」, 『산울림』, 훈겨레, 1988, 393면.
2) 구중서, 「하근찬의 문학세계」, 위의 책, 386면.
3) 유종호, 「농촌사람의 눈으로」, 위의 책, 371면.

壺)』에서 고백되듯, 하근찬은 그 전쟁의 소용돌이 속에서 부친을 잃었고, 한편으론 전쟁으로 고통 받는 자신과 같은 처지의 무수한 사람들을 목격하였다. 하근찬에게 전쟁은 성장기를 지배한 원초적 체험이자 동시에 프로이드 식으로 말하자면 반복강박증(repetition compulsion)을 각인시킨 결정적 원인이었다. 그런 상태였기에 전쟁의 상흔은 반복적으로 그의 의식에 출몰하여 그를 괴롭히는 등 활동을 멈추지 않았던 것이다.

하지만, 그럼에도 불구하고 하근찬은 전쟁을 정면에서 다루지는 않는 독특한 모습을 보여준다. 서로 죽이고 부수는 참혹한 살육의 장면을 하근찬 소설에서는 볼 수 없다. 대신에 전쟁의 그늘, 예컨대 전쟁의 현장으로 끌려가는 사람들과 그 뒤에 남은 사람들의 비통한 생활이 작품의 중심을 이루며, 작품의 무대 또한 전쟁이나 역사의 격변장과는 직접적인 관련이 없는 시골 소읍이나 농촌이다. 그래서, 그의 소설은 "전쟁의 후일담"이라 해도 지나친 말이 아닐 정도다.

> 말하자면 나는 전쟁을 집요하게 물고 늘어진 셈이다. 그러나 전쟁을 정면(正面)으로 그리지는 않았다. 서로 죽이고 부수고 하는 그런 장면은 내 소설에서는 거의 찾아볼 수가 없다. 다시 말하면 전쟁의 한 가운데에 뛰어 들어 전투 장면을 그리지는 않았다는 말이다.
>
> 전쟁의 그늘이라 할까, 변두리라 할까, 그것이 할퀴고 지나간 뒤의 참담한 삶들, 즉 전쟁 후일담 같은 것과, 또 그것이 밀어닥치고 있을 때 현장으로 끌려가는 사람들과 뒤에 남은 사람들의 비통한 양상들을 주로 그렸다.[5]

전쟁의 한 복판이 아니라 그것이 할퀴고 지나간 뒤의 삶들에 관심을 가졌기에 그의 소설은 전쟁을 다루고 있음에도 불구하고 전쟁이 없다. 이 글에서 하근찬 소설의 '유머'에 주목하는 것은 그런 사실과 관계가 된다. 전쟁이 지나간 뒤에 들풀처럼 남은 민중들의 삶을 다루면서 하근

---

4) 하근찬, 「전쟁의 아픔, 기타」, 앞의 책, 5면.
5) 하근찬, 위의 글, 4~5면.

찬은 그들에게 목격되는 인정과 유머에 주목한다.

하근찬 소설의 중요한 특성의 하나는 '유머(humor)'를 능란하게 활용한 데 있다. 여러 작품에서 두루 확인되는 이러한 특성은 하근찬 소설의 본질과 관계되는 것으로, 가령 「산울림」에서는 패잔병과 맞닥뜨린 손노인이 주먹만한 배꼽을 내밀면서 상대방의 웃음을 유발한 뒤 위기를 모면하는 장면으로, 「분(糞)」에서는 덕이네가 면장의 부도덕한 행위를 응징하기 위해 대문 앞에 한 무더기의 똥을 누는 우스꽝스러운 장면으로 나타난다. 하근찬은 이 유머러스한 광경을 통해서 농민들의 순박하고 낙관적인 삶과 집요한 생명력을 읽어내고 그것을 통해서 현실을 억압하는 제반 요소에 맞선다. 이때 '유머'는 풍자와는 다른 모습으로 나타나는데, 즉 미적 원리로서 '유머'는 엄숙함이나 비장함 대신 여유와 희극적 낙관성을 견지하고 대상을 바라볼 때 발생하는 것으로, 대상의 단순한 희화화(戱畫化)와는 구별된다. 유머를 하위 개념으로 하는 '희극'은 그 본질이 대상이나 표현에 있는 것이 아니라 주관의 태도에 있고 또 인생관이나 세계관과 밀접한 관련을 맺는다. 희극적인 것의 본질은 실재적인 것과 이상적인 것의 충돌 과정에서 이상적인 것이 실재적인 것에 의해 부정되거나 비웃음을 받거나 혹은 폭로·비판되는 데 있다. 그리고, 그것은 신랄함의 정도에 따라 대개 유머와 풍자로 나누어지는데,[6] 하근찬의 경우는 그 둘의 중간 형태를 취한다. 즉, 비판과 신랄함의 정도는 풍자에 못 미치지만 그렇다고 내용 없는 웃음인 소극(farce)에 머무는 것도 아니다. 채만식에게서 느껴지는 통렬함을 맛볼 수는 없으나, 대신 대상에 대한 조롱과 비판을 내재하고 있다는 점에서 풍자와 소극의 중간 형태인 '유머'에 해당한다. 이 '유머'를 적절하게 활용하면서 하근찬은 작품을 창작해 왔다.

그런데, 그간의 논의에서는 이런 사실이 거의 주목되지 않았고, 또 관심을 보인 경우도 대체로 부정적으로 평가되었다. 유종호는 하근찬

6) M. S. 까간, 진중권 역, 『미학강의』 I, 벼리, 1989, 206~208면.

소설의 내용과 분위기에 주목하여 유머와는 거리가 먼 '민요에서 볼 수 있는 애환을 느낀다'고 했으며, 천이두는 하근찬 소설은 희극적 요소로 인하여 '작가 특유의 강렬성이 감쇄되고 가혹한 국면들이 희화적으로 일그러지고 있다'고 비판하였다.[7] 하지만 필자는 이들과는 견해를 달리한다. 뒤에서 언급하겠지만, 하근찬에게 '유머'는 데뷔작 이래 일관되게 드러나는 작가 고유의 미적 특질이자 동시에 민중들의 순박한 삶에서 우러난 민중성의 한 양상이다. 그러므로 그것은 작품의 효과를 감쇄시키기보다는 오히려 독자로 하여금 대상의 본질을 한층 선명하게 인식케 하는 장치이고, 궁극적으로는 작가의 근본 주제인 민중에 대한 신뢰를 심화시키는데 일조한다. 따라서 희극적 요소는 하근찬을 제대로 이해하기 위해서는 반드시 살펴야 할 특성인 것이다.

2. 낙관적 의지와 유머의 양상

어떤 작품의 형식이나 문체(style)를 결정하는 것은 세계를 보는 눈 즉, 작품 밑바탕에 깔린 작가의 이데올로기 또는 세계관이고, 이 세계관을 재현시키고자 하는 의도가 대체로 작품의 주제와 형성 원리를 결정한다. N. 프라이의 지적처럼, 희극이란 대체로 해피 엔드(happy ending)를 향해서 움직이고, 현실을 배척하기보다는 포용하는 '관용(grace)의 정신'[8]에 바탕을 두고 있다. 따라서 웃음과 희극적인 요소가 작품의 특성이 된다는 것은 현실을 적대적으로 받아들이기보다는 감싸는 관용의 정신에

7) 유종호의 「농촌 사람의 눈으로」와 천이두의 「전쟁에의 공분과 평화의 찬가」, 『산울림』 참조.
8) N. 프라이, 임철규 역, 『비평의 해부』, 한길사, 1982, 228~234면.

바탕을 두고 있다는 말이다. 여러 글과 작품에서 두루 확인되듯이, 하근찬은 낙관적 세계관을 소유한 인물이고 그런 특성이 작품 전반을 조율하는 까닭에 작품에는 희극적 요소가 한층 두드러지는 것이다.

대표작 「수난이대」나 「흰 종이수염」, 장편 『야호』 등은 대부분 현실에 대한 낙관적 신념에 바탕을 두고 있다. 「수난이대」에서 그려지듯, 작가는 전쟁이라는 엄청난 참상을 겪었음에도 불구하고 결코 삶을 포기하지 않는 강인하고 낙관적인 의지를 갖고 있었다. 주인공 박만도의 파란만장한 인생 역정을 통해서 이러한 사실이 확인되거니와, 그는 일제치하 징용에 끌려가서 팔 하나를 잃은 불구자이고, 거기다 설상가상으로 3대 독자인 아들마저 6·25 전쟁에 참전하여 다리를 잃은 전상자가 되었다. 부자가 모두 장애인으로 전락한 것이지만 박만도는 결코 삶을 비관하거나 포기하지 않으며, 오히려 '삶이란 목숨만 붙어 있으면 다 살게 마련'이라는 생각에서 절망감에 사로잡힌 아들을 위로하기까지 한다.

> 「이래 가지고 나 우째 살까 싶습니더.」
> 「우째 살긴 뭐 우째 살아. 목숨만 붙어 있으면 다 사는기다. 그런 소리 하지 마라.」
> 「…….」
> 「나 봐라. 팔뚝이 하나 없어도 잘만 안 사나. 남 봄에 좀 덜 좋아서 그렇지. 살기사 와 못 살아.」
> 「차라리 아부지같이 팔이 하나 없는 편이 낫겠어예. 다리가 없어 놓니 첫째 걸어댕기기에 불편해서 똑 죽겠십더.」
> 「야야 안 그렇다. 걸어댕기기만 하면 뭐 하노. 손을 제대로 놀려야 일이 뜻대로 되지.」
> 「그럴까예?」
> 「그렇다니까. 그러니까 집에 앉아서 할 일은 니가 하고, 나댕기는 일은 내가 하고, 그라면 안 되겠나, 그제?」
> 「예.」[9]

"목숨만 붙어 있으면 다 사는 기다"라는 낙관적 의지가 작품 전반에 작용하는 까닭에, 절망은 주체를 좌절시키지 못하고 대신 희망의 계기로 전환된다. 이 작품이 「소경과 안즘뱅이 문답」(안국선)의 한 장면을 연상시키는 듯한 도식적인 구도를 갖고 있음에도 불구하고, 전쟁에 대한 고발과 함께 그것을 넘어서려는 삶의 의지가 자연스럽게 느껴지는 것은 그런 사실과 관계될 것이다. 또, 전쟁으로 인한 상처와 장애를 갖고 있는 인물이 작품의 중심에 놓여 있음에도 불구하고 이들이 연출하는 분위기가 어둡기보다는 밝고 건강한 것도 같은 이유라 하겠다. 하근찬의 작품은 이렇듯 삶과 현실에 대한 작가의 낙관적 의지를 전제하고 있고, 그것이 곧 '유머'의 근거가 되거니와, 그런 점에서 동시대의 장용학이나 손창섭의 암울하고 비관적인 분위기와는 구별되는 독특함을 보여준다.

작품 속의 유머는 대체로 두 가지 양상으로 나타난다. 하나는 대상에 대한 거리감을 조성하여 인물들 간의 격화된 감정을 완화시키고 그것을 통해 정상적인 삶에 대한 소망을 드러내는 경우이고, 다른 하나는 신비화된 대상의 본질을 폭로하는 경우이다. 두 경우 모두 대상에 대해서 적대적이기보다는 우호적이고, 대상 역시 악인이기보다는 관용의 대상으로 그려지는 특징을 갖고 있다. 하지만 「산울림」의 경우처럼, 전자에 속하는 작품은 대체로 갈등을 완화시키는 매개로써 '유머'가 활용되며, 후자에 속하는 「족제비」나 「조랑말」은 근엄한 대상의 초라한 실상을 폭로하는 계기로 그것이 활용된다는 점에서 다소간의 차이를 발견할 수 있다. 그런데 흥미롭게도 이 두 경향은 프라이가 분류한 희극의 두 양상과 흡사한 모습을 보여준다.

프라이는 희극의 전개 방법에 의해 그것을 두 가지로 나누는데, 하나는 주로 방해꾼들(blocking characters)에 역점을 두는 방법이고, 다른 하나는 발견과 화해의 장면을 가져오는데 역점을 두는 방법이다. 전자가 희극

9) 하근찬, 「수난이대」, 『산울림』, 한겨레, 1988, 27면.

적인 아이러니, 풍자, 리얼리즘과 풍습 희극에서 볼 수 있는 일반적인 경우라면, 후자는 세익스피어와 기타 다른 유형의 로만스 희극에서 볼 수 있는 것을 말한다. 여기서 방해꾼은 편집증에서 헤어 나오지 못하고 자신의 망집(妄執)을 되풀이하는, 즉 쓸모없는 행동을 반복함으로써 우스꽝스러운 것을 만들어내는 편집광과 같은 존재를 말한다.[10] 그런데, 하근찬의 경우는 방해꾼들이 등장하지만 자신의 망집을 되풀이하여 웃음을 자아내기보다는 주변의 인물에 의해서 그 편집광적인 모습이 반성되고 궁극적으로 화해를 지향한다는 점에서 구별된다. 그렇기에 프라이의 분류를 하근찬 소설에 그대로 적용할 수는 없으나, 방해꾼이 등장하고 당대 현실을 고발하는 리얼리즘의 성격을 지닌다는 점에서, 그리고 후자의 경우 신비화된 인물의 본질이 여지없이 폭로된다는 점에서 프라이의 논의에서 많은 시사를 받을 수 있다. 이 두 가지 경향을 중심으로 하근찬 소설의 '유머'를 살펴보기로 한다.

1) 정상적인 삶과 교정 의지

「산울림」은 어느 산골 사람들이 겪은 전쟁의 참상을 그린 작품이다. 10가구도 채 안 되는 이 조그만 산골은 임진왜란도 피해 갈 정도로 깊고 외진 곳이다. 종덕이와 윤이, 그리고 용갑이가 보여주는 천진스러운 동심의 세계는 이 마을 특유의 분위기를 상징한다. 그런데 마을의 평화스러운 분위기는 전쟁으로 인해 일순간에 무너지는데, 그것은 전쟁이 발발하고 군인들이 밀려들면서부터였다. 밀고 밀리는 공방전 속에서 군인들은 국군이나 인민군을 가리지 않고 무차별적으로 총을 난사하며 인명을 살상했는데, 이 과정에서 특히 무고하게 피해를 당한 것은 말을

10) N. 프라이, 앞의 책, 233~260면.

못하는 개(犬)들이었다. 국군 패잔병에 의해 검둥이가 죽었고, 인민군에 의해서는 개 일가족이 몰살을 당했다. 이런 참혹한 광경을 어린이의 천진스러운 시선으로 서술하면서 작가는 전쟁의 폭력성을 우회적으로 고발하는데, 이 과정에서 사건을 수습하고 작가의 의도를 대변하는 존재로 등장하는 인물이 손노인이다.

손노인은 대담하고 의리 있는 성격의 소유자로 국군이 총을 난사하며 마을에 출현했을 때 목숨을 걸고 나서서 그들의 격앙된 감정을 누그러뜨렸고, 또 인민군에 의해서 개가 몰살당하자 그것을 수습하는 침착성을 보여주었다. 모두가 몸을 사리고 외면하는 위기의 순간에 과감히 앞장서서 사태를 수습한다는 점에서 손노인의 행동은 용기 있고 대담하지만, 작가는 그러한 행위를 진지하고 엄숙한 시선으로 그려내지 않는다. 그렇게 되었더라면 비장미가 한층 돋보였겠지만, 작가는 그와는 달리 인물의 희화적 특성을 이용해서 경직된 분위기를 완화시키고 장면을 전환하는 독특한 모습을 보여준다. 즉, 목숨이 경각에 달린 위기의 순간에, 주먹만한 배꼽을 지닌 소노인의 우스꽝스러운 외모를 내보임으로써 상대방의 긴장을 누그러뜨리고 화해의 계기를 마련하는 것이다.

> 「손들어!」
>
> 고함을 질렀다. 손노인은 두 팔을 벌렁 옆으로 벌리듯 들어 올렸다. 그러자 **적삼이 약간 위로 쳐들리며 주먹만한 배꼽이 불쑥 얼굴을 내밀었다. 총을 든 두 사람의 긴장된 표정이 손노인의 그 배꼽을 보자, 약간 풀리는 것 같았다. 한 사람은 눈 언저리에 불명히 웃음기 같은 것을 띠기까지 했다.** 손 노인은 두 팔을 벌렁 들어 올린 채 걸어 나갔다. 마치 큰 댓자(大)가 뚜벅뚜벅 걸어가는 것 같았다. 종덕이는 숨도 크게 쉬지 못하고 할아버지의 뒷모습을 지켜보고 있었다.
>
> 총 든 두 사람에게로 가까이 간 손 노인은 손을 덜렁 내리고 고의춤을 추겨 올렸다. 그리고,
>
> 「젊은네들 어디서 오는 길이오?」
>
> 하고 입을 열었다.[11] (강조는 인용자)

패잔병의 총구 앞에서 바짝 긴장하고 있던 손노인이 위기를 모면하고 연장자의 입장이 되어 군인들의 기를 꺾을 수 있었던 것은 유머러스한 외모를 통해서 상대방의 긴장을 완화시켰기에 가능한 일이었다. 여기서 '웃음'은 손노인의 우스꽝스러운 외모에 의해 일촉즉발의 긴장이 순간적으로 이완되면서 유발된다. 총구를 겨눈 팽팽한 긴장의 순간, 자칫 죽음을 당할 수도 있는 상황에서 작가는 노인의 적삼 밑으로 '주먹만한 배꼽'을 불거지게 함으로써 상대를 웃게 만들고 위기를 모면하게 하는 것이다. 물론 전쟁과 총으로 상징되는 특수한 상황이 아니라면 손노인과 군인들은 서로를 적대할 이유가 없다. 오히려 연장자로서의 권위와 위엄을 행사할 수도 있는 게 손노인의 처지이다. 그런 관계로 여기서 웃음이란 이런 본래의 관계를 환기시켜주는 하나의 매개라 할 수 있다. 패잔병 역시 똑같은 인간이고, 문제는 전쟁이라는 특수한 상황에 의해 그러한 폭력적 분위기가 만들어졌다는 것. 이런 내용을 통해서 작가는 전쟁으로 촉발된 적대관계의 허위성을 지적하고, 그 이면에 놓인 인간 본연의 모습을 환기시키는 것이다. 그래서 '웃음' 뒤에는 정상적인 삶에 대한 작가의 강한 의지가 숨어 있는 것을 알 수 있다.

그런 사실은 개를 무참하게 학살하는 군인들의 행동이 인륜이라든가 생명의 소중함을 망각한 경직된 상황의 산물인 반면, 그것을 비판하는 손노인의 행동은 정상적인 사고와 행동을 대변한다는 사실과도 관계가 있다. 정상적인 가치를 지닌 인물이 비정상적인 가치를 지닌 인물로 하여금 사태의 본질을 깨닫게 한다는 것은 곧, 왜곡된 가치와 상황에 대한 교정(較正) 의지를 표명한 것이다. 베르그송의 지적처럼, '웃음'이란 융통성과 유연성이 요구되는 상황에서 어떤 기계적인 경화(硬化)를 발견했을 때 일어나는 심리적 · 생리적 현상이다. 사회생활을 하면서 필요한 것은 현재의 상황을 정확히 분별해 낼 수 있는 깨어 있는 정신, 더 나아

11) 하근찬, 「산울림」, 앞의 책, 85~86면.

가 여러 우연적인 상황에 적응할 수 있는 유연성이다. 사람들은 대개 이러한 노력을 기울이면서 현실을 살아가지만 그것이 생각대로 되지 않거나 혹은 경직되면, 사회로부터 의심을 받고 비웃음을 사게 마련이다. 둔화되고 고립된 행동이 사회적 가치 표준에서 벗어나는 일탈의 의미로 이해되는 까닭이다.[12] 물론, 상대를 제압하지 않으면 살아남을 수 없는 전쟁이라는 특수한 상황을 전제하자면 이러한 주장은 달리 해석될 수도 있겠지만, 무력하고 순박한 촌로에게까지 총을 겨누는 것은 쉽게 용납될 수 없는 비정상적인 행동이다. 그렇기에 경직된 상황을 유머로 희화한다는 것은 그러한 모습을 각성케 하여 정상적인 상황으로 돌리고자 하는 강한 희망의 표현인 것이다. 손노인이 군인들에게 던지는 다음과 같은 말은 그런 희망의 구체적 표명이라 할 수 있다. 즉, "가는 길에 아무쪼록 살생은 삼가도록 하게, 비록 하찮은 개라도 함부로 죽여서야 어디 쓰겠는가"라는 진술은 전쟁이라는 극한의 상황에서도 망각해서는 안 되는 생명의 고귀함에 대한 교훈적 메시지인 것이다.

하근찬 소설에서 이른바 '방해꾼들'에 대한 적개심을 찾을 수 없는 것은 작가의 이러한 선(善)의지가 작품의 근간을 형성하고 있기 때문이다. 비판의 대상이 되는 국군이나 인민군은 모두 특수한 상황이 만들어낸 왜곡된 모습일 뿐이지, 결코 주민들의 삶을 근본에서 파괴하는 '악인'은 아니며, 따라서 언젠가는 정상으로 돌아올 관용의 대상이라는 게 하근찬의 생각이다. 그런 점에서 하근찬의 방해꾼은, 자신의 망집(妄執)을 되풀이하고 그것으로 인해 웃음을 자아내는 프라이의 그것과는 구별된다.

「분(糞)」 역시 같은 원리로 되어 있는 작품이다. 이 작품은 순박한 덕이네의 시선을 통해서 왜곡된 상황이 고발된다. 덕이네는 술집에서 부엌데기로 일하는 인물로, 그녀의 유일한 꿈은 아들 호덕이가 하루 빨리

12) A. 베르그송, 정연복 역, 『웃음』, 세계사, 1992, 17~26면.

결혼해서 손자를 보는 것이다. 하지만 그 꿈은 전쟁이 발발하면서 무산될지도 모르는 위기를 맞는다. 뜻하지 않게 '징집영장'이 날아든 까닭이다. 징집이란 참전을 의미하고 어쩌면 죽음으로 이어질지도 모른다는 우려에서 덕이네는 면장에게 몸까지 맡기면서 결사적으로 아들을 빼내려고 하지만, 징집에서 빠진 것은 엉뚱하게도 자기 아들이 아니라 주인집 화산댁의 아들이었다. 화산댁이 돈으로 면장을 구워삶은 것이다.

이러한 내용을 작가는 치밀한 구성과 사건을 통해서 보여주는데, 여기서도 희극적 요소가 작가의 의도를 전달하는데 중요하게 관여하고 있다. 작품 말미에서 제시된 덕이네의 치기어린 행동은 진지하고 비감했던 작품의 분위기를 한 순간에 반전시키면서 독자들의 웃음을 자아내는 희극적 장치로 기능한다. 예컨대, 덕이네는 가난과 천대 속에서 살아온 자신에 대한 회한과 면장의 부도덕성에 대한 반감에서 면장실 앞에다 한 무더기의 분(糞)을 배설하여 독자로 하여금 웃음을 자아내게 하는 것이다.

> 빼내 주기 싫어서 안 빼내 주는 것이 아니라고? 안 되는 것을 어떻게 하느냐고? 흥! 말이사 좋다. 그럼 동철이는 어떻게 빼냈는고? 문둥이 같은 자식. (…중략…) 볼일을 다 보고 난 덕이네는 일어나 옷을 여몄다. 그리고 현관을 내려와 뒤를 돌아보았다. 네모 반듯한 시멘트의 한복판에 뜨뜻한 것이 한 무더기 모락모락 김을 올리고 있었다. 달빛이 그것을 비스듬히 비추고 있었다.
>
> 「히히히…… 문둥이 자식, 내일 출근하다가 저걸 물컹 밟아야 될긴데…….」
>
> 덕이네는 이제 반분쯤은 풀리는 듯했다. 얼른얼른 걸음을 떼놓았다. 어디선지 닭 우는 소리가 들려오고 있었다.[13)]

자식을 징집에서 빼주지 않았다는 이유로 면장의 사무실 입구에 한 무더기의 똥을 배설하는 행위, 그리고 출근길에 그것을 밟기를 바라는 심리는 분명 희극이다. 하지만 그녀의 행위가 단순한 소극에 머무는 것

13) 하근찬, 「분」, 앞의 책, 71면.

은 아닌데, 그것은 그런 행위가 바로 면장의 융통성 없고 파렴치한 행동에 대한 비판이자 동시에 가슴속에 응어리진 회한을 씻고 새롭게 삶을 준비하는 카타르시스와도 같은 역할을 하기 때문이다. 오늘날도 그렇듯이 힘없고 배경 없는 사람은 여러 가지로 서러움을 당할 수밖에 없지만, 그것이 피할 수 없는 현실이라면 기꺼이 수용하겠다는 투박하고 견인(堅忍)적인 의지가 덕이네의 배설 행위에 숨어 있는 것이다. 만일 덕이네가 면장의 부도덕한 행위를 논리적으로 따지고 들었다면, 그녀는 현실이라는 더 큰 장벽에 부딪혔을 것이다. 면장은 관과 권위를 상징하며, 따라서 일개 아녀자의 항의란 기껏해야 계란으로 바윗돌을 치는 것이나 다름없기 때문이다. 하지만 그녀는 천진스럽고 장난스러운 행동으로 그 권위에 대항했고, 그로 인해 징벌과 함께 삶에 대한 새로운 결의까지 다지게 되는 것이다.

우리가 하근찬 소설에서 시종 따스한 웃음과 훈훈한 정을 느낄 수 있는 것은 이와 같은 천진한 인물의 가식 없는 행동을 통해서 왜곡된 현실을 비판하고 교정하려는 의지를 드러내기 때문이다. 이 부류 작품은 이렇듯 희극적 요소를 통해서 대상을 비판하고 궁극적으로 정상적인 상황을 희구하는 교정의 열망을 담고 있다.

2) 대상의 허구적 본질 폭로

하근찬 소설이 보여주는 희극적 요소의 또 다른 양상은 「족제비」에서 목격되는 대상에 대한 폭로를 통해서 나타난다. 앞의 작품들이 천진한 행동이나 희극적인 외모로 웃음을 유발하고 정상적인 가치를 소망한다면, 이 부류에서는 그 동안 알려지지 않았거나 감춰져 있던 사실을 드러냄으로써 웃음을 유발하는 식이다. 이를테면, 엄청난 권위와 위엄을 상징하던 존재가 그 실상을 확인하고 보니 기대와는 동떨어지게 너무나 초라한 존재라는 사실이 드러나면서 웃음을 유발하는 형국이다.

「족제비」는 족제비라는 소재를 통해서 일인 지주의 실상을 폭로한 작품으로, 족제비가 갖고 있는 야행적이고 음흉한 이미지에 착안한 작품이다. 작품 초반에서 지주 '하시모도'는 매우 신비화된 인물로 그려진다. 마을에서 하시모도를 본 사람은 아무도 없다. 마을 사람들은 그저 막연히 머리가 허옇게 센 노인 정도로만 알고 있다. 무엇을 하는지 깊숙한 저택에 틀어 박혀서 일체 바깥출입을 하지 않았고, 간혹 출타를 하더라도 읍에서 불러온 택시를 타고 다녔기 때문에 그 생김새를 일반 사람들은 볼 수가 없었다. 그래서 하시모도는 실제 하시모도가 아니라 그 사위라고 말하는 사람도 있었고, 처남이라고 말하는 사람도 있을 정도로 베일 속에 쌓여 있었다. 그런데 흥미로운 것은 하시모도 저택 뒤편의 대나무 숲에 30년 묵은 족제비가 살고 있다는 소문이다. 그 또한 입에서 입으로 전해질 뿐 어느 누구도 확인하지 못한 것이지만, 사람들은 그 말을 믿고 있었다. 그러던 중에 족제비로부터 실제로 피해를 당했다는 사람이 생겼는데, 바로 주인공인 고생원이다. 고생원은 공출을 피하기 위해서 하시모도의 창고 밑에 볏가마를 몰래 숨겨 두었는데, 뜻하지 않게 지서에서 그것을 알고 찾아낸 것이다. 궁리 끝에 고생원이 내린 결론은 족제비가 그것을 파냈고, 그로 인해 지서에서 알게 되었다는 것. 초죽음이 되어 지서에서 풀려난 고생원이 '족제비 잡기'에 몰두했던 것은 그런 이유에서였다. 하지만 고생원은 여러 수단을 동원하여 족제비를 수색하지만 그 흔적조차 발견할 수 없었는데, 놀랍게도 그 족제비가 해방된 며칠 뒤에야 '신비로운' 자태를 드러낸 것이다.

저택 속에 은밀하게 숨어 지내던 지주 하시모토가 바로 족제비였던 것이다.

> 하시모도가 모습을 나타낸 것은 한참 뒤의 일이었다.
> (…중략…)

이 넓은 들녘을 온통 다 차지하다시피 한 사람이면 신수도 그만큼 훤한 줄 알았는데, 그게 아니라 풍신이라는 것이 꼭 이 모양이니, 마을 사람들은 무엇에 속은 것 같은 묘한 기분이었다. 그래서 모두 기침 소리 하나 없이 바라보고 있는데, 난데없이 웃음소리가 터졌다.

「왓핫핫하…….」

고 생원이었다. 무엇이 그렇게 우스운지, 커다란 콧구멍을 사정없이 벌름거리며,

「우앗핫핫하…….」

벌겋게 핏대가 돋아나도록 웃어젖히는 것이었다.

난데없는 유난한 웃음소리에 모두 어리둥절했다. 고 생원은 웃음을 뚝 그치더니 이번에는,

「쪽쩨비다! 쪽쩨비!」

냅다 고함을 질렀다.

「우짜먼 저렇게도 꼭 쪽쩨비 같노! 우짜먼…… 왓핫핫하…….」[14)]

하시모도의 가면이 여지없이 벗겨지는 순간이다. 그토록 위엄을 부리고 농민의 피를 빨아 먹었던, 그래서 신비화되기까지 했던 지수 하시모도란 기껏 남이 숨겨 놓은 곡식이나 파헤치는 족제비에 지나지 않았던 것이다. 따라서 인용문의 웃음이란, 볼품없는 하시모도에 대한 조소이자 동시에 그 동안 당해왔던 모멸감에 대한 자탄(自歎)의 표현인 셈이다. 그 동안 고생원이 지주 하시모도에게 갖고 있었던 고정 관념, 즉 "넓은 들녘을 온통 다 차지하다시피 한 사람이면 신수도 그만큼 훤한 줄 알았"던 하시모도의 본질이란 기껏 "훅 불면 넘어질 것 같은 늙은이"에 불과했다는 사실, 이를 깨달으면서 고생원은 통쾌한 웃음을 연발하는 것이다.

여기서의 웃음이란 기존의 고정 관념이 허망한 본질을 드러내면서 발생한 것이고, 그것을 통해서 궁극적으로 그토록 두려워했던 대상이 사실은 허점투성이의 초라한 존재에 불과했음을 시사하는 것이다. 이제

14) 하근찬, 「족제비」, 앞의 책, 143~144면.

고생원은 더 이상 지주를 두려워하지 않으며, 단지 연민의 대상으로 바라볼 뿐이다. "우짜먼 저렇게도 꼭 쪽제비 겉노!"라는 웃음 속에는 복수의 필요성조차 느끼지 못하는 한갓 미물과도 같은 존재에 대한 연민의 마음이 숨어 있다. 그래서 고생원의 웃음은 악인에 대한 적대감이라기보다는 연민과 포용의 심리이고, 그런 데서 우리는 하근찬의 넉넉하고 포용적인 세계관의 한 단면을 엿보게 된다.

「조랑말」에서도 이 같은 내용의 희극적 요소를 발견할 수 있다. 이 작품에서 작가는 보잘것없는 조랑말과 건장한 양종(洋種) 말을 대비하면서 일제 앞잡이인 헌병을 신랄하게 조롱하는데, 그 중심에 놓인 인물이 용식이다. 그는 자기네 말이 보잘것없는 조랑말이라는 데 커다란 부끄러움을 갖고 있는 어린이다. 조랑말은 '빌빌이'라는 별명을 갖고 있을 정도로 몰골이 초라해서, 눈에는 눈곱이 끼어 있기 일쑤고, 힘없이 벌어진 입으로는 걸핏하면 지르르 침을 흘렸다. 그런데 용식이는 조선 사람이면서도 일본인 행세를 하는 다께오를 몹시 싫어한다. 다께오는 일본인들만 다니는 학교에 다니면서 조선 아이들을 멸시하고 함께 어울리지 않았다. 모멸감을 느낀 용식이는 다께오를 두들겨 팬 적도 있지만, 그의 삼촌이 일본 헌병인 까닭에 더 이상은 어찌할 도리가 없었다. 게다가 용식이의 기가 한층 더 꺾인 것은 껨뻬이(헌병)인 다께오 삼촌이 타고 다니는 기골이 장대하고 윤이 자르르 흐르는 '미끈한 말' 때문이었다. 빌빌이와는 비교할 수도 없을 정도로 건장하고 멋진 말이었던 까닭에 용식이는 늘 기가 꺾일 수밖에 없었는데, 그런 참담한 상황에서 용식의 기를 살려준 것은 뜻하지 않게 빌빌이였다. 빌빌이의 돌연한 출현으로 인해 껨뻬이가 낙마(落馬)를 하고, 하늘을 찌를 듯하던 권위가 순식간에 무너지면서 초라한 몰골을 드러내는 것이다.

> 「이야—도스께끼(돌격) —」
> 번쩍 일본도를 쳐들며 냅다 고함을 지르는 것이었다.
> 빠까깍 빠까깍…… 말은 더욱 신나게 달렸고, 일본도는 번쩍번쩍 햇볕에 빛

났다. 번쩍거리는 일본도를 보자, 와 — 환호성은 절정에 달했다.
그때였다. 참으로 뜻밖의 일이 일어났다.
빌빌이가 쏜살같이 운동장 복판으로 뛰어든 것이다.
(…중략…)
빌빌이가 돌진해 오자, 그만 〈껨뻬이〉의 말은 겁을 집어먹은 듯 히히힝! 콧소리도 요라하게 우뚝 쳐든 앞발로 허공을 허우적거렸다. 순간, 말 위에 섰던 〈껨뻬이〉는 일본도를 든 채 보기 좋게 땅바닥으로 나가떨어졌다. 와 — 구경꾼들은 놀람과 긴장감으로 어쩔 줄을 몰랐다. 본부석에서는 사람들이 일어나 뛰어나왔다.
용식이도 몹시 놀랐다. 그러나 그는 곧 어깨춤이라도 추듯이 우쭐우쭐 나뭇가지를 흔들어댔다. 휙— 휘파람을 날리면서.[15)]

조선인임에도 불구하고 일본인 행세를 하면서 동포를 괴롭히던 헌병이 빌빌이라는 보잘 것 없는 조랑말의 등장으로 인해 당황한 모습을 드러내며 땅바닥으로 떨어지는 순간이다. 여기서 '웃음'은 헌병의 권위가 초라한 빌빌이에 의해서 훼손되면서 발생한 것으로, 평소 놀림감에 불과했던 빌빌이가 뜻하지 않게 양종 말의 기를 꺾으면서 발생한 것이다. 빌빌이가 운동장 복판으로 뛰어든 것은 누구도 예상하지 못했던 우연한 일에 불과했으나, 그 뜻하지 않은 행동으로 인해 일본도를 휘두르며 뽐내던 헌병의 권위가 순식간에 무너지고, 결국 헌병의 초라한 본질이 폭로되는 것이다.

이처럼 이 부류 작품에서는 신비화되었던 대상의 본질이 초라하게 폭로되면서 웃음을 유발하는 식이다. 하근찬 소설의 중요한 특성은 이와 같이 유머를 적절하게 활용한 데 있다. 하근찬이 유머를 이렇듯 능란하게 활용할 수 있었던 것은 농민들의 순박한 삶을 이해하고 그들의 생활 속에 배어 있는 낙관적 신념을 포착하고 있었기에 가능했던 일이다. 1971년에 완결된 『야호』에서도 하근찬은 역사 현실에 대한 거리 감각을

15) 하근찬, 「조랑말」, 앞의 책, 260면.

바탕으로 일제치하를 보내고 전쟁을 겪으면서 끈질기게 이어온 농민(혹은 민중)들의 생명력을 문제 삼은 바 있다. 이렇듯 하근찬은 전쟁의 참혹함보다는 그것을 극복하려는 민중들의 의지에 깊은 관심을 보였고, 그것도 적대감보다는 관용과 화해의 정신으로 현실을 넘어서고자 하였다.

3. 민중에 대한 신뢰와 애정의 서사

하근찬 소설이 전후소설사에서 독특한 위치를 차지할 수 있었던 것은 등장인물의 순박함이나 시각의 따스함뿐만 아니라 그것의 외화된 형태인 희극적 요소가 작품의 중심에 자리 잡고 있기 때문이다. 하근찬 소설에서는 전후소설에서 흔히 볼 수 있는 자기 모멸이나 이데올로기에 대한 맹목적 비판을 찾을 수 없다. 전쟁과 그로 인해 파괴된 인간들의 처참한 광경이 작품의 배경으로 제시되지만, 작가는 그보다는 그러한 현실을 넘어서려는 인물들의 낙관적 의지에 보다 깊은 관심을 보여주었다. 유머란 생활 속에서 목격되는 그들의 낙관적인 삶의 태도와 생활의 방식이었다.

하근찬이 전후소설사에서 일구어낸 성과는 무엇보다 농민들의 투박한 삶에 내재한 이러한 특성을 예리하게 포착해 냈다는 데 있다. 민중들의 일상적 삶은 전쟁이라는 외압에도 불구하고 변함없이 지속되는 깊은 강물과도 같다. 그 흐름이 일시 중단되거나 왜곡될 수는 있어도, 잠정적일 뿐이지 결코 흐름 자체가 끊어지는 것은 아니다. 하근찬은 이러한 사실을 체험적으로 간파하고 그것을 '유머'라는 방식으로 포착해 낸 것이다. '유머'는 멀리 판소리계 소설의 해학과 풍자로부터 채만식이나 김유정 소설로 이어지는 우리 민족의 오랜 심미적 특성과 관련되어 있다. 이들 작품에서 볼 수 있는 유머는 대상에 대한 여유를 바탕으로 '방해꾼들'을 바로잡으려는 열망을 내재하고 있고, 궁극적으로 부정적인 현실을 바로잡으려는 교정 의지를 담고 있다. 베르그송의 지적처럼, '웃음'이란 일종의 사회적 제스처이고, 그것은 그것이 일으키는 불안감으로 인해 엉뚱한 행동들을 제어하고 자칫 고립되고 둔화될 위험이 있는 하찮은 부분을 부단히 깨어 있게 한다. 그리고 그것은 궁극적으로 사회 집단의 기계적인 경직성을 유순하게 하는 역할을 수행한다.[16] 하근찬 소설의 웃음 역시 마찬가지다. 전쟁의 광기와 그로 인한 인명 경시 풍조를 하근찬은 「산울림」의 손노인을 통해서 바로잡고자 하며, 전쟁이라는 극한의 상황에서도 부도덕한 행위를 서슴지 않는 면장을 「분」의 덕이네를 통해서 비판한다. 또 일제치하 헌병의 하늘을 찌를 듯한 권위와 위엄을 「조랑말」을 통해서 보잘것없는 존재로 비하하며, 지주 역시 한갓 음흉하고 볼품없는 족제비에 불과했음을 「족제비」에서 폭로한다. 말하자면 하근찬은 일제치하와 전쟁을 경과하면서 형성된 경직된 사고와 행위를 웃음을 통해서 바로잡으려는 의도를 갖고 있었고, 그것을 통해서 순박하고 인정 어린 세계의 회복을 희망한 것이다.

하근찬이 전후소설에 팽배한 감정의 극대화 현상에서 벗어나고, 동시에 소설사의 흐름을 한 단계 진전시키는 역할을 하게 된 것은 결국 이 같은 특유의 관찰력과 전통적인 서사원리의 활용에 힘입은 바 크다고 하겠다. 비록 현실에 대한 구조적인 조망으로 나가지는 못했으나, 하근찬이 보여준 민중에 대한 신뢰와 애정은 관념적이고 현상적인 묘사에 머물렀던 이 시기 소설을 현실 탐구의 심오한 대해(大海)로 이끈 중요한 전기를 제공하였다. 전후소설이 자의식 과잉의 상태에서 벗어나 현실의 실체를 사실적으로 포착하고 민중들의 염원을 실감나게 담아낼 수 있었던 것은 이러한 새로운 통찰의 결과였던 셈이다.

16) 베르그송, 정연복 역, 『웃음』, 세계사, 1992, 25~26면.

2부

근대 사회를 보는 주체와 타자의 시선

전후 사회의 재편과 근대화의 명암
이호철의 『소시민』론

공복사회의 실상과 원칙주의자의 신념
이호철의 『심천도(深淺圖)』론

재일 한인들의 수난사
손창섭의 『유맹』론

근대화의 부정성과 인간 본연의 삶
김정한 소설과 60년대 문학

주체의 낙관적 의지와 배타적 신념
1980년대의 노동소설과 근대성의 딜레마

과거를 성찰하는 '타자'의 시선
황석영의 소설과 문학교육

전후 사회의 재편과 근대화의 명암

이호철의 『소시민』론

1. 『소시민』의 문제성

'실향민 작가', '월남 작가' 하면 떠오르는 대표적인 이름이 이호철이다. 최인훈·이범선 등도 월남(越南) 작가군에 속하지만 굳이 이호철에게 이 말을 붙이는 것은 그 말이 그만큼 작가의 문학적 특질을 집약하고 있기 때문이다.

이호철은 1932년 원산에서 태어나 1945년 원산공립중학교에 입학했고, 6·25 전쟁 때 인민군으로 동원되어 참전했다가 국군의 포로가 되었다. 부산에서 미군부대 경비원으로 있다가 서울로 와서 잠시 일한 것을 제외하고는 대부분 소설 창작에 몰두하였다. 그의 소설에는 분단으로 인한 탈향과 이주, 정착의 신산스러운 삶의 이력이 문신처럼 아로새겨져 있다. 월남 이후 남한 사회에 정착하면서 겪었던 외롭고 고통스러운 삶을 작품화하면서 이호철은 그것을 분단된 민족 전체의 역사로 치환하는 수완을 보여주어, 한 개의 사소한 일화를 통해서도 분단의 상처와 고통을 환기시키고 있다. 제4회 대산문학상을 수상한 『남녘사람 북녁사람』은 열아홉의 소년으로 인민군에 동원된 뒤 국군 포로가 되어 풀려나기까지의 경험을 근간으로 하고 있으며, 1960년대의 대표작인 『소시민』은 피난지 부산에서 제면소 직공으로 일할 당시의 혼란과 열망의 심리를 담고 있다. 그리고 분단문학의 중요한 성과로 꼽히는 「판문점」이나 「탈향(脫鄕)」 또한 작가의 실제 체험을 서사의 근간으로 삼고 있다. 그래서 '실향민 작가', '월남 작가'라는 용어는 단순한 관사가 아니라 실향민으로서 겪을 수밖에 없는 향수와 분단의 통한이 배어 있는, 이호철을 규정하는 원형질이자 문학의 태반을 상징하는 말이다.

1964년 7월부터 다음해 8월까지 『세대(世代)』지에 연재된 장편 『소시민』[1]은 이호철 소설의 특성을 전형적으로 보여주는 작품이다. 6・25 동란 당시 부산 완월동 제면소를 배경으로 거기서 생활하는 10여 명의 인물을 그리고 있는 이 작품은 뿌리 뽑힌 자들의 처절한 현실 적응문제[2]를 다루고 있다. 그런데 작가의 시선은 이들이 벌이는 다양한 사건들의 얽힘에 모아지기보다는 그 이면에 놓인 한층 본질적인 곳을 향한다. 인물들의 부침과 소시민화 과정에 주목하면서 작가가 궁극적으로 보여주고자 한 것은 건전한 비판정신이 사라지고 대신 속물주의가 판을 치는 전후의 일상(日常)이고, 나아가 전후 사회의 구조적 재편 과정이다. 그래

1) 『소시민』은 『세대』지에 발표된 이후 신구문화사(1968), 삼중당(1972), 강미문화사(1979), 청계출판사(1979), 문학사상사(1994), 동아출판사(1995)에서 다시 출판되었다. 이 과정에서 1972년과 1979년 두 번에 걸쳐서 개작이 이루어지는데, 1979년 이후의 작품은 모두 '강미문화사판'을 저본으로 삼고 있다. 본고는 1960년대 문학과의 관련 하에서 『소시민』을 살피고자 하는 까닭에 『세대』지에 발표한 원문을 그대로 재수록한 '신구문화사판'을 텍스트로 하며, 작가가 '결정본'으로 명기한 '강미문화사판'을 필요할 경우 참고하였다.

2) 이상갑, 「60년대 문학과 '소시민의식'의 의미」, 『유천 신상철박사 화갑기념논총』, 문양사, 1996 참조.

서 이 작품은 "한 시대가 가고 새 시대가 오는 전환기적 변동상을 담아내고 있다"는 평가를[3] 들었고, 또 "소시민적 일상과 그 한계를 점검하고 그것을 넘어선 삶의 가능성을 조심스럽게 모색한 작품"이라는 평가를[4] 받기도 하였다. 하지만 이런 논의들은 대체로 평론 수준의 단평이고, 또 작품의 내재적 특질을 근원적으로 밝혀내지도 못한 것으로 보인다. 말하자면 이러한 평가를 받게 된 작품의 내적 특성이라든가 작가의식의 심층은 해명되지 않았고, 단지 주제적 측면에서 내용만을 분석했을 따름이다. 『소시민』에 대한 이해가 심화되기 위해서는 작가 의식이라든가 작품의 내적 특질에 대한 구명이 필요한 셈이다.

『소시민』의 문제성은 대략 두 가지로 정리할 수 있다. 하나는, 이호철이 월남민으로서의 실향감과 격절감에서 벗어나 현실로 관심을 돌리면서 나온, 초기에서 중기로 넘어가는 중간 지점에 놓인 작품이라는 점이다. 『소시민』은 작가의 주관적 체험이 어떻게 객관화되어 현실과 결합하는가를 보여주는 중요한 단서를 제공해준다. 알려진 대로, 이호철 소설은 크게 두 경향으로 나누어지는데, 하나는 「탈향」·「만조」 등 자신의 실제 체험을 여과 없이 드러내 전후의 암담한 현실을 문제 삼은 작품들이고, 다른 하나는 「판문점」·「닳아지는 살들」 등 소시민의 불안한 일상을 분단 현실과 결부지어 파헤친 작품들이다. 전후문학으로 분류될 수 있는 전자는 대부분 전쟁 당시 인민군으로 참전했다가 국군 포로가 되고 이후 단신으로 월남하여 겪게 된 작가 자신의 뼈아픈 체험을 소재로 하고 있다. 이들 작품에는 「탈향」에서처럼 고향에 대한 향수와 뿌리 뽑힌 자로서의 무위감이 짙게 배어 있다.

한편, 분단소설로 분류될 수 있는 후자의 경우는 '화자'의 시선이 점차 객관성을 회복하고 민족과 역사 현실을 비판하고 극복하려는 의지를 주로 보여준다. 「판문점」과 같이 분단된 현실을 망각하고 점차 소시

3) 정호웅, 「탈향, 그 출발의 소설사적 의미」, 『1960년대 문학연구』, 예하, 1993, 85면.
4) 백낙청, 「작가와 소시민」, 『문』, 민음사, 1981 해설 참조.

민적 일상에 젖어들면서 분단 현실에 대해 이역감(異域感)을 느끼는 소시민의 심리를 포착해내거나, 『남녘사람 북녘사람』처럼 분단과 전쟁을 되돌아보면서 양 체제의 문제를 지적하는 게 이 부류의 특징이다. 이 과정에서 분단 현실을 망각하고 속물로 전락해가는 천박한 세태에 대한 비판은 「부시장 부임지에 안가다」·「판문점」에서처럼 매우 신랄한 형태를 취하기도 한다. 이호철 소설을 이렇게 두 부류로 나누어 보자면, 『소시민』은 두 경향이 혼재하면서 전자에서 후자로 이동하는 추이를 보여주는 작품이다. 화자의 시선이 주관적이고 감상적인 데서 벗어나 점차 객관적이고 관조적인 모습을 띠는 것이 그 단적인 예가 되거니와, 그러므로 『소시민』에 대한 고찰은 이호철 소설의 서사 원리를 이해하는 중요한 근거를 제공하리라 판단된다.

다음으로, 근대성(modernity)의 측면에서 『소시민』을 문제 삼을 수 있다. 『소시민』에서 배경이 되는 현실은 전시 하의 후방이지만, 서사의 중심을 이루는 것은 1960년대 중반을 살아가는 작가의 시선에 의해 포착된 당대 현실이다. 말하자면, 『소시민』은 1960년대 들어서면서 본격화된 근대화의 열풍 속에서 사회 전반에 만연된 천민 자본주의적 파토스와 소시민 의식의 연원을 6·25로 거슬러 올라가 천착하고, 그것을 통해서 궁극적으로 한국 사회의 성격을 문제 삼은 작품이다. 근대화 정책으로 인한 생산량의 증가와 국제 정세의 변화는 삶의 질을 향상시키기보다는 오히려 내실 없이 외형만을 부풀렸고, 물신주의와 속물주의의 확산은 분단 극복이라는 민족 최대의 현안마저 외면케 하는 무심한 세태를 만들어 놓았다. 북한 체제에 환멸을 느껴서 월남했고 그래서 어떻게든 남한 사회에 정착하고자 했던 이호철은 이 척박한 현실의 연원이 궁극적으로 6·25라는 동족상잔의 전쟁이 놓여 있음을 날카롭게 갈파해 낸다. 따라서 작품의 배경을 이루는 것은 전쟁이지만, 사실은 전투가 벌어지는 전장이 아니라 여러 종류의 사람들이 뒤엉켜 발버둥치는 '부산'으로 상징되는 전후의 현실이고, 더 구체적으로는 근대화의 물결이 넘실대는 1960년대의 한 복판이라 해도 과언이 아니다. 그러므로 『소시민』에 대한 고찰은 전후 모더니티의 시원(始原)을 살피는 일과도 통한다.

이 글은 이런 문제의식을 바탕으로 『소시민』의 특성을 살피고자 하는데, 특히 주목하고자 하는 대상은 작중의 '화자(話者)'이다. 이호철을 대변하는 화자는 작가의 고유한 가치와 지향을 담고 있거니와, 특히 고향을 추억하면서 내보이는 현실에 대한 무위감과 감상에 젖어 걸핏하면 눈물을 흘리는 모습은 작가 이호철의 실제 모습이라 해도 과언이 아니다. 『소시민』을 포함한 초기작에서 목격되는 이들 '화자'는 고향을 등진 월남민이라는 점에서 '고향'을 상실한 인물들로, 이른바 '부재자(혹은 부재하는 본질)'에 대한 작가의 염원을 표상하고 있다. 아도르노(T.W. Adorno)의 말대로, '부재자(不在者)'는 실재하고 있지는 않지만 그럼에도 불구하고 현실을 비판적으로 바라보게 하는 어떤 기준[5)]을 뜻한다. 이호철에게 있어서 그것은 상실된 고향에 대한 기억이라 할 수 있는데, 화자는 그런 기억을 갖고 현실을 바라보고 평가한다. 화자의 삶을 구속하는 이러한 기억은 아도르노 식으로 말하자면 일종의 유토피아적 이념과도 같은 것으로, 화자를 향수에 젖게 하고 한편으론 속된 현실과 맞서게 하는 힘으로 작용한다. 그런 까닭에 작품 속의 현실은 그 부재자와 대비되어 상대적으로 비판적이거나 부정적인 모습으로 드러나는 것이다. 초기의 분단소설과 풍자소설에서 보이는 현실에 대한 비판과 공격은 이런 사실과 관계되어 있다. 그리고 이런 시선이 『소시민』 전반에 관철되는 관계로, 작품은 전시하의 단조로운 일상을 나열하고 있음에도 불구하고 세태소설로 전락하지 않고 리얼리즘 소설로서 강한 현실 환기력을 갖는 것이다. 본고는 이러한 고찰을 통해서 『소시민』의 서사적 특성과 아울러 작가의 궁극적 지향을 확인하게 될 것이다.

5) T.W. 아도르노, 홍승용 역, 『미학 이론』, 문학과지성사, 1984, 164~172면.

2. 화자의 이중성과 『소시민』의 비판적 힘

『소시민』은 장편임에도 불구하고 별다른 사건이 없는 독특한 형태를 갖고 있다. 피난시절 화자가 잠시 기거했던 부산 완월동 제면소와 거기에 모여 살아가는 사람들의 자질구레한 일상이 단조롭게 서술되는 까닭에 서사적 긴박감이라든가 감동은 상대적으로 떨어진다. 더구나 후반부에는 작가의 주관적 심경이 장황하게 토로되어 마치 관념소설을 보는 듯한 따분함을 주기도 한다. 최원식이 이 작품을 두고 "시간의 파괴성을 승인함으로써 획득되는 작가의 냉소적 체념이 작품의 밑바닥에 숨쉬고 있기 때문"에 근본적으로 세태소설의 범주를 넘지 못한다고 본 것은 이런 사실과 무관하지 않을 것이다.[6] 하지만 다른 한편에서는 이 작품을 1950년대와 1960년대, 그리고 오늘 이 시대까지 일관되게 관통하는 분단시대의 핵심을 여실하게 보여준 작품이라고 평가하기도 한다.[7] 물론 두 사람은 서로 다른 기준으로 작품을 보고 있으나, 사실 『소시민』은 이 두 극단의 평가를 받을 수밖에 없는 내적 특성을 동시에 갖고 있다. 그것은 무엇보다 작중 화자의 이중적인 성격을 통해서 드러난다.

여러 논자들의 지적처럼 화자인 '나'는 매우 특이한 모습을 보여준다. 어떤 때는 매우 냉정하고 분석적인 성격을 보이다가도 한편으론 쉽게 눈물을 흘리고 감상에 빠져드는 변덕스러운 모습이다. 제면소에 취직하는 과정에서 몇 마디 대화를 나누지 않고도 주인 남자보다 주인 여자가 더 지체가 높다는 것은 첫눈에 간파하는 것이나 조직 노동자의 냄새를 풍기는 김씨의 본질을 예리하게 꿰뚫고 간파하는 것, 징병검사를 받으면서 직감적으로 검사소의 비리를 포착하는 것 등은 모두 화자의 이지적 성격을 보여주는 사례들이다. 하지만 그런 통찰력을 갖고 있음에도

6) 최원식, 「1960년대의 세태소설」, 『이호철 전집』 6, 청계연구소 출판국, 1991, 400면.
7) 임규찬, 「'판문점' '소시민' '큰산'」, 『한국소설문학대계』 39, 동아출판사, 1995, 566면.

불구하고 화자인 '나'는 걸핏하면 감상에 빠져드는데 가령, 천안 색시의 사소한 호의에도 감격해서 눈물을 내보이고, 강영감의 발인날에는 울음을 삼키며 손가락을 질겅질겅 씹으며, 주인마누라의 성적 노리개로 전락하여 성관계를 가진 뒤에도 곧잘 눈물을 쏟아낸다. 이를테면 상반되고 모순된 성격의 소유자가 『소시민』의 '화자'이다. 이런 상반된 모습은, 이 작품이 1965년에 씌어졌고 그래서 과거와 현재 사이에서 갈팡질팡하는 모습을 보인 것[8]으로 설명할 수도 있으나, 사실은 체험에 바탕을 둔 작가 특유의 서사방식에서 비롯된 것으로 이해할 수 있다.

이호철 소설은 대부분 작가 자신의 실제 체험을 소재로 하고 있다. 말하자면 이호철은 자신의 체험을 바탕으로 작중의 서사를 구성하고 또 그것을 사실성 있게 제시함으로써 작품의 진실성을 제고하는 기법을 구사한다. 그렇다고 작가가 자신의 체험을 가공 없이 제시하는 것은 아니다. 이호철은 자신의 체험을 마치 이야기하듯 서술하고 그래서 주인공(혹은 화자)과 작가는 동일 인물로 드러나는 경우가 많다. 이 과정에서 작가 특유의 순진하고 원초적인 감각이 개입되는데 이를테면, 이호철 소설의 중요한 특성의 하나는 대상을 감각적으로 포착하고 기록하는데 있다. 염무웅의 지적대로, 이호철 소설에 보이는 수많은 묘사들은 어떤 냉철한 객관적 시점에 의해서 전달되기보다는 오히려 화자의 민감한 주관적 감성에 의해 매개되는 경우가 많다. 그래서 독자들은 사건과 사물들을 직접 대하고 있다는 느낌보다는 오히려 독특한 개성적 감수성의 프리즘을 통해서 대상을 보고 있는 듯한 착각을 갖게 된다.[9] 그러므로, 『소시민』 전반에서 드러나는 비관적이고 음울한 분위기는 현실을 바라보는 작가 자신의 감정이자 태도와 동일한 것이라 할 수 있다. 가족과 고향을 북에 두고 단신 월남해야 했던 인물의 우울하고 고독한 심리, 거기다가 여린 감성을 갖고 있는 작가의 성격이 화자의 그러한

8) 정명환, 「실향민의 문학」, 『창작과비평』, 1967년 여름, 243면.
9) 염무웅, 「개인사에 부각된 민족사」, 『소슬한 밤의 이야기』, 청아출판사, 1991, 393면.

특성을 만들어낸 것이다. 물론, 이때의 감수성은 현실적 이해타산이나 논리적 연관 위에 기초해 있는 것이 아니라 사물을 직정적으로 파악하는 본능과도 같은 직관에 바탕을 두고 있고, 그래서 감성적이며 종국에는 작품을 산만한 구성의 세태소설과도 같은 모습으로 착각하게 만드는 것이다.

하지만 자질구레한 일상이 감각적으로 그려지고 있음에도 불구하고 『소시민』을 단순한 세태소설로 매도할 수 없는 것은 무엇보다 작품 속에 내재된 '월남민'으로서 작가 특유의 상실감과 그로 인한 염원이 현실을 비판하는 근거로 작용하기 때문이다. 전쟁으로 인해 어쩔 수 없이 고향과 가족을 등져야 했고, 그렇다고 남한 사회에 쉽게 정착할 수도 없었던 '상실감'이 이호철 소설의 또 다른 축을 형성하며, 그것이 작품 특유의 비판성을 주조해내는 것이다. 『소시민』에서 작중 화자를 비롯한 여러 인물이 수시로 고향에 대한 그리움에 빠져드는 것은 이 상실감에서 비롯된 행동으로, 가령 제면소에서 화자가 천안 색시의 사소한 호의에도 눈물을 흘리는 것은 같은 농촌 출신으로서 갖고 있는 그녀 특유의 인정과 투박함 때문이고, 또 제면소 주인의 형님 집에서 고향에 온 듯한 포근한 분위기를 느꼈던 것도 그 집이 불러일으키는 고향과 같은 분위기, 그에 대한 화자의 그리움 때문이다. 이 상실감으로 인해 화자는 걸핏하면 눈물을 내보이고 감상에 빠져 드는데, 이런 모습은 「탈향」 이래 이호철 소설의 중요한 특성이 되고 있다.

즉, 「탈향」의 주인공처럼 초기소설의 인물들은 대부분 현실에 안주하지 못하고 겉돌며 "그쪽(북한에 두고 온 고향—필자)의 이십 년이 그 무슨 원천을 이루고 있"다는 생각 속에서, "그 원천의 조명을 받으며 오늘을 살아가는" "무언지 부박하고 얄삽"한 느낌에 젖어 있다.(「이단자」 4) 말하자면 지금 이곳에서의 삶은 부평초와 같은 유동적인 것이라는 점, 언젠가는 이북에서의 삶이 회복되리라는 점, 고향에 대한 기억이 현재의 삶을 안받침하고 있다는 점. 이런 사실이 화자를 지배하고 있고, 그것이 『소시민』에서 화자의 짙은 허무의식으로 드러나는 것이다. "나의 살아가는 일에 대해선 근원적으로 완강하게 무관심 태세를 견지하였다"는 진술이나, "이 바다 전체가 어느 광활한 천지와는 외떨어진 폐쇄된 속으로만 느껴지는 것이었다"는 진술은 현실의 어느 곳에서도 의지처를 찾지 못했던 월남인의 정서를 대변한다. 존재의 근원을 압착해 오는 이 무위감을 잊기 위해서 화자는 주인집 마누라나 매리 등과 무분별한 성희(性戱)에 빠져들고 자기 모멸적인 행동을 연출했던 것이다. 강영감의 시체를 옆에 두고 그 딸 매리에게 첫눈에 '가슴이 와들와들 떨리는 사랑을 느낀다'거나 주인집 마누라와 놀아나면서 '그녀를 발기발기 찢고 싶다'는 격한 충동에 사로잡혔던 것은 그런 심리에서 비롯된 처절한 몸부림인 것이다.

그런데 주목할 점은 이러한 상실감과 허무의식의 이면에는 삶의 목적과 의미를 밝혀 주는 본질적인 어떤 것, 즉 진리에 대한 욕망[10]이 내재되어 있다는 점이다. 말을 바꾸자면 이호철에게 있어 고향이란 순수한 기억 혹은 아우라(aura)를 환기하는 원체험과도 같은데, 그것은 이호철에게 고향이 현실의 불완전성·필요성·모순성 등에 의해 구성된 일종의 '부재하는 본질'[11]과도 같은 것으로 내면화되어 있기 때문이다. 이호철의 궁극적인 지향점을 보여준 것으로 평가되는 단편 「큰산」의 '큰 산'과도 같은 존재가 이호철에게 있어서의 고향이다. 즉, '큰 산'은, 화자가 스스로 진술한 것처럼, "마음속에 형태 없는 넉넉함으로 자리해 있"고, 또 "그곳에 그렇게 그 모습으로 뿌리 깊게 웅거해 있다는 것이 늘 안심이 되"는, 말을 바꾸자면 마음의 안정과 평화를 제공하는 존재의 근원적 지반(地盤)과도 같은 곳이다. 늘 그곳에 변함없이 있음으로 해서 주변에 안정감을 제공하는 존재라고나 할까. 그런데, 이호철은 그것이 '안개 속에 묻힘'으로써 모든 것이 어수선해지고 숨어 있던 악이 활

10) 고드스블룸, 천형균역, 『니힐리즘과 문화』, 문학과지성사, 1992, 133면.
11) T.W. 아도르노, 홍승용 역, 『미학 이론』, 문학과지성사, 1984, 164~172면.

개를 치게 되었다고 생각한다. 여기서 인간의 근원적 삶을 파괴한 것은 바로 공산주의로 상징되는 인위적인 도식과 환상, 그리고 그것의 '시스템화'라고 이호철은 말한다. 여러 곳에서 밝힌 바 있는 이런 생각은, 후술하겠지만, 『소시민』에서도 근본적으로 관철되고 있다. 그런 상징적 의미를 지니고 있었던 까닭에 이호철에게 있어서 '고향'이란 단순한 추억의 대상이 아니라 현실의 부정성을 인식하고 비판하는 근거가 되는 것이다.

화자가 광석이 아저씨를 비판했던 것은 고향에서의 투박함을 상실했기 때문이며, 천안 색시를 통해서 한 세대의 몰락을 봤던 것도 그녀로부터 더 이상 고향의 순수한 이미지를 찾을 수 없었기 때문이다. 이 과정에서 매우 독특한 형상으로 제시된 '정옥'에 대한 화자의 병적인 집착은 (다소 의아스럽지만) 그 근본에는 현실을 비판하는 준거로서의 부재자와 관계된다고 할 수 있다.

'정옥'은 화자에게 부재하는 삶의 본질을 환기하는, 가령 『백치』(도스토예프스키)의 무이슈킨과도 같은 인물이다. 즉, '정옥'은 눈 하나가 없는 병신이고 불륜으로 잉태된 불행한 출생 내력을 갖고 있는 인물이다. 하지만, 그럼에도 불구하고 어릴 적부터 총기가 남달라서 주변 사람들의 사랑을 독차지했고, 또한 속된 현실을 부정하는 곧은 양심을 갖고 있어 "이상하도록 투명함과 경건한 분위기"를 뿜어냈던 인물이다. 그녀가 기독교를 믿지 않으면서도 방안에 성모 마리아상을 걸어 두고 매일 감상했던 것은 성모의 초상을 간직함으로써 스스로를 반성하고 정화할 수 있다는 이유 때문이었다. 비록 감상에 사로잡혀 비현실적인 모습으로 살아가는 인물로 형상화되지만, 화자가 그녀에게 병적인 집착을 보였던 것은 그녀가 바로 자신의 행동을 규율하는 내적 준거와도 같았기 때문이다.

> 눈병신은 눈병신이지만 첫눈에 전혀 병신으로 뜨이지가 않았다. 한 눈이 흰자위뿐이었다. 그 흰자위는 그녀의 침착하고도 조촐한 표정에 잠겨들어, 차라

리 웬 신비스러움으로 느껴졌다. 머리를 차악 붙여 빗어 올리고 갸름한 얼굴색은 새하얗다. 그리고 성한 한쪽 눈은 좀해서 한눈 같은 것을 팔지 않을 듯한 깊은 가라앉음을 지니고 있었다. 올이 가는 베적삼에 허름한 남색 치마를 두르고 있었다. 참으로 이상한 일이다. 그 병신된 눈이 전혀 병신으로 느껴지지 않고, 도리어 요즈음 역겨운 세상과 살아가기 힘든 역겨운 하루하루를 빨아들여 정화(淨化)시킬 듯한 신선한 것으로 느껴짐은 웬일일까.[12]

속된 삶을 비추고 반성하는 대상적 존재가 화자에게는 바로 정옥이었다. 그래서 화자는 천박한 속물이자 기회주의자인 김씨에게 찬사를 보내다가도 정옥과 마주앉으면 돌연 "김씨가 얼마나 비천한 인물인가를 알게 되었다"고 생각한다. 또 굳건하게 자신을 지켜 왔던 정씨 역시 정옥의 죽음과 더불어 급격하게 몰락하는, 말하자면 삶의 의지처를 잃고 방향을 상실하는 것으로 제시된다. 이렇듯 정옥은 「큰산」에서 표명된 '큰 산'처럼 현실을 비판하고 행동의 기준을 제공하는 바로미터와도 같은 존재로 나타난다.

이호철은 월남 후 이 순수한 기억을 간직하면서 부평초와도 같은 현실을 버텨 왔던 것으로 보이며, 『소시민』이 갖는 사회 비판성 역시 이 화자에 의해 현실이 관찰되고 서술된 데서 연유하는 것으로 이해할 수 있다.[13] 그래서 "과연 이 지점에서 각자는 어느 곳으로 향하고 있는 것인가. 나는 나 나름의 감수성과 비평안으로 이 완월동 제면소를 둘러싼

12) 이호철, 『소시민』, 신구문화사, 1968, 90면.

13) 그런데 『소시민』 이후의 작품에서는 이런 모습이 점차 내면화되고 대신 물신주의에 젖어 들어 점차 소시민화 되어가는 현실에 대한 날카로운 비판이 작품의 주조를 이룬다. 「판문점」과 『소시민』으로 이어지면서 이후 『남녘사람 북녁사람』에서 한층 분명한 모습을 드러낸 이런 특성을 통해서 분단 극복에 대한 이호철의 집요한 노력을 새삼 목격할 수 있다. 분단을 넘어선다는 것은 분단 현실에 대한 객관적 인식을 전제로 남북한의 동질성을 회복하는 것을 말한다. 그래서 이 부류에는 남과 북에 대한 냉정한 비판이 돋보인다. 남한의 경직된 사회 분위기를 비판한 「1965, 어느 이발소에서」라든가, 남한 사회의 양면적 속성을 문제 삼은 「북에서 온 사람들」, 자유주의와 대비되는 북한의 경직성을 비판한 「남에서 온 사람들」 등이 그 구체적 사례가 될 것이다. 이렇게 볼 때 『소시민』은 그 중간 지점에 놓여 있는 작품이라는 것을 다시금 확인할 수 있다.

한 사람 한 사람을 적지 않은 호기심으로 바라보기 시작하였다."는 진술은 현실에 대한 단순한 관찰이 아니라, 그런 현실을 수용하지 않을 수 없는, 그럼에도 불구하고 그것에 만족하지 못하는 작가의 아이러니한 심정을 표현한 것이고, 그런 심리로 인해 『소시민』은 세태소설과도 같은 단편적 일화의 나열에도 불구하고 강한 비판성을 갖는 것이다.

3. 전후 사회의 재편과 천민자본주의의 형성

『소시민』에는 여러 인물이 등장한다. 다양한 궤적으로 교직되는 이 인물들은 화자의 태도에 의해 크게 두 부류로 나누어지는데, 하나는 화자의 비판적 시선이 투사된 인물이고, 다른 하나는 상대적으로 화자의 애정이 모아진 부류이다. 전자는 전쟁과 격변을 신분 상승의 기회로 이용한 사람들이고, 후자는 그러한 현실에 적응하지 못하고 경제적으로 몰락하는 사람들이다. 전자의 인물들은 과거를 훌훌 털어버리고 급변하는 현실에 빠르게 적응하지만, 후자는 과거와 이념에 긴박되어 현실에 적응하지 못하고 도태하는 모습을 보여준다. 이 두 부류의 인물들이 만들어 내는 독특한 세계가 곧 폐허 속에서 새롭게 꿈틀대는 전후 사회의 심층적 흐름을 상징하는데, 여기서 특히 주목되는 대목은 김씨나 천안색시, 고향 사람처럼 맨몸으로 전후 사회에서 살아남은 자들에 대한 화자의 태도이다. 화자가 이들에게 비판적 시선을 거두지 않는 것은 이들이 만들어 낸 독특한 성격이, 과거의 양심이라든가 의지와는 무관한 전후 사회의 천민성을 단적으로 상징하기 때문이다. 돈 이외에는 어떠한 가치도 인정하지 않는 '김씨'나 농촌의 투박한 인정을 팽개치고 물신주의에 젖어 든 '천안 색시' 등은 화자의 머릿속에 각인된 '부재하는 그 무엇'과는 거리가 먼 존재들이다. 그렇기에 이들에 대한 화자의 시선은 비판적일 수밖에 없으며, 이를 통해서 우리는 전후 사회의 천민성과 소시민성의 연원을 이해하게 된다.

'김씨'는 과거 적색노조에 관여했던 활동가였으나 지금은 그 과거를 훌훌 털고 '돈'을 위해서 자신의 모든 것을 바친 인물이다. 현실은 "돈 많은 놈이 우위에 설 수밖에 없"으며, 따라서 "과거의 이념이나 주장이란 무력한 구호"일 수밖에 없다는 생각에서 이제 "별의별 쌍놈의 짓 다 해서 돈만 벌면 그날부터 양반도 될 수 있는기라"는 가치관을 갖게 되었다. '미군부대 근처에서 새롭게 일어나리라'는 주술 같은 예언처럼 그는 미군 물품을 빼돌려 돈을 긁어모으고, 얼마 안 있어 이승만 정권 수하의 청년단 체육부장의 감투를 쓰고 나타난다. 이 김씨와 잠시 동거하기도 했던 '천안 색시' 역시 김씨 못지않은 수완가이다. 그녀는 본래 충청도 촌녀(村女)의 투박함과 인정을 지니고 있었으나 급속도로 "도회지의 못된 버릇"을 익혀 15년 후에는 부호가 되어 있었고, 현재는 연하의 남자와 동거하고 있다. 그리고 화자와 동향의 '광석이 아저씨' 역시 남다른 수완가로 그려진다. 그는 모든 인습적인 것, 농촌적인 것을 타기(唾棄)하려 들면서 제 나름으로 가장 진취적인 사람으로 자처했고 마침내 '장사'밖에 살길이 없다는 신조를 갖게 되었다. 풀빵 장수에서 상점 주인으로 변신을 거듭하면서 그는 이승만 정권의 관제 데모에도 앞장서는 정치적 수완을 보여주는데, 이렇듯 이들은 전후의 혼란을 신분 상승의 기회로 이용한 인물들이고 그래서 새롭게 부상하는 사회계층을 대변하는 존재들이다. 하지만 이들이 도달하는 최종적인 귀착지는 추악한 물신의 세계거나 아니면 반성 없는 소시민의 세계라는 데 작가의 문제의식이 놓여 있다.

김씨나 천안 색시 등은 모두 과거를 완강히 부정하는, 그로 인해 윤리적 공동(空洞) 상태에 빠져 있는 인물들이다. 김씨는 한때 이념을 위해 젊음을 바쳤지만 지금은 그 이념을 휴지처럼 팽개쳤고, 천안 색시는 과거의 투박하고 촌스러운 것을 과감히 벗어 던지고 김씨 못지않은 속물로 변신했다. 그리고 고향 사람 역시 농촌과 농민을 부정하면서 상업의 길로 들어섰다. 이들은 하나같이 과거를 부정해야 할, 즉 '한 때의 열정' 정도로만 생각하며, 대신에 '돈'이라는 물신의 힘에 절대적인 신뢰를 보여준다. 그래서 이들의 눈에는 정씨나 신씨처럼 과거에 속박된 인물은 초라한 퇴물로밖에 여겨지지 않는다. 과거의 정결성과 윤리 대신에 물신주의가 자리 잡았고 결국 이들은 탐욕스러운 소시민으로 전락한 것이다.

> "봐라, 이제부터 어떤 세상이 시작되는지 아나? 이걸 똑바로 알아야 하능기라. (…중략…) 지조(志操)라는 게 뭐고, 제까짓게 알량하게 지킬 게 뭐 있노? 원래가 발바닥밖에 없었지만 새로 발바닥에서부터 단련을 해야 하능기라. 발바닥에서부터 시굴 바닥이 아니라 도회지 발바닥으로. 세상 살아가는 일 이것저것 피하다가 보면 남아나는 일이 뭐 있겠노? (…중략…)"
>
> 김씨는 바로 앞에서 히죽히죽 웃고 있는 낯선 청년에게까지 이렇게 동의를 구하는 것이었다. 나는 이런 김씨는 또 처음이었다.
>
> 전차 속의 남자 손님들은 희죽히죽 웃고 있고 여자 손님들은 슬금슬금 피해가고 있었다.
>
> "이런 소리 지껄이는 걸 쌍놈이라고 생각할 사람이 있겠지만, 쌍놈이 안 되면 대관절 어짜겠다는 거고? 어짤기여? 내 원참, 대관절 어찌 됐다는 거고? 별의별 쌍놈의 짓 다 해서 돈만 벌면 그날부터 양반도 될 수 있능기라. 그래서, 그래서 그게 어찌됐다는 거고?"[14]

지조라든가 윤리란 이제 더 이상 의미가 없다는 것, "별의별 쌍놈의 짓 다 해서 돈만 벌면 그날부터 양반"이 된다는 것이 이제 이들이 갖게 된 새로운 가치관이다.

그런 가치관을 갖고 있기에 이들은 아무 거리낌 없이 성적 허무주의

14) 이호철, 『소시민』, 신구문화사, 1968, 108면.

에 빠져든다. 수시로 남자를 바꾸면서 성적 쾌락을 탐닉하는 주인집 여자의 무절제한 편력이나, 아버지의 장례를 치르기도 전에 성희에 몸을 내던지는 매리, 천안 색시와 본마누라 사이를 오가면서 교묘하게 이중생활을 즐기는 김씨 등은 모두 당대의 윤리적 공동 상태를 보여주는 사례들이다. 이들에게 성이란 생산이나 근원적인 소통의 수단이 아니라 단지 무력감을 잊기 위한 도구이거나 일시적인 쾌락의 수단일 뿐이다. 작중 화자인 '나'의 진술처럼, "집단으로서의 규범에 반항을 할 수 있을 때 사람은 뜨거운 정열을 발산할 수 있는 것이지만 그런 규범을 완전히 잃어버릴 때 각 개개인은 무의미하게 부풀어 오"르고, 결국 "성(性)의 난무"에 빠져드는 것이다. 이렇듯 성은 가치관의 부재와 혼란, 그로 인한 무위감의 상징으로 제시되며, 그런 까닭에 작품 전반은 짙은 허무주의적 분위기로 착색된다. 그런 이유에서 이 작품은 전후 사회에 팽배된 허무의식과 환멸의 정조를 날카롭게 포착하는 성과를 획득하게 된다.

그런데, 보다 중요한 것은 이러한 윤리적 허무의식이 곧바로 이승만 정권과 결탁하여 독재권력의 하수인으로 전락하는 보수적 성향으로 전환된다는 지적이다. 『소시민』이 보여준 중요한 성과의 하나는 바로 이 점이라 하겠는데, 그것은 김씨와 '고향 아저씨'의 행동을 통해서 드러난다. 언급한 대로 이들의 삶을 견인하는 요소는 '돈'이며 동시에 그것을 바탕으로 한 신분 상승이다. 이들이 이승만의 하수인으로 전락하는 것은 순전히 '돈' 때문이었다. 작품에서 암시되듯이, 당시 이승만은 전쟁 중이었음에도 불구하고 권력 유지에 혈안이 되어 있었다. 부산 일대를 휩쓴 이승만 지지 데모는 사실은 이승만의 재집권 과정에서 획책된 것으로, 『런던 타임스』가 "한국에서 민주주의를 바라는 것은 쓰레기통에서 장미꽃이 피기를 바라는 것과 같다"라는 말이 나온 시점에서 발발한 사건이었다. 주지하듯이, 국회에서 기반이 약했던 이승만은 재집권을 위해서 대통령제를 골자로 하는 개헌안을 통과시키려 했는데, 그 과정은 우선 국회를 공격하고, 다음으로 지방의회를 통해 국회에 압력을 넣고, 그것을 통해서 국회로 하여금 직선제 개헌을 하게 한 뒤 재선되는 것이었다. 백골단과 땃벌떼 등 정체불명의 폭력 단체가 난무했던 것은 그런 배경에서였다.[15] 물론 작중의 김씨나 고향 사람이 관제 데모에 앞장섰던 것은 이러한 정치적 상황을 이해하고 한 행동은 아니었다. 화자의 진술대로 관제 데모는 살벌한 분위기를 빚어내고는 있었지만, 데모 행렬에는 "웬 산만한 것, 무작정한 것이 감돌"았고 "길가의 군중은 그저 조용하게 가라앉아서 건너다보"고만 있었다. 그것은 당시 이승만이 행정 능력과 전쟁 수행 능력을 갖추지 못하여 대내·외적으로 많은 비난을 받았고 그런 까닭에 대부분의 국민들이 냉담한 반응을 보였던 사실과 일치한다.

하지만 그런 상황에서도 김씨와 고향 사람은 "가장 진지하고 심각하게" 자기의 정치적 거취를 결정한다. 사회적으로 상승할 기회를 거머쥐었기 때문에 내각제를 골자로 하는 정치 구조의 재편이란 이들의 입장에서 보자면 전혀 환영할 일이 못된다. 급격한 정치적 변화는 오히려 힘겹게 거머쥔 기득권마저 박탈할 우려가 있다. 자유 시장에 점포 하나를 잡게 되자 점차 "대한민국의 충성스러운 국민의 한 사람이 되어 갔다"는 고향 사람의 진술처럼, 모든 사회적 가치와 윤리가 물신주의로 대체된 상황에서 자신들의 이익만 보존된다면 이승만의 독재나 전횡과 같은 정치적 형태는 하등 문제될 게 없었던 것이다. 그래서 "이승만씨에 대한 평가는 확고부동이었다." "농촌 구석의 한 사람이었던 자기에게 별안간 이런 길을 열어 준 것이 이승만 씨의 그 민주주의의 덕이라고 생각하고 있었다. 민주주의란 그의 경우 이런 면에서 가장 좋은 체제인 것이었다." 김씨 등의 정치적 선택은 바로 이 같은 개인적 욕구와 이승만 정권의 정치적 욕구가 부합되었기에 가능했던 것이다.

> 모든 개인의 거취는 그 개인의 마지막 타산이 결정을 한다. 모든 보수주의

15) 김도현, 「1950년대의 이승만론」, 『1950년대의 인식』, 한길사, 1981, 61~76면.

자들은 나라나 전체보다 그 자신의 생활의 거점(據點)이 더 중요한 것이다. 수다한 언설과 데마고그를 농하지만, 기실은 계속 누릴 수 있는 그의 하루하루 일상(日常)을, 편리한 일상을 지키고 수호하고 싶을 뿐인 것이다. 모든 깝질을 벗기고 보면 결국 그자가 어떤 수준의 생활을 하고 있는가에 귀결된다. 그러나 이런 것과는 처음부터 관계없이 초연하게 살아간 사람도 없지는 않다.[16]

이렇듯 『소시민』은 상승하는 계층의 인물들을 통해서 전후 소시민의 정치적 거취를 실감나게 보여주는데, 이 일련의 과정이 바로 한국 자본주의의 천민성을 상징하는 것으로 이해할 수 있다. 막스 베버가 지적한 것처럼, 자본주의 경제는 경제 주체들 상호간의 신뢰와 근면이라는 도덕적 기반 위에서 뿌리를 내릴 수 있고, 그래서 직업으로서 체계적이고 합리적으로 정당한 이윤을 추구하려는 정신이 자본주의를 움직이는 동력이 된다. 하지만, 합리적인 경제 활동을 전제하지 않은 투기(投機)나 정치적 힘에 의존하는, 이른바 '모험가' 자본주의(베버는 이를 '천민자본주의'라고 말한다)는 탐욕과 이기주의를 특징으로 하는 까닭에 자본주의의 정신과는 거리가 멀다. 유태교도들에게서 흔히 목격되는 이러한 현상은 정상적인 자본주의의 발전을 왜곡하고 사회적 혼란을 가중시키는 큰 요인으로 지적되거니와,[17] 김씨나 고향 아저씨 등이 보여준 행태가 바로 거기에 해당한다. 이들에게는 윤리적 정결성이나 공동체적 유대감이란 존재하지 않으며 오직 추악한 물신주의만이 있을 뿐이다. 돈을 벌기 위한 이기적 욕망에서 이들은 수단과 방법을 가리지 않는데, 이는 오늘날 흔히 목격되는 투기와 정경유착의 시원적 모습인 것이다.

오늘날 우리 사회가 질풍노도의 성장가도를 달려왔음에도 불구하고 여전히 전근대적인 질곡에서 벗어나지 못한 것은 이렇듯 출발부터 뚜렷한 한계를 안고 있었기 때문이고, 그런 점에서 『소시민』은 전후 자본

16) 이호철, 『소시민』, 신구문화사, 1968, 117면.
17) M. 베버, 박성수 역, 『프로테스탄티즘의 윤리와 자본주의 정신』, 문예출판사, 1988, 121~122면.

주의의 태생적 한계를 이해하게 해주는 문학적 증언이 되는 것이다. 하지만, 후술하겠지만, 작가의 관찰이 그러한 부정성을 넘어서려는 구체적 대안의 포착으로는 나가지 못하고 있다.

4. 이데올로기의 몰락과 시민의식의 생성 과정

『소시민』에서 주목할 수 있는 두 번째 항목은 이승만 정권 반대투쟁에서 4 · 19로 이어지는 건전한 시민의식에 관한 것이다. 전쟁을 경과하면서 한국 사회에는 물신주의와 속물주의가 만연했지만, 다른 한편에서는 4 · 19에서 한일회담 반대로 이어지는 건전한 시민의식이 배양되고 있었는데, 작가는 그 희미한 줄기를 '정씨' 등을 통해서 찾는다. 작가의 회고대로, 『소시민』을 쓸 당시인 1964,5년은 "한일 교섭이 한창 진행 중인 때여서 대학가를 중심으로 그 반대 데모가 거의 절정에 이르러 있어 서울 일원에 계엄이 펴지는 등, 온통 시끌시끌하던 때"였고, 그래서 "부지불식간에 이 작품을 쓰던 1964,5년 그 당시 우리 상황의 핵심 이슈와 이 작품의 작중 무대가 되어 있는 부산 피난지 상황과의 연결이라는 대목에 약간이나마 신경을 쓰지 않을 수 없었"[18]던 것으로 보인다. 액자 형식의 이 작품에서 액자의 틀이 되는 서술의 시점은 1960년대 중반이고, 액자 속의 시점은 전쟁 말기인 1951년으로 되어 있는 것은 이 같은 작가의 의도와 관계되고, 또 정씨와 강영감, 정씨 아들 등 '양심 있는' 인물들에게 깊은 관심을 보인 것도 같은 맥락으로 볼 수 있다. 이들은 시류에 민감하지도, 그렇다고 빼어난 수완을 갖고 있지도 못하다. 그런

18) 이호철, 「자서」, 『소시민』, 강미문화사, 1979, 6면.

까닭에 사회가 새롭게 재편되는 과정에서 몰락할 수밖에 없는 존재들이지만 그럼에도 불구하고 작가는 현실에 맞서는 이들의 양심과 의지에 깊은 애정을 보여준다. 특히 정씨와 그의 아들에 대한 애정 어린 시선은, 1960년대 상황을 의식했다는 작가의 말처럼, 사회 비판의식이 고조되었던 4·19 이후 현실의 특수성을 일정하게 수용한 결과로 볼 수 있다.

한때 적색노조에 관여했다가 무기력하게 전락하기는 했으나 정씨는 어려운 생활 속에서도 막연하게나마 미래에 대한 믿음을 간직하고 있는 인물이다. "돈 많은 놈이 우위에 서게 되"는 현실 속에서 "겉늙은이"로 전락하기는 했지만, 정씨는 김씨의 상관으로 남로당 계열의 하부조직에 관여했던 인물이고, 과거의 신념을 휴지조각처럼 내팽개친 김씨와는 달리 그것을 내면화한 채 "일관된" 삶을 유지하려는 윤리적 정결성을 소유하고 있다. 비록 객관적 근거에 바탕을 둔 것은 아니지만, 정씨는 십오 년이 걸리든 이십 년이 걸리든 언젠가는 '앙양기'가 다시 도래하리라는 믿음을 갖고 있고, 그런 신념에서 속된 현실과는 결코 타협하지 않으려는 꿋꿋함을 견지한다. 작가는 정씨의 이런 점에 대해 깊은 애정을 보여준다.

> "(……) 허지만 이제 무엇이 남았노? 나이는 사십도 안됐지만, 할 일이 없어진 곳에서 팔십이 안 되면 별수가 있는가. 앙양기(昻揚期)는 너무나 덧없이 지나갔능 기라. 앙양기는 짧고 급하지만, 퇴조기(退潮期)는 길고 지리하고 지그자그가 많지. 퇴조기로 접어들고, 모든 사람은 개인으로 뿔뿔이 흩어지고, 모든 개인은 곪아터져서 고름을 흘리기 시작하였고, 난 원래가 약한 자라. 퇴조기에 접어들어서 패배주의의 손길에 휘어 잡히게 태어났능 기라. 강철 같은 정신은 못 되지. 허나, 패배의 수렁에 빠져서도 내 길을 돌아보면 일관하기는 하지. 적어도 마차를 바꾸어 타지는 않거든. 이제 앙양기로 접어들려면 이십 년은 더 걸릴 기라. 적어도 십오 년은 걸릴 기라. 그러나 그땐 푸석푸석한 재로 돌아가거나, 아니면 다행히 목숨이 부지(扶持)된다고 해도, 재나 다름이 없게

되겠지. 그때 새로운 앙양기로 접어들어 그 길을 가는 애들은 내 곁을 지나면서 지껄일 기라. 여기 다만 볼 것은 〈일관했다〉는 것뿐이 한 정신이 누워 있다고. 내가 이 약한 소린가, 아니지 약한 소리가 아니라, 사실이 그렇기라."[19]

말하자면 정씨는 현실 자체를 거부한 강영감과는 달리 현실의 대세를 인정하면서도 자신의 믿음을 결코 포기하지는 않은 사람이다. 화자는 그의 믿음이 일종의 '도식'과 '환상'에 불과하지만 그럼에도 불구하고 '그것이 있어야만 사회 발전이 가능하다'는 정씨의 말에 공감한다. 국수집 인부로 여덟 식구를 부양하는 힘겨운 생활을 하면서도 끝내 신념을 잃지 않는 정씨에게서 화자가 "물들지 않는, 전염되지 않는 정신"을 발견하고 "대단한 사람"이라고 평가했던 것은 그런 이유에서다.

여기서 우리는 전후 사회의 새로운 가능성을 찾고자 하는 작가의 의도를 새삼 확인하게 되는데, 그것을 보다 구체적으로 보여주는 인물이 바로 '정씨의 아들'이다. '정씨의 아들'은 "정씨의 얼굴을 단단하게 압축시킨 듯한 강기(剛氣)"를 지녔고, 이전 세대에서는 찾아볼 수 없는 "확신에 차" 있는 청년이다. 어린 시절부터 그에게는 "소년답지 않은 적의"가 번득였고, 그 눈에서 화자는 "칠칠한 바람"을 느낀 적이 있었다. 15년 후에 다시 만난 그는 '한일회담의 주체는 20대가 되어야 하'고, "구체적 상황의 구체적 인식"만이 정념의 단계를 넘어 문제의 본질을 직시할 수 있다는 생각을 내보이며 한층 성숙한 모습을 보이는데, 이는 앞부류 인물들이 보여준 허무주의나 속된 이기주의와 결별하는 새로운 세대의 가능성으로 이해될 수 있다. 비록 간단하게 처리되고 있지만, '정씨 아들'이 "외세배격과 주체성 회복이라는 명제를 내걸고 데모를 일으킨 그 학생 데모의 주동자"로 성장했다는 진술은 이 같은 가능성을 구체화한 것이고, 그런 점에서 이 작품은 사멸하는 것에 대한 동정을 보인 작품이기보다는 오히려 건전한 비판정신을 통해서 현실 타개의

19) 이호철, 『소시민』, 신구문화사, 1968, 209~210면.

전망을 찾고자 하는 작가의 모색을 구체화한 작품이 되는 것이다.

하지만, 주목할 점은 이 과정에서 정씨나 그 아들에 대한 화자의 시선이 일관성을 유지하지 못하고 자주 상반되는 모습을 보인다는 사실이다. 작품 전반에 걸쳐서 화자는 '정씨'와 같은 이념적 인물에 대해서 완전히 공감하지는 않는다. '직업적 혁명가'들이란 '이지보다 정열이 앞선 낭만주의자'들이고, '천성적인 반항아'며, 더구나 그들이 지향하는 유토피아는 '일종의 환상'일 뿐이라고 생각한다. 즉 "현실은 그런 것보다는 더욱 차갑게 흘러가는 것"이고 "모든 도식과 추상을 뛰어넘어서" 존재하는 것이다. 이런 생각에서 화자는 선뜻 정씨 등에게 동의하지 않으며, 심지어 그를 "환상에 사로잡힌 사람"이라고 비판하기까지 한다. 그런데, 이런 생각을 갖고 있음에도 불구하고 화자는 그런 자신의 생각이 "쓰잘 것 없는 심려(深慮) 취미이고 공론(空論)"이며, 그렇기 때문에 "정씨 말이 맞기는 맞능기라"라고 돌연히 입장을 바꾼다. 이를테면, 정씨나 그 아들과 같은 "파괴적인 정열" 속에서 "새로운 가능성의 실마리가 생기고, 새싹이 돋아" 오른다는 또 다른 신념을 내보이는 것이다. 화자의 이런 오락가락하는 태도로 인해 작품은 혼란스러운 양상을 드러내고, 작가의 참 의도가 무언인지를 의심스럽게 하는 것이다.[20) 『소시민』이 1960년대 현실을 적극적으로 수용하고 있음에도 불구하고 미흡하게 느껴지는 것은 이런 착종된 심리에서 비롯되며, 그것이 후일 개작으로 연결된 것이라고 할 수 있을 것이다.

20) 자세한 내용은 뒤의 '개작의 문제'를 다루는 장에서 언급할 것이다.

5. 감각적 인식의 한계와 개작의 문제

이호철은 작품을 창작하는 과정에서 대상을 냉엄한 분석과 반성적 사유를 통해 파악하기보다는 체험과 주관적 감각을 통해서 즉물적으로 포착하는 경향이 강하다. 그래서 이념적・정치적 차원을 훨씬 넘어서는 근본적인 것을 일깨워 주었다는 평가를[21] 받기도 하였다. 게다가 현실을 바라보는 작가의 시각에는 고향에 대한 기억이 강하게 내재되어 있는 까닭에 현실은 그와 대비되는 이질적이고 낯선 것으로 파악되고, 그것이 현실을 비판적으로 인식케 하는 힘으로 전이되기도 한다. 이호철 소설이 지니는 특유의 비판성은 이런 사실과 관계되지만, 한편으론 그것이 작품의 리얼리즘적 성취를 제한하는 장애 요인이 되고 있음을 간과할 수 없다. 즉, 대상을 즉물적으로 파악할 뿐 그것을 논리적으로 구성하지 못하는 까닭에 작품은 현실에 대한 객관적 이해이나 제반 연관성에 대한 인식을 미흡한 형태로밖에 드러내지 못하는 것이다.

「만조」나 「빈 골짜기」에서 확인되듯이, 이호철 소설의 대부분은 월남인으로서의 체험에 뿌리를 두고 있지만 그것이 현실에 대한 냉엄한 분석을 전제하고 있지는 않다. 가령, 「만조」에서 두 청년이 공산주의자들을 가둬 놓은 창고를 지키는 장면을 "창고 속에 사람들을 가두어 놓고 목총을 메고 있는 것이 그 무슨 소꿉장난처럼 여겨졌다"라고 생각하며, 「첫전투」에서도 전투를 위한 야간 행군을 기껏 "몽환 속을 걷고 있는" 것이고 그래서 "전쟁놀이를 하는 것 같은 적당한 신명을 느"낀다고 말하는데, 이는 전쟁의 본질과는 거리가 먼 즉물적 인상에 지나지 않는다. 물론 여러 평자들의 지적처럼, 이를 이호철 특유의 천진성이 발휘된 것[22]으로 이해할 수도 있으나, 리얼리즘의 견지에서 보자면 함량 미달

---

21) 정호웅, 앞의 글 참조.
22) 임규찬, 앞의 글, 562~563면.

임을 부인할 수 없다. 한 평론가의 지적처럼, 논리의 뒷받침을 받지 못한 감성이란 기껏 센티멘털리즘에 불과하기 때문이다[23]. 이호철의 전쟁 관련 소설이 "6·25 동족상잔에 대한 증언으로서는 전혀 핵심에서 벗어난 것이 된다"[24]는 백낙청의 지적은 그런 맥락에서 전혀 근거 없는 진술은 아닌 셈이다.

이렇듯 분단과 관련되는 이데올로기의 문제나 전쟁의 참상에 대한 고발이 주관적 체험에 의존하기 때문에 이호철 소설에는 '사회적 주체'에 대한 고민이 별로 드러나지 않는다. 주체란 대상에 대한 객관적 인식을 바탕으로 그것을 목적의식적으로 변화시키려는 주관의 의지이자 동시에 사회적 실천이라 할 수 있다. 새삼스럽지만, 인간의 인식은 대상에 대한 감성적인 인식과 같은 직접적인 반영은 아니며 추상작용에 의해 매개되는 객관적 실재의 간접적 반영이다. 이 간접적 반영에 의해서 사고는 객관적 실재에 대해 상대적인 독립성을 갖는다. 따라서 주체적 인식은 사고의 상대적 독립성을 전제하고 동시에 실천적 의지를 포함하며, 그렇기 때문에 주체란 대상을 부단히 변화시키고자 한다. 그런데, 『소시민』에서는 이러한 주체적 인물을 찾기가 힘들다. '정씨의 아들'이 유일하게 그런 모습을 보여주지만, 화자에 의해 잠시 소개될 뿐이지 서사를 이끌고 변화를 주도할 정도로 주목되지는 못하며, 또 화자 역시 대상을 관찰하고 전달할 뿐 현실에 맞서 능동적으로 저항하는 적극성을 보여주지는 못한다. 이호철이 전쟁의 소용돌이 속에서 잉태되는 소시민 의식을 예리하게 포착하고 있음에도 불구하고 그것을 당대의 가장 큰 현안이라 할 수 있는 근대화에 대한 비판으로 연결시키지 못한 것은 이런 시선의 한계와 무관하지 않을 것이다. 이호철 소설에는 사건 속에 뛰어들어 행동하는 '나'가 존재하지 않으며, 단지 사건 밖에 있는 관조자로서의 '나'가 있을 뿐이다.

23) 김치수, 「관조자의 문학」, 『문학과지성』, 1970년 겨울, 353면.
24) 백낙청, 「작가와 소시민」, 『문』, 민음사, 1981, 342면.

이호철이 1972년과 1979년 두 번에 걸쳐 『소시민』을 개작하면서 '정씨 아들'에 대한 화자의 시선을 180도 바꾼 것은 이런 맥락에서 보자면 당연한 것으로 볼 수 있다.

강미문화사판(1979년판) 서문에서 작가는 "큰 덩어리의 구성은 어쩔 수 없는 대로 문장에만 어느 정도 손을 댔다"[25]고 했으나, 사실은 화자의 시각과 태도를 완전히 바꾸어 놓았다. 앞에서 살핀 대로, 신구문화사판(1968년판) 『소시민』에서는 화자가 정씨의 아들에게 깊은 애정과 신뢰를 보이고 그를 통해서 새로운 가능성을 찾고자 했으나(예문 ①), 강미문화사판에서는 이런 모습은 완전히 사라지고 대신 그를 말만 앞세우는 되바라진 인물로 서술하고 있다(예문 ②).

> ①「한일 타결은 한때 황국 신민이었던 경력의 소유자들 그런 계층이나 그런 세대가 주도권을 잡고 할 성질은 애초부터 아니지요. 도의적인 면에서 보더라도 한일문제의 타결은 현재의 이십대가 우리 정치 세력의 주축이 될 때까지 기다려야지요.」
>
> 이런 그의 얘기는 두서가 없고 별반 갈피도 없었으나 그것은 짧은 시간에 많은 것을 얘기하고 싶은 욕심에서인 듯싶었다. 여하튼, 잔잔하게 낮은 목소리로 강철의 말뚝을 박는 듯한 확신에 찬 그의 목소리는, 그 이전의 세대 속에서는 찾아볼 수 없던 것임은 확실하였다.
>
> 죽어간 정씨가 이렇게 정씨의 아들 같은 모습으로 둔갑을 해 나온 것이나 아닌가 하는 착각이 들었다.[26]

> ②「한일 타결은 한때 황국 신민이었던 경력의 소유자들, 그런 계층이나 그런 세대가 주도권을 잡고 할 성질은 애초부터 아니지요. 도의적인 면에서 보더라도 한일문제의 타결은 현재의 이십대가 우리 정치 세력의 주축이 될 때까지 기다려야지요.」
>
> 죽어간 정씨가 이렇게 아들 같은 모습으로 둔갑을 해 나온 것이나 아닌가

25) 이호철, 『소시민』, 강미문화사, 1979, 7면.
26) 이호철, 『소시민』, 신구문화사, 1968, 229면.

하는 착각이 들었다. 그러나 역시 이 청년도 정씨가 그렇게도 경멸하던, 벌써 입부터 되까진 자가 되어 가고 있는 것이나 아닌지.

지나간 나날들을 그들 나름으로 저렇게 단순 직절하게 얘기하기는 쉬울 것이다. 얘기란, 말이란 그런 것이다. 이 청년도 이미 너무 심하게 그런 맛에 맛들여 있는 것이나 아닐까. 말의 힘 같은 것을 지나치게 과신하고 있는 것이나 아닐까. 그런 위태위태한 생각이 분명히 스쳐갔다. 오냐 너 옳다 너 옳다 하고 한손을 절레절레 내흔들고 싶어졌다.[27]

이제 '정씨의 아들'은 새로운 세대의 가능성이 아니라, 단지 "말의 힘 같은 것을 지나치게 과신하고 있는" "입부터 되까진 자"일 뿐이다. 이런 변화된 시각이 투사되어 작중 '정씨'에 대해서도 작가는 이전과는 확연히 다른 태도를 보여준다. 앞항에서 언급한 것처럼, 발표 원작에서 화자는 정씨와 다른 생각을 갖고 있음에도 불구하고 그를 인정하고 존경하는 태도를 보였지만, 강미문화사판에서는 이런 내용을 완전히 삭제하였다. 특히 정씨에 대한 화자의 우호적 시선이 두드러진 '22절'은 거의 전부가 축소·조정되어 있다. 혁명이란 환상에 불과하지만 그래도 그것이 있어야 "새로운 가능성의 실마리"가 보인다는 정씨의 말에 동의했던 화자의 모습이 강미문화사판에서는 완전히 삭제되고, 대신 그 자리에 거제도로 포로들이 이송되는 장면과 열병으로 누워 있는 화자를 위무하는 주인집 여자와의 대화 장면이 길게 진술되고 있다.

이호철이 1965년 진보적 성향의 문예지 『창작과비평』의 창간에 관여하고 이후 통혁당 사건, 문인간첩단 사건(1974)과 YMCA 사건(1980) 등의 시국 사건으로 시련을 겪으면서 활발하게 민주화운동에 참여했던 사실을 염두에 두자면, 사회운동에 앞장서는 젊은이를 이렇듯 냉소적으로 비판하는 것은 선뜻 이해하기 힘들다. 정씨와 그의 아들은 바로 사회운동에 앞장섰던 이호철의 실제 모습과도 흡사한 까닭이다. 그렇다면 이

27) 이호철, 『소시민』, 강미문화사, 1979, 283면.

러한 변화를 어떻게 받아들여야 할 것인가?

최근의 한 대담에서 이호철은 자신이 시종일관 변하지 않았음을 강변한 바 있다. 즉 "한마디로 말하면 나는 한 번도 변하거나 변절한 적이 없습니다. 자신 있게 말하건대, 나처럼 일관성 있게 산 사람이 있으면 나와 보라구 하고 싶어요. 내가 왜 초기작인 「나상」에 강한 애착을 갖고 있는지 아세요? 아주 짧은 단편이지만, 사십 년 전의 그 작품에 실은 인간과 역사, 이념 이런 것들에 대한 내 세계관과 태도가 고스란히 녹아 있기 때문입니다"[28]라는 구절은 개작에서 보이는 작가의 태도가 세계관의 변화에서 비롯된 것이 아니었음을 암시해 준다.

그렇다면 개작은 오히려 이호철의 본래적 특성이 한층 구체화된 것으로 볼 수 있지 않을까. 그러한 사실은 앞에서 언급한 대로, 이호철이 『소시민』을 발표할 당시부터 이념과 열정에 사로잡힌 인물들에게 완전히 공감하지 않았다는 데서 구체적 근거를 찾을 수 있다. 이를테면, '유토피아란 일종의 환상'이고 그 목적을 위해서 우리 삶을 재단하는 것은 '일종의 도식'이라는 것. 정씨의 주장에 화자가 선뜻 동의하지 않고 비판적 태도를 취했던 것은 그런 생각에서였다. 앞에서 언급했던 것처럼, 화자는 어떤 하나의 입장을 정하기보다는 한편으로 공감하면서도 한편으로는 부정하는 양면적 심리를 갖고 있었고, 그래서 정씨나 그 아들에 대한 시선이 일관성을 유지하지 못하고 자주 상반되는 모습을 보였던 것이다. 화자의 이런 오락가락하는 태도가 개작본에서는 하나의 입장으로 정리된 것으로 이해할 수 있다.

이런 사실을 보다 구체적으로 보여주는 글이 작가 자신의 체험적 고백인 「촌단(寸斷)당한 삶의 현장」이나 『문단골 사람들』[29]이다. 여기서

28) 이호철 · 한수영 대담, 「탈향, 그 신신한 역사적 삶의 도정」, 『실천문학』, 1997년 봄, 400면.

29) 이호철, 「촌단당한 삶의 기록」, 『이호철 문학앨범』, 웅진출판, 1993; 『문단골 사람들(이호철의 문단일기)』, 프리미엄북스, 1997.

이호철은 자신의 삶을 돌아보면서 인간의 삶이란 어떤 이념이나 열정으로 도식화할 수 없는 '미묘한 그 무엇'이라는 생각을 피력한다. 문학은 "삶의 미묘함"을 "어루만져 부드럽게 이끌고, 선불리 어느 한 기준으로 잣대를 마련해서 자의대로 재고 맞추고, 옳고 그름을 가리고, 어느 한쪽을 잘라 내는 것과 같은 오만한 무리(無理)"를 범하지 말아야 한다는 것. 더구나 "특정 이념에 입각한 거창한 '프로그램' 같은 것, 더 나아가 그것의 시스템화, 그것은 바로 비극의 시작이다. 모든 것이 쉽사리 시스템으로 수렴되고 시스템 속에 옭아매어져 파묻혀 버릴 때, 최소한의 '인간적 온기', '사람살이의 본원적인 활달함과 자연스러움', '인간 천성에 대한 이해' 같은 것은 설자리가 없어진다"는 것이다. 말하자면 인간의 삶을 이념이나 열정으로 재단해서는 안 된다는 것, 삶이란 그것으로 도식화할 수 없는 오묘한 그 무엇이라는 생각이다. 이런 견해에 비추자면, 현실에 대한 도식적인 재단과 배타적인 신념으로 무장한 '정씨 아들'의 행동이란 기껏 "말만이 되바라진 오만한 무리"에 다름 아니며, 그 지향점이 무엇이든 결국은 인간의 본래적 삶을 왜곡할 수밖에 없다고 보는 것이다. 말을 바꾸자면, 공산주의뿐만 아니라 민주화를 위한 투쟁도 그것이 '시스템화'되고, '환상'으로 인간을 구속한다면 동의할 수 없다는 게 이호철의 생각이고, 그런 생각에서 과거의 두 인물에 대한 시각을 당혹스러울 정도로 조정한 것으로 보인다. 따라서 '개작'은 세계관의 변화를 반영한 것이라기보다는 내면화되어 있던 가치관이 시대의 변화와 더불어 자연스럽게 외화(外化)된 형국으로 보는 게 더 정확할 것이다.

그러면, 원작 『소시민』에서 보인 작가의 사회 비판적인 태도를 어떻게 이해해야 할 것인가? 그것은 작가 스스로 강미문화사판 서문에서 밝혔듯이, 1960년대의 사회 분위기에서 비롯된 것으로 이해할 수 있을 것이다. 『소시민』을 쓰면서 이호철은 '1960년대의 사회 분위기를 의식하지 않을 수 없었다'고 말한 바 있는데, 여기에 비추자면 『소시민』은 4·19와 한

일회담 반대 데모를 이어지는 당시 변혁운동의 고조된 분위기를 무의식적으로 수용했고, 그것이 정씨와 정씨 아들에 대한 긍정적 시선으로 표현된 것이라고 하겠다. 말하자면, 원작 『소시민』은, 최인훈이 『광장』을 쓰면서 "빛나는 4월이 가져온 새 공화국에 사는 작가의 보람을 느"꼈다는 고백처럼, 4·19로 고조된 사회 분위기를 바탕으로 씌어진 작품이고, 1972년과 1979년의 개작은 1960년대의 흥분에서 벗어나 이호철 본래의 생각이 구체화되면서 조정된 것이라 하겠다. 이런 일련의 과정을 거치면서 이호철은 이후 일관된 특성이라 할 수 있는 현실에 대한 냉엄하고 비판적인 시선을 확립하게 된다. 그런 점에서 『소시민』은 전후문학적인 분위기에서 벗어나 새로운 단계로 진입하는 이호철 소설의 결절점이라 할 수 있을 것이다.

6. '60년대 소설사의 우람한 봉우리

1955년 이래 오늘날까지 이호철은 작품 활동을 쉬지 않고 있다. '임시 가건물'과도 같은 남한의 삶을 견디면서 현역 작가로서 활동을 계속한다는 것은 그 자체만으로도 찬탄의 대상이 되기에 충분하고, 더구나 현실에 대한 긴장을 풀지 않고 분단 현실을 집요하게 파고든다는 것은 통일에 대한 작가의 남다른 의지를 보여주는 대목이기도 하다.

『소시민』은 이 뚝심 있는 작가가 자기 세계를 확고히 다지는 과정에서 산출한 역작이다. 그래서 『소시민』에는 초기의 감상에서 벗어나 그것을 정연한 가치관으로 확립하는 과정이 가식 없이 드러난다. 화자의 흔들리는 시선이나 태도는 「탈향」 이래 지속된 고향에 대한 상실감의 구체적 표현이며, 그럼에도 불구하고 주변에 대한 이지적 시선을 늦추지 않는 데서 우리는 이후 작품에서 볼 수 있는 작가의 냉엄한 태도를 목격할 수 있다. 이 두 시선이 착종되면서 드러나는 까닭에 『소시민』은 일견 혼란스러운 모습을 보이며, 때로는 신변잡기와 같은 지루함을 주는 것이다. 그럼에도 불구하고 이 작품은 이호철 특유의 생래적인 감각과 직관력으로 전후 한국 사회의 저층을 예리하게 포착해내고 있다. 김씨와 광석이 아저씨, 천안 색시, 정씨 등은 모두 전후 현실을 상징적으로 보여주는 인물들로, 이들이 보여주는 탐욕적인 신분 상승과 축재 과정이 곧 전후 사회의 천민성과 소시민화 과정을 단적으로 대변하는 것이다.

하지만 작가의 시선이 주관의 테두리를 벗어나지 못하고, 대상에 대한 체계적이고 객관적인 시선을 전제한 것이 아니었던 까닭에 『소시민』은 리얼리즘 소설로는 일정한 한계를 갖는다. 이호철 소설의 주인공들은 존재와 상황에 대한 깊은 천착을 보여주지 못하고 단지 자기들이 살아온 삶을 이야기해 줄 뿐이고, 그래서 작품은 현실에 대한 계기적 고찰이나 주체와 세계의 구조적 대결 양상 등을 파헤치지는 못하고 있다. 언급한 대로, 정씨 등에 대한 '화자'의 시각이 비판적으로 바뀐 것은 그들의 행동이 '시스템화'되었다는 이유 때문이다. 이념을 통해서 미래를 꿈꾼다는 것은 환상에 불과하다는 것이고, 이런 생각에서 이호철은 이들에 대해 단호한 비판을 감행한 것으로 보인다. 물론 이런 시각에는 북한체제에 대한 환멸과 삶의 연륜에서 우러난 체험적 지혜가 깃들어 있고, 그것은 한편으로 지난 1980년대 변혁운동의 격앙된 분위기와 그 경직성을 회고해 볼 때 상당한 호소력을 갖는다. 하지만, 그럼에도 작중 '정씨'의 주장처럼 그런 '시스템화'를 통해서 현실의 악이 제거되고 발전한다는 사실을 부정할 수는 없지 않을까. 변화란 시스템(즉 패러다임)의 부정과 창출의 과정이고, 그런 이유에서 변화과정에서 야기되는 시스템의 경직성이란 불가피한 일이라 할 수 있을 것이다. 중요한 것은 시스템화된 이념을 다시 인간적인 것으로 조정하고 그것을 다시 한 단계 진전시키는 인간의 지혜와 열린 시각이 아닐까. 월남자의 남다른 감각과 시선으로 산문정신을 심화하고 사회 현실의 이면을 파헤쳐 1960년대 소설사의 우람한 봉우리로 우뚝 솟아 있음에도 불구하고, 이호철 소설에서 아쉬움이 느껴지는 것은 이런 이유 때문일 것이다.

공복사회의 실상과 원칙주의자의 신념

이호철의 『심천도(深淺圖)』론

1. 파란 많은 삶의 여정

이호철은 작품과 생활의 양면에서 분단 현실을 온몸으로 감당해 온 작가이다. 가족과 고향을 북에 두고 월남 길에 올랐던 역사적 비극의 당사자로서, 나아가 분단의 질곡을 온몸으로 견디어 온 산 증인으로서 그의 인생행로란 현대사의 굴곡만큼이나 파란만장한 것이었다. 소설이 작가 자신의 체험에 바탕을 둔 존재론적 탐구의 양식이라면, '분단'이란 그의 전 생애를 지배하는 화두와도 같은 셈이다.

등단작 「탈향(脫鄕)」(1955) 이래 분단된 현실과 소시민적 일상에 대한 비판을 계속해 온 이 작가는 장편 『소시민』[1]에서는 정씨와 그 아들을

1) 이호철, 『소시민 / 심천도』, 청계연구소 출판국, 1991. 이하 『심천도』에 대한 분석은 이 책을 텍스트로 하며, 인용 면수 역시 이 책에 의거한다.

통해서 시정의 속된 흐름에 맞서는 올곧은 신념을 피력한 바 있고, 최근의 『남녘사람 북녘사람』(1996)[2]에서는 그 동안 가슴속에 묻어 두었던 인민군 복무 경험을 바탕으로 분단과 이념의 문제를 비판적으로 조망하기도 하였다. 이 긴 창작의 여정에서 작가는 유신정권의 폭압에 맞서면서 민주수호국민위원회 운영위원, 자유실천문인협의회 대표를 맡는 등의 사회활동을 멈추지 않았고, 1974년에는 소위 '문인간첩단 사건'[3]에 연루되어 독재정권에 희생되는 비운을 겪기도 하였다. 이호철은 이렇듯 창작과 사회활동 양면에 걸쳐서 비판적 문인이자 지식인으로서의 면모를 시종일관 견지해 온, 말하자면 삶과 창작을 아우르는 곧은 신념과 양심의 소유자이다.

창작과 실제 삶이 일치하는 이런 행동이 가능했던 것은 작가의 고백대로 '둔감과 교지'라는 생래적인 기질이 중요하게 작용했던 때문으로 보인다. '자서전적 연보'에 의하면 이호철이 자신의 이런 기질을 확인한 것은 초등학교 2학년 때였다고 한다. 홍수 직후 마을 앞 강에서 동갑내기 6촌과 멱을 감다가 급류에 휘말려 들어간 적이 있었다. 그때 이호철은 물속에서 힘껏 몸을 뒤채어 목을 내밀어 숨을 쉬고는 다시 깊은 물속으로 들어가는 짓을 되풀이하여 혼자 힘으로 뭍으로 나왔는데 콧구멍에만 물이 조금 들어갔을 뿐 아무 탈이 없었다고 한다. 이 사소한 일화를 회상하면서 이호철은 그 뒤 어떤 난국도 겪고 나서 뒤에 생각하면 늘 이런 식으로 감당해왔다고 말하며, 그런 자신을 "천성적인 둔감과 교지가 묘하게 배합된 성격"[4]으로 설명한다.

이 일화에 비추자면 이호철이 남한 사회라는 급류를 거슬러 오면서 갖은 세파를 헤쳐 나갈 수 있었던 것은 얕은꾀를 쓰지 않고 그 속에 뛰

2) 이호철, 『남녘사람 북녘사람』, 프리미엄북스, 1996.
3) 여기에 대한 자세한 설명은 임헌영 · 채호석 대담, 「유신체제와 민족문학」(『작가 연구』 7 · 8합호, 새미, 1999) 참조.
4) 이호철, 「자서전적 연보」, 『이호철 전집』 1, 청계연구소 출판국, 1988, 415면.

어들어 우직하게 감내해 온 특유의 성격 때문으로 이해할 수 있다. 여기에는 물론 세상을 통찰하는 해박한 지식과 삶의 지혜가 작용했을 것이다. 「자서전적 연보」나 「촌당(寸斷) 당한 삶의 현장」[5]에서 드러나듯이, 이호철은 청소년기에 김소월·임화·나츠메 소오세키를 비롯한 톨스토이·고리끼 등을 광범위하게 읽었는데, 특히 고리끼를 위시한 19세기 러시아 민중문학에 깊이 매료되었다. 또 공산치하에서 북한의 토지개혁 과정과 지방의 당(黨)조직 결성 과정을 목격하면서 이데올로기와 사람 살이의 참뜻을 깊게 자각하였다. 그래서 피난지 부산에 도착하기 전에 이미 그는 세계관이나 역사관이 웬만큼 틀이 잡혀 있었고,[6] 임헌영의 회고대로 전후 작가 중에서 누구보다도 해박한 사회과학적 지식을 갖고 있었던 것이다.[7] 이 사회과학적 지식과 신념을 바탕으로 그는 작품과 생활에서 비판적이고 실천적인 면모를 견지해 왔던 것이고, 실제로 『소시민』이나 시사 칼럼집 『희망의 거처』[8]에는 현실에 대한 사회과학도 못지않은 깊은 안목이 투사되어 있음을 확인할 수 있다.

『심천도(深淺圖)』(1967)가 문제적인 것은 이런 작가의 정신적 특질(혹은 신념)이 거의 원형질의 상태로 드러난다는 데 있다. 우직한 원칙주의자를 주인공으로 내세우고 있는 점, 근대화의 추진 세력이라 할 수 있는 공무원 사회를 다루었다는 점, 그렇지만 안일주의와 적당주의가 만연하는 공무원 사회를 단호하게 비판하는 곧은 자세를 견지한다는 점에서 이 작품은 『소시민』의 문제의식을 잇고 있다. 전후 사회의 재편 과정에서 사회 전반에 만연된 타락과 무질서를 비판하면서 한때 적색운동에도 관여했고 지금도 여전히 신념을 지키고 있는 『소시민』의 '정씨'와 4·19가 일어나자 학생 데모에 적극 가담하여 정의를 외치는 '그의 아

5) 이호철, 「촌단당한 삶의 현장」, 『이호철 문학앨범』, 웅진출판, 1993.
6) 이호철, 「나의 문학생활 30년」, 『마침내 통일절은 온다』, 서문당, 1988, 290면.
7) 임헌영·채호석 대담, 「유신체제와 민족문화」, 『작가 연구』 7·8합호, 새미, 1999, 216면.
8) 이호철, 『희망의 거처』, 미래사, 1994.

들'을 통해서 비판적 정신을 견지했던 작가는 『심천도』의 이원영 주사를 통해서 그러한 신념을 한층 구체화한다. 작가 자신의 실제 체험을 소재로 했던 『소시민』과는 달리 공무원 사회라는, 당시로는 금단의 영역과도 같은 곳을 의도적으로 선택했다는 것은 그만큼 작가의 문제의식이 날카롭게 벼려져 있음을 말해준다. 작품에서 언급되듯이, 공무원 사회란 혁명의 회오리가 지나간 직후인 1965, 1966년의 시점에서도 전혀 그 영향을 받지 않은 마치 혁명의 무풍지대와도 같은 곳이었다. 안일주의·보신주의·현실 추종주의·기회주의 등이 판을 치는 공무원 사회란, 이승만 정권 하의 마치 『소시민』에서 그려진 바 있는 협잡과 사기·정경유착이 판을 치는 '구악(舊惡)'에다, 영악한 출세주의·기회주의라는 '신악'이 들끓는 아수라장이나 다름없었다. 더구나 그 집단은 박정희 정권이 들어서면서 본격화된 근대화 정책을 이끄는 중심세력이라는 점에서, 근대화 정책의 의의를 인정하고 있었던[9] 작가의 입장에서는 한층 비판적일 수밖에 없었던 것으로 보인다.

『심천도』는 이 속된 흐름에 맞서 살아온 작가 이호철의 신념과 의지를 가식 없이 내보인 작품이다. 이 글은 이런 견지에서 『심천도』의 문제성을 작중의 인물의 성격과 갈등의 해결 과정을 통해서 분석하고, 그것이 궁극적으로 이호철 문학 전반과 어떠한 관련을 갖는가를 살펴보고자 한다.

9) 이호철, 「근대화 작업과 지식인」, 『마침내 통일절은 온다』, 서문당, 1988.
이 글에서 이호철은 "1966년을 정부 당국이 말하는 대로 1차 5개년 계획의 성공적인 완수와 수출의 증대, 새로운 경제적 터전의 마련이라는 점에서 획기적인 시기라고 보는 견해에 굳이 의심을 두고 싶지도 않고, 그의 낙관론만은 버리지 않고 있다"고 말하면서도, 만약 그 과정에서 "사회 정의나 사회 도덕이 내적(으로) 수반"되지 않는다면 "화려한 겉치레의 뒤안 속에서 무서운 병폐"가 옮아갈 지도 모른다고 우려한다.

2. 4·19 정신과 공복사회의 안일주의

『심천도』는 요설적인 문장과 관념적인 진술로 인해 쉽게 읽히는 소설은 아니다. 특히 주인공의 사변적 언술과 내면 진술을 통해서 작가의 의도가 구현되는 까닭에, 공무원 사회에 대한 비판적 의도에도 불구하고 사실은 작가의 신념을 고백한 심경소설(心境小說)과도 같은 느낌이다. 게다가 다양한 사건을 나열해서 공무원 사회의 실상을 조망한 것이 아니라 주인공 이원영의 신념을 빌어서 공무원 사회에 대한 비판을 시도한 까닭에 장편소설다운 긴박감이라든지 서사적 감동 역시 상대적으로 떨어진다. 이런 이유에서 이 작품은 장편임에도 불구하고 별다른 사건 없이 특정 공간에 모여 사는 사람들의 자질구레한 일상을 서술한 『소시민』과 기법적으로 흡사하다. 그런데, 이원영의 행동이 매우 희화적(戲畵的)으로 드러난다는 점에서 대상을 객관화해서 조망하려는 작가의 의도가 한층 두드러지는 것을 발견할 수 있다. 이를테면, 주인공 이원영의 언행은 상식적이기보다는 과장되고 무모하기까지 한 모습으로 나타나는데, 여기에는 거리를 두고 대상을 조망하려는 작가의 의도가 깊숙이 개입되어 있음을 알 수 있다.

말단 공무원인 이 주사는 상사인 김 사무관이나 구 사무관, 심지어 과장이나 국장에게까지 가혹할 정도의 비판적 언사를 서슴지 않으며, 상경한 아버지를 농촌의 '신악(新惡)'을 대변하는 존재로 몰아세우는 등 무모하고 분별없는, 마치 돈키호테와도 같은 모습을 보여준다. 특히, 과장에 대한 '이 주사'의 태도는 상식과도 거리가 먼 것이라 할 수 있다. 즉, 문제의 발단이 된 '공팔 예산'의 처리 과정에서 이 주사의 반발이 워낙 완강하니까 과장은 매사가 귀찮다는 식으로 남은 예산을 국가에 귀속시킬 것을 명령한다. 그런데 이 주사는 그런 태도가 바로 과장이라는 직권을 이용하여 과원들을 우중(愚衆)으로 취급하는 태도라고 역공을 가한다. 조국 근대화의 기치가 높이 오른 현실에서 도저히 묵과할 수 없는 '구악(舊惡)'이고 마땅히 사표를 내야한다는 것. 게다가 이 주사는 상관인 김 사무관의 비열한 행동을 지적한 뒤, 휘파람까지 불면서 "자기야말로 우리 국가가 요구하는 사람일 것이고 근대화 추진의 첨병"(282면)이라고까지 생각하는 과대망상의 모습까지 보여준다.

이렇듯 과장되고 희화적인 모습으로 그려지는 게 이 주사인데, 여기에는 작가 나름의 의도가 깊게 개입되어 있는 것을 볼 수 있다. 이를테면, 정상이 비정상으로 몰리고, 원칙을 지키는 것이 우둔한 것으로 조롱되고, 원칙에 투철한 인물이 희극 배우로 부정당하는 현실이란 그 자체가 한 편의 소극(笑劇)이나 다름없고, 그렇기에 이주사의 희화적 행동이란 정상적인 가치가 조롱되고 부정되는 당대의 속악한 현실에 대한 일종의 역설이자 야유인 것이다. 더구나 작품이 발표된 1967년은 군사정권의 퍼런 서슬이 사회 전반의 분위기를 경색시켜 놓았던 때라는 것을 감안하자면, 인물의 희화적 행위란 엄숙한 분위기에 지배된 현실을 여유와 거리를 두고 바라보려는 의도를 표현한 것으로 이해할 수 있다. 사실 희극이란 엄숙함이나 비장함 대신에 여유와 희극적 낙관성을 견지하고 대상을 바라볼 때 발생하는 미적 특질이다.[10] 그런 까닭에 이원영의 희화적 행동에는 현실을 대상화하고 그것을 통해서 올바르고 정상적인 가치를 소망하는 작가의 의도가 투사되어 있음을 알 수 있다. 조국 근대화까지 들먹이면서 문제를 확대하고 비약시키는 이 주사의 태도란 사실 문제의 본질을 근원적으로 분석하고 실마리를 찾자는 작가의 의도를 표현한 것이지 실제 현실에서 목격할 수 있는 인물의 자연스러운 행동이라고는 볼 수 없는 것이다.[11]

---

10) 희극의 원리와 특성에 대해서는 A. 베르그송의 『웃음』(정연복 역, 세계사, 1992) 참조.

11) 이런 사실은 이호철의 여러 작품에서 두루 발견되는 것으로 중요하게 천착해야 할 주제로 생각된다. 5·16 직후 교원노조 문제로 교단에 몰아닥친 검거선풍을 소재로 한 「부시장 부임지로 안가다」나 포로로 잡힌 불안한 상황임에도 불구하고 바보와도 같은 천진성으로 그런 현실을 감당해내는 인물을 다룬 「나상」 등이 그 대표적인 경우이다.

작가는 이 희화적인 인물의 행동을 통해서 공무원 사회의 실상에 접근하는데, 그 발단이 되는 사건이 곧 예산의 처리문제였다. 즉, 경제기획원으로부터 배당 받은 예산을 어떻게 처분할 것인가의 문제를 놓고 한 과(科)에서 벌어지는 갈등과 대립이 작품의 중심 내용이다. 사용처가 없기 때문에 국가에 귀속시켜야 하는 게 원칙이지만 그 동안의 관례는 그렇지 않았다는 데서 문제가 발생하고, 또 과원 대부분이 그 돈을 나눠 갖기를 원한다는 데 있다. 이 과정에서 갈등이 야기되는 것은 작중의 주인공이자 예산 집행관인 이원영 주사가 그 예산을 국가에 귀속시켜야 한다는 원칙을 고수한다는 데 있다. 상급자인 민 과장은 부하 사무관을 동원하고 심지어 상급자인 국장까지 동원하여 이 주사를 협박하지만 이 주사는 끝내 자신의 신념을 굽히지 않는다. 오랜 공무원 생활에 길들여진 타성과 문제를 확대하지 말자는 적당주의, 무사안일주의 등이 고개를 들면서 이 주사는 사표를 내거나 아니면 과장과 타협할 수밖에 없는 처지로 내몰리고, 결국 사표를 내고 고향으로 낙향하는 것으로 작품은 마무리된다.

이런 내용을 통해서 작가는 자신의 의도를 구체화하는데, 이 과정에서 이원영 주사가 문제적으로 다가오는 것은 우선, 4·19 정신을 계승한 인물로 그려진다는 데 있다. 이원영 주사는 4·19 무렵에 대학을 졸업한 이른바 '4·19 세대로', 4·19 때는 자유당 정권을 무너뜨리기 위한 데모에도 가담한 경력이 있고, 현재는 5급 공무원 시험에 응시하여 합격한 뒤 공무원이 되었다. 그는 자신의 생각을 항상 정정당당하게 주장하며 추호도 굽힘이 없는 철저한 원칙론을 견지하는, 마치 『소시민』의 '정씨의 아들'을 방불케 하는 인물이다. 정씨의 아들은 4·19 데모의 주동자로 강한 비판정신을 갖고 있는 인물로 제시되거니와, 이원영 주사는 그가 성장하여 공무원이 된 이후의 행적을 보여주는 듯하고, 그런 점에서 이 작품은 『소시민』의 속편(續編)이라 해도 지나친 말은 아니다. 또 이원영 주사는 상당히 개혁적인 인물이어서 말단 공무원임에도 불구하고 전 부처의 행정에 골고루 관심을 갖고 그것을 효율적으로 운용하기 위한 방안을 연구한 적도 있으며, 실제로 전 부처의 기구와 직제를 면밀하게 조사하여 자기대로 가장 경제적이고 효율적인 공무원 기구를 만들어서 상부에 올리기도 하였다. 하지만 이런 행동은 타율에 젖어 있는 공무원 사회에서는 웃음거리로 전락할 수밖에 없고, 그래서 주변으로부터 "융통성이 없다느니, 혁명은 저 혼자 도맡아 하려고 한다느니" 하는 등의 뒷공론에 시달린다. 그런데, 그럼에도 불구하고 이원영은 "공무원 각자가 자기 위치와 자기 임무를 항상 자각하고, 부정 불의와는 누가 뭐래도 싸울 수 있는 태세 속에서만 창의(創意)를 발휘할 수 있고, 능력도 발휘할 수 있을 것"(269면)이라는 신념을 굽히지 않는다. 이런 점에서 그는, 직접적으로 언표되지는 않았지만, 사회 정의를 기치로 내건 4·19 정신을 계승한 인물임을 어렵지 않게 간파할 수 있다.

더구나 이 주사를 둘러싸고 있는 인물들은 시대적 격변에도 불구하고 하나 같이 구태를 벗지 못한 타성화된 삶을 살아가는 사람들이다. 일본에서 대학을 나와 자유당 시절에 공무원 생활을 시작한 '민 과장'은 자유당 말기에 한 밑천 든든하게 장만해 둔 까닭에 공직생활에는 관심이 없고, 매사를 안일하게 처리하는 관료주의의 매너리즘에 빠져 있다. '김 사무관'은 유능하고 결백한 공무원이라고 자처하지만, '혼자서 잘난 체해 보아야 저 혼자 굶을 뿐'이라는 생각에 사로잡혀 있다. 게다가 그는 적당히 요령껏 남의 눈에 과하지 않을 정도로만 일을 처리하는 책임 전가주의·회피주의에 물든, 요컨대 자기만의 출세에 얽매인 소위 '신악'을 상징하는 인물이다. 월남한 인물인 '구 사무관' 역시 관료주의와 관리 티를 가장 혐오한다고 말하면서도, 누군가 자기를 관리로서 대접해 주면 갑자기 관리 행세를 하고 싶어 하는 모순된 성격의 소유자이다. 따라서 이들에게서 공복(公僕)으로서의 사명감이나 개혁의 의지를 찾기란 힘들다. 이 주사를 둘러싸고 있는 인물들은 이렇듯 하나같이 부정적이고 비판의 대상이 되는 인물들이고, 그런 까닭에 이 작품은 1960

년대 중반 공무원들의 실상을 다양한 인간 군상들을 통해서 포착해내는 문학적 성과를 얻는 것이다.

그런데 이러한 비판은 이 작품이 발표된 시점이 박정희 정권의 근대화 정책이 본격적으로 추진되던 1967년이라는 사실을 감안하자면, 단순한 공무원 사회에 대한 비판이 아니라 근대화 정책 전반에 대한 비판적 의도를 내재하고 있음을 알 수 있다. 이런 사실은 작품 곳곳에서 언급되는 '근대화'와 관련된 진술에서 확인되거니와, 그것은 특히 사회 전반에 만연된 체념과 좌절의 분위기를 일신하고자 하는 이 주사의 의도를 통해서 구체화된다. 주지하듯이, 1960년대의 근대화는 생산량의 급증에 따른 물질적 풍요와 생활의 질적인 향상을 가져왔고, 또 절대빈곤에서 벗어날 수 있는 계기를 마련해 주었지만, 다른 한편에서는 『소시민』에서 지적된 대로, 속물주의와 물신주의라는 부정적 현상 또한 광범위하게 확산시켜 놓았다. 이런 현상은 물론 자본주의가 뿌리내리고 발전하는 과정에서 야기되는 필연적인 현상으로 볼 수도 있으나, 근본적으로는 4·19의 실패로 인한 좌절과 체념에 중요한 원인이 있었다. 백낙청의 지적대로, 1960년대 문단이 보여준 참여문학에의 열의나 전통의 문제, 리얼리즘의 문제에 대한 새로운 관심, 또 낡은 권위주의에 대한 도전은 모두 4·19와 그것을 이룩한 젊은 지식층의 각성에서 나온 것이며, 또 3공화국의 중요한 업적으로 내세워지는 경제성장과 건설조차도 사실은 자유당정권의 무능과 무기력에 대한 4·19의 선고에 그 적극적인 시원(始原)을 둔 것이다. 하지만 4·19의 실패는 참여문학 논의에서부터 경제건설에 이르는 모든 적극적인 움직임에, 달리 설명 안 되는 불모성과 독소를 안겨다 주었는데, 『심천도』에서 목격되는 공무원들의 안일주의와 타성은 이런 당대의 분위기와 무관한 게 아니고, 그런 점에서 이원영의 비판이란 근본적인 변화 없이 형식상으로 진행되는 근대화에 대한 4·19 세대의 신랄한 비판이라 할 수 있을 것이다.

① 4·19를 겪고 5·16을 겪기는 하였지만, 관리들만은 용하게도 깊은 상처를 안 입고 그 소용돌이를 넘기었다. 더러 높은 줄에서 바람을 맞은 자도 없지는 않지만, 그런 축은 너무 지나치게 욕심을 부리고 지나치게 술수만 믿다가 그렇게 제 묘혈을 스스로 판 사람들이고, 정작 태반의 관리들이나 관청 기구 그 자체는 별반 정치 바람의 상처도 안 입었고, 따라서 관리들의 일반적 성격도 비교적 그대로 온존(溫存)되어 온 셈이다.

자유당 때도 그렁그렁, 민주당 때도 그렁그렁, 5·16 이후에도 그렁그렁 지내기는 뭐니뭐니 관리 생활이 괜찮다. 비록 겉으로는 장사하는 사람들을 부러워하고, 혹은 매어 있지 않은 자유인들을 부러워하기도 하지만, 그것은 반은 진담이고 반은 엄살이기도 하다.

확실히 요즈음은 여기저기의 감사도 까다롭고 예산 지출만 해도 예전에는 없던 기획실을 거치는 등 꽤 기상이 확립되어 가는 듯이도 보이지만, 그렇다고 관리들 자신은 그전의 버릇, 그전의 타성을 버렸다고는 할 수 없을 것이다.[12)]

② 물론 제가 사표를 던진다는 것은 전면적으로 모든 것을 부정한다는 뜻은 아닙니다. 도리어 저는 요 몇 년 동안 어느 점, 활력을, 다이내미즘을 느낍니다. 나 자신이 그 한 가운데에 있었으니까요. **경제적으로 근대화시키자는 노력은 가상한 것이고, 이미 어느 정도 효과도 나타나는 것 아닙니까.** 그 효과의 내실이 건전한 것인지 비건전한 것인지는 잘 모르겠지만, 좀 더 두고 보아야겠지만, 그러나 사표를 내면서 한 가지 확신은 있습니다. (…중략…) 도리어 이런 마당에서는 부정적인 영역에 몸으로 부딪치고 전면적으로 부딪쳐서 불꽃을 튀기며 부서지는 것이 나을 겝니다.[13)] (강조는 인용자)

근대화의 의의를 인정하지만 그 성패는 내실의 건전성 여부에 달려 있고, 자신이 사표를 내는 행위는 그와는 상반된 방향으로 진행되는 현실을 '부정의 형태'로 드러내기 위한 하나의 방법이라는 게 이원영의 주장이다. 이렇게 보자면 이원영의 비판은 근대화 자체에 대한 부정이

12) 『소시민/심천도』, 243면.
13) 『소시민/심천도』, 391면.

아니라, 내실과 실질을 외면한 채 진행되는 외형 위주의 근대화 정책을 향한 것임을 알 수 있고, 그런 점에서 작가의 사려 깊은 시선을 새삼 목격하게 된다.

이원영이 주목되는 또 다른 이유는 이처럼 4·19의 실패로 야기된 혼란과 무질서 속에서도 현실에 절망하지 않고 희망과 의지를 간직한 낙관적 인물로 제시된다는 데 있다. 그런데, 그 낙관성은 현실에 대한 단순한 기대나 소망이 아니라 섬세한 통찰과 고뇌에 바탕을 둔 것이라는 점에서 결코 추상적이지 않다. 가령, 공팔 예산 처리 문제로 불거진 과내의 갈등을 되새기면서 이 주사는 공무원 사회의 심층 메커니즘이 무엇인가를 알게 된다. 과원들이 예산을 나눠 갖기를 원하는 것이나, 심지어 고위직에 있는 국장마저 예산 전용에 앞장서는 것은 그 문제가 단순히 개개인들의 자질에서 비롯된 때문만은 아니었다. 말하자면 공무원 각자가 공정하고 청렴결백한 생활을 할 수 있는 것은 무엇보다 자기대로의 생활의 근거가 있어야 하지만, 공무원들의 봉급은 현실적으로 그것을 충족시켜 주지 못한다. 그렇기 때문에 부정과 부패에 휩쓸려 들지 않을 수 없고, 적은 액수의 예산이라도 전용하려는 심리를 갖게 된 것이다. 이런 자각에서 이원영 주사는 과장에게 대항하는 자신의 행동이 수년간 누적된 타성의 벽을 깨뜨리기에는 역부족일 수밖에 없다는 것을 알게 되고, 결국 사표를 내고 마는 것이다.

그런데, '사표'가 주변의 우려처럼 스스로를 '소외'로 몰아가는 것이 아니라 새로운 출발을 뜻하는 것이라는 점에서 결코 무책임한 행동으로 치부될 수는 없다. 앞의 지문 ②에서 암시되고 있듯이, 사표를 통해서 공무원 사회의 부정성과 맞서는 행위는 "어느 정권도 아직 메스를 가할 수 없었던 구제 불가능한 요소를 철저하게 부정적으로 체현해" 내는, 말하자면 "부정적인 영역에 몸으로 부딪치고 전면적으로 부딪쳐서 불꽃을 튀기며 부서지는 것"(391면)이 나을 것이라는 생각에서 이루어진 것이다. 이 주사의 말대로, 부정적인 것이 지배적인 판국에서 긍정적인 것만 좇아서 가는 것도 안 좋고, 밝은 미래를 예견하면서 그 속에 섞여 있는 부정적인 요소에 눈을 감고 모든 사람이 상투적으로 우르르 좇아 가는, 소위 밝은 면만 보려고 하는 것도 경계해야 한다. 대신에 부정적 현실에 맞서 그 부정성을 온몸으로 드러내는 것이야말로 지금의 시점에서는 필요하다. 이런 생각에서 이 주사는 과장과 타협하기를 완강하게 거부한 것이다. 그렇기 때문에 이 주사의 행동은 우행(愚行)이기보다는 문제의 본질을 인식한 뒤에 이루어지는 고뇌어린 결단이고, '귀농'은 이런 고민을 통해서 도달한 결론인 셈이다.

「농사나 짓지요. 농민들과 같이 살아 보는 것도 괜찮을 것 같아요. 허지만 상록수식은 아닙니다. 차라리 그 속에 일단은 철저하게 묻혀 있을 수 있으면 해요. 그것이 내 소망이지요.」[14]

이런 귀향이란 농민 위에 군림하여 계몽적 구호나 남발하는 '상록수식'은 아니라는 데서 단순한 도피를 의미하는 것이 아님을 알 수 있다. "상록수식은 아니"라고 말했던 것은 구조적인 문제가 근본을 제약하고 있음에도 불구하고, 원칙이 통용되는 삶에 대한 꿈을 접을 수 없다는, 곧 미래에 대한 믿음만은 버릴 수 없다는 낙관적 신념의 토로인 것이다. 물론 선택 이후의 삶이 얼마나 힘겨울 것인가는 능히 짐작되지만, 그리고 김 사무관의 말처럼 농촌에 내려간들 결국은 그 체제에 묻힐 수밖에 없을 지도 모르지만, 그럼에도 불구하고 이 주사는 우선 내려가서 겪어 보고 그 속에서 새로운 길을 찾겠다는 의지를 굽히지 않는다. 『남풍북풍』[15]에서 '집'과 '결혼'으로 상징된 월남민의 뿌리내리기가 실향민들의 지상과제라는 사실을 보여주었다면, 이 작품에서는 그보다 훨씬 본질적이고 중요한 게 양심과 신념, 곧 원칙을 지키는 것이라는 점, 이 원

14) 『소시민 / 심천도』, 394면.
15) 이호철, 『남풍북풍』, 일신서적출판사, 1994.

칙의 붕괴로 말미암아 안이한 처세주의와 부정이 횡행하게 되었고, 그로 인해 남한 사회는 타락과 부패의 냄새가 진동하게 되었다는 것이 작가의 전언인 것이다. 이 주사는 이런 신념과 의지를 대변하는 시대의 방부제와도 같은 존재이다. 이호철 장편 전반을 관통하고 있는 이 신념과 의지는, 이후 작가의 실제 행적을 염두에 둘 때, 작가를 지탱하는 삶의 근원적 파토스가 되며, 그렇기에 이 작품은 이호철의 삶과 문학을 규율하는 작가의식의 정수(精髓)라 할 수 있을 것이다.

3. 반공주의의 획일성과 사회적 금기

『심천도』에서 주목할 수 있는 또 하나는 당대 사회를 먹구름처럼 뒤덮고 있던 반공주의에 대한 비판이다. 주지하듯이, 매카시즘(반공주의)[16]은 중국과 소련을 비롯한 공산국가를 국제사회로부터 고립시켜 미국의 영향력을 전세계로 확대하려는 의도에서 종전 후 미국의 외교정책으로 채택된 정책이었다. 그런데 그것은 일체의 사상(事象)을 흑과 백, 선과 악, 천사와 악마, 자본주의와 공산주의 등으로 양분하여 파악하는 양가치적(兩價値的) 사고로 인해 엄청난 폐해를 낳았다. 우리의 경우도 예외가 아니어서 이승만 정권에 의해 전후 혼란된 민심을 수습하고 자유민주주의를 수호한다는 미명 아래 널리 유포되었지만 강력한 전제정치의 도구로 전락하여 같은 민족을 적대시하고 이단시하는, 그리고 비판자를 탄압하는 빌미로 이용되는 폐해를 남겼다. 정부의 정책을 반대하거나 비판적인 입장을 취하면 가차 없이 '빨갱이'로 몰아붙여 구속하는 일이

16) 반공주의에 대해서는 리영희의 『전환시대의 논리』(창작과비평사, 1974) 중 「조건반사와 토끼」, 「베트남 전쟁 1, 2」 참조.

비일비재했던 것이다. 한때 공산치하에서 고등학교를 다녔던 월남자 이호철에게는 그런 현실이 더욱 매섭게 느껴졌을 것이다. 『남녘사람 북녘사람』에서 고백된 대로, 북에서 인민군으로 복무한 경험이 있는 작가의 입장에서 보자면 '빨갱이'라는 말은 바로 작가 자신을 겨냥할 수도 있는 심리적 아킬레스건과도 같은 것이었다. 주인공 이원영이 '빨갱이'라는 말에 민감하게 반응하면서 조심스런 태도를 보였던 것은 그런 개인사와 무관하지 않을 것이다.

작품에서 반공주의에 폐해는 두 가지의 사례를 통해서 제시된다. 하나는 이 주사가 아버지와 논쟁을 벌이는 대목에서고, 다른 하나는 과장과 대립하는 장면에서다. 이를 통해서 작가는 당대 사회의 전제적 분위기를 비판하고 동시에 월남자로서의 불편한 심기를 우회적으로 고백한다.

이원영 주사가 아버지로부터 '빨갱이'라는 말을 듣게 된 것은, 근대화 정책을 적극적으로 지지하는 아버지를 비판하고 심기를 자극한 데 있다. 아버지는 시골에서는 매우 엄격하고 보수적인 사람이지만 서울에 와서는 그와는 달리 구습에 얽매이지 말고 민주주의적으로 행동하라고 말하는 등 상반된 모습을 보여주는데, 이원영의 눈에는 이런 경박한 모습이 바로 '근대화 병'에 걸려 있는 농촌 사람들의 단면을 상징하는 것으로 비쳐진다. 근대화의 실질이나 내용에는 전혀 관심이 없으면서도 입버릇처럼 근대화를 외치는 것은 '소지주 근성'이자 동시에 '농촌에 있는 소시민 근성'이라는 것. 이런 생각에서 이원영은 신문 스크랩까지 동원하여 근대화 정책의 문제점을 조목조목 비판한다. 농촌 근대화란 단순한 구호에 그쳐서는 안 되며, 또 농촌진흥청이나 지주의 입장이 아니라 농사를 짓는 농민의 입장에서 생각해야 한다. 그리고 최근 몇 년 사이에 농촌의 생산 실적은 올랐으나 실질 소득은 줄어든 기이한 현상이 발생했는데, 이는 농촌이 구조적으로 문제가 있기 때문이며, 또 정부의 시책으로 기업농이나 협업농이 제시되고 있으나 그것은 사실 먼 장래에나 가능한 일이지 현재는 불가능하다는 사실을 지적한다. 이런 비판으로 궁지에 몰리게 된 아버지는 그것을 만회하기 위해서 느닷없이 아들의 주장을 "빨갱이들 비슷하다"는 말로 몰아붙이는 어이없는 장면을 연출한다.

> "가마안, 난 지금 곰곰이 생각하고 있었는데, 이제야 생각이 났다. 네 하는 소리나 지껄이는 투는 꼭 빨갱이들 비슷하다는 얘기다. 얘기 내용도 더러 그런 냄새가 풍기고. 너무 진지한 체를 해도 꼭 그놈들 비슷해진다는 말이다. 네 생각도 충분히 옳고 일리가 없지는 않겠다마는, 그런 식은 자칫하면 빨갱이로 오해받을 수도 있다는 말이다. 조심해야지."
>
> 아버지의 이 소리에 이원형 주사는 웬만큼 술기운이 오른 속에서도 온몸에서 모든 기운이 수울 빠져나가는 듯하였다. 멍청하게 입을 벌린 채 아버지를 건너다보다가 나지막한 소리로 받았다.
>
> "그렇게 나오면 이편에서는 더 할 소리가 없어지지요. 할 소리가 없어지는 것은 할 소리가 없어서 없어지는 것이 아니라, 이편에서도 빨갱이와 비슷하다는 것만도 기분이 나빠지니까요. 허지만 아버지와 같은 그런 식의 시점과 히스테리가 있는 한, 객관적인 사태를 냉정하게 제대로 볼 수 있는 길은 없어지고, 조국 근대화도 구두선에 그친다는 얘기입니다."[17]

정상적인 토론 과정에서 느닷없이 튀어나온 '빨갱이'라는 말은 부자지간이라는 육친적 관계마저도 이렇듯 갈라놓는다. 물론 이원영의 비판은 근대화 정책 전반을 향한 것이고, 비판의 대상 역시 아버지가 아니라 정부의 정책이다. 그렇기 때문에 아버지의 말을 농담으로 돌릴 수도 있으나, 작가가 문제 삼고 있는 것은 '빨갱이'라는 말이 이렇듯 상대방을 일거에 제압하고 무력화시키는 정신적 폭력으로 작용한다는 데 있다. 의기양양하던 이 주사가 '빨갱이'라는 말 한마디에 기운이 쭉 빠지고 더 이상 말을 잇지 못했던 것은 그 말이 지닌 공포와 사회적 함의를 자각한 데 있다. 잔혹하고, 혼란을 조장하며, 근본을 부정하는 '악'의 대

---

17) 『소시민 / 심천도』, 293면.

명사나 다름없는 존재가 '빨갱이'라는 인식이 해방직후 좌우익의 소용돌이를 겪어 본 아버지의 기억 속에 각인되어 있었고, 아들의 정연한 논리와 주장은 그런 공산주의자들에 대한 무의식적 편견을 자극한 것이다. 이런 점에서 아버지의 반응은 일종의 조건반사와도 같은 것으로, 이원영의 말대로, 합리적 비판을 통해서 사태를 객관적으로 인식하고 해결하는 과정을 원천적으로 봉쇄하는 폭력이자 '히스테리'나 다름없는 것이다.

이원영 주사가 과장의 무사안일주의를 비판하고 사퇴를 종용하자 당황한 과장이 구사하는 무기 역시 아버지와 동일하다. 이 주사가 과장의 '공팔 예산 처리방식'을 비판하면서 그런 행태란 노예근성이고, 공복(公僕)으로서의 의식을 갖지 못한 것이기 때문에 마땅히 사표를 내야 한다고 주장하자, 과장 역시 아버지와 꼭 같은 반응을 나타낸다. "저 새끼, 꼭 빨갱이 새끼군. 하는 투나 하는 소리나 꼭 빨갱이군"(341면)이라는 과장의 말은, 아버지의 경우와 마찬가지로 공산주의에 대한 잠재된 공포심을 자극하여 자신의 치부를 감추고 동시에 자신의 처지를 합리화하려는 억지나 다름없고, 특히 공무원이라는 신분을 생각해 보자면, 그의 주장이란 수많은 인사들을 공포에 떨게 했던 당대의 폭압적 전제주의를 방불케 한다. 그렇기에, '반공주의'라는 국시(國是)는 그 본래의 취지와는 달리 "사용(私用)으로 엄청나게 도용당하고 있"을 뿐만 아니라 "심각하게 왜곡당하고 있다"는 이원영의 지적은 정당하다고 하겠다.

그런데, 더욱 중요한 것은 이러한 행태들이 궁극적으로 인간의 기본적 가치인 양심과 믿음의 자유마저도 억압·유린하는 심리적 금기로 작용한다는 데 있다. 건전한 시민사회가 조성되기 위해서는 이성의 추구, 과학적인 사고, 사상과 양심의 자유 등이 마땅히 존중되고 또 사실을 사실대로 보고 말하고 토론할 수 있어야 한다. 하지만, 부자간에서 공무원 사회에 이르기까지 광범위하게 침투되어 있는 반공주의는 이런 자유를 근본에서 부정하는 까닭에 개인의 결단은 제한될 수밖에 없다.

이원영이 사표를 제출하는 과정에서 동료 양 주사가 보인 다음과 같은 반응은 그것이 한 개인을 어떻게 억압하는가를 보여주는 구체적 사례라 하겠다.

> "이건 자네에게 실례되는 말이고 대답도 뻔하리라고 믿지만, 자네가 워낙 그런 식으로 나온다면 묻겠는데, **자네는 본질적으로 우리나라의 현 체제를 어떻게 생각하나? 긍정하는가, 아니면 부정하는가?**"
>
> 이원영 주사는 와락 성이 오르는 것을 꾸욱 참고 양 주사를 잠시 머엉하니 건너다보다가, 대포 한 사발을 주욱 들이마시고 어이가 없다는 듯이 피식 웃었다.[18] (강조는 인용자)

이원영이 사표를 제출하기로 한 것은 부정한 현실에 영합하지 않고 새로운 길을 찾겠다는 결연한 의지에서 비롯되었지만, 그것이 이렇듯 '체제'를 부정하는 행동으로 오인된다는 것은, 결국 현실과 타협하거나 안주하는 외에는 다른 삶을 모색할 수 없다는 것을 말해준다. 정부를 비판하는 게 체제를 부정하는 것이고, 긍정하는 것만이 체제를 인정하는 것이라는, 흑이 아니면 백이라는 양가치적(兩價値的) 사고방식을 단적으로 보여주는 것이다.

일상을 살면서 사람들은 누구나 현실을 비판하기도 하고 또 타인이 미처 의식하지 못한 문제를 일깨워 줄 수도 있지만, 정권의 이데올로기로 변질된 반공주의는 그런 기본적 생활마저 억압하여 어느 하나만을 선택할 것을 강요했고, 정권은 그런 전일적 사고를 악용함으로써 비판적 지식인과 정적을 탄압하고 체제를 유지했던 것이다. 원칙론자인 이원영이 사표라는 비타협적 행동을 통해서 자신의 의지를 피력하면서도 다른 한편으로 그런 행위가 몰고 올 결과를 우려했던 것은 그런 시대의 분위기를 예민하게 감지하고 있었기 때문이다. 사표를 낸다는 것은 "사

18) 『소시민 / 심천도』, 371면.

표에만 그치는 것이 아니라, 반체제의 논리로까지" 몰릴 가능성이 큰 것이고, 그것은 "지금 현재로서 너무나 엄청난 일이고, 무모하기까지 한 일"(372면)일 수밖에 없는 까닭에 그의 행동은 위축되고 신중할 수밖에 없었던 것이다. 이 주사가 "체제의 근본 문제에 결부시키다 보면 결국 모든 비생산적인 요소도 체제 탓으로 돌리고, 현상 자체에 안주할 길밖에 없다는 결론이 체념 비슷이 나올"(372면) 수밖에 없다는 자조적 모습을 보인 것은 이런 데 원인이 있는 것이다.

이렇듯 작가는 두 개의 사례를 통해서 당대인들을 구속하던 반공주의의 실상을 예리하게 비판한다는 데 이 작품의 중요한 성과가 있다. 이호철은 북한 체제 아래서 고등학교를 다녔고 인민군에 복무하다가 포로가 되어 단신 월남하게 된 작가로서 주변으로부터 받을 지도 모르는 불필요한 오해를 의식하지 않을 수 없었고, 그런 상처를 갖고 있었기에 역설적으로 반공주의의 폭압성을 누구보다도 민감하게 자각할 수 있었던 것으로 보인다. 『광장』에서 최인훈이, 북한에서 간부로 활동하고 있는 아버지를 둔 주인공 이명준이 정치 모임에 참가하기를 주저하는 이유를 서술하면서 "아버지 아들인 그는 조심해야했다"고 읊조렸던 사실을 상기하자면, 이원영의 신중한 처신은 바로 월남자로서 작가가 취할 수밖에 없었던 불가피한 보신책이었던 것이다. 이명준처럼 체제를 부정하고 북행길에 오르는 극단의 선택을 하지 않는다면 이원영이 취할 수 있는 행동이란 체제를 인정하고 그 속에서 가능한 대안을 찾는 길밖에 없을 것이다. 이런 점에서 이 작품은 당대인들을 옥죄는 족쇄와도 같았던 반공주의에 대한 날카로운 비판을 통해서 당대 사회의 전제적 분위기를 이해할 수 있는 중요한 정보를 제공해 주고, 동시에 그 속에서 살아가지 않을 수 없는 월남 작가 이호철의 비극적 심경을 우회적으로 보여주었다고 평가할 수 있을 것이다.

4. 사실주의 정신의 복원과 60년대 문학

최근 들어서 1960년대 문학에 대한 관심이 고조되면서 다양한 방식의 논의가 이루어지고 있음을 목격할 수 있다. 최인훈이나 이호철 · 김정한 · 박경리 · 하근찬 · 남정현 등이 새롭게 연구되면서 이제 이 시기는 전후의 혼란을 수습하고, 식민지 이래 위축되었던 민족문학의 맥을 부활하는 문학사의 중요한 시기로 자리매김 되고 있다. 이 과정에서 문제의식의 진중함이나 사실적인 묘사와 분석력, 인식의 깊이로 전후문학을 한층 심화시킨 인물로 이호철을 꼽는 데 주저할 사람은 없을 것이다.[19] 이호철 소설 전반에서 목격되는 핍진한 묘사와 집요한 천착력은, 이 작가의 또 다른 특성이라 할 수 있는 분위기의 창출과 더불어 전후의 직정적이고 주관화된 소설을 한 차원 성숙시켰음을 부인할 수 없을 것이다.

『심천도』는 『소시민』의 속편에 해당하는 작품으로 그와 동일한 문제의식에서 창작된 작품이다. 『심천도』의 이원영은 『소시민』의 '정씨'나 '그 아들'의 정신을 고스란히 계승한 인물로 속물화된 현실에 맞서는 4 · 19 정신을 체현자라 할 수 있다. 작가는 이 인물을 통해서 공무원 사회의 타성과 안일주의를 비판하고 보다 내실 있는 근대화 정책의 추진을 소망하는데, 이는 4 · 19가 한국 사회의 근대화 과정에서 그 실질을 가늠하는 방향추와 같다는 인식에서 비롯된 것으로 오늘날도 여전히 유효한 것이라 할 수 있다. 원칙과 실제 사이에서 방황하던 주인공이 원칙을 고수하면서 사표를 제출하는 것은 타락한 사회와 타협하지 않

19) 이호철에 대한 연구는 최근에야 본격화되고 있다. 임규찬의 「작가의 체험과 소설적 자아」(『한국문학』, 1997년 여름), 이상갑의 「60년대 문학과 '소시민 의식'의 의미」(『유천 신상철 박사 화갑기념논총』, 문양사, 1996), 정호웅의 「탈향, 그 출발의 소설사적 의미」(『1960년대 문학연구』, 예하, 1993), 그리고 필자의 「이호철의 『소시민』 연구」(앞의 글) 참조.

겠다는 강한 의지의 표명이고, 이는 곧 파란 많은 현대사를 온몸으로 헤쳐 온 작가 이호철의 지혜와 신념에 다름 아닌 것이다. 그렇기에 이 작품은 작가의 신념을 원형의 상태로 보여준다고 해도 지나친 말은 아닐 것이다. 그리고, 이 작품은 아직도 공무원 사회에서 목격되는 다양한 인간 군상을 생동감 있게 포착해냈다는 점에서도 그 의미를 찾을 수 있다. 타성에 젖어 있는 민 과장, 출세주의자인 김 사무관, 보신주의자인 구 사무관, 원칙주의자인 이 주사 등 실로 다채로운 인간 군상들이 갈등하고 대립하는 양상은 관료주의라는 완고한 성채에 갇혀 있는 공무원 집단의 실체를 한층 생동감 있게 보여주고도 남음이 있다.

물론, 근대화에 대한 비판적 의도를 담고 있음에도 불구하고 그것이 이 주사의 비판적 언행과 유기적으로 연결되어 제시되지 못하고, 또 공무원 집단 역시 관료 기구를 대표하는 존재로 그려지고 있음에도 불구하고 그들을 거시적으로 조종하는 권력과의 관련성에 대해서는 거의 언급되지 못하는 한계 또한 갖고 있다(이 역시 이 주사의 행동에서 볼 수 있듯이 당대의 폭압적 현실에서 원인을 찾을 수도 있을 것이다). 그리고, 자신의 의도를 투사하려는 의도가 지나쳐서 장황하고 사변적인 문체가 남발되고, 사건 전개가 약화되는 등의 문제점이 없는 것은 아니지만, 그런 문제점에도 불구하고 문제의 본질을 심도 있게 파헤친 탐구와 분석의 정신은 1960년대 소설사에서 사실주의 정신을 심화하고 궁극적으로 민족문학의 지평을 확장하는 데 중요하게 기여했음을 확인할 수 있다.

재일 한인들의 수난사

손창섭의 『유맹』론

1. 손창섭의 행로

손창섭 소설을 병자의 신음소리, 모멸과 연민의 미학, 수인(囚人)의 문학[1] 등으로 이해하고 있는 사람들에게 『유맹(流氓)』[2]은 매우 낯설게 느껴질 것이다. 『유맹』에는 일본을 배경으로 정상적이고 안정된 가정생활을 하는 주인공이 등장하고 그의 따사롭고 섬세한 시선에 의해 주변 현실이 관찰되어 이전 소설에서 두드러진 자기모멸과 파괴의 감정이 거

1) 손창섭에 대한 연구는 그 동안 꽤 많이 축적되었는데, 이 글에서는 주로 다음 글들을 참고하였다. 『현대한국문학전집; 손창섭』 3권(신구문화사, 1981)의 「모멸과 연민」(유종호), 「희화화된 애국자」·「자기모멸의 초상화」(정창범), 「수인의 미학」(이어령), 「긍정에의 의욕」(김우종), 「손창섭 소설연구」(정은경, 고려대 석사논문, 1993), 『(작가론 총서) 손창섭』(송하춘 편, 새미, 2003) 등.

2) 손창섭, 『유맹』, 『한국일보』, 1976.1.1~10.28.

의 드러나지 않는다. 이런 사실은 1950년대 소설과 비교하자면 격세지감으로 다가오는데, 작품의 이러한 낙차는 우선 이 작품이 전쟁의 상처가 치유되면서 사회가 안정을 찾은 1976년에 씌어졌다는 사실로 설명할 수 있을 것이다. 전쟁을 겪은 지 20년 이상의 세월을 보내면서 손창섭은 과거의 상처에서 벗어났고 그런 안정된 심리를 바탕으로 이 작품을 창작한 것이다. 더구나 『유맹』은 손창섭이 한국 생활을 청산하고 도일한 뒤 일본에 정착해서 쓴 작품이다. 한국이라는 분단된 현실에서 벗어나 일본인 아내와 함께 일본 생활을 시작하면서 손창섭은 전쟁의 상처와 불행한 가족사의 기억에서 자유로울 수 있었고, 한편으로는 조국의 불행한 역사를 고스란히 대물림한 재일 한인들의 삶을 성찰하는 여유를 얻게 된 것이다. 주변 인물들을 사실적으로 관찰하고 그들의 현재와 과거를 번갈아 서술하는 등 역사주의적 시각을 취한 것은 이런 변화와 관계된다고 하겠다.

손창섭의 초기작처럼 『유맹』에도 작가의 개인적 체험들이 다양하게 투사되어 있다. 「신의 희작」에서 고백한 것처럼, 손창섭에게 있어서 소설은 자신의 실제 "의식 세계를 단적으로 표현한" 것이었는데, 『유맹』 또한 그런 견지에서 도일(渡日) 후의 심경을 담고 있다. 화자인 '나'가 2년 전에 한국 생활을 청산하고 일본인 아내를 따라 도일하여 동경에 살고 있는 점이나, 작품 곳곳에서 언급되는 개인사에 대한 언술은 작가의 실제 삶과 거의 일치하는 것으로 보인다. 그런데 「낙서족」이나 「신의 희작」이 자신의 '부끄러운 개인사'를 숨김없이 고백하는 형식이었다면, 『유맹』에서는 주변 인물들을 관찰하고 기록하여 작가의 주장은 상대적으로 약화되어 있다. 더구나 화자는, 한국에 있는 친구의 부탁으로 재일동포들의 의식을 조사하는 일을 맡고 있는 까닭에 작품은 마치 재일 한인들의 의식을 조사해서 독자에서 보고하는 듯한 느낌을 주며, 그런 관계로 손창섭에 대한 기존의 평가를 바탕으로 작품을 읽자면 낯설 수밖에 없을 것이다.

그 동안 「신의 희작」이나 『낙서족』은 손창섭을 이해하는 대표적인 작품으로 평가되어 왔다. 「신의 희작」(1961)은 비정상적인 성장 과정과 모멸적인 인간관을 그린 작가의 자전소설로, 유곽에서 어린 시절을 보내고 홀어머니 밑에서 성장하면서 갖게 된 성(性)에 대한 왜곡된 의식과 야뇨증, 까닭 모를 공포심과 복수심 등을 내용으로 하는데, 이를 통해서 우리는 작가의 독특한 성장 과정과 내면세계를 이해할 수 있었다. 한편 『낙서족』(1959)은 과거의 역사를 제재로 했다는 점에서 전쟁의 끔직한 체험에서 벗어난 작가의 모습을 보여주지만, 주인공 '도현'의 행동은 상식 이하의 것이어서 지극히 희화적인 모습으로 나타났었다. 독립을 위해 조직을 결성하고 다이너마이트를 만들지만 독자들은 그의 행동에 공감할 수 없었는데, 이는 작가가 도현의 우스꽝스러운 행동을 통해서 민족이나 역사와 같은 지고의 가치마저 조롱했기 때문이다. 이렇듯 손창섭 소설의 중요한 특성은 비정상적이고 모멸적인 인간상과 사회의 가치·규범에 대한 냉소와 부정이었다. 그의 작품이 아이러니(irony)를 특징으로 하는 것은 이 같은 역설의 방법으로 정상적인 삶을 갈망했기 때문이고, 손창섭이 전후소설사에서 중요하게 평가되는 것 또한 이러한 특성이 전후의 황폐한 현실을 대변하는 상징성을 갖고 있었기 때문이다. 모든 것이 잿더미로 변해버린 현실에서 남은 것이라곤 환멸과 허무뿐이었고, 손창섭 소설은 그러한 폐허에서 토해낸 처절한 신음소리나 다름없었던 것이다.

그런데, 「잉여인간」 이후 간헐적으로 내보인 삶에 대한 욕망과 의지가 이후 작품에서는 점차 구체적인 형태로 강화되는 모습을 보이는데, 『유맹』(1976)은 그러한 변화의 마지막 단계에 놓이는 작품이다. 가령, 1969년에 발표한 『길』은 정상적인 삶에 대한 작가의 강렬한 의지를 표현한 것으로, 최성칠이라는 소년이 혼탁한 현실에 맞서면서 건전한 가치관을 형성해 간다는 내용이다. 전쟁과 무관한 이런 내용을 통해서 작가는 산업사회의 부정성과 건전한 가치관에 대해서 새로운 관심을 보였고, 뒤이어 씌어진 『여자의 전부』(일명 『삼부녀』)(1970)에서도 타락한 세태의 혼란스러운 가치관을 문제 삼은 바 있다. 이 글의 대상이 되는 『유맹』은 이런 변화를 보인 뒤 6년간의 침묵 끝에 발표한 작품으로, 여기서 작가가 주목한 것은 재일 한인들의 수난사이다. 최원복 노인을 중심으로 해서 펼쳐지는 재일 한인들이 당하는 차별 대우와 사회적 갈등은 우리 소설사에서 전례가 없는 재일 동포의 이야기라는 점에서 의의를 찾을 수 있거니와, 주목할 점은 이와 같은 손창섭의 부단한 변화를 통해서 우리는 작가의 정신적 궤적을 새롭게 확인할 수 있다는 사실이다. 말하자면 작가의 창작을 관통하는 일관된 원리는 정상적인 삶을 가로막는 현실에 대한 부정의 정신이고, 그것이 시기별로 독특한 서사 방식을 통해 구현되었음을 목격할 수 있다. 이를테면, 1950년대에는 비정상적인 인물 군상을 통해서 환멸스러운 현실을 조소(嘲笑)하다가, 1960년대 들어서는 산업화와 타락한 세태의 문제를 사실적으로 천착하였으며, 도일 후에는 재일 한인들의 과거와 현재를 역사주의적 시각으로 조망하고 있다.[3] 이런 점에서 보자면 손창섭 소설 전반을 관통하는 원리는 리얼리즘(혹은 현실주의)이라고 할 수 있을 것이다.

그런 관계로 『유맹』에서 우리가 주목할 수 있는 것은 재일 동포들의 삶과 그것을 왜곡하는 여러 장애 요인들이다. 떠돌이 백성을 뜻하는 '유맹(流氓)'이라는 말처럼, 『유맹』은 일본에서 생활하지만 거기에 정착하지 못하고 그렇다고 한국으로 돌아갈 수도 없는 재일 한인들의 부평초 같은 이야기를 내용으로 한다. 이들의 대부분은 일제치하에서 강제노역에 동원되어 비참하게 목숨을 이어오다가 해방이 된 뒤에는 고국으로 돌아오지 못하고 그냥 눌러 앉게 된 사람들로, 하루라도 빨리 고국으로 돌아가고자 하는 간절한 꿈을 안고 살아간다. 이들의 신산스러운 삶이 현재와 과거의 대비를 통해서 그려지는 까닭에 작품에서 무엇

3) 이후 손창섭은 역사소설 『봉술랑』을 마지막으로 더 이상 작품 활동을 하지 않은 것으로 보인다.

보다 돋보이는 것은 과거와 현재를 넘나드는 작가의 역사주의적 시각이다. 역사주의란 현재와 과거를 바라보는 작가의 역사관이자 동시에 현실을 대상화하는 거리 감각이라 할 수 있고, 따라서 작품에 제시된 재일 한인들의 과거사란 현재의 전사(前史)로서 의미를 갖는다. 작품에서 재일 한인들의 생활이 사실적으로 실감나게 제시된 것은 이러한 역사주의적 시각이 시종일관 관철된 데 있다고 하겠다.

이 글에서 주목하고자 하는 것은 이러한 사실적이고 역사주의적인 시각에 의해 포착된 재일 한인들의 현재와 과거사의 내용과 그것을 통해서 드러난 작가의 특성이 무엇인가 하는 점이다. 이를 위해서 우선 『유맹』의 내용을 분석하고 그것의 의미를 확인한 뒤, 궁극적으로 그것이 손창섭 소설에서 차지하는 의미를 묻게 될 것이다. 미리 말하자면 『유맹』은 손창섭의 사실적이고 역사주의적인 시선에 의해 포착된 재일동포들에 대한 문학적 보고서이고, 한편으로는 완숙에 이른 작가의 현실주의적 특성을 새롭게 보여준 작품이다.

2. 『유맹』의 구성과 의미

『유맹』은 1976년 1월 1일부터 10월 28일까지 10개월간 『한국일보』에 연재된 장편으로, 작품의 구성은 현재와 과거가 번갈아 서술되는 두 개의 플롯으로 되어 있다. 현재의 이야기는 화자인 '나'가 일본서 알게 된 주변 인물과의 만남을 기술한 것이고, 과거에 대한 서술은 최원복과 고광일이 일제치하에서 겪은 수난과 해방 후의 정착 과정을 다루고 있다. 이 두 개의 이야기가 번갈아 진행되면서 작품의 내용이 구체화되는 까닭에 인물의 성격은 입체감을 부여받고 동시에 역사성을 갖는다. 이 과정에서 작가의 탁월한 스토리-텔러적 수완이 작품의 흥미를 북돋는 역할을 하는데, 특히 작가는 신문소설의 특성을 효과적으로 이용하고 있다. 매 회(回)마다 다음 회를 기다리게 하는 긴장과 호기심을 유발하는 구절을 삽입하여 독자들의 흥미를 사로잡고, 한편으론 그런 특성을 이용해서 작품의 완급을 조절한다. 또 인물의 배치 역시 치밀해서 한 인물의 내력을 말하다가 또 다른 인물을 연결하고, 그것이 계기가 되어 새로운 인물이 등장하는, 마치 인물과 인물이 고리처럼 연결되는 독특한 구성법을 사용하고 있다. 그리고 최원복과 고광일의 과거사를 회상하면서 작품의 시간을 현재에서 과거로 급전시켜 역사적인 원근법을 확보하고, 이런 시·공간을 배경으로 인물 하나하나의 숨은 사연을 들추어내는 까닭에 현재에서 과거로, 과거에서 현재로 이야기가 전환되고 있음에도 불구하고 내용 전개에 별다른 무리 없이 독자들을 작품 속으로 빠져들게 하는 것이다.

1) 재일 한인들의 현재 이야기

작품의 한 축을 형성하는 현재의 이야기는 화자인 '나'의 목격담과 심경을 내용으로 하는데, 여기서 특기할 점은 화자가 2년 전에 도일하여 아직 일본 생활에 익숙하지 않은 인물로 설정된 점이다. 이런 인물을 화자로 설정했다는 것은 현실을 객관화하려는 의도를 반영한 것으로 보이는데, 일본이 낯설다는 것은 그만큼 현실을 객관적으로 조망할 수 있다는 말이다. 비록 화자가 젊은 시절을 일본에서 보냈고 또 일본인 아내를 두고 있으나, 해방 이후 급격히 변모한 일본 사회가 예전처럼 익숙할 리는 없을 것이다. 『유맹』에서 재일 한인들의 수난사가 사실적으로 제시되는 것은 이와 같은 관찰자적 인물에 의해 주변 인물과 사건이 서술된 데 중요한 이유가 있다.

'현재'의 이야기에서 우선 주목되는 것은 재일 한인들의 정상적인 삶을 가로막는 여러 장애 요인들이다. 삶을 억압하고 왜곡하는 다양한 요소들이 체계적으로 서술되어 드러나는 것은 아니지만, 그것은 대체로 다음과 같은 세 가지 내용으로 정리될 수 있다. 하나는 일본인들의 민족적 편견과 차별대우이고, 둘은 한인 동포들 간의 이념적 분열과 대립이며, 나머지 하나는 고국에 대한 향수이다. 이 복합적 요소들이 재일 한인의 정상적인 삶을 가로막고 현재를 질곡 하는데, 여기서 일본인들의 차별 대우는 교포들의 삶을 왜곡하는 가장 심각한 문제로 등장한다.

취직은 말할 것도 없거니와, 진학이나 결혼 등 생활의 모든 면에서 교포들은 차별 대우를 받고 있다. 성적이 우수하고 일류대학을 졸업했다 하더라도 사회적으로 출세하기가 어려우며, 기반을 잡았다 하더라도 주변으로부터 따돌림을 당하기가 일쑤이다. 최노인의 아들 인기・성기나, 며느리 후미꼬, 백도선 등이 그런 경우로, 이들은 모두 대학에 진학하지 못했거나 중도에 포기한 인물들이고, 그래서 사회의 주류 집단에 편입하지 못하고 기껏 택시운전이나 아버지 사업을 도와주는 등의 주변인 신세를 벗어나지 못한다. 일본인들이 보기에 조선인은 게으르고 불결하며 협잡성이 뛰어나서 믿을 수 없는 존재들이다. 그런 이유로 주변에서 좋지 않은 일이 발생하면 조선인에게 덮어씌우는 괄시와 차별대우가 다반사로 일어나는데, 작가가 보기에 1923년의 관동대지진 사건 역시 이러한 편견이 빚어낸 역사적 비극이었다. 가령, 관동대지진 당시 재일 한인 8만 중에서 6천여 명이 끔찍하게 학살되었는데, 그 직접적인 원인은 일본인들이 의도적으로 유언비어를 유포하여 군중들의 심리를 엉뚱하게 조작했기 때문이었다. 그런데, 그 바탕에는 "도둑이 발이 저리듯, 조선을 약탈한 지배국인의 지레겁과 조선인에 대한 잠재적 적대의식"이 깔려 있었다. 말하자면 일본인들의 편견과 오만은 과거 식민 통치 기간에 형성된 지배자로서의 보복에 대한 두려움으로 인해 더욱 강화되었고, 그것이 역사 이래의 잠재된 적대의식과 결합하여 오늘날과 같은 태도를 보이게 된 것이다. 실제 자료를 참고하자면, 개화기 이전까지만 하더라도 일인들은 조선 사람들을 선망의 대상으로 인식했고, 상당히 우호적인 태도를 갖고 있었다. 그러던 것이 한일합방을 거치면서 점차 부정적으로 변했다고 하는데,[4] 이런 사실에 비추자면 작가의 인식은 상당히 정확한 것으로 볼 수 있다.

다까무라 형제의 납치소동과 최성기 군의 자살사건 역시 이러한 차별 대우가 빚어낸 민족적 비극이었다. 다까무라 다께오는 여중 2년생인 화자의 딸과 같은 반 급우인데, 묘하게 뒤틀린 성격을 갖고 있어서 조선인이라는 이유로 화자의 딸을 도둑으로 몰아붙이고, 또 마늘 냄새가 난다고 따돌리기는 등 고약한 모습을 보여주었다. 그런데 알고 보니 그는 일본 사람이 아니라 귀화한 한국인이었다. 다께오는 한국인임에도 불구하고 귀화하여 철두철미 일본인으로 행세하면서 오히려 조선인을 가장 멸시하는 뒤틀린 성격을 갖게 된 소년이었다. 이 다께오가 형과 함께 이복동생을 납치하여 인질극을 벌이면서 아프리카로 보내달라고 요구했던 것은 한국인으로서 당한 모멸과 희망이 없는 미래에 대한 불안에서 비롯된 행동이었다. 난잡한 생활과 타산적인 행동으로 가정을 돌보지 않는 아버지에 대한 반항심과 조선인으로서의 자괴감에서 이들은 일본에서는 살 수 없고 그렇다고 한국에 돌아갈 수도 없다는 절망감에서 급기야 제 3국이라는 극단의 방법을 택했던 것이다.

최원복 노인의 셋째 아들인 성기의 자살 역시 같은 맥락의 사건이었다. 섬세한 성격의 그는 늘 분단된 조국의 현실을 가슴아파했던 인물이다. 화자인 '나'에게 찾아와서 남한에서 쓰인 한국사 관련 책자를 빌려가기도 하고 남한의 현실에 대해 깊은 관심을 보이기도 했지만, 내심으로는 조국이 분단되어 적대와 반목을 되풀이하는 데 크게 실망하고 있었고, 더구나 한인으로서 당하는 굴욕감과 민족적 고아의식에서 헤어나

---

4) 송건호, 「일본인의 한국관」, 『현대 일본의 해부』, 한길사, 1983년판.

지 못하고 있었다. 그런 와중에 아버지의 영구 귀국 문제가 발생하고, 한인이라는 이유로 교제를 끊어 달라는 여자 측의 요구에 직면하자 끝내 꽃다운 청춘을 자살로 마감한 것이다.

이 두 사건을 목격하면서 화자는 일본이라는 이방 사회에서 겪어야 했던 심한 차별과 멸시, 거기서 오는 견딜 수 없는 민족적 울분을 다시금 자각하게 된다.

> 이런 것으로 보아 성기군의 자살 동기는 간단하지가 않았다. 아무도 그것을 한마디로 말하기는 어려웠다. 여러 가지 복합적인 요인이 그로 하여금 마침내 기세(棄世)의 골짜기로 몰아넣었던 것이다.
>
> 다만 분명히 말할 수 있는 것은 「그가 일본이라는 특수 상황 속에서 사는 한국인이 아니었더라면 죽지 않았을 것」이라는 점이다. (…중략…)
>
> 성기군의 자살이 나의 가슴속에 이중의 아픔을 남겨 준 것도 이런 까닭에서였다. 풀리지 않는 한 같은 것이 독한 연기처럼 가슴속을 자욱히 메웠다.[5)]

이렇듯 작가는 주변 현실을 역사적이고 사실석인 시선으로 포착하는데, 이는 일본에 대한 적개심을 폭력과 증오로 표시했던 「낙서족」과는 확연히 구별되는 모습이다. 그리고 이전 소설이 역설과 아이러니(irony)의 기법을 활용하여 작가의 의도를 우회적으로 제시했다면 여기서는 그런 모습 또한 보이지 않는데, 이 역시 작가의 변화를 보여주는 대목이다.

다음으로 한인들 사이의 이념적 갈등 역시 일본인들의 편견 못지않게 이들을 괴롭히는 요인으로 제시된다. 1976년 당시 재일 동포들은 4할 정도가 '민단 계열'이고, 3.5할 정도가 '조련계'이며, 나머지 2.5할 정도가 중간파였다. 수적으로는 민단이 많았으나 조련계 또한 무시할 수 없을 정도로 실력을 행사하고 있었고, 일본의 매스컴 역시 북한에 대해서 우호적인 입장을 취하고 있었다. 그래서 상당수 한인들이 친북한적인 태도를 보이거나 아니면 기회주의적인 태도를 취하고 있었다. 하지

5) 손창섭, 『유맹』, 221회.

만, 과거 북한에서 2년 동안 고생한 경험이 있는 주인공이 보기에 이러한 태도는 도저히 용납할 수 없는 일이었다. 화자가 생각하기에 철저한 통제와 억압으로 자유가 전혀 존재하지 않는 곳이 북한인데, 그런 현실을 무시하고 북한을 지상천국으로 생각한다는 것은 화자에게는 잠꼬대로밖에 보이지 않았던 것이다. 화자가 백도선의 처와 대화를 나누다가 거침없이 흥분하는 것이나, 한창일 노인과 주먹다짐까지 벌이는 등 민감한 반응을 보였던 것은 모두 그러한 심리에서 비롯된 것이다.

백도선의 부인은 원래 조련계 고등학교를 나왔고, 현재에도 여전히 북한이 지상천국이라는 생각을 갖고 있는 사람이었다. 그녀는 남한은 소수의 반동 부르주아가 지배하는 사회이고, 또 6·25 전쟁은 남침이 아니라 북침이라는 주장을 굽히지 않으며, 심지어 화자를 남조선의 앞잡이라고 서슴없이 매도하기까지 한다. 한창일 노인 역시 같은 생각을 가진 인물이다. 그는 식민지 이래 가난한 노동자로 전전하면서 지상낙원이라는 북한의 주장에 동조하게 되었고, 더구나 자식들이 모두 조련계에 관여하고 있었던 까닭에 입장을 바꿀 수도 없는 처지였다. 그래서 이들은 남한에서 건너온 화자를 적대시하고, 화자 역시 이들에게 강한 거부감을 드러내는 것이다.

그런데, 여기서 주목할 점은 이들에 대한 화자의 반응이 지나치게 민감한 형태로 드러난다는 사실인데, 이는 아직도 작가가 공산주의에 대한 적개심을 버리지 못하고 있다는 것을 암시한다. 작가 손창섭은 전쟁이 끝난 지 25년이나 지난 이 시점까지도 공산주의에 대한 강한 거부감을 갖고 있었고, 그런 태도가 백도선의 처나 한창일과 같은 주변 인물들의 한 맺힌 사연을 이해하기보다는 부정하는 식의 과민한 반응을 보이게 했던 것이다.

> 부르좌 계급이니, 착취니, 제국주의니, 열렬한 지지니, 혁명이니 하는 말은 북한에 있을 때 귀에 못이 박히도록 들어온 말이다. 나는 지금 북한에 와 있

는 게 아닌가 순간 착각할 정도였다.

(…중략…)

「여보쇼, 부인. 무슨 말을 그렇게 하우?」

부지중 나는 버럭 고함을 질렀다. 흥분으로 자신의 가슴이 벌렁거리고, 낯이 달아오르는 걸 느꼈다. 그러나 다음 순간 이래선 안 된다고 마음을 내리눌렀다.[6]

그런데, 한창일 노인이 공산주의에 동조했던 것은 그 이념을 이해하고 한 것이라기보다는 일본에 건너 온 이후 지금껏 가난과 천대에서 벗어나지 못한 삶을 살고 있었기 때문이다. 가난한 노동자로 한 평생을 살아오면서 누구나 평등하고 풍족하게 살 수 있다는 주장은 유혹적일 수밖에 없었고, 그런 이유에서 한창일은 남・북한의 정확한 실상도 알지 못한 채 북한을 지지하는 태도를 보였던 것이다. 백도선의 처 역시 한인으로서의 수모와 시련을 견딜 수 없는 상황에서 위안처럼 북한의 주장에 동조하게 된 것으로, 그것은 현실적인 고통을 만회하려는 일종의 보상심리와도 같은 것이었다. 화자가 이런 사실을 간파하고 있음에도 불구하고 이들에게 극단적인 거부감을 표시했던 것은 언급한 대로 작가의 무의식을 규율하는 과거 북한 체험과 공산주의에 대한 거부감 때문으로 이해할 수 있다.

마지막으로 작가가 주목하는 것이 재일 한인들이 생활 속에서 겪는 고독과 향수이다. 특히 노인들에게 있어서 그것은 더욱 심각하고 절실한 것으로 그려진다. 천대와 멸시 속에서 평생을 살아 온 이들에게 더없이 그리운 것은 고향이다. 그래서 이들은 뼈만이라도 고국에 묻히고자 하는 간절한 소망을 안은 채 하루하루를 살고 있다. 그런데 고국은 이들을 받아줄 준비를 하지 않고 있고, 오히려 남과 북으로 분단되어 적대와 반목을 일삼고 있다. 그런 까닭에 남한으로 귀환할 것이냐 아니

6) 손창섭, 『유맹』, 98회.

면 북한을 택할 것이냐 하는 문제 역시 간단하게 선택할 수 있는 것이 아니었다. 최원복이나 한창일 노인처럼 자식이 북송선을 탔거나 조련계에 관여하고 있다면 문제는 더욱 복잡해진다. 남한으로 귀국한다면 북한의 스파이로 몰릴 가능성이 있고, 또 귀환 후에도 감시 속에서 여생을 마쳐야 한다는 불안감을 떨칠 수 없기 때문이다.

화자가 한창일 노인에게 반감을 갖고 있으면서도 연민의 시선을 보냈던 것은 그 역시 향수병에 시달리는 외로운 처지의 동포였기 때문이다. 더구나 그는 고향이 남한이지만 자식이 조련계에 관여하고 있었던 까닭에 귀환할 생각을 감히 엄두도 못 내고 있었다. 남한으로 귀향한다는 것은 간첩으로 몰릴 위험을 감수해야 하는 까닭에 망설이고 주저할 수밖에 없었던 것이다. 그렇지만 그 역시 최원복 못지않게 향수에 시달리고 있었다. 화자와 주먹다짐을 하는 가운데 토해내는 다음과 같은 절규에는 그런 심정이 단적으로 배어 있다.

> 「최가야, 너 혼자 돌아가기냐. 너무 야속하다 이놈아. 날 두고 너 혼자 조국에 돌아 갈테냐. 내 고향은 남조선인데두 난 가고 싶어두 못 간다, 이놈아.」
>
> 넋두리를 하며 한씨는 울기 시작했다. 모두들 어리둥절한 낯으로 한씨를 바라보았다.
>
> 「난 생전에 내나라엔 못 가보구 죽는다. 억울하다, 억울해.」[7)]

이와 같은 망설임 속에서 최 노인을 비롯한 동포들은 30년이라는 긴 세월을 기다려 왔고, 그 기약 없는 기다림을 감내하기 위해 최원복 노인은 고향 음식을 만들어 먹는 취미를 갖게 되었던 것이다.

최노인은 고향이 그립거나 명절이 되면 고향 음식을 만들면서 향수를 달래 왔는데, 그에게 있어서 '고향 음식 만들기'는 '조국에 대한 애정'이자 '취미요 도락이며 위안'이었던 까닭이다.

---

7) 손창섭, 『유맹』, 249회.

> 남북한과 일본의 설음식 이야기를 나누며 노인과 나는 취한 듯이 만두를 빚었다. 노인의 손에서 이루어지는 것은 한결같이 쭉 고르고 예뻤다 그것을 빚는 노인의 솜씨에는 예술가가 작품을 창작할 때처럼 생명력이 부어지는 것 같았다. 그것은 어쩌면 조국에 대한 애정인지도 모른다.[8)]

최노인이 신정(新正)보다 구정을 고집하는 것이나, 김치 공장을 하면서도 사업을 확장하지 않고 고유의 맛을 유지하기 위해 수공업 상태를 고집하는 것은 그러한 심리에서 비롯된 것이다.

최노인은 결국 아들 성기의 죽음을 계기로 영구 귀국을 결심하고 아내와 자식의 유해를 가방에 숨긴 채 귀항선에 오른다. 귀소본능과도 같은 재일 한인들의 오랜 꿈이 실현되는 순간이다. 작품의 말미에서 화자가 최노인을 통해서 자신의 쓸쓸한 미래를 상상하는 것은 그 역시 최노인과 다를 바 없는 이방인이었기 때문이다. 한국 생활을 청산하고 도일했지만 화자 역시 고향을 잊지 못하는 이방인이며, 최노인과 하등 다를 바 없는 한국인이었다. 이를테면, 최노인은 화자의 분신과도 같은 존재인 셈이다. 화자와 최노인이 모두 일본의 기모노에 대해서 생리적 거부감을 보이는 것이나, 딸을 한국 청년과 결혼시키겠다고 고집하는 장면, 한인촌의 소박하고 정감 있는 분위기를 좋아하는 모습 등에서 그런 사실을 알 수 있다. 화자는 그러한 공감대를 확인하면서 최노인의 귀환을 적극적으로 주선했던 것이고, 그런 점에서 최노인의 귀향은 화자의 심경을 간접적으로 표현한 것으로 볼 수 있다. 일본으로 귀화했지만 작가 손창섭의 가슴속에는 이렇듯 고국에 대한 그리움이 간절하게 출렁대고 있었던 것이다.

---

8) 손창섭, 『유맹』, 127회.

2) 재일 한인들의 과거 이야기

『유맹』의 또 다른 축을 형성하는 것은 재일 한인들의 과거사이다. 최원복 노인을 중심으로 식민치하에서 겪은 강제노역의 일화들이 소개되면서 재일 한인들의 뼈아픈 과거사가 제시되는데, 과거사의 전반부는 식민치하 강제노동과 관련된 서술이고 후반부는 해방 후 이들이 일본에 뿌리내리는 과정에 대한 이야기이다. 이 두 이야기가 치밀하게 교직되면서 서사가 진행되는 관계로 우리는 한인 노역자들의 고통과 부침(浮沈)의 역사를 박진감 있게 목격하게 된다. 더구나 작가가 역사주의적 시각을 견지하면서 인물들의 수난사를 서술하는 까닭에 각각의 인물들은 단순한 개인이 아니라 당대 현실에 대한 소상한 정보를 담고 있는 전형성을 갖는다.

최원복을 비롯한 한인 노동자들은 모두 일제의 토지수탈과 고리대를 이기지 못하고 일본으로 건너온 사람들이다. 일제가 식민정책을 본격화하면서 제일 먼저 착수한 게 토지조사사업이었고, 그것을 통해서 일인들은 조선인 토지의 거의 대부분을 강탈하여 자기들의 소유로 전환시켰다. 또 높은 이자로 돈을 빌려주고 기간 내에 갚지 못하면 집과 땅을 몰수하였다. 이런 와중에서 최원복도 반강제로 토지를 뺏겼고 생계를 꾸릴 수 없는 막막한 처지로 전락하여, 주재소의 '인부 모집광고'를 보고 일본으로 건너온 것이다.

당시 많은 한국인들이 식민치하의 고통을 견딜 수 없어서 실낱같은 희망을 안은 채 일본의 노동판으로 몰려들었던 사실을 상기하자면, 최원복의 개인사는 한인 노동자들의 행로를 전형적으로 대변한다고 볼 수 있다. 역사서에 의하면, 당시 일제는 부족한 노동자를 충원하기 위해 대규모의 조선인 노동자를 모집하거나 징집하였는데, 그것은 크게 네 단계로 진행되었다. 즉 1910년대의 조정기, 1920년대의 사회・경제적 수탈정책을 통한 구조적 노동력 동원기, 1930년대의 적극적 노동력 동원기, 30년대 말 이후 40년대의 전시노무 동원기인데, 여기서 세 번째 단계는 일제가 필요한 노동력을 주재소를 통해서 모집한 것이고, 네 번째는 강제로 동원한 것을 말한다. 여기에 비추자면, 최원복은 세 번째 단계에 도일한 인물로, 농사로 더 이상 생계를 유지할 수 없게 되자 주재소의 모집광고를 보고 도일한 경우였다. 후술하겠지만, 그래서 최원복은 도일 후 안정을 찾자 비교적 자유로운 생활을 할 수 있었고, 아내 선화를 일본으로 데려 올 수 있었던 것이다. 당시 무수히 많은 몰락 농민이 주재소를 찾아가거나 아니면 이미 일본에 건너간 친척·지기의 주선으로 도일했다고 하는데,[9] 여기에 비추자면 작가의 기록은 거의 역사적 사실에 부합하는 셈이다.

그런데 한인 노동자들의 일본 생활은 시간이 갈수록 어려워졌는데, 그것은 일제가 침략정책을 본격화하면서 한인들은 더욱 혹독한 노동에 시달렸고, 감옥과 같은 감시 속에서 하루하루를 보내야만 했기 때문이다. 작가는 이런 과정을 최노인의 회고를 통해서 서술하면서 한인 노동자들에 대한 일제의 노동 착취를 고발한다. 가령, 일제는 한인들에게 '대동아 전쟁의 성전 완수를 위해 목숨을 바쳐 싸우는 군인'과 같은 강도의 노동을 요구했고, 그것을 게을리 할 경우 모진 매와 처벌을 내렸다. 연소자나 노약자들이 할당량을 미처 못 채우면 밥도 굶긴 채 밤늦게까지 일을 시켰으며, 다음날도 똑같은 일과를 되풀이하였다. 오랫동안 농사를 지었기 때문에 육체노동에는 자신이 있었던 한인들이었지만 이런 혹독한 노동을 도저히 감당할 수 없었던 것이다. 게다가 일인들의 차별 대우와 인권 유린 역시 이들의 생존을 위협하는 중요한 요인이었다. 작업 도중에 부상자가 발생하면 일인 감독들은 한인들을 얼씬도 못하게 한 뒤 그대로 방치하는 경우가 다반사였고, 부상의 정도가 심하면 곧바로 매장하는 경우도 있었다. 당장 응급조치를 취해도 살까 말까한

9) 김민영, 『일제의 조선인 노동력 수탈 연구』, 한울, 1995, 27~31면.

환자를 그대로 방치하니 십중팔구는 죽게 마련이었다. 하지만 일인 노동자들이 부상을 당하면 그와는 정반대로 법석을 떨고 바로 병원으로 이송하는 등 만반의 조치를 취하였다.

이 같은 차별 대우와 부당한 죽음을 목격하면서 한인 노동자들은 치를 떨었지만, 총과 몽둥이 앞에서는 역부족이었고, 간혹 탈출을 시도했다가도 사살되는 경우가 대부분이었다. 그렇게 해서 조선인 노동자들은 하나하나 병들어 죽어 갔던 것이다. 실제로, 당시 한인 노동자들은 무상 노동에 가까운 저임금, 장시간 노동의 강요, 높은 노동 상해률 등 참혹한 노동조건 밑에서 고혈을 강요당했으며, 또 노동징용령에 의해서 강제로 동원된 노무자는 광산 지대와 군수 공장 그리고 위험한 토목공사에 동원되어 병영적·이데올로기적 통제 아래 실로 육체 소모적인 참혹한 희생을 강요당했다고 한다.[10] 여기에 비추자면 최원복을 중심으로 서술된 노역장의 모습은 실제 사실과 그대로 부합되고, 따라서 이 작품은 인간 이하의 노동 조건, 인권 유린, 차별 대우 등의 재일 노동자들에 대한 생생한 문학적 증언으로써 의의를 갖는 것이다.

재일 한인들의 운명이 새롭게 결정된 것은 해방 이후였다. 이들은 대부분 고향에서 더 이상 견딜 수 없어서 도일한 경우였기 때문에 해방이 되었다고 바로 귀국할 수도 없는 처지였다. 돌아가더라도 당장 경작할 땅이나 일할 곳이 없었기 때문이다. 오늘날까지 일본에 남아 있는 재일 한인들의 상당수는 이러한 이유에서 일본에 그대로 눌러앉게 된 사람들로, 최원복과 고광일도 같은 이유에서 귀국을 미루다가 끝내 일본에 정착하게 된 경우들이었다. 이들 중에는 물론 해방 후의 혼란을 교묘하게 이용하여 일본 사회에 뿌리내린 사람도 있었지만, 그렇지 못하고 양심을 지켰던 부류는 일인의 천대 속에서 사회의 변두리로 밀려나야 했다. 작중의 고광일과 최원복은 이 부침의 역사를 상징적으로 보여주는

10) 김민영, 『일제의 조선인 노동력 수탈 연구』, 한울, 1995, 150~153면.

인물들이다.

현재 동경에서 호텔과 한식당을 경영하면서 출세한 인물로 행세하는 고광일은 원래 최원복과 함께 북해도 공사판에서 일했던 사람이다. 그는 주변 사람들의 비위를 잘 맞추었고, 일인 감독들로부터도 미움을 받지 않는 빼어난 수완을 갖고 있었다. 쉬는 시간이면 감독들에게 다가가 안마를 해주었고, 또 매사에 솔선수범하는 부지런함을 보였다. 주변 사람들로부터 빈축을 사기는 했지만 그는 이러한 수완을 바탕으로 감독들의 신뢰를 얻을 수 있었고, 마침내 최원복과 함께 노역장을 탈출할 수 있었다. 이후 고광일은 미군 부대에서 설탕을 빼돌리고, 밀주를 만들어 팔고, 심지어 고급 창녀를 끼고 마약까지 밀매하면서 엄청난 부를 거머쥐었다. 그의 가치 기준이란 철저하게 이해 타산적이어서, 이익이 되는 일이면 뭐든지 가리지 않았던 것이다.

> 나 같은 사람이 얘들(일인)한테 당해 온 억울한 수몰 갚으려면, 큰소리치며 보란 듯이 빼길 수 있게 되려면, 결국 논밖에 더 있습니까. 결국 돈이 있이야 사람대접을 받구 사람 구실을 합니다. 그래서 나는 주위에서들 손가락질을 하든 말든 침을 뱉든 말든, 욕을 하든 말든, 돈 되는 짓이라면 뭐든지 비위 좋게 해왔습니다.11)

현재 그가 경영하는 호텔이나 한식당은 모두 이 같은 수완의 산물들이다. 식당 이름을 '남북장(南北莊)'으로 지은 것도 고광일의 특출난 수완을 보여주는 대목이다. 남북장에서 남은 남한을, 북은 북한을 뜻하는 말로, 이렇게 해 놓으면 남북 어느 쪽으로도 기울지 않을 뿐 아니라 장차 어느 쪽으로 통일이 되더라도 걱정이 없다는 계산이다. 또 일본에 귀화한 것도 앞으로 남북 관계가 어떻게 될지 모르는 상황에서 차라리 일본 국적을 갖는 게 장래를 위해서 좋으리라는 이유에서였다. 민단계

11) 손창섭, 『유맹』, 76회.

나 조련계 중 어느 한군데 붙기보다는 일단 일본인으로 귀화했다가 통일이 되면 그때 다시 한국 국적을 획득하면 되지 않겠느냐는 게 그의 생각이다.

이 과정에서 고광일은 파렴치한 일도 서슴지 않았는데, 그 하나가 최원복의 처 '선화'를 성폭행한 일이다. 사건은 최원복과 노역장을 탈출한 뒤에 일어났다. 탈출 도중 고광일은 발을 다쳤고, 그것이 계기가 되어 최원복의 집에서 상당 기간을 숨어 지내야 했다. 그런데 최원복은 일본으로 건너온 지 2년이 지나자 다소간의 생활의 안정을 찾았고, 그래서 아내 선화를 데리고 와 있었던 까닭에 고광일은 이 젊은 부부와 같은 방을 쓰게 되었다. 이 일이 계기가 되어 고광일은 선화에게 평생 씻지 못한 한을 심어주는데, 최노인의 첫째 아들은 사실 고광일의 자식이었다. 또 고광일의 두 번째, 세 번째 부인 역시 협잡을 통해서 동거하게 된 인물들로, 고리자금을 쓴 뒤 갚지 못하자 돈 대신에 사람을 사들였고, 그것이 지금의 부인들이 된 것이다. 그런 점에서 고광일은 해방 후의 혼란을 틈타 신분 상승에 이른 기회주의자의 전형을 보여준다. 혼란의 소용돌이 속에서 기반을 다졌고, 한반도의 분단이 고착화되자 그것을 교묘하게 이용하였으며, 심지어 한국인이라는 사실이 사회적 진출을 가로막을 것이라는 생각에서 귀화까지 하였다.

또 고광일은 많은 재산을 가지고 있음에도 불구하고 그것을 뜻있게 사용할 줄 모르는 사람이다. 본부인과 자식들에게도 인색하여 빈축을 살 정도며, 그렇다고 가난한 한인들을 도와주는 것도 아니다. 이러한 파렴치한 행동을 서술하면서 작가는 그러한 행동이 바로 일본인에게 한국에 대한 잘못된 인식을 심어준 계기가 되었음을 지적한다. 일본인들이 조선인을 멸시하는 것은, 한국 사람의 상당수가 고광일처럼 협잡에 능하고 간사하며 불결하다는 데 있었다. 물론 일본인들의 생각에는 많은 편견이 개입되어 있지만, 한편으로는 고광일과 같은 인물들이 그만큼 많았다는 사실을 반증하는 것이고, 그렇다면 고광일은 혼란과 격변의 세월 속에서 형성된 한국인의 일그러진 초상화라 할 수 있을 것이다.

한편, 최원복은 고광일과는 전혀 다른 모습으로 살아온 인물이다. 그는 한때 고광일을 도와주기도 했으나, 사기와 협잡을 일삼는 고광일에게 호감을 가질 수 없었고, 성격 또한 맞지 않아서 그 곁을 바로 떠났다. 더구나 아내가 고광일을 싫어하여 같이 일하는 것 자체를 완강히 만류하였다. 고광일은 최원복의 처 선화에게 성적인 관심을 갖고 있었기 때문에 계속 접근했지만, 최원복은 그의 제의를 끝내 거절하고 농촌으로 들어가 남의 농사를 도와주며 근근이 생활을 유지해 온 것이다. 이 과정에서 최원복 일가의 생계 수단이 되었던 것은 '김치 장사'였다. 맛에 대한 남다른 감각을 지녔던 최원복은 채소를 직접 가꾸어서 김치를 담갔는데, 그 맛이 워낙 뛰어나서 주변 사람들의 인기를 독차지할 정도였다. 그러자 최노인의 아들 성기는 그 인기에 힘입어 김치 공장을 기업화해야 한다는 주장을 했고, 실제로 주변에서는 대규모의 김치공장들이 하나 둘 들어서고 있는 중이었다. 그런데 최노인에게는 김치 장사가 단순한 생계 수단 그 이상의 의미를 갖는 것이었다. 최노인에게 있어서 김치는 상업적 도구라기보다는 고향에 대한 그리움과 자부심의 근거였다. 김치는 전통적인 고향의 맛을 간직한 것이고, 그것을 일본인에게 맛보인다는 것은 한국의 고유한 문화를 과시하는 것이기도 했다. 그래서 최노인은 김치 공장을 기업화하지 않고 수공업으로 고유의 맛을 유지해 왔던 것이다. 최노인이 주변 사람들로부터 '투박한 한국인'이라는 소리를 들으며 인심을 잃지 않았던 것은 이와 같은 완고한 신념과 성실함을 지니고 있었기 때문이다. 이런 점에서 최노인은, 고광일과 대비되는 재일 한인의 긍정적 모습을 상징하는 셈이다.

이 두 인물이 의미를 갖는 것은 그들 각각이 재일 한인의 영욕과 부침의 역사를 대변한다는 데 있다. 한 사람은 뛰어난 수완으로 전후의 혼란을 이용하여 일본 사회의 중심에 뿌리를 내렸고, 한쪽은 조선의 전통을 간직하면서 고국 귀환의 일념으로 평생을 살아왔다. 전자는 인심을 잃어서 가족으로부터도 배척을 당했고, 후자는 주변의 일인들로부터도 신망을 얻었다. 이 두 인물을 대비하면서 작가는 부도덕한 전자보다는 투박한 후자에 따스한 애정을 보이는 것이다. 비록 가난하고 고통스럽더라도 조선인으로서 자존심을 유지하고 귀환의 날을 기다리면서 사는 게 훨씬 아름답다는 게 작가의 생각인 셈이다. 작품의 말미에서 작가가 스스로를 최노인과 동일시하는 데서 이런 사실은 더욱 분명해지거니와, 이런 점에서 이 작품은 재일 한인들의 과거와 현재에 대한 증언의 의미를 갖는다.

3. 재일 한인들에 대한 문학적 보고서

이상에서 『유맹』의 내용과 의미를 소략하게 살펴보았는데, 이를 통해서 우리는 작가의 서술 기법과 시각이 이전과는 매우 달라졌음을 확인할 수 있었다. 두 집안의 일화를 통해서 재일 한인들의 과거와 현재에 주목하는 서술 기법이나 시각은 모멸과 부끄러운 개인사의 고백과도 같았던 이전 작품과는 현저하게 달라진 모습이다. 이 작품이 우리에게 의미를 갖는 것은 이러한 변화가 작가에 대한 기존의 평가를 보완하고 새로운 평가를 가능하게 해주었다는 데 있다.

문학사에서 손창섭을 전후 대표작가로 평가했던 것은 그의 작품이 전후의 황폐한 현실과 가치 부재의 혼란을 전형적으로 보여주었기 때문이다. 손창섭은, 인간이란 모두가 정신병자이고 무의미하게 쳇바퀴만을 돌리는 다람쥐 같은 존재들이며,[12] 따라서 삶이란 신의 장난이거나

12) 김우종, 「긍정에의 의욕」, 『현대한국문학전집; 손창섭』, 신구문화사, 1981, 465~467면.

낙서(落書)일지도 모른다는 충격적인 메시지를 제시했는데, 이는 전쟁이 가져다준 엄청난 충격과 황폐화된 현실에 대한 강렬한 거부감을 표현한 것이었다. 그간 손창섭에 대한 평가는 대체로 이 범주를 벗어나지 못했다고 할 수 있다. 물론 이 같은 평가가 손창섭 소설의 한 측면을 정확히 지적한 것은 사실이지만, 그것이 손창섭 문학 전부라고는 말할 수 없다. 문제가 되는 것은 평가의 근거가 되는 작품들이 대부분 1950년대에 씌어졌고, 1960년대 이후에 쓰인 장편을 대상으로 한 것은 아니라는 점이다. 「신의 희작」이나 「포말의 의지」가 긍정적 인간상을 다루었다고 해서 관심을 끌었던 것도 사실은 기존의 평가로는 손창섭을 온당히 이해할 수 없었기 때문이다.

손창섭은 사회가 안정되고 시간이 흐르면서 점차 새로운 모습을 보여주었는데 이를테면, 「잉여인간」 이후 간헐적으로 드러난 삶에 대한 욕망과 의지가 이후 작품에서 점차 구체화되어 작품의 중심축을 형성한다. 서두에서 언급했듯이 1969년에 발표한 『길』이나, 뒤이어 쓰인 『여자의 전부』(일명 『삼부녀』)(1970) 등은 모두 이러한 변화를 담고 있는 작품들이다. 『유맹』이 손창섭 소설에서 중요한 의미를 갖는 것은 이런 손창섭의 변화를 거의 완숙의 경지로 보여주었다는 데 있다.

그것은 우선, 현실에 대한 사실적 묘사력에서 드러난다. 『유맹』에는 재일 한인들의 생활상이 소상하게 소개되고 있다. 민족적 차별 대우로 인한 직업 선택이나 결혼의 어려움 등이 실감나게 그려지며, 한민족 고유의 전통을 지키고자 하는 정겨운 모습도 제시된다. 일본의 신정(新正)을 따르지 않고 우리 고유의 구정을 지키는 모습이나 고향의 맛을 간직하기 위해 기계화를 거부하는 등의 묘사는 작가의 남다른 관찰안을 보여주는 대목들이다. 또 분단된 현실을 반영하듯 조련계와 민단계가 나누어져 대립하는 장면은 작품이 발표된 지 20여 년이 지난 오늘날까지도 의미 있게 새겨볼 만한 모습들이다. 작품 속에서 우리가 한인들의 독특한 개성을 만날 수 있는 것도 이 같은 사실적인 관찰력에서 비롯된 것이다. 백도선이나 그의 처, 최원복, 한창일, 고광일 등의 인물이 작품을 읽고서도 오랫동안 강한 인상으로 기억되는 것은 이들 모두가 실감나는 묘사력에 의해 성격화되어 있기 때문이다. 아울러 이 작품을 통해 우리는 일본 사회에 대한 소상한 정보를 제공받을 수 있다. 가령 일본 젊은이들의 자유분방한 성문화나 1970년대 접어들면서 보편화된 자가용 문화, 신간센(新幹線)이 개통되어 인기를 끄는 장면 등은 일본 사회의 풍속에 대한 개괄적인 보고서라 해도 틀린 말은 아니다.

역사주의적 원근법은 작가의 이러한 묘사력을 더욱 돋보이게 하는 요소라고 할 수 있다. 『유맹』에서 우리가 재일 한인들의 수난사를 역사적 맥락에서 이해할 수 있는 것은 여기에 원인이 있거니와, 이를테면 최원복과 고광일의 과거사는 재일 한인들의 현재를 말해주는 전사(前史)로서의 의미를 갖는다. 역사소설을 범박하게 '과거의 역사를 소재로 한 소설'이라고 정의한다면, 이는 과거사의 단순한 서술을 의미하는 것이 아니라 오늘을 사는 독자에게 현재적 관심거리가 되어야 한다는 말이다. 루카치는 이점을 '현대의 전사(前史)'라고 표현했거니와, 이는 과거와 현재를 잇는 역사적 원근법의 확보가 역사소설의 요체가 된다는 것을 말한다. 그렇지만 역사에 대한 시각이 감각이나 역사 현상에 대한 추상적이고 일반적인 인식의 형태로서가 아니라, 경제와 물질에서 역사의 근본 동력을 찾는 과학적 태도에 기반을 두었을 때만이 과거 인물의 성격과 운명은 역사성을 부여받고 당대 현실과 필연적인 연관성을 확보할 수 있다[13]. 이런 규정에 비추어보자면, 최원복의 과거사, 예컨대 식민치하 일제의 토지 수탈과 그로 인한 유랑 농민화, 도일과 하층 노동자로의 편입 등은 작가가 역사주의적 시각을 견지하고 있음을 보여주는 구체적 사례들이고, 특히 일인들의 근거 없는 차별 대우와 그것의 역사적 근원을 설명하면서 보여준 관동 대지진에 대한 언술은 작가의

13) 역사소설과 역사주의에 대해서는 루카치의 『역사소설론』(이영욱 역, 거름, 1987) 및 아우얼바하의 『미메시스』 근대편(김우창 · 유종호 역, 민음사, 1984년판) 참조.

시각이 상당히 예리하다는 것을 말해준다. 물론 작가의 태도가 엄밀한 의미의 역사주의적 시각을 견지한 것인가에 대해서는 이견이 있을 수 있다. 『유맹』에는 재일 한인들의 생존 투쟁이나 경제 투쟁이 제시되지 않고 있다. 일제치하에서 재일동포들은 가혹한 노동 현실에 직면하여 생존과 근로 조건의 개선을 위한 다양한 투쟁을 전개했고, 또 상당한 효과를 거두었던 것으로 알려지는데,[14] 작품에서 여기에 대한 언급은 거의 찾아 볼 수 없다. 이는 『유맹』이 작가가 목격한 주변 인물들의 일화를 소개하는 서술 방식을 취한 사실과 무관한 것은 아니지만, 근본적으로는 작가가 공산주의에 대한 본능적인 적대감을 갖고 있었고, 그것이 집단적이고 이념적인 행동에 대한 상대적인 무관심을 불러온 게 아닌가 추측해 볼 수 있다. 실제로 해방 전 재일 한인운동을 주도했던 인물들은 대부분 공산주의자였는데 여기에 비추어 보자면 작가의 태도는 수긍이 가고도 남는다. 이런 점에서 공산주의 체험과 전쟁의 상흔은 작가를 구속하는 올가미와도 같았음을 다시 한번 확인하게 되지만, 그렇다고 『유맹』이 재일 한인들의 최근세사에 대한 상세한 보고서라는 사실을 부인할 수는 없을 것이다.

마지막으로 『유맹』에서 주목할 수 있는 것은 삶에 대해서 긍정적이고 성실한 태도를 갖고 있는 최원복이라는 긍정적 인물의 제시이다. 『유맹』이 작가의 다른 작품들과 구별되는 요소의 하나는 여기에 있다고 하겠는데, 그는 인정 많고 성실한 한국인의 전형이자 동시에 작가의 인간관이 고스란히 녹아 있는 인물로 보인다. 최원복은 남다른 수완을 갖고 있는 것도 아니며, 그렇다고 재산이 넉넉한 인물도 아니다. 또 남을 속이거나 부당한 방법으로 이익을 취하지도 않는다. 단지 성실하게 주어진 길을 걸어갈 뿐인데, 이런 점에서 최원복은 『여자의 전부』에서 제시된 성실하고 가식 없는 동천이나, 혼탁한 현실에 맞서서 양심을 지키고 살려는 『길』의 최성칠

14) 카지무라 히데키, 김인덕 역, 『재일조선인운동』, 현음사, 1994.

등과 통하고, 멀리는 「잉여인간」의 서만기와도 이어져 있다. 『유맹』 이후 발표한 『봉술랑』에서도 이러한 인물이 등장하거니와, 주인공 '봉술랑'은 당대 최고의 무술인으로 조국을 침탈한 몽고족에 대항하고, 타락한 관리들을 징벌하는 의협심 강한 인물로 등장한다. 이 일련의 인물들을 통해서 우리는 손창섭의 궁극적 관심이 삶에 대한 긍정이고, 아울러 양심을 간직하고 살아가는 성실한 자세라는 사실을 알 수 있다. 『유맹』의 최원복은 이러한 작가의 인간관이 역사 현실과 결합하면서 빚어진 인물이자 동시에 작가가 지향하는 인간의 근원적 모습인 것이다. 그런 점에서 초기작들은 정상적인 삶에 대한 강렬한 희구를 아이러니(irony)와 희화적 방식으로 표현한 것이라면(그런 점에서 초기작들은 다분히 기존의 사회적 가치와 규범을 부정하는 모더니즘적 특징을 보여준다), 1960년대 이후의 작품은 현실에 대한 거리감각을 바탕으로 작가 본래의 가치와 지향을 현실적으로 표현한 것이라고 할 수 있다.

이상의 고찰을 통해서 우리는 『유맹』이 작가의 새로운 면모를 보여준 작품이라는 사실을 확인할 수 있었다. 현실을 대상화하고 역사적 맥락에서 이해한다는 것은 그만큼 작가가 전후의 혼돈에서 벗어났음을 의미하고, 정상적인 가치와 규범에 대한 신뢰를 갖고 있었음을 뜻한다. 그러므로 병자의 신음소리, 모멸과 연민의 미학, 수인의 문학이라는 기존의 평가와는 달리 1960년대 이후의 손창섭 소설은 현실주의적 경향에 바탕을 둔 진지한 천착과 모색을 특징으로 한다고 볼 수 있고, 『유맹』은 그러한 시각에서 쓰인 재일 한인들에 대한 최초의 깊이 있는 문학적 보고서가 되는 것이다. 이 작품으로 하여 우리 소설사는 재일 한인들을 서사적 공간 속으로 끌어안는 한층 풍요로운 내실을 갖게 되었다.

근대화의 부정성과 인간 본연의 삶

김정한 소설과 60년대 문학

1. 대쪽같은 삶과 문학

"인간답게 살아가라. 비록 고통스러울지라도 불의에 타협한다든가 굴복해서는 안 된다. 그것은 사람이 갈 길이 아니다"라는 「산거족」의 한 구절은 김정한의 삶과 문학 전체를 아우르는 경구라 할 수 있다.

일제치하의 일본 유학 시기를 제외하고는 한 번도 부산을 떠난 적이 없는 요산(樂山)은 고통과 시련으로 점철된 현대사를 대쪽같은 자세로 살아왔고, 그것을 그대로 작품으로 표현해 놓았다. 삶과 창작을 아우르는 이 치열한 과정을 두고 고은(高銀)은, 한용운에 비견되는 "민족문학의 살아있는 이정표"[1)]와도 같다고 회고한 바 있거니와, 김정한이 문학사에

1) 고은, 「요산 김정한 선생을 추모하며」, 『한겨레신문』, 1996.11.30.

서 평가될 수 있는 것은 이렇듯 개인의 실존적 삶을 고스란히 예술로 승화시킨 보기 드문 경지를 보여준 데 있다.

김정한은 부정한 현실에 맞서면서 수 없는 고통을 당했고 그 과정에서 투철한 역사의식을 견지해 왔다는 것은 익히 알려진 사실이다.[2] 그는 서울 중앙고보에 입학했다가 부산의 동래고보로 전학한 후(24년)에는 매년 스트라이크에 가담하여 이른바 불령선인(不逞鮮人)의 리스트에 올랐고, 동래고보를 졸업하고 울산 대현 공립보통학교 교원으로 부임한 뒤에는 한인 교사에 대한 차별 대우에 항의하여 조선인교원연맹을 결성하다가 발각되어 학교에서 쫓겨난 적도 있다. 또, 1929년 일본으로 유학을 떠났다가 1932년에 귀국한 뒤에는 농민 순회강연을 다녔는데, 당시 양산에서는 일제에 토지를 빼앗기고 소작인으로 전락한 농민들이 봉기하여 치열한 싸움을 벌이고 있었다. 김정한 일행은 이들을 상대로 농조사건(農組事件)에 대한 계몽과 수감자 구호운동에 가담했다가 구속되어 모진 고문을 당한다. 또, 1939년 남명 공립보통학교에 근무하던 시절에는 조선어가 수의과목으로 변경되고 황민화교육이 강화되자 돌연 사표를 내고 『동아일보』 동래 지국을 맡지만 그 또한 여의치 않아 치안유지법 위반으로 피검되고 만다. 김정한은 이러한 사회 활동을 통해서 특유의 반골 기질을 갖게 되고 자연스럽게 사회 비판적 문학관을 내면화한 것으로 보인다. "문학을 통해서라도 민족적 감정을 배알지 않으면 생의 구차한 보람을 느끼지 못할 것 같아서" "문학의 길을 택했노라"[3]는 회고에는 당시의 고통스러운 심경과 결의가 구절마다 배어 있다.

문학적으로 볼 때, 김정한은 어떤 이념이나 조직에 소속되어 활동하지 않았고, 또 조직이 제시한 논리를 작품 창작의 기준으로 삼지도 않았

2) 김정한의 생애에 대해서는 다음 글을 참조하였다. 「허덕이며 보낸 인생」(김정한, 『김정한소설선집』, 창작과비평사, 1983), 『낙동강의 파숫꾼』(김정한, 한길사, 1978), 「자서(自序)」(『인간단지』, 한얼문고, 1971), 「저항과 인간해방의 리얼리즘」(김종철, 『한국문학의 현단계』 3, 창작과비평사, 1984), 「김정한 소설연구」(조갑상, 동아대 박사논문, 1991).

3) 김정한, 「허덕이며 보낸 인생」, 『김정한소설선집』, 창작과비평사, 1983, 479면.

다. 김정한은 카프(KAPF)가 활동을 본격화할 즈음인 1928년부터 시를 발표하면서 문학에 발을 들여놓았으나 카프에는 가입하지 않았고, 그렇다고 사회주의 이념을 맹신한 작품을 창작하지도 않았다. 동경 유학 시절, 후에 카프 맹원으로 활약한 이찬·안막·이원조 등과 교류하면서 『학지광』 편집에도 관여했지만 귀국 후 이들과 함께 활동하지는 않았으며 대신 교원 생활을 하면서 농민운동에 관여하였다. 당시 김정한이 단체에 가입하지 않았던 것은, 「항진기」에서 암시되듯, '얼치기' 사회주의자들에 대해서 상당히 반감을 갖고 있었기 때문으로 보인다. 일선 현장을 찾아다니면서 사회운동을 몸소 실천했던 김정한이 보기에 구체적 행동은 없고 대신 탁상공론만을 앞세우는 사회주의자들은 경멸스러운 존재로 비칠 수밖에 없었다. 그가 보기에 중요했던 것은 말이 아니라 실천이었다. 그렇다고 김정한이 사회주의를 부정했던 것은 아니다. 김정한은 당시 민족주의를 표방했던 지식인들의 상당수가 친일 행위를 서슴지 않았으나, 급진적인 사상을 지닌 젊은이들은 그와는 달리 독립운동에 매우 적극적이라는 사실을 목격하고 사회주의에 대해서 상대적인 호감을 가졌던 것으로 보인다. 해방 후 김정한이 조선문학가동맹 경남책임자로 일했던 것은 그런 사실과 무관하지 않을 것이다. 하지만, 당시 중앙으로부터 "사상과 계급성이 약하다"는 비판을 받았다고 하는데, 여기에 비추자면 김정한은 사회주의자라기보다는 오히려 사회주의에 공감하는 진보적 민족주의자였던 것으로 판단된다.[4] 김정한에게 중요했던 것은 이념이나 조직의 논리가 아니라 민족의 참담한 현실이고, 또 그것을 정직하게 수용하고 극복하려는 의지와 실천이었던 것이다.

김정한이 1960년대 작가들과 다른 지평에서 사회 현실의 문제를 작품화할 수 있었던 것은 이러한 독특한 경력과 문학관에서 비롯된 것이라고 할 수 있다. 전쟁을 겪으면서 현실은 황폐할 대로 황폐해져 있었

4) 「저항과 인간해방의 리얼리즘」 및 『낙동강의 파숫군』, 그리고 조갑상의 논문 생애 부분 참조.

고, 그런 상황에서 작가들은 존경할 만한 선배나 이어받을 전통을 갖고 있지 못했다. "우리는 애비 없는 자식이다"라는 전후 이어령의 절규를 떠올리지 않더라도, 분단과 한국전쟁은 그때까지 우리 근대문학이 걸어온 도정, 특히 진보적 민족문학이 걸어온 도정을 거의 무화시켜 놓았고, 대신에 서양으로부터 받아들인 모더니즘과 실존주의에 스스로를 의탁하지 않을 수 없는 상황이었다.[5] 김정한이 문단 활동을 재개한 1960년대 중반 이후의 상황 역시 그보다 크게 나아진 것은 아니었다. 그런 척박한 풍토에서 김정한은 과거 프로문학의 전통을 부활시켜 진보적 민족문학의 가능성을 열어 놓은 것이다. 특히 박정희 정권 이래 본격화된 근대화에 대한 비판은 1960년대 그 어느 작가보다도 정확하고 예리하다. "남의 땅 이야기나 옛 이야기처럼 세상에 버려져 있던 따라지들의 억울한 사연들에 대해서 차마 침묵할 도리가 없었기 때문"에 다시 붓을 들게 되었다는 고백에서 알 수 있듯이, 이 시기 작품은 거의 전부가 근대화에 따른 모순과 그로 인해 희생당한 서민들의 고통과 애환을 소재로 하고 있다.

이 글은 이런 사실을 전제로 1960년대 김정한 소설의 의미와 성과를 살펴보고자 한다. 그간 김정한은 농촌 현실과 농민의 삶을 주로 그렸다는 이유로 농민문학이라는 측면에서 주목되었으나, 1960년대 이후의 소설은 그러한 평가와는 달리 근대화의 문제를 파헤치는데 거의 모든 관심을 집중하고 있다고 해도 과언이 아니다. '근대성(modernity)'의 문제가 여전히 중요한 화두가 되고 있는 오늘날 김정한은 근대화의 초창기에 이미 그에 따른 문제점을 선구적으로 꿰뚫고 있었던 것이다.

---

5) 홍정선, 「4·19와 한국문학의 방향」, 『민족문학사연구』 8호, 창작과비평사, 1995, 50~51면.

2. 근대화의 부정성과 본연(本然)의 인간

1960년대는 근대화 정책이 본격적으로 추진되면서 그에 따른 문제점이 사회적으로 점차 표면화되는 시기였다. 4·19를 짓밟고 권력을 찬탈한 박정희는 정권의 정통성을 확보하기 위해서 강력한 수출 드라이브 정책을 가동했고, 그 과정에서 사회구조는 점차 농경사회에서 산업사회로 무게중심을 옮겨 갔다. 생산성이 급격히 향상되고 사회적 부가 증대되어 절대 빈곤에서 벗어나기 시작한 것이다. 하지만 산업화의 과정이 서구나 다른 나라에 비해 상대적으로 급박했고, 또 산업화를 주도한 세력이 그것을 정치적으로 악용했던 까닭에 여러 가지 부작용이 야기될 수밖에 없었다. 1960년대의 근대화는 자생적이긴 했으나 민중의 지지를 받고 진행된 것은 아니었다.[6] 부실했던 군부정권의 기반을 확고히 하고, 남·북한의 체제경쟁에서 우월한 지위를 차지하기 위한 정권 이데올로기를 바탕으로 진행되었고, 특히 자본과 기반시설이 부족했던 까닭에 외자에 의존할 수밖에 없는 대외의존적인 경제체제를 강화하는 결과를 낳았다. 그런 관계로 외형상의 성장에도 불구하고 계층 간의 갈등은 심화되고, 사회 전반은 전통적인 질서가 허물어지면서 매우 혼란스러운 양상을 드러낸 것이다.

「모래톱 이야기」로 문단에 복귀한 김정한이 이후 꾸준한 관심을 보였던 것은 바로 이 근대화의 문제였다. 문학을 '현실과 맞서는 실존의 몸부림'으로 생각하고 인간다운 삶을 가로막는 현실의 제반 장애 요인에 맞서 왔던 김정한의 눈에는 1960년대 이후의 근대화 정책이 결코 온전한 것으로 보일 리 없었다. 민중들의 실제 생활을 외면할 뿐만 아니라 심지어 정책 자체가 일부 잘사는 사람들만을 위한 것이 아닌가 하는

6) 이종오, 「해방 50년의 근대화 그리고 통일에 관하여」, 『창작과비평』, 1995년 가을.

의구심을 불러일으켰던 것이다. 그래서 작중의 그것은 매우 부정적으로 제시된다. 가령, 「제3병동」의 강남옥 처녀의 시선을 통해서 묘사된 근대화 정책은 "천하고 안타까운" 것으로 언급된다. 멀리 보이는 들 끝 초가집들은 '게딱지처럼 다닥다닥 땅에 붙어' 있지만 철길 가의 집들은 번듯하게 기와나 슬레이트로 고쳐 이어졌다. 또 철길 쪽의 벽들은 흰 횟가루로 깨끗하게 도배되었지만, 그 뒷면에는 찌그러진 초가가 그대로 방치되어 있다. 눈 가리고 아웅 하는 식으로 진행된 겉치레에 불과했던 근대화로, 모두 "우리들을 도와줄 수 있는 외국 손님들을 맞이하기" 위한 과시용이었던 까닭이다.

이렇듯 외형 위주로 부실하게 진행된 근대화였던 까닭에 정부의 정책은 민중들의 실제적 요구와 어긋날 수밖에 없었고 심한 경우 일반 민중들을 기만하는 식으로 전개된다. 서민들에게 집터를 마련해 주겠다는 당국의 발표는 집 없는 서민들을 속이기 위한 기만책에 불과한 것으로 판명되고(「지옥변」), 풍년이 들었음에도 불구하고 서민들은 삶을 한층 곤궁해져 '풍년기근'이라는 신조어까지 생겨나기에 이른다(「뒷기미나루」). 또 하천 부지를 매립한다는 명분으로 애매한 남의 농토를 마구잡이로 몰수하는 파렴치한 정책이 자행되며(「모래톱 이야기」), 국민의 건강과 생명을 보호해야 할 국민의료법이 역으로 국민 건강을 외면하는 장애물로 둔갑한다(「축생도」). 속도와 성과만을 중시한 까닭에 근대화는 민중들의 실제적인 삶을 외면하고 단지 통계적 수치와 외형만을 부풀리는 식으로 진행되었던 것이다. 이런 현실을 두고 김정한은, 「유채」의 허생원의 입을 빌어서, "근대화 두 번만 했으면 집까지 뺏아 갈 거 앙이가!"[7] 라는 자조어린 탄식을 내놓는 것이다.

김정한이 보기에 근대화 정책의 가장 큰 문제점은 인간성의 왜곡과 타락이었다. 여러 작품에서 언급되듯이 김정한은 인간성을 박탈하는 부

---

7) 김정한, 「유채(油菜)」, 『인간단지』, 한얼문고, 1971, 60면.

정적 존재로 근대화를 인식하였다. 「제3병동」에서 언급되듯이, 근대화는 화려한 겉치레에도 불구하고 사람살이에서 '훨씬 본질적인 그 무엇'을 박탈했다고 생각한다. 「제3병동」의 한 처녀의 삽화는 그런 사실을 말해주는 구체적 사례에 해당한다. 즉, 만신창이가 되어 죽기 직전에 "죽어도 한이나 없게" 하는 심정에서 병원을 찾은 심작은돌 노파를 치료하던 김종우 의사는 그 노파를 간병하던 딸마저 장질부사에 감염된 것을 발견한다. 어머니 곁에는 가지 말라고 그렇게 주의를 줬음에도 불구하고 그녀는 아랑곳하지 않고 어머니 곁에 붙어서 잠을 잤고, 심지어 자신이 사용하던 숟가락으로 어머니에게 미음을 떠먹이는 태연한 광경을 연출하기도 하였다. 이런 모습을 지켜보면서 김종우 의사는 경악하지만 한편으론 신선한 충격을 받는데, 그것은 그런 모습에서 역설적으로 약삭빠르고 계산적인 시속에서는 도저히 찾을 수 없는 인간 본연의 모습을 발견한 때문이다. 이른바 일류의 중학과 고등학교를 마치고, 대학까지 일류란 데를 나온 레지던트 과정의 젊은 의사의 생각으로는 그녀의 비위생적 태도를 도저히 이해할 수 없지만, 거기에는 현대인으로서는 도저히 이해할 수 없는 '그 무엇'이 숨어 있었던 것이다.

> — 병을 겁내지 않는 애! 죽음까지도!
> (…중략…)
> 사람의 명과 생명을 대상으로 하는 의학…… 눈깔까지 해 넣고 심장 이식까지 할 수 있게 된 놀라운 현대 의학이론으로써도 그러한 인간 행위만은 진단할 길이 없었다. — 효도니 뭐니 하는 그런 너절한 것이 아니다! 훨씬 본질적인 것, 어쩜 과학 따위에 의해서, 혹은 현대인의 그 약삭빠른 비굴성이랄까, 거짓 이기주의…… 아무튼 눈에 보이지 않는 그런 것들에 의해서 말살되어 가고 있는, 그런 무엇이 아닐까?[8)]

병을 겁내지 않고 죽음까지도 겁내지 않는 '그 무엇'이란 김종우의

8) 김정한, 「제3병동」, 『김정한소설선집』, 창작과비평사, 1983, 171면.

표현대로 "효도니 뭐니 하는 그런 너절한 것"이 아닌, '훨씬 본질적인 그 무엇'이다. 그것이 어떤 것인지 구체적으로 언급되지는 않지만, 이를테면 그것은 시속에 물들지 않은 인간 본연의 모습으로 이해할 수 있을 것이다. 인간에 대한 진정한 사랑에서 우러난, 합리성과 도구적 가치를 중시하는 근대화된 현실에서는 도저히 찾을 수 없는 인간의 근원적 모습, 벤야민 식으로 말하자면 기술복제시대에는 찾을 수 없는 '태고의 향기'와도 같은 모습을 그녀에게서 발견한 것이다. 병원의 규율을 어기고 문책까지 감수하면서 김종우 의사가 그녀를 치료해 주는 등의 배려를 아끼지 않았던 것은 그녀로부터 그것을 발견한 때문이고, 그것을 통해서 작가는 궁극적으로 천박한 세태에 맞서는 삶의 대안을 본 것이다. 아도르노의 지적처럼, 근대화의 진전(혹은 도구적 이성의 발달)은 인간 본연의 모습을 희생시키게 마련이다. 치열한 경쟁과 개인의 이익만을 앞세우는 근대화는 필연적으로 관습·정서·도덕을 비롯한 절대적 가치의 희생을 요구하고, 따라서 인간을 왜소화시키고 물화(物化)시킨다. 사회 곳곳에서 목격되는 물신주의와 천박한 개인주의·소외·이기주의 등은 계산가능성과 유용성만을 중시하는 근대화의 부정적 단면이자[9] 인간의 불구화된 심성의 단적인 표현인 것이다. 김종우 의사가 말하는 '그 무엇'은 바로 도구적 이성에 사로잡힌 이 불구적 인간과는 거리가 먼 인간 본연의 모습인 것이다.

단편 「곰」에서, 전직 하사였던 '곰'에게서 "신비스런 감동"을 느꼈던 것도 그가 뿜어내는 천진무구한 태도에 감동했기 때문이다. '곰'은 전쟁이 발발하면서 임신한 아내와 이별한 뒤 아직까지 생사조차 확인하지 못한 상황에서, 산골에 틀어박혀 귀신에 씌인 사람처럼 '아이를 안고 승천하는 여인상'을 조각한다. 먹고살기 위해서 화전을 일구고 나무를 해오는 주변 사람들과 대비하자면 그의 행동은 쉽게 이해될 수 없는 것

9) M. 호르크하이머 · Th. 아도르노, 김유동 외역, 『계몽의 변증법』, 문예출판사, 1995, 23~76면.

이지만, 그 속에는 돈으로는 환산할 수 없는 아내와 자식에 대한 깊은 사랑이 깃들어 있었고, 이 순수한 영혼을 통해서 작가는 "신비스런 감동"을 받았던 것이다.

김정한 소설이 고통 받는 인물들을 그려내고 있음에도 불구하고 밝고 건강하게 다가오는 것은 이와 같은 인간 본연의 삶에 대한 지향과 믿음을 작품 곳곳에 내장하고 있기 때문이다. 오늘날 주변에서 자주 목격되는 허위와 이기심으로 충만한 사람들과는 달리 김정한의 인물들은 마치 옛날의 시골사람들과도 같은 질박하고 무구한 심성의 소유자들이다. 비굴하지 않고, 그렇다고 약삭빠르지도 않은 이들을 통해서 작가는 근대화의 궁극적 목표가 어떠해야 하는가를 암시하고 있다.

3. 왜곡된 현대사와 저항의 휴머니즘

김정한이 근대화 정책을 부정적으로 본 것은 현대사에 대해서 매우 비판적인 시각을 갖고 있었기 때문이다. "어머니의 젖가슴에 안겨 겨우 의식이 싹틀 무렵부터 일제 순경의 칼에 먼저 겁을 먹었고, '순사 온데잇!' 하면 울던 울음도 그쳐야만 했던 것이 사회에 대한 첫 몸짓"[10]이었다던 회고에서 알 수 있듯이, 김정한은 식민지와 분단으로 이어지는 현대사의 비극을 온몸으로 감당해온 작가이다. 그렇기에 「수라도」와 「지옥변」 등에서 목격되는 사회 현실에 대한 비판에는 체험에 바탕을 둔 절실함이 배어 있다. 더구나 김정한은 역사가 과거로 끝나는 것이라면 새삼스럽게 아픈 기억을 더듬을 필요가 없겠지만, 그와는 달리 과거의

10) 김정한, 「자서(自序)」, 『인간단지』, 한얼문고, 1971, 4면.

역사는 오늘에도 여전히 살아 있다고 생각한다. "과거를 묻지 말 것이 아니라, 성실하게 반성하고, 회개할 건 회개해야 된다고 생각한다. 그렇게 함으로써만 과거를 현재에 살릴 수 있다"[11]고 보는 것이다. 이런 생각에서 김정한은 과거와 현재를 의식적으로 단절하려는 듯한 경향을 "불순시하고 증오한다"고까지 말한다. 그래서 김정한은 60년대의 근대화를 비판하면서도 끊임없이 그 원류가 되는 해방 직후를 회상하고 반추하는 역사주의적 시각을 견지하는 것이다.

'가야부인'의 일대기를 회상 형식으로 그린 중편 「수라도」에서 작가는 파란의 현대사를 걸어 온 가야부인의 당찬 삶에 시선을 집중하면서도 한편으로는, 그녀의 삶을 근본에서 규율하는 역사 현실에 대해서도 관심을 게을리 하지 않는다. 민족의식과 지조를 지키면서 일제치하를 고통스럽게 보냈던 오봉 선생은 해방의 감격을 맛보지도 못한 채 눈을 감았고, 일본에서 대학을 마치고 학병을 피해 도망갔던 가야부인의 막내아들은 벼슬할 궁리는 않고 농민조합을 만든다고 사람들을 찾아다니며, 그 아버지 명호 양반은 나라가 통일되지 못한 것을 한탄하며 실의의 나날을 보내고 있다. 또 징용에 끌려간 사람 중에는 아직도 돌아오지 않은 사람이 많고 어쩌다가 돌아온 사람들은 거지가 되거나 병신이 되었다. 더구나 여자 정신대에 나간 처녀들은 한 사람도 돌아오지 않았다. 하지만 해방과 더불어 몰락하리라 믿었던 친일분자 이와모도 참봉의 집안은 날로 번성하기만 한다. 이러한 현실을 목격하면서 작가는 주와 객이 전도되고 민족정기가 왜곡된 현대사에 대해 강한 불만을 토로한다.

4·19 직전의 현실을 그려놓은 단편 「지옥변」은 그러한 생각을 한층 구체적으로 표현한 작품이다. 일본말을 안 쓴다고 어린 학생들을 들볶아대던 친일 교사는 어느 날 교장이 되어 다시 일선에 복귀하고, 일본

---

11) 김정한, 「창작 노우트」, 『월간문학』, 1970.8, 252면.

인의 양자가 되어 친일 행위에 앞장섰던 인물은 정당 간부로 둔갑해 활동 중이며, 젊은이들을 전쟁터로 내몰았던 악질 순사는 국회의원에 출마하기 위해 혈안이 되어 있다. 말하자면 이들은 모두 반민특위에 회부되어 단죄되어야 할 사람들이지만 오히려 '민의 데모'를 주도하고 땃벌떼와 백골단을 이끌면서 다시 권력의 중심에 진입한 것이다. '지옥변'이라는 제목처럼, 아수라장을 방불케 하는 이런 현실을 두고 작가는 인물의 입을 빌어서 "돈과 권력만 가지면 안 되는 일이 없다는 그의 조국이 새삼 한스러웠다"는 가슴 아픈 탄식을 토하는 것이다.

> 울산이 아저씨는 좀처럼 풀려 나오지 못했다. 면회도 잘 들어주지 않았다.
> 「아마 대통령 선거가 끝나야만 나오게 될 것!」
> 철도공장 아저씨들은 차돌이의 말을 듣곤 이렇게 말했다.
> (선거가 끝날 때까지……)
> 차돌이는 정신이 아찔했다. 돈과 권력만 가지면 안 되는 일이 없다는 그의 조국이 새삼 한스러웠다. 생때 같은 사람이 하룻밤 사이에 어마어마한 죄를 뒤집어 쓴 채 목이 달아나기 예사고, 정작 죽어야 할 놈이 금방 훨훨 털고 살아나고…… 모든 것이 식은 죽 먹기 같다는 말이 거짓이 아닌 듯했다.[12)]

김정한 소설이 의미를 갖는 것은 이러한 현실을 단순히 고발하는 데 그치지 않고 인물들의 행위를 통해서 거기에 과감히 맞서는 저항을 감행한다는 데 있다. 1960년대 다른 작가들과 구별되는 김정한의 독특함 이런 사실이라 하겠는데 가령, 「모래톱 이야기」의 갈밭새 영감이나 「수라도」의 오봉 선생, 가야 부인, 「뒷기미 나루」의 속득이, 「지옥변」의 울산이 아저씨 등은 현실에 체념하거나 맹목적으로 순응하는 인물들이 아니다. 가야부인은 기울어져 가는 양반 집안의 맏며느리로서 가문과 시부모・남편 그리고 자식들을 위해 끊임없이 봉사하고 희생하는 삶을 사는, 한국 여성의 온갖 미덕을 갖춘 전형적인 여인상으로 그려진다. 하

12) 김정한, 「지옥변」, 『김정한소설선집』, 창작과비평사, 1983, 343~344면.

지만, 그렇다고 유교적 인종의 규범에 얽매여 있는 것은 아니다. 그녀의 전통적 부덕(婦德)은 일본의 식민지주의, 제국주의에 반대하는 투쟁에 연결되어 있고,[13] 또 가부장적 권위에 맞서 자신의 곧은 신념을 굽히지 않는 여성으로서의 자존(自尊)을 갖추고 있다. 가야부인의 막내아들은 해방이 되자 농민조합을 만든다고 주변 사람들을 찾아다니고, 그 아버지 명호 양반은 나라가 통일되지 못한 것을 한탄한다. 울산이 아저씨는 관공서와 신문사를 찾아다니며 일제에 착취당한 체불임금을 받으려고 백방으로 노력중이며, 「유채」의 허생원은 허구적 근대화를 통탄하면서 포플라 숲에 불을 지르는 저항적 의지를 단호하게 표현한다. 말하자면 이들은 상황을 수동적으로 받아들이는 것이 아니라 적극적으로 맞서면서 변화시키려는 진취적인 성격의 소유자들이다.

그렇지만 이들은 특정 이념이나 목적을 위해서 현실에 불만을 품고 부정하지는 않는다. 외견상 단순하고 불같은 성격을 지니고 있음에도 불구하고 이들은 자신의 삶을 회고하고 반성하는 깊은 내면을 소유한 사람들이다.

> (칫, 〈시집〉이라 카등가, 〈시지프스〉라 카등가!)
>
> 허생원은 태식이란 놈이 어디서 주워듣고 와 하던 맹랑한 이야기를 문득 생각해 냈다. 그 〈시집〉인가 〈시지프스〉인가 하는 사나이가 저승에 가서 벌을 받았다는 이야긴데, 뭐 무거운 돌덩이를 어깨에 메고 높은 산비탈을 겨우 올라가 내려만 놓으면 다시 아래로 굴러 떨어지고 해서 언제까지나 그 고통스런 일을 되풀이했다는 것이었다. 지금 생각하면 그때 들은 그 얘기가 꼭 자기와 같은 운명을 두고 하는 말 같았다. 인생을 산 것이 아니라, 인생을 머슴살이한 것 같은 느낌이 자꾸만 들었다.[14]

---

13) 백낙청, 「문화연구의 자세와 민족문학」, 『민족문학과 세계문학』, 창작과비평사, 1978, 257면.

14) 김정한, 「유채」, 『인간단지』, 한얼문고, 1971, 64면.

허생원이 자신의 삶을 돌아보면서 스스로를 시지프스와 동일시하는 것은 자신의 환경을 운명으로 수용하겠다는 것이 아니라, 고통을 제거하기 위해 새롭게 대응하겠다는 뜻이다. 주어진 환경을 운명으로 받아들인다면 결코 현실에 맞설 수 없는데, 허생원은 자신의 삶을 회상하면서 자신이 저주받은 생활을 했던 것은 다름 아닌 인간의 탐욕과 부정 때문이라는, 즉 왜곡된 역사에서 비롯된 것이라는 사실을 간파해 낸다. 생떼 같은 자식이 남의 나라 전쟁(월남전)에 나가 한줌의 유골로 돌아온 것이나, 조상 대대로 경작해 온 땅이 어느 날 유력자의 소유로 둔갑한 것은 모두 인간의 잘못과 탐욕에서 비롯된 것이고, 그래서 그것을 바로 잡기 위해서 과감히 일어 설 수밖에 없다는 것이다. 김정한 소설의 인물들이 하나 같이 "인간적인 희망도 없이, 외부로부터 강요된 숙명의 여신에게 굽신거리기만 하고, 순종이야말로 현명한 미덕이라고 생각하는 약자의 자기비하"[15]를 단호하게 거부하는 것은 그런 맥락이다.

김정한 소설이 1960년대 소설사에서 두드러지는 것은 이런 사실과 관계된다. 1960년대 소설의 인물은 현실을 무비판적으로 수용하는 경우가 많은데, 이를테면 이호철이나 하근찬 등의 경우처럼 인물들은 상황의 압력을 부정적으로 인식하고 비판하지만 그것을 변화시킬 만한 어떤 적극적인 행동을 보여주지는 못한다. 심한 경우는 김승옥의 인물처럼 분열된 자의식을 무절제하게 노출하거나 무기력하게 몰락하는 경우가 대부분이었다. 그것은 작가들의 시각이 주체와 객체를 변증법적으로 인식하지 못하고 자아 중심적인 사고에서 크게 벗어나지 못하고 있었기 때문이다. 대상을 객관화할 수 없기에 주체의 상황만이 절대시되고, 결국 자폐적인 행동만을 반복하게 되었던 것이다. 하지만, 김정한은 개인의 고통이란 결코 한 개인에게 국한된 것이 아니라 사회 현실과 긴밀히 연관되어 있다는, 즉 주체와 객체에 대한 변증법적인 인식을 갖고

15) 김병걸, 「김정한과 리얼리즘」, 『창작과비평』, 1972년 봄, 102면.

있었고, 그런 사고방식을 바탕으로 자아 중심적인 사고에서 벗어나 사회 현실로 시야를 돌릴 수 있었던 것이다.

> "작가는 자기 개인보다는 그가 속해있는 집단을 위해 있는 사람이야. 집단을 위한 사명감이 없거나 약하거나 하면 나는 실망감을 느낀다구. 소크라테스는 자기 자신을 알라고 했잖아? 우리는 모두 개인이 아니라, 민족이라는 집단의 한 사람이야. 이 사실을 투철하게 인식하는 것이 자기 자신을 옳게 인식하는 길이라고 나는 생각해. 집단을 외면하지 말고 그 집단의 빛과 소금이 되라. 젊은 작가들에게 나는 이렇게 권하고 싶어."[16]

김정한 소설이 타인에 대한 사랑과 연민의 정조를 내재하는 휴머니즘의 특성을 보이는 것은 이런 데서 비롯된 것이다. 휴머니즘이란 인간에 대한 긍정의 정신이고, 그것은 인간에 대한 깊은 애정을 전제로 한다.

「모래톱 이야기」는 인간에 대한 이런 애정을 한층 단호한 어조로 표현한 작품이다. 낙동강 하류 명지면(일명 조마이섬)에 살고 있는 건우, 그의 어머니와 할아버지 갈밭새 영감은 법 없이도 사는 순박한 사람들이다. 그런데 이들은 가난의 수렁에서 벗어나지 못하고 있다. 경작하는 땅이 자신도 모르는 사이에 수시로 바뀌면서 생활의 근거지가 박탈당할 위기에 처하고, 설상가상으로 큰 홍수가 덮쳐 마을이 일시에 떠내려 갈 위기에 직면한다. 이 과정에서 둑을 허물어야 마을이 안전할 수 있다는 마을 사람들의 입장과 결코 둑을 허물 수 없다는 유력자의 입장이 충돌하면서 심각한 갈등이 발생한다. 갈밭새 영감과 하수인의 갈등은 이 두 집단의 충돌을 상징하는 것으로 이해할 수 있다. 의협심이 강하고 인정이 많은 갈밭새 영감이 분노를 참지 못하고 하수인을 물속에 내던지는 행동은, 살인이라는 극단의 방식으로 표현되고 있지만, 사실은 생존의 극한에서 야기될 수밖에 없는 자기 방어본능으로 이해할 수 있다. 더구

16) 김정한 · 이형기 대담, 「회견체로써 본 김정한론」, 『요산문학과 인간』, 오늘의문학사, 1978, 146면.

나 갈밭새의 행동은 단독자의 그것이라기보다는 '조마이섬'으로 표상된 공동체의 운명을 대변하는 집단성을 갖는다.

김정한 소설의 휴머니즘은 이렇듯 한 개인의 고통을 소외된 민중 전체의 그것으로 치환한 강력한 힘에서 비롯된다. 그리고, 바로 그 점이 1960년대의 소설사에서 리얼리즘을 문학사의 표면으로 부활케 한 내적 동력인 것이다.

4. 체험적 서사의 성과와 한계

김정한의 문장은 대개 호흡이 길고 끈끈하며, 경상도 특유의 토속어를 사용해서 투박한 인상을 준다. 하지만, 독자가 이해할 수 없는 요설이나 장광설로 흐르지는 않는데, 그것은 김정한의 문장이 호흡이 길기는 하지만 거칠다거나 비논리적이기보다는 오히려 논리적이며, 전통적인 한국의 문장 습관에 닿아 있기 때문이다.[17] 김정한은 단어 하나를 고르는 데도 심혈을 기울이는 과학적이고 성실한 태도를 견지해서 등단 직후인 1936년에는 창작에 필요한 단어들을 수집해서 소규모의 『조선어사전』을 만들었고, 또 경상도 일대의 식물을 채집하여 모양을 그리고 이름과 생태를 기록해 『향토식물조사록』을 작성하기도 하였다. 김정한의 책상 서랍에는 이런 단어와 식물도감으로 가득 차 있었다고 한다.[18] 이 성실한 관찰과 조사, 그리고 사물을 대하는 과학적 태도를 바탕으로 작품을 창작했던 까닭에 그의 문장은 당연히 정확하고 빈틈이

17) 김중하, 「요산소설에 대한 단상 몇 가지」, 『요산문학과 인간』, 오늘의문학사, 1978, 136면.
18) 김종철, 「저항과 인간해방의 리얼리즘」, 『한국문학의 현단계』 III, 창작과비평사, 1984, 99~115면.

없으며, 작품은 치밀한 구조와 형식을 갖는다. 요컨대 김정한은 자신의 치열했던 삶의 과정을 사실적으로 기록함으로써 역사에 대한 객관적 인식을 심화하고 부정적 현실에 대한 고발을 끊임없이 수행해온 것이다. 김정한 소설에서 어느 작가에게도 볼 수 없는 핍진한 리얼리티를 느낄 수 있는 것은 이런 사실과 관계될 것이다.

게다가 김정한은 시대 모순의 한복판을 걸어온 인물이고, 그 과정에서 겪은 여러 체험들을 작품으로 그려놓았던 까닭에 소설 속의 인물은 그 자체로도 시대의 전형이 되기에 충분하다. 「모래톱 이야기」의 갈밭새 영감이나 「수라도」의 가야부인, 「인간단지」의 우중신 노인, 「평지」의 허생원 등은 모두 작가가 목격했거나 전해들은, 시대의 모순을 온몸으로 감내하면서 살아온 사람들이고, 그렇기에 이들에 대한 묘사는 자연스럽게 시대의 전형으로 발전하며, 실제로 이들 인물은 소외당하고 천대받는 당대 민중의 전형이 되기에 조금의 손색도 없다.

그런데, 문제는 이 체험적이고 과학적인 태도가 꼭 긍정적인 것만은 아니라는 데 있다. 문학이 체험에 바탕을 두는 것은 사실이지만 그것만이 전부일 수는 없다. 작가의 독창적 구성력과 과감한 상상력이 우리의 삶과 폭넓은 관계를 맺어야 작품은 좀 더 풍요로운 세계를 갖게 되고, 리얼리즘의 견지에서도 깊은 울림을 주게 된다. 그런데 김정한 소설은 그런 측면에서 상대적으로 제한적이다. 김정한의 체험적이고 사실적인 태도는 구체성을 담보하는 중요한 요소라는 점에서 그 의의를 부인할 수 없지만, 그것은 한편으로 현실의 다양한 연관관계를 부분적으로밖에 보여주지 못하는 한계를 갖고 있다. 비유하자면 르포(reportage)와도 같은 핍진성과 그로 인한 고발성은 어떤 특정 분야에 대한 비판적 성찰을 제공할 수는 있어도 현실의 총체성을 환기하기에는 역부족이다.

가령, 「과정」이라는 작품을 보자. 작가의 민주화 운동을 바탕으로 씌어진 이 작품은, 작가의 분신이라고 할 수 있는 허연 교수를 통해서 당대의 억압적 현실을 고발하려는 의도를 갖고 있는 것으로 보이지만, 작품에서 권력과 지식인의 유기적 관련성에 대한 인식을 찾기는 힘들다. 왜 권력층이 지식인들에게 침묵을 강요했고, 또 부정한 권력의 본질은 무엇인지? 물론 당대의 억압적 상황과 단편이라는 양식적 특성을 고려하자면 이러한 질문은 어리석은 것일 수도 있으나, 소설에서 중요한 것이 어떤 일화의 단편적인 나열이 아니라 그것을 통해 삶의 현실 연관성을 환기하고 나아가 사회의 모순구조에 대한 인식을 심화시키는 것이라면, 그 한계는 분명하다. 「과정」에는 허연 교수의 수난과 주관적 심경만이 기록될 뿐 그것을 조장한 정치권력이라든가 사회 구조의 문제는 전혀 암시되어 있지 않다. 물론 김정한의 모든 작품이 이와 같은 한계를 갖는 것은 아니지만, 상당수의 작품이 주관적 체험을 문학적으로 승화하지 못한 채 무매개적으로 토로하는 등의 한계를 드러내는 것이다.

김정한 소설의 주인공이 하나같이 고립된 개인으로만 존재하는 것도 체험에 바탕을 둔 이러한 창작태도에서 유래한 것이라 하겠다. 갈밭새 영감이나 김종우 의사 등은 주어진 상황에서 양심을 지키고 살아가는 성실한 개인이지만, 이 미약한 개인이 거대한 사회구조와 맞선다는 것은 계란으로 바위를 치는 것과도 같이 무력할 수밖에 없다. 포플라 숲에 불을 놓는 허생원이나 유력자의 하수인을 물속에 태질 하는 갈밭새 영감의 행동은 결코 현실에 대한 구조적 전망이나 합리적 대안은 아니다. 이들의 행위는 기껏 단발적이고 감정적인 항의에 지나지 않는다. 그런 연유에서 이들의 운명은 대개 비극으로 귀결된다. 살인이라는 극한의 방법으로 섬사람들을 보호하려는 갈밭새 영감이나 목숨을 던져 문둥이들의 생존권을 수호하려는 우중신 노인의 행동은 거대한 관료주의와 구조적 폭력에 맞서는 미약한 단독자의 결단이라는 점에서 실패할 수밖에 없고 비극적이다. 물론 여기에는 관과 법에 대한 민중들의 오래된 피해의식이 잠재되어 있고 또 투쟁 외에는 다른 대안이 없다는 작가의 신념이 내재되어 있지만, 그것이 반복될 때 작품이 주는 효과는 감소할 수밖에 없다.

사실 김정한은 비슷한 모티프를 등단 이래 반복해 왔다고 해도 지나친 말은 아니다. 「사하촌」 이래 김정한 소설의 주된 모티프는 가난한 주인공의 투쟁담으로 정리할 수 있다. 즉, 고통과 모순의 한 가운데를 살아가는 주인공이 더 이상 참을 수 없는 상황에서 결연히 일어나 투쟁하는 과정이 김정한 소설의 주된 모티프이다. 그렇기 때문에 김정한 소설은 「사하촌」에서 제시된 가능성을 더 이상 심화하지 못하고 제재를 바꾸어 반복했다는 비판을 받기도 한다. 하나의 모티프가 반복된다는 것은 작가의식이 고착되어 현실을 탄력적으로 수용하지 못한다는 말이고, 그런 점에서 김정한 소설은 선명하고 강한 인상을 줌에도 불구하고 단조롭고 도식적이라는 평가를 받게 되는 것이다.

이상의 고찰을 바탕으로 김정한의 소설사적 의의를 정리하면 다음과 같다. 먼저 리얼리즘의 부활이라는 측면에서 김정한을 평가할 수 있다. 1960년대는 일제 암흑기와 전후 1950년대를 경과하면서 거의 고사되다시피 했던 식민지 시대 이래의 리얼리즘의 싹이 다시 돋아난 시기였다. 1930년대에 절정을 이루었던 리얼리즘 문학은 카프(KAPF) 해산과 더불어 점차 위축되고 1940년대 들어서는 거의 흔적조차 찾을 수 없게 되며, 해방 후에는 다수의 리얼리스트들이 월북함으로써 남한에는 리얼리즘보다는 이른바 순수문학 계열의 작품들이 더 많이 창작된다. 더구나 전쟁을 경과하면서 이른바 실존주의와 모더니즘 등 외래사조가 무분별하게 유입되면서 문단은 마치 외래사조의 경연장을 방불케 하는 혼란을 드러내는데, 이러한 상황에서 김정한은 작가들의 관심을 당대 현실로 돌리고 문학의 사회적 역할을 다시금 환기하는 견인적 역할을 수행한 것이다. 김정한은 현실을 선험적 수용의 대상이 아니라 적극적으로 맞서 변혁시켜야 할 대상으로 생각했고, 그것을 여러 인물들의 행동을 통해서 보여주었다. 갈밭새 영감이나 울산이 아저씨 등은 모두 왜곡된 현실을 변혁시켜야 할 대상으로 인식하는 인물이며, 그런 점에서 김정한은 당대 작가들 대부분이 보여주었던 수동적이고 체념적인 자세와 구별되는 리얼리즘의 기본 전제를 몸소 실천하고 있다. 김정한의 복귀와 활동이, 1970년대 초반 김병걸・구중서・백낙청・염무웅 등을 중심으로 전개된 리얼리즘 논의의 중요한 단서가 되었다는 김종철의 지적은[19] 결코 과장이 아닌 것이다. 그리고, 김정한은 당대의 가장 큰 현안이었던 근대화의 문제를 누구보다도 예리하게 포착한 작가였다. 1960년대는 근대화가 본격화되고, 그로 인해 사회가 여러 면에서 복잡하게 변화된 시기로, 이 과정에서 특히 문제가 되었던 것은 외형상의 근대화와 실질적인 근대화가 분리되면서 민중들의 삶이 향상되지 못하고 왜곡되거나 편향된 점이라 하겠는데, 김정한은 이를 날카롭게 포착하고 총체적 인간성의 회복을 통해서 진정한 근대화를 꿈꾸었던 작가이다. 김정한의 비판은 오늘의 시점에서도 능히 수용할 수 있을 만큼 정확하고 본질적이다. 더구나 김정한은 그런 문제를 리얼리즘의 기법을 통해서 천착해 냈다는 점에서 이후 황석영과 조세희로 이어지는 산업화에 대한 문학적 응전의 중요한 거점을 마련해 주었다.

인간 존엄을 소중한 가치로 간직한 김정한의 끈질기고 집요한 천착은 일제 암흑기와 전후 1950년대를 경과하면서 위축되었던 식민지 시대의 리얼리즘을 부활시켜 1970년대 이후 민족문학의 초석을 마련했다는 점, 더구나 산업화의 문제점을 냉철하게 제시하여 아직도 미해결의 숙제로 남아 있는 근대성에 대한 근원적인 반성을 촉구했다는 점에서 김정한은 근대성의 부정성이 회오리치는 오늘날도 여전히 문제적일 수밖에 없는 것이다.

19) 김종철, 「저항과 인간해방의 리얼리즘」, 『한국문학의 현단계』 III, 창작과비평사, 1984, 118~119면.

주체의 낙관적 의지와 배타적 신념

1980년대의 노동소설과 근대성의 딜레마

1. '80년대를 돌아보는 21세기의 시선

불과 20여 년의 시차밖에 갖고 있지 않음에도 1980년대는 이미 아득한 과거의 연대로 다가온다. 1980년대 초반을 기준으로 하자면 30년에 근접하지만 그 후반을 기준으로 하자면 기껏 20년 정도의 시간이 흐른 셈인데 그 시절이 까마득하게 느껴지는 것은 그만큼 그때가 지금과는 다른 불연속선 상에 놓여 있다는 의미일 것이다.

1980년대의 한복판을 치열하게 통과해 왔던 사람들은 이제 더 이상 변혁적 열망에 가슴 졸이지 않으며, 또 변혁의 프로그램 속에서 '자본주의 이후'를 고민하지도 않는다. 시대적 가치와 지향, 사회적 갈등과 대립의 구도가 바뀌었고, 작품의 주제나 경향, 창작의 주체 등도 그 시절과는 현저하게 다른 양상을 보이고 있다. 사회 현실에 대한 관심은 열어졌고, 심지어 현실의 재현가능성이 부정되고 문학의 죽음까지도 거론되는 게 최근의 현실이다. 이런 상황에서 되돌아보는 1980년대란 자못 낯설기만 하다. 하지만 그럼에도 불구하고 그 시절이 한편으론 친숙하고 아쉽게만 느껴지는 것도 사실이다. 대학에 갓 입학한 새내기 상태에서 '광주 항쟁'의 풍문을 엿들었고 매캐한 최루 가스와 더불어 젊음을 보냈기에 한편으론 절통하고 아쉬운 시절이 1980년대이다. 방현석이 최근 『당신의 왼편』에서 고백한 대로, 연애마저도 계급적으로 생각하고 투쟁의 연장에서 받아들였던 까닭에 개인적인 삶과 개성을 미처 발휘할 수도 없었던 시절이 그 때가 아니었던가. 1980년대 문학을 논하는 자리에서 이와 같은 사담을 털어놓는 것은 필자와 같은 이른바 386세대의 입장에서는 그 시절을 대상화하고 객관화하기가 자못 힘들다는 사실을 고백하기 위해서이다.

문학을 하는 입장에서 회고하자면 1980년대는 매우 양면적인 시대였다. 노동시와 노동소설이 문단을 휩쓸면서 문학과 운동의 열기를 고조시켰으나, 다른 한편에서는 문학의 자율성이 극도로 제약받았던 때가 1980년대였다. 열광하는 군중을 묵묵히 지켜보면서 한편으로 안타까움의 탄식을 연발했던 형국이라고나 할까. 실제로 당시 작품을 읽고 토론하는 과정에서도 이런 양면성이 공공연히 토로되었던 것으로 기억된다. 박노해의 시 가령, 「손무덤」과 같은 작품을 합평하면서 그 섬뜩한 사실성에 경악을 금치 못하면서 한편으로는 자본가들이 이렇듯 냉혹할까 하는 의문을 지우지 못했었다. 하지만 그런 의문에 몰두하기에는 시대의 흐름이 워낙 거칠었고 또 격정적이었다. 광주로 촉발된 혁명의 열기가 내적으로 숙성되면서 활화산처럼 폭발한 1986~87년을 경과하면서 노동자계급의 당파성(黨派性)을 말하지 않고는 문학판에 얼굴조차 내밀 수 없는 상황이 되었고, 작품도 김한수·방현석·정화진·안재성·정도상 등 노동운동의 체험을 갖고 있는 작가들이 주도적으로 창작하는 시대가 된 것이다. 문학은 더 이상 소시민의 창백한 영혼을 위로하는 문학일 수 없고, 대신 변혁운동의 원대한 목표를 향해서 매진하는 고난찬 행군을 형상화하는데 바쳐져야 했다. 노동자 당(黨)과 노동자계급의 당파성이 공공연히 논의되고, 문학인들의 관심은 오로지 현 상황을 어떻게 규정하고 어떠한 운동 전략을 구사해야 할 것인가에 모아졌다. 그래서 문학은 문학의 울타리를 벗어나 사회과학의 영역 속으로 들어갔고, 그곳이 문학의 영지인 듯이 간주되었었다. 1990년대 들어서면서 각종 문학적 반란이 잇따랐던 것은 이러한 상황에서 야기될 수밖에 없는 필연적인 결과가 아니었던가. 운동이라는 명분 아래 개인의 자유로운 창의와 개성이 극도로 억압되었고, 심지어 공감하지도 못하면서 노동자계급을 흉내 내야 했던 까닭에, 사회주의가 몰락하자 숨어 있던 온갖 미시(微視) 담론들이 일거에 분출될 수밖에 없었던 것이다. 이렇듯 분명한 행적을 갖고 있었기 때문에 1980년대 노동문학을 논한다는 것은 매우 어려운 일로 여겨진다. 탄생의 과정과 죽음의 과정을 지켜보았고 또 그 기억을 너무나 생생하게 간직하고 있는 심리로 인해 1980년대는 아직도 무의식 속에서 하나의 고착된 영상으로 저장되어 있는 것이다.

하지만 그럼에도 불구하고 노동소설을 논하는 것은 그것이 제기한 문제의식이 오늘날도 여전히 유효하다는 데 있을 것이다. 노동소설이 문제 삼고 있는 '노동'은 여전히 근대적 삶을 구성하는 근본 요소이자 외면할 수 없는 현실이라는 점에서 결코 과거의 일로 치부할 성질의 것은 아니다. 최첨단의 정보 시대를 살고 있는 지금, 노동의 방식과 종류는 달라졌으나 그것의 본질적 기능은 여전히 동일하다고 할 수 있다. 전통적 의미의 육체노동은 그 역할이 상대적으로 축소되었지만 각종 지적 노동, 특히 정보의 생산과 유통에 관여하는 노동은 광범위하게 확산되고 있고, 심지어 현실 공간과는 절연된 이른바 사이버(cyber) 공간에서 물건을 생산하고 유통하는 일이 점차 확산되는 추세이다. 이렇듯 시대 환경의 변화와 더불어 노동의 방식은 변했지만, 현재의 경제체제는 영구산업혁명 속에 있으며 기술과 경제는 방법적 · 합리적으로 합체되어 태어난 기술-경제 체제라는 점에서 근본적으로는 동일하다. 이 기술-경제주의를 구성하는 현재의 과학기술과 경제의 발전은 200년 동안 이어진 제2 근대의 최첨단을 달리고 있다고 해도 과언이 아니며, 또 그것을 받쳐주는 근대의 합리주의 정신도 약해지기는커녕 한층 더 강화되고 있다.[1] 그렇기에 1980년대 노동소설이 제기한 제반 노동의 문제 즉, 착취와 억압, 노동자의 단결권 등은 여전히 해결해야 할 당면 현안들이다. 그러므로 1980년대 노동소설이 제기한 문제는 단순한 과거사가 아니라 이 세분화되고 전문화된 노동의 전사(前史)로서의 의미와 아울러 다시금 근대성의 문제를 성찰케 하는 중요한 계기가 될 것이다.

또한, 1980년대의 노동문학은 현재의 우리를 돌아보는 반면교사의 역할도 할 수 있을 것이다. 1980년대가 이룩한 중요한 성과의 하나는 변혁의 중심세력이 노동자 계급이 되어야 하고, 그 투쟁에 필요한 이론적 무기를 지식인이 분담해야 한다는 인식의 정착이었다. 이런 현상은 그동안 핍박과 동정의 대상으로만 간주되어온 노동자들이 건설과 투쟁의 주체로서의 역할을 적극적으로 수행하기 시작했다는 증거가 된다는 점에서 1980년대 한국사회가 거둔 중요한 성과의 하나라 하겠다.[2] 하지만 그것은, 1980년대 노동소설에서 전형적으로 드러나듯이, 주체의 일방적 시선과 배타적 신념에 바탕을 둔 것이라는 점에서 그 한계 또한 분명하다. 문학은 단순히 특정 이념을 목적의식적으로 형상화하는 것이 아니라 현실의 실제 모습을 형상적으로 포착하는 양식이고, 그렇기에 그것은 독선적이기보다는 타자 지향적인 주체를 전제로 한다. 그런데, 1980년대 노동문학은 특정한 이념과 개념에만 집착하였지 현실의 실제상을 그려내는 데는 상대적으로 소홀하였고, 주체 역시 독선적인 시선을 고수하여 오늘의 시점에서 보자면 상대적으로 불완전한 모습을 보여주었다. 주체란 타자를 전제하고, 그것도 타자와의 상징적 동일시를 통해서

1) 이마무라 히토시[今村仁司], 이수정 역, 『근대성의 구조』, 민음사, 1999, 1장 참조.
2) 정운영, 「'반성'의 연대를 회상한다」, 『문학과사회』, 1989년 겨울, 1,326면.

사회적 주체로 거듭난다. 그런 주체라야 타자를 수용하면서 현실의 이면에 숨어 있는 메커니즘을 깊이 있게 포착해낼 수 있을 것이다.

1980년대 노동소설은, 주체의 배타성과 과도한 신념으로 인해 현실을 왜곡하고 종국에는 스스로 독선의 울타리에 유폐될 수밖에 없었던 과정을 전형적으로 보여주며, 그래서 그것은 새로운 세기를 사는 우리들에게 주체의 문제와 아울러 문학에 대한 본질적 질문을 동시에 환기해주는 것이다. 본고는 이런 인식을 바탕으로 1980년대 노동소설의 역할과 의미를 묻고, 나아가 그것이 지닌 현재적 의미를 생각해 보고자 한다.

2. 노동소설의 등장과 문학적 지평

노동소설이 본격적으로 창작된 것은 1980년대 후반기였다. 1980년대 후반이란 1987년 6월 항쟁과 뒤이은 7,8월 투쟁을 말하고, 이를 통해서 새로운 주체가 형성되어 운동의 성격과 방향이 한층 명확해진 시점을 의미한다. 6월의 민주화투쟁은 한국 사회의 당면 문제가 무엇인가를 구체적으로 확인시켜 주었고, 7,8월 투쟁은 이제 어떠한 정치·경제정책이나 변혁도 노동자계급을 중심으로 생각하지 않을 수 없다는 인식을 널리 확산시켜 놓았다. 물론, 이러한 변화는 이미 1980년대 이후 급속하게 진행된 한국 사회의 생산력 발전과 생산관계의 진전에 따른 노동자계급의 성장에 힘입은 것이다. 1981년에는 제5차 경제개발계획이 발표되었고 수출 2백억 달러 달성이 이루어졌으며, 1982년에는 40여 개 나라가 참가한 국제무역박람회가 열렸고, 1986년에는 국제수지가 흑자로 돌아섰으며, 1988년에는 자동차 생산 100만대를 돌파하였다. 이런 토대의 양적·질적 비약 속에서 다양한 사회·문화적 변화 또한 병행되어 1982년에는 그 동안 묶여 있었던 마르크스 관련 각종 서적의 번역과 간행이 허용되었고, 1988년 5월에는 진보적 성격의 일간지 『한겨레신문』이 창간되었으며, 그에 앞서 『창작과비평』과 『실천문학』 등의 계간지들이 복간되었다. 그리고 1987년과 1988년에 걸쳐 재북 · 월북 작가들이 해금되었고, 1989년에는 자유실천문인협의회가 민족문학작가회의로 확대 · 개편되었다. 이러한 과정을 겪으면서 우리 사회는 1970년대와는 다른 변화를 겪었고, 문학 분야 역시 노동소설이라는 역동적 흐름을 산출하기에 이른 것이다.

1980년대 후반기 들어서 노동소설이 급부상한 데는 이 외에도 다른 몇 가지 요인들이 작용한다. 1970년대의 황석영과 조세희에서 비롯되는 문학적 흐름과 1970년대 후반기 이후 족출한 각종 노동자 수기, 거기다가 문학운동의 활성화는 노동소설을 번성하게 만든 또 다른 요인이었다. 돌이켜 보자면 황석영의 「객지」는 우리 문학사에 본격적인 노동문학의 출현을 알리는 신호탄과도 같은 것이었다. 부랑노동자 동혁과 그 주변 인물들이 보여준 강렬한 저항 의지는 산업화에 따른 부정성을 혁파하고 진정한 노동자의 세상을 건설하고자 하는 간절한 염원을 담고 있었다. "꼭 내일이 아니어도 좋다"는 진술은 지금은 산산이 부서져 참담한 패배로 귀결되더라도 끝내는 노동해방의 광명천지가 도래하리라는 강한 믿음을 표현한 것이었다. 조세희의 『난장이가 쏘아 올린 작은 공』은 이와는 달리 한층 포괄적으로 노동자의 문제를 제기하였다. 구체적인 사업장을 배경으로 해서 벌어지는 노동자와 자본가의 대립은, 비록 동화적인 발상과 고도로 추상화된 형태로 제시되긴 하지만, 노동문제가 어느 일방의 문제가 아니라 우리 사회 전반의 현안임을 확인시켜 주었다. 하지만 이들의 작품은 노동현실의 실감을 전달하기에는 역부족이었고 더구나 노동자의 현실적 희망을 담아내기에는 작가의 의식이나 체험 반경에서 상대적으로 제한이 많았다.

1970년대 후반 이후 대거 쏟아진 이른바 노동자 수기는 이러한 추상성을 넘어 노동 현실의 문제를 한층 구체적인 형태로 제시하였다. 1970

년대 중반 이후 본격적으로 생산된 수기류는 석정남의 『불타는 눈물』(1976), 유동우의 『어느 돌멩이의 외침』(1977) 등과 각종 소식지와 노동야학의 문집에 수록된 글 등 실로 다양한 형태의 것이었다. 노동자들은 자신의 체험을 일기·수기·르포(reportage)·편지 등으로 거침없이 발표하였고, 그 흐름은 1980년대 이후에도 지속되었다. 1980년대의 석정남·한윤수·송효순·손점순·박연근·장남수·박노해·정화진 등은 1970년대의 흐름을 이어받으면서 거대한 문학군을 형성하기에 이른다. 이러한 문학 양식은 노동현장을 생생하게 증언하고 나아가 기존의 보수적 문학을 새롭게 변화시키는 중요한 촉매가 되었다.

여기다가 사회운동과 문학운동의 결합은 노동소설의 이념과 방향성을 구체화하고 증폭시키는 또 다른 전기를 마련해 주었다. 자연발생적인 단계에서 왜곡된 노동 현실을 혁파하고 새로운 사회를 건설할 목적의식적인 단계로의 전환이 요구되는 시점에서, 운동가들이 대거 문학분야에 뛰어듦으로써 문학 또한 한층 조직화되고 목적의식적인 논리를 갖추게 된 것이다. 이들은 대체로 한국 사회의 근대성이 왜곡되었다고 보고 자본주의적 발전을 신(新)식민지나 국가독점자본주의 등의 형태로 파악하였다. 종속 심화·독점 강화로 요약되는 이들 시각은 계급 모순을 주요 모순으로 보고 민중적 변혁운동에 있어서 노동자 계급의 헤게모니의 중요성을 강조하였다. 다소간의 입장 차이에도 불구하고 1987년 이후 대거 출현한 진보적 성향의 잡지 가령 『사상문예운동』, 『노동해방문학』, 『녹두꽃』, 복간된 『창작과비평』, 『실천문학』 등은 그런 입장에 바탕을 두고 있었고, 이들의 후원에 힘입어 노동소설은 1980년대 후반기를 휩쓴 문학의 큰 줄기를 형성한 것이다. 이 과정에서 노동현실과는 무관하게 작품을 창작했던 작가들도 대거 노동 현실에 관심을 돌리게 되어 가령, 김영현·김향숙·박태순·유순하·박완서 등 이른바 소시민 작가들도 노동문제의 본질을 꿰뚫고 노동계급에 대한 강한 연대감을 보여주었다.

1980년대 노동소설이란 이렇듯 1980년대라는 시대의 특수성을 바탕으로 해서 문학사의 주역으로 떠오른 양식이다.

1) 노동 현실의 증언과 각성 노동자의 탄생-김한수

1980년대 노동소설의 중요한 성과의 하나는 노동 현실의 문제를 사실적으로 제시했다는 데 있다. 노동자가 천만 명에 이르고 또 이들을 고려하지 않고는 변혁을 말할 수 없는 상황에서 태동한 문학인 까닭에 1980년대 노동소설은 1930년대의 이북명 · 김남천 · 한설야 등의 그것과는 근본적으로 구별된다. 토대를 앞질러 사회 혁명에 대한 신념을 무매개적으로 그려냈고 그래서 공소한 추상의 세계로 치달았던 게 1930년대 노동소설이라면, 1980년대의 그것은 산업화의 본 궤도에 진입한 실제 현실에 바탕을 두고 있다. 김한수의 등장이 문단 안팎의 관심을 끌었던 것은 이 노동 현실을 대변하는 노동자 작가의 출현을 상징적으로 보여준 데 있을 것이다.

김한수의 소설은 지금 시점에서 읽어보자면 매우 투박한 느낌으로 다가온다. 일상어가 여과 없이 구사되어 문장이 매끄럽지 못하고, 또 작품의 구성 역시 독자들의 심리를 사로잡는 극적 갈등이나 반전의 묘미를 활용하고 있지 못하다. 그럼에도 불구하고 그의 소설이 관심을 끌었던 것은 경험에서 우러난 절박한 체험들이 서사의 근간을 형성한 데 있다. 가난한 노동자로서의 삶과 그 과정에서 자연스럽게 솟구치는 인간답게 살고 싶다는 절규는 노동 현장에 대한 생생한 체험 없이는 결코 씌어질 수 없는 것이었다. 대표작 「성장」에는 그런 체험들이 사실적으로 기술되어 있다.

이 작품은 세 개의 삽화를 통해서 가난하지만 결코 운명에 순응하지 않는 건강한 노동자의 탄생 과정을 보여준다. 첫 번째 삽화는 무능한 아버지 탓에 가난의 굴레에서 벗어나지 못했던 주인공(창진)의 청소년 시절의 이야기로 사뭇 비감한 느낌을 준다. 즉, 전화기 수선공이었던 아버지는 원래 성실하고 가족들을 위해서 자기 몸을 아끼지 않았던 인물이었다. 그런데, 사회적인 천대와 불운으로 점차 허물어져 갔고 급기야 술과 폭력을 서슴지 않는 인물로 전락하였다. 이 참혹한 광경을 지켜보면서 창진은 아버지를 이해하기보다는 오히려 증오하는 감정을 갖게 된다. 아버지의 거듭되는 실패와 불행이 순전히 아버지 개인의 무능 탓이라고 믿었기 때문이다. 아버지가 조금만 더 악착같이 일한다면 가난에서 벗어날 수 있지 않을까 하는 게 어린 창진의 생각이었다. 하지만 그런 기대와는 달리 아버지는 매일 술로 소일했고 심지어 어머니에게 삽까지 휘두르는 폭력을 일삼았다. 이런 상황에서 아버지에 대한 창진의 증오감이 폭발하고 급기야 살부(殺父) 충동이라는 극단의 감정을 보여준다. "이 씨팔놈! 도저히 참을 수가 없어. 넌 애비도 좆도 아냐." 청천벽력과도 같은 절규, 살부 충동에 사로잡힌 창진은 주변의 만류가 없었다면 아마 아버지를 죽였을지도 모른다. 이 참혹한 가정의 풍경을 통해서 작가는 사랑보다는 살기와 증오로 가득한 가난한 노동자의 생활을 포착해낸다. 사실, 자식이 아비를 죽이려고 하는 참혹스러운 광경은 일찍이 우리 소설사에서 볼 수 없었던 대목이고, 이 작품이 문제적인 것은 이렇듯 천륜마저도 외면케 하는 참혹스러운 가난과 노동자의 삶을 증언하듯이 고발한 데 있다.

이 작품이 갖는 또 다른 문제성은 아버지의 이 불행한 삶이 그것을 저주해마지 않던 자식에게 고스란히 대물림된다는 데 있다. 아버지를 증오하고 심지어 살부 충동까지 느꼈던 창진이 이후 걸어가는 행로는 아이러니하게도 아버지의 그것과 전혀 다르지 않다. 가령, 아버지가 행방불명된 뒤 중학교를 자퇴한 창진은 공장의 견습생으로 취직을 하고 이후 노동자의 길을 걷는데, 이 과정에서 그가 마주한 현실은 아버지의 그것과 조금도 다르지 않다. 물론 창진도 처음에는 꿈에 부풀었었다.

"기술을 배워 돈을 벌리라"고 날마다 다짐했던 게 공장 생활을 처음 시작할 당시 창진의 마음이었다. 그 결심대로 창진은 열심히 기술을 배웠고 또 밤에는 야학에 다니면서 고등학교 검정고시까지 합격했으나 그 기쁨도 잠시, 병든 어머니를 모시고 두 여동생들의 학비까지 감당해야 하는 현실을 더 이상 견뎌낼 수는 없었다. 게다가 상업학교 대신에 인문계로 진학하고 싶었던 동생은 자신의 뒷바라지를 제대로 해주지 못하는 오빠에 대한 실망감에서, 창진이가 아버지에게 했던 것과 똑같은 말을 내뱉는다. "오빠가 나에게 해준 게 뭐냐"는 동생의 절규. 이 일을 겪으면서 창진은 자신의 운명이 "쳇바퀴를 도는 다람쥐"의 운명과 다를 게 없다는 것을 깨닫는다. 이후 창진은 하루하루를 술로 소일하는 아버지의 삶을 그대로 반복한다. 아버지의 삶이 자식을 통해서 그대로 재현되는 형국이다. 이렇듯 이 작품은 가난한 노동자의 삶이 개인의 노력에도 불구하고 반복적으로 자식에게 대물림되는 비극적 현실을 실감나게 고발하고 있다.

그런데, 작가는 인물의 '성장'을 여기서 멈추게 하지는 않는다. 작품 후반에 삽입된 철거문제와 사장 구타사건은 창진의 성격을 반전시키기 위한 하나의 장치로 이해될 수 있다. 명절 보너스 건으로 사장과 충돌하는 사건을 통해 유치장에 갇히게 된 창진은 이 일을 계기로 한층 분명하게 노동현실의 실상을 깨닫는다. 즉, 하안동 재개발 사업이 추진되면서 세입자인 창진네는 임대 아파트 입주권을 받는다. 하지만 하루 벌어서 하루를 사는 까닭에 아파트 입주란 그림의 떡일 수밖에 없다. 당장 이사할 집이 없고 또 입주 시에 지불해야 하는 입주비 역시 감당할 길이 없다. 입주권을 투기꾼들에게 팔지 않을 수 없는 가난한 자신의 처지를 다시금 절감하는 것이다. 여기다가 창진은 공장에서 명절 보너스 건으로 사장과 충돌하는 일까지 발생한다. 사장은 자기 자신을 위해서는 돈을 물 쓰듯이 하면서도 노동자들에게는 보너스 한 푼을 아끼기 위해서 공장이 망할 수도 있다는 엄살을 그럴듯하게 연출하는데, 우연히 사장의 전화 통화를 엿듣고 이런 사실을 알게 된 창진은 격분을 참지 못하고 사장을 구타한 것이다. 입주권을 판 돈으로 유치장에 풀려나지만 창진에게 현실은 한층 더 비정하게 느껴질 뿐이다.

아버지의 비극적 삶을 그대로 반복했던 창진이 아버지와 다른 모습을 보이는 것은 바로 이 지점부터이다. 유치장에서 보이는 창진의 인식은 이제 그가 더 이상 아버지의 삶을 반복하지 않을 것이라는, 즉 새로운 노동자의 탄생을 상징적으로 보여준다.

> 세상을 산다는 게 어떤 의미가 있을까. 거꾸로 돌아가는 세상, 인간이 인간을 억압하고 짓밟고, 한쪽에선 등이 굽도록 일을 해도 굶주리는데 한쪽에선 일을 안 해도 수백억 수천억의 돈을 싸안고 도둑이 들까봐 밤마다 잠을 못 자는 불평등이 존재하는 모순투성이의 사회, 돈과 권력만 있으면 인간이 인간을 마음대로 할 수 있는 사회.
>
> (…중략…)
>
> 창진은 문득 인간이 문제가 아니라 사회가, 그 모순된 구조가 문제라는 생각이 들었다. 그 모순이 빈을 낳고 부를 낳았다. 인간의 됨됨이가 문제는 아니다.[3)]

노동자로서의 생물학적 삶을 살았던 아버지와는 달리 창진은 사회와 그 모순된 구조로 인해 인간의 문제가 발생했다는 인식을 소유하는 순간이다. 아는 만큼 보인다고 했듯이, 이제 그는 단순한 노동자가 아니라 자신의 처지를 사회적으로 자각한 각성한 노동자가 되는 것이다.

김한수 소설의 인물들은 하나 같이 가난하고 사회적으로 소외된 사람들이다. 이들은 모두 성실하고 법 없이도 살 수 있는 착한 사람들이지만, 사회적 관계 속에서는 끊임없이 피해자일 수밖에 없는 존재들이다. 그렇다고 이들은 투사형의 인물도 아니고 또한 학생 출신의 운동가도 아니다. 가난한 노동자의 자식으로 태어나서 제대로 된 교육을 받지 못하

---

3) 김한수, 「성장」, 『봄비 내리는 날』, 창작과비평사, 1992, 106~109면.

고 다시 노동자로 살지 않을 수 없는 인물들이다. 그렇기에 이들은 사회적 약자일 수밖에 없고, 그로 인해 온갖 냉대와 밑바닥 생활을 감내하지 않을 수 없다. 하지만 작가는 이러한 삶이 결코 개인의 게으름이나 무능에서 비롯된 게 아니라는 것을 알고 있다. "인간이 인간을 억압하고 짓밟"는 "모순된 구조"가 문제라는 것을 체험으로 간파한 것이다.

김한수의 인물들은 이러한 깨달음을 통해서 자연스럽게 투쟁하는 노동자로 변신하고, 점차 노동운동의 거대한 흐름에 합류한다. 김한수 소설이 1980년대 노동소설의 일반적 특성이라 할 수 있는 선험적 규정성과 인물의 도구적 운용에서 상대적으로 벗어나 호소력을 갖는 것은 이렇듯 체험적 사실에 서사의 뿌리를 두고 있기 때문이다.

2) 노동자계급의 당파성과 저항의 서사-방현석

김한수가 노동 현실에 대한 체험적 진실을 보여주었다면, 방현석은 그것을 노동자의 입장에서 목적의식적으로 재구성해서 제시한 작가이다. 또, 김한수가 성장 과정을 통해서 노동자 의식을 자연스럽게 체득한 경우라면, 방현석은 학습된 노동자 의식(곧, 노동자 당파성)을 바탕으로 현실을 이해하고 작품을 창작한 경우이다. 「새벽출정」·「내딛는 첫발은」·「내일을 여는 집」·「지옥선의 사람들」 등은 모두 노동 현실의 부조리를 고발하고 한편으로 거기에 맞서는 인물들의 용기 있는 결단과 투쟁을 문제 삼고 있다. 그런 까닭에 방현석 소설은 마치 노동자의 눈에 비친 현실의 제반 모순을 고발하는 듯한 느낌을 준다.

대표작 「새벽출정」은 열악한 근로 여건과 사장의 부당한 처우에 항의하는 여성 노동자들의 이야기이다. 작중의 중심인물인 철순·미정·순옥 등은 평범한 노동자들로 의식화 교육을 받은 것도, 그렇다고 반항적인 성격의 소유자들도 아니다. 그런데도 이들이 목숨을 걸고 파업이라는 극단의 행동에 나선 것은 회사 측이 야비하게 노동자들을 착취한다는 사실을 자각한 데 있다. 즉, 회사 측은 다양한 품목을 신속하게 생산해야 한다는 명분으로 부서를 분리시켰지만 사실은 부서 간의 경쟁을 유도해서 생산성을 제고하자는 데 궁극적 목적이 있었다. 그런데도 일반 노동자들은 회사의 의도를 간파하지 못하고 경쟁적으로 다투면서 상대를 헐뜯기에 급급하다. 이런 상황에서 회사 측의 본질을 예리하게 꿰뚫은 인물은 경험 많고 문제적인 성격의 철순이다. 7년 동안이나 헌신적으로 일을 해 온 자신을 기껏 생산성 향상의 도구로밖에 생각하지 않는 회사 측의 야비한 행태를 자각하고서 철순은 심한 자괴감에 빠져든다. 회사를 위해서 그렇게 헌신적으로 일했건만 남은 것은 무엇인가 하는 자각. "뭐가 남았냐구? 많지. 자기 공장 7년에 만성두통, 신경통, 소화불량, 위장병. 이 정도면 많이 남은 거 아냐?"[4] 이런 깨달음을 통해서 철순은 더 이상 그렇게 살아서는 안 된다는 결심을 굳히는 것이다. 철순이 동료들의 동의를 얻어낸 뒤 잔업 거부에 들어간 것은 그런 결단에서였다.

그런데, 이런 사태를 회사가 좌시할 리 없다. 회사로부터 이들에게 돌아온 것은 사직서와 각서였다. 다시 한번 회사의 반노동자적인 본질과 조우하는 순간이다. '우리 회사'라고 믿고 7,8년을 헌신했지만, 회사는 결코 우리 것이 아니었던 것, 그것은 어디까지나 사장 김세호의 것일 뿐이었다.

> 나는 무엇인가. 세광물산에서 나의 의미는 무엇인가. 세광물산에서의 나의 7년은 무엇인가?
>
> 사무실의 모든 것들이 갑자기 낯설게 느껴졌다. 근면·자조·협동, 벽 높은 데서 내려다보는 사훈이 낯설었다. 액자에 담긴 '사원을 가족처럼 회사 일을 내 일처럼' 사장의 친필도 새로운 의미로 다가왔다. 창밖으로 보이는 공장건

4) 방현석, 『내일을 여는 집』, 창작과비평사, 1991, 52면.

물도 낯설다. 강민영, 너는 일당 사천팔십 원짜리 고용인 이상의 그 무엇도 아니야. 그리고 이제 사장은 네가 필요 없어 졌어. (…중략…) 7,8년 동안 흐려져 있던 것이 한순간에 명확해졌다. 결코 사장과 자신들은 같은 줄에 서 있을 수 없음을, 7,8년이 아니라 70년 80년을 다녀도 그들이 서야 할 줄은 노동자의 대열임을 뼈아프게 확인하였다.[5)]

그런데 이들의 투쟁은 계란으로 바위를 치는 것과 같은 무모한 행동일 뿐이다. 거대한 조직과 자본을 갖춘 회사에 맞서기에는 이들의 힘이 너무나 미약했다. 그것을 상징적으로 보여주듯이 파업이 본격화되는 과정에서 현수막을 걸기 위해 굴뚝을 오르던 철순은 지붕이 무너지면서 뇌혈관 파열로 죽음에 이르는 비극적 상황에 직면하는 것이다. 이에 당황한 회사 측은 일시적인 유화정책을 펴지 않을 수 없게 되고, 마침내 노조의 요구를 모두 들어주겠다는 정중한 사과문을 일간지에 게재한다. 하지만 이런 행동이란 고식책일 뿐 결코 회사 측의 진심은 아니었다. 회사 측이 원하는 것은 오직 노조의 해산과 조합원들의 퇴직뿐이었다. 이에 배신감을 느낀 노동자들은, 철순의 초상화가 찢긴 것을 발견하고 다시 한번 파업에 돌입하는 것이다.

방현석은 이렇듯 자본가들의 행위란 본질적으로 노동자들에게 적대적일 수밖에 없다는 것을 강조한다. 그래서 작품 말미에서 작가는 미정의 입을 빌어서 노동자들이 할 수 있는 일이란 오직 비타협적 투쟁뿐이라는 것, 즉 천만 노동자의 자존심을 보여주기 위해서 "불타는 적개심으로, 비타협적으로 싸울 뿐"이라는 사실을 금과옥조처럼 강조한다.

「내일을 여는 집」은 노동 현실의 문제를 여성 문제로까지 확대한 작품이다. 작품의 줄거리는 간단하다. 술자리에서 충동적으로 어용노조 위원장을 폭행한 일이 계기가 되어 해고당한 성만은 복직운동을 전개하면서 한편으론 다른 공장에 취직하기 위해서 여기저기를 기웃거린다.

5) 방현석, 『내일을 여는 집』, 창작과비평사, 1991, 58~59면.

그런데, 해고 딱지가 붙은 까닭에, 그것도 노조를 주도한 '불순분자'라는 딱지가 붙은 까닭에, 그는 어디에서도 일자리를 잡지 못한다. 이 과정에서 성만은 연약한 아내로부터 그 동안 미처 알지 못했던 위대한 힘을 발견한다. 노조활동을 완강하게 말리던 그녀였지만 남편이 노조 활동을 하다 해직되자 돌연 시위를 주도하고 복직투쟁의 선도하는 변신을 보여준 것이다. 더구나 그녀는 패배의식만을 갖고 있는 남성 노동자들과는 달리 사태를 매우 낙관적으로 받아들이는 또 다른 일면을 갖고 있었다. "반드시 이긴다는 믿음, 이기고야 만다는 자신감"을 갖고 있었고, 그런 믿음으로 그녀는 해고자 복직투쟁 과정에서 출산을 앞둔 무거운 몸임에도 불구하고 주저 없이 구사대와 맞섰고, 마침내 복직을 가능하게 만드는 것이다.

이런 일을 겪으면서 성만은 여성의 힘이 얼마나 억척스럽고 위대한 것인가를 깨닫는다. 그리고 그것을 미처 자각하지 못하고 가부장적인 생각에 젖어 있던 자신이 사실은 이 사회의 계급적 착취를 정당화시키는데 기여하고 있다는 사실을 알게 된다. 남편이라는 이유 하나로 자신의 주장을 강요하는 것은, 사장이 부장을, 부장이 과장을, 과장이 주임을, 주임이 기사를, 그리고 기사가 현장노동자를 지배하는 것과 동일한 행태임을 알게 되는 것이다. 가정에서의 불평등이 계급의 착취를 인간사회의 보편적인 진리로 위장시키는 근거가 되고 출발점이 된다는 것이고, 이런 자각에서 성만은 아내의 의견을 존중하고 가사를 분담하는 것이다. 이 작품은 이와 같이 노동의 문제를 여성 문제와 연결시켜 이해하는 당시로서는 매우 선진적인 사고를 담고 있다.

거제도의 한 조선소를 배경으로 한 「지옥선의 사람들」은 거미줄처럼 치밀하게 조직된 회사 측의 감시에 맞서 노조를 결성하는 과정을 서술한 작품이다. 거제도는 워낙 고립된 곳이고, 또 공장의 규모가 백만 평이 넘는 광활한 지역에 걸쳐 있는 관계로 노동자들이 노조를 만든다는 것은 감히 엄두도 낼 수 없는 상황이었다. 더구나 더욱 힘든 것은 회사와 정부 기관이 결탁해서 문제적인 인물들을 하나하나 감시하고 린치(lynch)까지 서슴지 않는다는 사실이었다. '동지회' 사람들이 노조 결성 과정에서 당하는 린치는 그런 자본가들의 교활하고 치밀한 속성을 보여주는 구체적 사례인 셈이다. 하지만 그런 외부의 탄압에도 불구하고 '동지회' 회원들은 전혀 굽힘이 없다. 더욱 은밀하게 노동자들을 조직해내고 정치 투쟁에 참가시킴으로써 노조 결성이라는 궁극적 목적을 향해 한발 한발 전진해가는 것이다.

방현석 소설의 인물들이 사뭇 비장하게 그려지는 것은 이런 사실과 관계될 것이다. 즉 노동자들이 맞서야 하는 현실은 거대한 바윗돌과도 같고, 그에 맞서는 노동자의 힘은 너무나 미약하다. 이런 상황에서 노동자들의 싸움은 실패로 귀결되거나 아니면 실패가 예정될 수밖에 없다. 하지만 그럼에도 불구하고 노동자들은 결코 물러서지 않는데, 바로 이 사활적인 투쟁의 과정에서 비장미가 야기된다. 「내딛는 첫발은」에서 전형적으로 드러나듯이, '투쟁하느냐 아니면 타협하고 사느냐'의 문제는 삶과 죽음의 문제와 직결되어 있다. "살려고 하면 죽고, 죽으려고 하면 산다. (…중략…) 우리가 지금 살려고 한발 한발 물러서다가는 모두 다 죽게 된다. 파업할 때도 그랬지만 우리의 싸움은 항상 마지막이다. 지면 모두 다 모가지다."[6] 방현석 소설의 비장미는 이와 같이 거대한 힘에 맞서는 절체절명의 상황, 자기희생과 결단이 요구되는 상황에서 분연히 떨쳐 일어서는 과정에서 발생한다. 회사와 맞서는 게 두려워 투쟁 대오에서 빠져 있던 인물이 아비규환으로 당하는 노동자들의 신음소리를 듣고 분연히 일어서는 것이나, 「새벽출정」에서 지칠 대로 지친 여성노동자들이 회사 측과의 최후 담판을 위해서 미명의 어둠을 뚫고 투쟁의 첫발을 내딛는 모습, 또 「지옥선의 사람들」에서 회사와 정보기관의 거미줄 같은 감시망과 목숨마저 위협하는 린치를 뚫고 동지회 회원들이

6) 방현석, 앞의 책, 18면.

과감하게 비밀 회합을 이어나가는 장면 등에서 그런 비장미를 발견할 수 있는 것이다.

방현석은 이렇듯 노동자들의 입장에서 투쟁에 나서지 않을 수 없는 필연적인 과정을 문제 삼는다. 그래서 그의 소설에서는 서사적 비약이라든가 과장된 전망이 드러나지 않는다. 대신에 그렇게 하는 것만이 진실일 수 있다는 노동자 계급에 대한 무한한 신뢰가 엿보인다. 방현석 소설에서 노동자 주체의 비타협적 신념과 단호한 의지가 두드러지지만 한편으로는 노동 현실에 대한 구체적인 정보가 상대적으로 소홀히 드러나는 것은 그런 사실과 관계될 것이다.

3) 노동운동의 이념과 방법 – 안재성

안재성 소설은 김한수와 달리 매우 속도감 있게 읽힌다. 노동자의 고통스러운 삶을 증언하듯이 묘사한 김한수와는 달리 노동 현장에서 일어나는 제반 사건들을 정연하게 정리해서 마치 보고서를 작성하듯이 쓴 것이 안재성의 소설이다. 그런 관계로 그의 소설에는 노동현장에 대한 핍진한 묘사보다는 노동운동에 대한 해박한 이해를 바탕으로 한 속도감 있는 사건의 전개가 돋보인다. 이는 안재성이 노동자 출신의 김한수와는 달리 대학생 출신의 운동가라는 사실과도 관계될 것이다. 그는 1980년에 대학에서 제적당한 뒤, 노동운동탄압저지투쟁위원회, 청계피복노조, 광산지역노동운동 등의 활동을 통해서 상당한 정도의 지식과 경력을 쌓았고, 그것을 바탕으로 해서 작품을 창작하였다. 대표작이자 제2회 전태일문학상(1989) 수상작인 『파업』(원제 『동지의 약속』)이 주목을 받았던 것도 1980년대의 노동 현실과 노동운동을 노동자의 관점에서 형상화한 최초의 장편 노동소설이라는 데 있었다. 김한수나 방현석, 정화진 등 많은 작가들이 노동소설을 발표했으나, 대체로 개별 사업장의 체험을 형상화하는 수준에서 크게 벗어나지 못했다면, 안재성은 그런 체험을 사회운동의 큰 흐름과 연결해서 한층 폭넓은 화폭으로 형상화하였다. 그래서 그의 인물이나 사건은 한층 복잡하고 다양하게 제시되는 특성을 보여주는 것이다.

『파업』을 구성하는 인물들은 크게 네 부류이다. 하나는 기준과 홍기와 같은 학생출신 노동운동가들이고, 둘은 동연과 진영과 같은 순수한 노동자들이고, 셋은 70년대 노동운동을 주도했던 진용만과 이상섭이며, 넷은 이들이 타도하고자 하는 자본가 측의 장상대 회장과 장상필 상무 등이다. 노동 현장을 구성하는 이 네 부류의 인물들이 서로 다투고 대립하면서 노동조합을 건설하는 과정을 그린 이야기가 곧 작품의 내용이다.

작품은 철조망을 주로 만드는 대영제강을 배경으로 진행된다. 주인공인 학생 출신의 활동가 홍기는 대영제강에 위장 취업한 뒤 진영・동연・상섭 등의 '동지회'라는 지하조직을 만들어 노동자들을 규합하고 노동법을 가르치는 등 의식화 작업을 열성적으로 지도한다. 그런데 얼마 후 이를 알게 된 회사 측의 탄압으로 조직의 핵심인물인 진영・상섭 등이 해고되고, 활동은 새로운 국면을 맞는다. 복직투쟁이 본격적으로 진행되는 것. 이 과정에서 노동현실에 대해서 남달리 예민하고 의분을 참지 못했던 진영은 자신의 몸을 불살라 투쟁을 독려하는 극단적인 행동을 취한 뒤 끝내 절명한다. 이후 회사 측의 집요한 방해공작과 경찰의 탄압이 계속되지만 노동자들은 그것을 뚫고 마침내 노조 건설에 성공한다는 내용이다.

이런 내용을 서술하면서 작가는 노동활동에 무관심한 노동자들을 끌어들이기 위한 홍기와 기준의 열성적인 노력과 회사의 앞잡이로 전락한 비굴한 노동자의 모습, 운동가들의 가정적 갈등, 홍기와 기준의 이념투쟁 등을 삽화로 제시하여 작품의 내용을 한층 풍부하게 만들어낸다. 게다가, 1970년대 노동운동에 대한 비판적인 생각이라든가 노동자들을 대변한다고 자처하지만 사실은 노동자들을 이용하고 정권의 앞잡이로 행세하는 노총에 대한 비판, 야당과 재야 단체들의 민주화투쟁 등이 제시되고, 홍기를 비롯한 활동가들의 가정생활, 노동자의 사랑 등이 함께 제시되어 노동현장은 한층 다양하고 실감나게 그려진다.

그런데, 주목할 점은 이런 다양한 삽화에도 불구하고 작품은 그리 큰 감동을 주지 못한다. 그 이유는 무엇보다 작품 전반을 규율하는 작가의 선험적 의식에 있다. 인물들은 하나의 목적을 정하고 거기를 향해서 줄기차게 달려가는 식이고, 그런 관계로 개별 인물의 성격이나 사건은 모두 작가의 정치적 의도를 구현하는 도구처럼 움직이고 조종된다. 그래서 작품의 상당 부분은 작가의 의도를 대변하는 학생운동 출신의 노동자 홍기와 기준의 대립으로 채워지는 것이다.

주사파의 이론가를 대변하는 기준은 1970년대와 1980년대 초반의 운동을 비판적으로 이해하고 새롭게 운동을 조직화해야 한다는 입장을 갖고 있다. 당시의 운동은 현장 조직보다는 선도적 정치투쟁을 앞세우는 조급증, 성과 올리기에 급급한 좌편향의 선도투쟁으로 인해 실패할 수밖에 없었고, 그래서 현 단계에서 중요한 것은 노동자가 주체적으로 느끼고 주체적으로 싸울 수 있도록 해야 한다고 본다. 반면에 홍기는 노조투쟁은 노동운동의 한 수단에 불과하며 노동운동의 근본적인 목적은 노동자의 정치적 권리를 획득하는데 있다고 생각한다. 그렇기에 노조라는 것은 정치 정세에 따라 만들 수도 있고 또 그렇지 않을 수도 있지만, 중요한 것은 노동운동은 노동자가 진정으로 이 사회의 주인이 될 때까지 계속되어야 한다고 말한다. 이를테면, 노동운동 역시 변혁운동의 한 줄기에 불과하다는 입장이다. 한편, 1970년대에 동해철강에서 노조 위원장으로 노동운동을 주도하던 진용만은 이와는 달리 조합주의적 태도를 견지하는 인물이다. 그는 1970년대의 실패를 경험한 인물임에도 불구하고 여전히 정치투쟁과 경제투쟁을 구분했고, 노동운동은 조합운동으로 한정해야 한다는 입장을 고수하고 있다. 더구나 그는 학생 출신

운동가들에 대해서 상당한 불신감을 갖고 있다. 그가 보기에 학생운동 출신의 운동가들은 너무 조급하고 무책임하다. 그런 생각에서 진용만은 재야단체에 관여하고 있다.

작가는 이와 같이 운동가들의 다양한 입장들을 소개하면서 노동운동의 올바른 방향과 현 단계 운동의 과제를 제시하고자 한다. 작가가 보기에 중요한 것은 어느 하나의 입장이 아니라 서로의 입장을 합리적으로 조정하고 그것을 바탕으로 현실에 대항해야 한다는 데 있다. 그런 생각에서 작가는 다른 입장을 견지한 홍기와 기준이 서로 손을 굳게 잡는 것으로 작품을 마무리한다. 물론 운동의 입장과 노선의 문제는 지금 돌아보더라도 논란거리가 되겠지만, 작가는 그 각각의 특성을 인식하고 그에 맞는 인물의 창조를 통해 당대 운동의 특성과 한계를 제시했다는 점에서 이 작품의 의의를 찾을 수 있다.

또한, 작가는 노동자들이 적대하는 자본가 측에 대해서도 상당히 깊이 있는 인식을 보여준다. 홍기 등이 맞서고 있는 대영그룹의 회장인 장상대의 형상은 군사정권을 등에 업고 성공한 정경유착의 전형적인 사례에 해당한다. 그는 원래 북한에서 지주의 아들로 태어났으나, 토지개혁과정에서 광활한 토지를 소작인들에게 빼앗기고 월남하였다. 공산주의로 인해 모든 부와 권력을 잃은 그는 6·25 전쟁 중에 백골사단에 입대하여 장교로 근무하였고, 그것을 인연으로 자유당 정권과 인맥을 맺으면서 미국의 원조물자를 빼돌려 부자가 되었다. 이 과정에서 장회장은 공산당에 대해 골수에 사무치는 거부감을 갖게 되었고, 그런 생각에서 노조를 빨갱이로 몰아 탄압하기에 이른다.

장상대 회장의 조카이자 대영제강의 실질적 경영자인 장상필은 장회장보다도 한층 더 지독한 인물로 그려진다. 그는 정치적인 야심 또한 커서, 민정당 지구당 간부, 반공청년회 간부를 맡고 있었고 기회만 주어지면 정치가로 변신하고자 하였다. 그런 까닭에 노조에 대한 그의 생각은 한층 보수적이고 야비하다. 그는 노사 분규의 배후에는 반드시 공산주의자들이 도사리고 있다고 믿었고, 이들을 퇴치하기 위한 일이라면 아낌없이 자본을 털어 넣었다. 규모에 비해 대영 그룹이 엄청난 정치자금을 뿌린 것은 그런 생각을 갖고 있었기 때문이고, 그래서 그의 주변에는 항상 대공과 형사들이 붙어 다녔다. 이를테면 장상필은 국민적 무의식으로 잠재되어 있는 반공주의를 노조 탄압에 적절하게 이용할 줄 알고, 또 그 효력을 신봉하는 사람이다. 그래서 노조 결성을 방해하는 과정에서 주모자들을 김일성의 주체사상을 신봉하는 사람들이라고 협박하고, 또 노동자들을 모아 놓고 "화장실에서 북괴의 불온 삐라와 총알이 발견"됐다는 충격적인 이야기를 서슴지 않는 것이다.

이렇듯 이 작품은 노동자와 운동가, 그리고 자본가 측의 다양한 인물들을 통해서 열악한 노동 현실의 문제와 그것을 타개하기 위한 노동자 주체의 투쟁 과정을 문제 삼고 있다. 이 작품이 노동문제를 총체적으로 형상화했다는 평가를 들을 수 있었던 것은 이 다양한 인물들을 통해서 여러 정파의 입장, 노사 간의 현격한 차이 등을 사실적으로 그려냈다는 데 있다. 하지만 작가의 선규정적 의식으로 인해 노동자들의 형상이 상대적으로 경직되어 드러나고, 또 노동 현장의 실제 모습이 뒷전으로 밀려나 원경화되어 있는 등의 한계 또한 동시에 보여준다. 사실, 노동자와 자본가의 관계는 고정불변의 항구적인 것이라기보다는 유동적이고 또 한편으로는 보완적인 관계이기도 하다. 그런데도 작가는 이 둘을 극단적으로 대립시킴으로써 노동자 주체에 대한 작가의 과도한 믿음과 전망만을 보여주고 있다.

3. 노동소설의 양면성—낙관과 배제의 이중주

1980년대 문학의 중심에 노동소설이 있다는 것은 단순히 양의 다소에 기인하는 진술은 아니다. 양적으로도 결코 적은 것은 아니지만 그보다는 노동소설이 1980년대의 특성을 가장 전형적으로 보여준다는 데 있다. 군사정권의 본질이 적나라하게 폭로되고 산업화가 급진전되면서 자본과 노동의 모순이 첨예하게 대립된 때가 바로 1980년대였다. 그런 특수성으로 인해 노동자의 삶을 투박하게 그린 김한수의 소설이 사람들의 관심을 끌 수 있었고, 방현석과 안재성의 소설이 그 도식성에도 불구하고 주목을 받게 된 것이다. 이들 소설은 1980년대 노동 현실의 문제를 핍진하게 포착하여 그 동안 거의 관심을 끌지 못했던 노동자들의 비참한 근로 환경과 사회적인 냉대·비인간적인 착취 등의 문제를 실감나게 제시하였고, 또 생산의 주체인 노동자들이 정당하고 인간적인 대우를 받아야 한다는 올바른 인식을 보여주었다. 그리고 운동성의 결합으로 노동자의 꿈과 변혁적 열망을 구체적으로 표현하여 문학의 계몽적 성격을 극단화된 형태로 드러내기도 하였다. 이 글에서는 자세히 다루지 않았으나, 정도상은 노동의 문제를 광주의 문제와 연결해서 노동자계급을 민족운동의 한 복판에 위치시킨 바 있고, 정화진 역시 노동자들의 부단한 투쟁의식과 그것의 역사적 의미를 천착하였다. 이렇듯 봇물처럼 쏟아진 노동소설로 인해 1980년대 문학은 그 어느 때보다도 역동적이고 변혁적인 양상을 보여주었다.

하지만 이런 긍정성에도 불구하고 1980년대 노동소설은 많은 문제점을 안고 있기도 하였다. 그것은 여러 가지로 지적될 수 있거니와 무엇보다 눈에 띄는 것은 주체의 일방적 시각이다. 자본가들을 인간 이하의 악한으로 매도하고 타도의 대상으로 그렸다는 것은 주체가 그만큼 타자 배제적인 시각에 사로잡혀 있었다는 것을 의미한다. 인물의 형상을 통해서 구체적으로 확인되는 이런 사실은 이를테면, 가난한 사람들은 대부분 인정 많고 선한 반면 사회적으로 지위가 높거나 잘 사는 사람들은 예외 없이 악한 존재로 유형화되어 제시된다.

「성장」에서, 어머니가 파출부로 나가는 집의 주인여자는 동창회다 계다 해서 돈을 물 쓰듯 하면서도 인색하기 이를 데 없어서 어머니를 멸시하고 심지어 식사를 할 때 밥을 한 공기 이상의 퍼주는 법이 없다. 또 창진이 근무하는 공장의 사장 역시 전형적인 악한이다. 그는 자기 자신을 위해서는 돈을 아끼지 않으면서도 공장 노동자들에게는 보너스 한 푼을 줄이려고 엄살을 떠는 촌극을 연출한다. 가진 자들에 대한 이런 부정적 시각은 「그 무더웠던 여름날의 꿈」에서는 한층 극단화된 형태로 제시된다. 아버지의 시신을 앞에 둔 상황에서 벌어지는 자식들 간의 재산 다툼은 목불인견의 참혹스러움 그대로이다. 특히 작품의 후반부에서 현민을 통해서 언급된 분신 노동자의 일화는 가진 자들에 대한 주체의 극단화된 적대감을 상징적으로 보여준다. 가령, 노동자가 주인 되는 세상을 만들자고 절규하면서 분신한 노동자를 회사의 관리자들은 조소할 뿐이 아니라 심지어 몸에 붙은 "불을 끄려고 달려드는 사람들을 개 패듯 두들겨 패"서 죽게 만드는 반인륜적 행위마저 서슴지 않는다. 물론 목숨을 건 투쟁을 한갓 웃음거리로밖에 여기지 않는 이런 일들이 실제로 있었다고는 볼 수 없을 것이다. 자본가나 관리자도 노동자와 똑같은 인간이고, 더구나 죽음 앞에서는 약할 수밖에 없는 존재들이다. 또 관리자라는 계층적 지위 역시 유동적이고, 한편으론 더 큰 착취구조의 하위 단위일 수밖에 없다. 그럼에도 이들을 비인간적인 존재로 단정하고 타도해야 한다고 주장하는 것은 타자의 입장을 고려하기보다는 주체의 일방적 생각만을 내세우는 독선에 다름 아닌 것이다.

물론 가진 자들에 대한 적대감이 이렇듯 극단화된 형태로 표출된 데는 여러 이유가 있을 것이다. 우선, 1980년대의 참혹했던 상황과 연결지어 생각해 볼 수 있다. 1980년대는 광주에서 시작해서 광주로 끝난다고 해도 과언이 아닐 정도로 1980년대 전반을 규율한 힘의 원천은 광주였다. 5월 18일, 광주에서 계엄 철폐와 전두환 퇴진을 요구하는 학생들의 시위를 발단으로, 군부의 공수부대 투입, 무자비한 진압, 수십 명의 사망자 속출, 시민들의 대거 합세, 민중 봉기로 이어지는 일련의 과정은 유신체제의 재편 과정 속에서 대두한 독재 권력에 정면으로 저항하는 민중운동의 구체적 표현이었다. 이 과정에서 존재의 근본을 부정당한 군사정권은 단말마적인 탄압을 서슴지 않았고 수많은 민주인사들을 검속과 죽음의 아비규환으로 몰아갔는데, 이 도륙의 현장을 목격하면서 젊은이들은 그것에 온몸으로 저항하지 않을 수 없었던 것이다. 젊은이들이 맞서야 한 상대는 절대 권력이었고, 그러므로 그에 대한 투쟁은 사활(死活)적인 것이 될 수밖에 없었다. 적대세력이 엄청난 위세로 존재하는 상황, 그것도 운동권을 분열시키고 탄압하는 상황에서 피아(彼我)를 분명하게 구별해야만 주체를 바로잡고 투쟁 전선에 나설 수 있었고, 그런 이유로 운동권은 피아를 선명하게 가르는 경직된 모습을 드러내지 않을 수 없었던 것이다. 앞의 노동소설에서 보이는 가진 자들에 대한 극단화된 적대감은 이런 사실의 연장에서 이해될 수 있을 것이다.

자본가에 대한 극단적인 부정은 한편으론 마르크스주의의 수용에 따른 자연스러운 결과로 볼 수도 있다. 1980년대 내내 지속된 각종 이론 투쟁이나 선명성 논쟁 등의 배후에는 마르크스주의를 어떻게 이해하고 적용할 것인가의 문제가 놓여 있었다. 노-자간의 대립은 자본주의를 이해하는 가장 기본적인 도식이었고, 더구나 마르크스주의는 사회주의를 지향했던 까닭에 자본가를 타도해야만 그곳에 이를 수 있다고 믿었다. 작품에서 보이는 자본가들은 이런 입장에서 보자면 혁명의 과정에서 제거해야만 하는 장애물이고, 그런 생각에서 작중의 자본가들은 타도의 대상으로 묘사된 것이다.

하지만 지금 돌이켜보자면 이러한 시각은 매우 소박한 것이라 하겠다. 한국 사회의 모순을 자본과 노동의 문제로 국한하는 것은 모순의 중층적이고 다원적인 성격을 지나치게 단순화시켜 이해하는 태도이다. 가령, 1980년대 중반을 넘어서면서 한국 사회는 이미 포스트 모던한 특징을 드러내기 시작했고, 또한 한국 사회의 이데올로기는 반공주의를 핵심으로 하고 그 주위를 가족주의 · 온정주의 · 물신주의 · 이기적 개인주의 · 시장 논리에 근거한 맹목적 경쟁주의 · 도덕적 윤리주의 · 가부장적 이데올로기 · 종교적 맹신주의 등의 온갖 봉건적 · 반봉건적 혹은 천민 자본주의적 관념의 요소들로 에워싼 낡은 것에 더 이상 머무르지 않게 되었다. 그것들은 표면적 양상일 따름이고 심층에 있어서는 그 외피를 입은 채 그 외피를 적절히 활용하며 때로는 필요에 따라 그 외피를 변화시키기도 하는 산업사회의 제도 관리의 메커니즘이 지배 이데올로기의 본질적 양상을 이루게 되었다. 이 제도 관리의 메커니즘은 복합적인 모순을 중층화(重層化)하며 그것들을 통합적으로 관리한다.[7] 그렇기 때문에 한국 사회의 모순을 단순히 노자간의 모순으로만 규정할 수는 없고, 한층 복잡하고 중층적인 차원에서 이해되어야 할 것이다. 그런데도 자본가만 타도하면 바로 혁명이 이루어질 것으로 믿었던 게 당시의 실상이었다.

작품 곳곳에서 목격되는 미래에 대한 확신에 찬 모습과 인물들의 낙관적 태도는 이 소박한 믿음에서 비롯된 주체의 낭만적 심리를 표현한 것으로 이해할 수 있다. 노동자가 인간다운 삶을 향유할 수 있고, 누구나 필요한 만큼 분배받는 사회를 꿈꾼다는 것은 노동자의 자연스러운 소망일 터이다. 그런데 문제는 그 꿈이 바로 현실로 전환될 수는 없다는 데 있다. 마르크스의 기본 개념과 레닌의 제국주의론이 거론되고 그 모두가 '과학'이라는 이름으로 탐구되었지만, 돌이키자면 그것은 구체적이기보다는 원칙적이고 추상적인 가능성에 지배된 것이었다. 이마무라 히토시가 지적한 대로, 경제체제의 측면에서 사회주의는 자본주의의

7) 성민엽, 「열린 공간을 향한 전환」, 『문학과사회』, 1989년 겨울, 1355면.

대체물이 될 수 없는 것이다. 사회주의권의 몰락 이후 분명해졌듯이, 자본주의나 사회주의는 모두 경제 합리성과 기술 합리성 내지 그것을 받쳐주는 생산력 중심주의를 지표로 해서 작동하는 근대의 쌍생아라 할 수 있다. 한쪽은 개별 기업의 자유경쟁 체제 중심이고, 다른 한쪽은 관리경제 체제라는 점에서 약간의 차이는 있을지 모르지만, 그것을 떠받치는 이념・규범・발상법은 전혀 다르지 않다. 그래서 자본주의 이후의 체제가 사회주의이고, 사회주의는 자본주의의 유일한 대안이라고 믿어 왔던 기존의 신념은 현실성을 갖지 못한다.[8] 그러한 믿음은 월러스틴이 지적한 대로, 인류가 이성적이고 의식적으로 좋은 사회를 건설할 수 있다는 계몽주의의 안이한 낙관론[9]에 지나지 않았던 것이다. 그런데도 마르크스주의를 교과서처럼 신뢰했던 게 당시의 풍조였다. 돌이키자면 그러한 태도는 마르크스주의를, 주체를 반성하고 재구성하는 성찰의 대상으로 받아들인 것이 아니라 주체의 필요에 의해 일방적으로 소환하고 전유한 데서 비롯된 것인지도 모른다. 마르크스주의를 배우고 따라가야 할 모델이자 목표로 생각했을 뿐이지 우리 자신을 되돌아보기 위해 필요한 타자적 인식의 대상으로 수용하지는 못했고, 그로 인해 급기야 우리 자신을 타자의 위치로 전락시켜 현실과 괴리된 추상론을 반복하게 만들었던 것이다. 1980년대 노동소설이 노동자와 민중을 말했음에도 불구하고 구호의 수준에서 벗어난 구체적 형상의 창조에는 실패했던 이유 또한 여기에 있을 것이다.

이렇게 보자면 노동소설에서 목격되는 경직성은 1980년대라는 '불의 시대'가 낳은 필연적인 산물로 이해될 수 있으나, 한편으론 우리가 우리 자신을 성찰적으로 돌아보지 못하고 끊임없이 마르크스주의라는 타자에게 자신을 동일화했던 배제의 과정이기도 한 것이다.

그런 맥락에서 보자면, 여러 작품들에서 목격되는 '분신(焚身)'은 자기

---

8) 이마무라 히토시[今村仁司], 이수정 역, 『근대성의 구조』, 민음사, 1999, 1장.
9) 이매뉴얼 월러스틴, 「1980년대의 교훈」, 『창작과비평』, 1992년 여름, 278면.

배제의 극단화된 표현으로 이해될 수도 있을 것이다. 『파업』에서 볼 수 있는 진영의 분신이 그런 경우가 아닐까. 가령, 노조 결성이 점점 힘들어지는 상황에서 해고 노동자인 '진영'은 "세상이 이 한 몸을 필요로 한다면 언제든지 죽을 각오가 되어 있"다고 생각한다. 자신들의 주장이 정당함에도 불구하고 노동자들이 호응하지 않는 것은 노동자들의 힘이 얼마나 거대하고 또 노동자들이 반드시 승리한다는 사실을 모르고 있기 때문이라고 그는 믿는다. 그래서 이들을 각성시키기 위해서는 "누군가의 피를 요구"하고, 자신이 기꺼이 그 희생을 감수하겠다고 다짐한 뒤 마침내 분신으로 삶을 마감한다.

이러한 행위는 당시 노동쟁의 과정에서 실제 있었던 일을 소재로 한 것이지만, 지금 돌아보자면 결코 공감할 수 없는 대목이다. 노동운동의 궁극적 목적이 인간 해방에 있다면 생명을 버리면서까지 투쟁을 종용한다는 것은 목적과 수단이 뒤바뀐, 그로 인해 주체가 일거에 증발된 경우라 할 것이다. 주체를 정립하는 과정에서 엉뚱하게 주체를 죽여 버린 형국, 그런 점에서 1980년대 노동소설은 근대성(modernity)의 딜레마를 전형적으로 보여준다고 하겠다. 근대란 본질적으로 주체를 중심으로 움직이는 사회이고, 그것도 주체의 보존을 특징으로 하는 사회이다. 그런데 주체를 보존하기 위해서는 주체의 필요에 맞게 타자를 끊임없이 조정해야 하고, 따라서 주체의 보존은 곧 타자의 부정과 배제의 과정이 된다. 주체는 자신의 도식에 해당하는 것을 수용 가능한 것으로 승인하지만 수용 불가능한 것은 타자로 차별하고, 심지어 차별한 사실조차 망각하는 경향이 있다. 1980년대 노동소설의 노동자 계급에 대한 일방적 믿음과 자본가에 대한 단호한 부정은 이 근대의 본질적 특성을 전형적으로 보여주는 것이다. 그렇다면 1980년대 노동소설은 노동의 문제를 통해서 근대 이후를 꿈꾸는 과정에서 아이러니하게도 근대의 함정에 고스란히 사로잡힌 경우라 할 수 있고, 1980년대 노동소설이 그렇듯 빠르게 생명력을 소진한 이유도 바로 이 타자적 존재들을 배제한 주체의 일방적 태도에 있다고 할 것이다.

글을 마무리하면서 새삼 떠오르는 것은 우리의 삶이 결코 주체만으로 이루어지는 것은 아니라는 사실이다. 우리가 사회적인 삶을 산다는 것은 복수의 타자를 전제로 해서 가능하다. 우리는 나와는 다른 다수의 타자와 더불어 존재하고 또 어떤 식으로든 그들과 교섭하면서 살고 있다. 그것은 인간의 존재론적 숙명이다. 1980년대 노동소설이 새롭게 음미될 수 있는 것은 이런 사실을 반성적으로 성찰케 해준다는 데 있고, 그런 점에서 그 문제의식은 여전히 유효한 것이다.

과거를 성찰하는 '타자'의 시선

황석영의 소설과 문학교육

1. 소설교육의 주체와 타자

현재 한국 사회는 여러 갈등 요인들이 난마처럼 뒤엉켜 있는 형국이다. 식민잔재의 미청산에 따른 민족사의 왜곡과 갈등, 세계사적 냉전에 따른 이념의 대립과 국토의 양단, 거기다 급격히 진행된 서구적 근대화는 우리 사회를 갈피를 잡을 수 없는 혼란과 갈등의 장으로 만들었다. 최근 들어 한층 격화된 보혁(保革) 간의 갈등이라든가 계층 간의 대립 역시 오랜 기간 누적된 이러한 문제들과 무관하지 않을 것이다. 우리 사회가 이렇게 된 원인의 하나로 근대적 이성(理性)이 재래의 권위주의와 결합되면서 독선적인 주체를 만들었고 그 권위적 주체가 사회 전반을 지배하게 된 사실을 돌아보지 않을 수 없다. 전쟁과 뒤이은 서구적 근대화, 군부독재의 억압과 그에 맞선 변혁운동의 격랑 속에서 우리 사회는 점차 민주화되고 근대적 체제를 갖추었지만, 그것은 역으로 효율과 합리성을 중시하는 도구적 이성의 구현과정이었다는 점에서 한편으론 독단적 이념과 배제의 논리가 고착되는 과정으로 볼 수 있기 때문이다.

소설교육과 사회성을 논하는 자리에서 굳이 이런 사실을 환기하는 이유는 무엇인가. 소설교육 역시 이런 현실과 무관하지 않기 때문이다. 소설교육이 이루어지는 장(場)은 이 복잡다단한 현실이고, 소설교육의 사회성은 이런 현실에 대한 인식과 관계되어 있다. 한 개인이 자기가 속한 집단의 행동양식과 가치·규범 등을 내면화하고 그 구성원으로 성장해 가는 과정을 사회화라고 한다면, 이는 곧 주체의 정립 과정으로 볼 수 있고, 그렇다면 소설교육에서 사회성을 논한다는 것은 소설과 주체의 관계를 문제 삼는 일이 되는 것이다. 이런 생각에서 이 글은 주체를 구성하는 중요한 요소가 되는 이른바 '타자'의 문제를 고찰해 보고자 한다. 기존의 소설교육은 대체로 '주체'를 중심으로 이루어졌고, 그러다보니 그와는 다른 '타자'를 배제하는 식이 되어 결국 권위적이고 독선적인 주체를 대물림하는 형국이었다는 판단과 문제의식에서 이 글은 전개된다.

주체란 데카르트의 명제에서 언급된 것처럼 합리적인 사고를 소유한 자기 운명의 주인을 뜻한다. '나는 생각한다. 고로 나는 존재한다'라는 명제는 기본적으로 합리성을 구비한 '나'가 스스로를 성찰함으로써 허위의식에서 벗어나 해방과 성숙한 어른의 세계에 도달할 수 있다는 믿음에 바탕을 두고 있다. 계몽의 주체이기도 한 이 주체가 살아가는 공간이 바로 근대(近代)이다. 따라서 이 주체에 의해 추동되는 근대는 인간 이성에 대한 굳은 믿음과 더불어 삶이 전반적으로 합리화되고 동시에 물질적으로 부유하며, 사회·종교적 권위라는 미망으로부터 자유로운 삶을 상징한다.[1)]

소설교육에서 주체를 말하는 것은 무엇보다 전쟁 이후 지난 50여 년

동안의 교육이 효율과 합리성을 중시하는 이 근대적 주체의 양성과정이었다는 사실과 관계된다. 지금까지 한국 교육을 지배한 것은 도구적 교육관이었다. 교육을 경제 · 정치, 때로는 종교의 도구로 보고 각 부문의 가치 실현을 위해서 그것을 활용했으며, 특히 1960년대 이후 산업화가 본격화되면서 실용 위주의 교육은 한층 강화되어 '경제건설을 위한 교육', '근대화에 기여하는 교육' 등의 구호가 나올 정도였다. 국가 발전을 이룩하려면 새로운 공장과 기술이 필요하고, 그것을 효과적으로 수행하기 위해서는 잘 훈련된 사람이 필요했다. 이 과정에서 인간의 지적 · 인격적 성숙을 도모하는 교육의 본질적 가치는 자연스럽게 뒷전으로 밀려나고 대신 효율과 합리성만을 중시하는 식이 된 것이다.[2] 소설 교육에서도 이 점은 동일해서 가령, 작품을 이해하고 감상하는 것은 곧 작품에 관철된 제반 합리성을 규명하고 그것을 통해 근대적 가치를 내면화하는 주체 중심의 인식론을 학습하는 과정이었다. 작품을 읽으면서 인물의 성격과 가치를 살피고, 갈등의 원인과 추이를 분석했던 것은 이들 요소에 관철되는 합리성을 포착해서 작품의 완성도를 가늠하고 궁극적으로 작가의 주장이 합당한가를 평가하기 위한 것이었다. 리얼리즘에서 이런 사실은 더욱 강조되었는데 가령, 총체성 · 전형 인물(사건) · 전형적 상황 · 갈등 구조 · 전망 등은 모두 작가가 현실을 얼마나 합리적으로 인식하고 그 실천 가능성을 구체적으로 포착해냈는가를 문제 삼은 용어들이다. 『무정』(이광수)을 읽으면서 작가의 근대관을 비판했던 것은 식민치하의 현실과 일본 제국주의의 속성을 합리적으로 인식하지 못한 채 일본으로 상징되는 서구적 근대를 맹신한 까닭이고, 또 『고향』(이기영)을 상대적으로 높이 평가했던 것은 갈등의 원인을 착취자와 피착취자의 상반된 이해관계에서 찾고, 피착취계급의 집단적 대응을 통해서 전자를 제거했을 때만이 평등한 세상이 도래할 것이라는 비교적

1) 윤평중, 『푸코와 하버마스를 넘어서』, 교보문고, 1990, 1부 1장.
2) 김신일, 『교육사회학』, 교육과학사, 1998, 462~478면.

합당한 인식을 담고 있었기 때문이다. 소설교육이 주체를 중심으로 행해졌다는 것은 이렇듯 작품을 이해하고 감상하는 과정이 바로 주체 중심의 인식론을 습득하는 과정이었다는 것을 뜻한다.

그런데, 문제는 이러한 주체가 이제는 더 이상 절대적인 믿음과 수용의 대상이 되지 못한다는 데 있다. 데카르트의 명제는 주체를 보편적 가치 · 보편적 삶 · 보편적 이성이라는 소중한 덕목으로 규정하고 그것을 절대화한 것으로, 이러한 주체관은 동구 사회주의권의 몰락에서 분명해졌듯이 이미 그 한계를 드러낸 것이라고 할 수 있다. 기계론적 세계관과 진화론, 생산적 · 계산적 이성의 지배라는 근대 사회의 핵심적 특성들은 사회주의의 몰락과 더불어 일거에 흔들렸고, 그에 바탕을 둔 근대적 주체는 스스로를 전면적으로 반성하지 않을 수 없게 된 것이다. 미래를 제대로 예측하지 못했다는 것은 현실을 바르게 인식하지 못했다는 말이고, 그것은 주체의 시각으로는 미처 파악하지 못한 또 다른 측면이 현실에 내재되어 있다는 뜻이다. 말하자면 근대적 주체란 자신의 입장을 절대화함으로써 그와는 다른 입장과 가치에 의해 조율되는 타자를 아예 배제하는 독선의 논리를 내포하고 있고, 따라서 그것은 비판적 사유와 자기 성찰의 전제가 되는 상호 주관성의 문제를 도외시한 것이었다.

하버마스가 지적한 대로, 주체가 갖는 비판적 사유와 자기 성찰의 능력은 타자의 가치를 인정하고 받아들이는 상호 주관성의 차원에서만 함양되고 실천될 수 있다. 비판적 사유를 통해야 주체와 주체가 소통되고, 그런 이성적인 주체를 전제로 할 때만이 의사소통의 합리성이 성립되는 것이다.[3] 그런데, 기존의 주체는 스스로를 보편적 가치나 이성으로 규정하는 독선적이고 고립적인 주체였을 뿐만 아니라 주체에 내재하는 이질적인 국면들을 간과한 것이기도 했다. 라캉에 의하자면 주체

3) 위르갠 하버마스, 장은주 역, 『의사소통의 사회이론』, 관악사, 1995, 제2부.

는 고정된 실체가 아니라 일련의 긴장과 이율배반의 느슨한 조합이고, 진정한 주체는 꿈·신체적 증상·여러 무심한 행동들에서 표현되는 무의식 세계의 지배를 받는다. 말하자면 우리 스스로의 내부에 아주 낯선, 신기한, 이상한 측면이 본질적으로 포함되어 있는데, 그것이 곧 주체 안에 내재된 타자성(他者性)이다. 그렇다면 주체는 고정된 실체라기보다 불완전한 과정적 존재이며 무의식·의식·전의식을 포괄하는 총체라 할 수 있고,[4] 따라서 주체를 보완하고 재정립한다는 것은 곧, 주체의 이 타자적 측면들을 인식하고 그것을 통해서 기존 주체의 이성적 능력과 힘을 강화하는 일이 될 것이다.

소설이란 근대 부르주아의 서사시이고, 본질적으로 주체의 내면을 고백하는 양식이다. 그런 관계로 작품을 이해하고 감상하는 과정에서 주체의 시각이 도입되는 것은 당연한 일로 볼 수 있다. 하지만 소설은 근대 사회처럼 잡종적이고 확장성이 강한 특성을 갖고 있고, 그래서 그 속에는 온갖 종류의 타자들이 현상(現象)되어 있다. 라캉의 말을 빌지 않더라도 주체는 타자를 전제로 하고 그 타자를 통해서 받아들인 자신의 모습을 수용할 때만이 온전한 주체로 거듭난다. 주체라는 말 속에는 이미 타자의 모습이 내재되어 있고, 그런 까닭에 주체의 한 측면을 이루는 타자에 대한 고찰은 주체의 이성적 잠재력을 극대화하고 동시에 주체의 사회성을 제고하는 방법이 될 것이다. 본고는 이런 생각에서 소설을 감상하고 이해하는 과정에서 요구되는 '타자'에 대한 인식과 그것을 통한 소설교육 방법을 황석영의 최근작을 중심으로 살펴보고자 한다.

---

4) 자크 라캉, 권택영 역, 『욕망이론』, 문예출판사, 1996, Ⅰ장.

2. 개인의 체험을 성찰하는 타자의 시선

작품에서 '주체'에 대비되는 '타자'의 문제를 흥미롭게 보여준 작가는 최근의 황석영이다. 그가 이런 모습을 보이게 된 것은 오랜 방황과 고뇌에서 비롯된 것으로 보인다. 돌이켜보자면, 황석영처럼 주체 중심의 인식론을 고집한 작가는 드물었다. 그는 「객지」 이래 줄곧 주체 중심의 사고방식을 고수해 온 작가였다. 지금은 고전이 되다시피 한 작품이지만 주체 중심의 사고를 「객지」만큼 철저하게 보여준 작품도 없을 것이다. 부랑(浮浪) 노동자 동혁이 회사 측과 타협을 거부하고 산 위로 오르면서 희망에 사로잡혀 내보인 다음과 같은 결의는 황석영의 행로와 작품 전체를 지배하는 강렬한 파토스(pathos)와도 같은 것이었다. "꼭 내일이 아니라도 좋다." 즉, 희생이 보상되고 모두가 한 뜻으로 뭉칠 수 있는 미래가 펼쳐지지 않더라도 결코 현재의 생각을 굽히지 않겠다는, 배타적이고 독선적인 주체의 전형적 모습이다. 황석영의 작품이 낭만적 열정과 낙관적 신념으로 충만한 것은 이러한 지향성이 작품 전반을 조율하고 있기 때문이다. 국내에서의 활동이 벽에 부딪히자 먼 이국으로 떠났고, 거기서 다시 미지의 북행길에 오르는 대담하고 파격적인 행보를 거듭할 수 있었던 것은 바로 한 순간도 자신을 회의하지 않는 배타적 신념이 있었기에 가능했던 것이다.

황석영이 주체 중심의 사고에서 벗어나는 변화를 보인 것은 최근의 일련의 작품들 즉, 『오래된 정원』(2000)·『손님』(2001)·『심청』(2003)에서이다. 『오래된 정원』에 오면 타자의 시선이 도입되고, 『손님』과 『심청』에서는 그것이 역사적 시공으로 확장되어 과거사와 인물들의 삶이 새롭게 해석된다. 이 글에서는 이들 작품을 중심으로 최근 소설에서 감지되는 황석영의 변화를 정리하고 소설교육과 사회성의 문제를 논하기로 한다.

『오래된 정원』은 황석영이 동구 사회주의권의 몰락을 체험하고 나서 쓴 성찰적인 작품이라는 점에서 민주화 운동의 최전선에 투신했던 인물의 내면 심경을 엿보게 해주는 작품이다. 작가의 말대로, "거의 십 오년 동안을 딴짓으로 세월을 보"낸 뒤에 "다시 출발할 것"을 다짐하면서 씌어졌고, 그래서 작품의 중심을 이루는 것은 회고와 성찰의 정조이다. 그런데 작가는 과거를 성찰하는 과정에서 운동권의 중심에 있었던 '주체'의 시선만을 내세우지 않는다. 1980년대를 운동권 내부의 시각에만 의존하지 않고 그와는 거리를 둔 평범한 소시민의 눈을 통해서 바라보는데, 이는 나와 동질적인 것도 아니고 그렇다고 나를 적대하는 또 하나의 자기의식도 아닌, 이른바 타자의 시선[5]에 의존한 것이다. 소설 속의 한윤희는 작가의 분신으로 이해할 수 있는 오현우와는 다른 코드(code)를 가진 인물이고, 작가는 그런 타자의 시선을 통해서 과거를 조망하고 지난 연대의 세계사적인 의미를 질문하는 것이다.

작품에서 오현우와 한윤희는 각기 다른 모습으로 1980년대를 보낸 것으로 그려지지만, 두 사람 모두 처음에는 평범한 소시민에 불과했었다. 오현우는 중학교에서 교직 생활을 하면서 유학을 준비 중이었고, 한윤희는 미술대학을 졸업하고 어렵게 임용시험에 합격하여 시골로 발령받은 초임 교사였다. 이 평범한 인물들이 시대의 급류를 타게 된 것은 우연히 체험한 '광주사태' 때문이었다. 광주항쟁을 직접 체험한 뒤 오현우는, 마치 작가의 실제 모습처럼, 유학을 포기하고 조직운동에 적극적으로 뛰어들었고, 그것이 빌미가 되어 수배를 당하고 간첩죄로 검거되어 18년 동안이나 감옥생활을 해야 했다. 한편, 우연한 기회에 광주 비디오를 녹화해서 본 한윤희는 참극이 벌어졌던 기간에 전라도에 있었다는 이유만으로 시대의 커다란 짐을 지게 되었다. 이들에게 있어서 '광주'는 인생행로를 바꾸어 놓은 '운명의 덫'과도 같은 것이었다.

5) 가라타니 고진[柄谷行人], 송태욱 역, 『탐구』 1, 새물결, 1998, 1장 참조.

> 그가 놓았던 마당의 징검돌을 한 걸음씩 디디며 돌아다녀 보다가 제자리에 서서 돌 하나를 뒤집어보기로 하다. 징그럽고 오묘하기도 하여라. 지렁이가 세 마리, 쥐며느리는 와글와글, 푸른 이끼도 몇 점, 돌 틈서리로 억지로 솟아나와 있던 제비꽃의 흰 뿌리가 그 축축한 땅 밑에 깊숙이 박혀 있는 것도 보인다. 나는 이 작은 우주를 건드려놓은 걸 후회했다. 돌을 다시 제자리에 고스란히 비뚤어지지 않게 조심해서 놓으며 세상에 대하여 잠시 생각하다.[6)]

작품 전체에 걸친 강렬한 상징으로 기능하는 이 대목은 오묘한 일상의 삶을 헝클어 놓은 파천황(破天荒)의 폭력이나 다름없는 '광주'를 암시한다. 징검돌 아래 오묘하게 존재하는, 갖가지 곤충과 식물들이 어우러져 만들어낸 우주와도 같은 게 우리 일상의 삶인데, 그것을 느닷없이 뒤흔들었으니 그 혼돈을 어찌 다 헤아릴 수 있으랴! '광주'란 일상의 평화와 질서를 뒤흔든 폭력이었고, 오현우나 한윤희는 그 폭력 앞에 노출된 유약한 미물에 지나지 않았다. 따라서 오현우가 미래의 꿈마저 접어버리고 운동에 뛰어들었던 것은 생존을 위한 처절한 몸부림으로 이해될 수 있다. 사람이 사람을 죽이는, 세계의 근원적 질서가 흔들릴 때 거기에 대응하는 방법은 원초적일 수밖에 없을 것이다. 오현우는 '어중간한 생각이나 행태로는 막강한 폭력을 이겨낼 수 없고 또한 민중에 의한 권력의 장악은 한 세대가 지나도 불가능할 것'이라고 생각했다. 그래서 혁명을 꿈꾸었고, 노동대중의 힘을 동원할 수 있는 방법에 대해서 고민하였다. 혁명의 전위를 키우는 사상학습에 몰두하면서 그는 "급진적인 경향은 절망과 치욕감을 이겨낼 수 있는 유일한 길"이라는 사실을 깨달은 것이다. 이렇게 해서 오현우는 자연스럽게 민주화 운동의 주역으로 성장한다. 돌이켜보자면, 1980년대 이후 우리 사회를 이끌었던 인물은 오현우와 같은 사람이고, 그런 점에서 그는 1980년대 이후 우리 사회를 이끈 변혁의 주체라 하겠다. 그래서 오현우를 중심으로 작품을 이해하

6) 황석영, 『오래된 정원』 상, 창작과비평사, 2000, 74면.

자면 『오래된 정원』은 작가 황석영이 자신의 과거를 회상하고 돌이켜 성찰한 작품으로 정리할 수 있을 것이다. 목숨을 내놓아야 하는 고통과 위기의 행보가 서사의 중심이 되고, 작품은 운동권의 중심에 있었던 인물이 지난 과거를 회상하는 후일담이 되는 것이다.

그런데, 오현우와 한 때 동거했던 한윤희의 시각으로 작품을 이해하자면 작품의 내용은 사뭇 다르게 의미화된다. 한윤희는 사실 운동과는 거리가 먼 인물이었다. 오현우가 수배를 당한 뒤 경찰들에게 쫓기는 과정에서 잠시 동거했을 뿐인 그녀는 현우처럼 미래에 대한 화려한 청사진이나 신념을 갖고 있지 않은 그저 평범한 여자에 지나지 않았다. 물론, 현우와 같이 생활하면서 점차 그를 이해하는 모습을 보이지만, 그녀에게 중요했던 것은 소시민적 평화와 일상의 삶이었다.

> 우리가 바라던 세상, 우리가 꿈꾸던 세상은 갈뫼의 단조롭고 평화로운 일상과 같은 그런 곳이라고 나는 생각해왔어요. 하지만 당신이 책을 통해서 생각하고 이루어낼 세상은 결코 단조롭거나 평화스런 고장은 아니겠지요. 평등을 위한 단호하고 강력한 계급투쟁이 지속되고 있는 긴장된 소용돌이의 공간이 되겠지요. 혁명의 적들이 둘러싸고 있을 테니까요. 당신은 이 생활이 자유주의자의 공간이라고 스스로 비하하지 마셔요. 내가 바라는 것은 겨우 이만큼밖엔 안 되니까요. 그 어떤 체제라 할지라도 당신과 나의 이 초라한 피난처는 있을 거예요. 그렇다면 나에게 이념은 아무런 문젯거리도 아니겠지요. 당신만 곁에 있다면…….[7)]

한윤희가 꿈꾸는 세상은 이렇듯 단조롭고 평화로운 일상이다. 그러므로, 한윤희는 현우로 대표되는 민주화 운동의 주체와는 다른, 오히려 그들에게서 비판받았던 부르주아적 가치를 대변하는 인물이라 하겠다. 현우의 입장에서 보자면 윤희는 분명 비판받아 마땅하고, 실제로 "불의 시대"로 표현된 지난 1980년대에는 윤희와 같은 소시민적 삶은 용납받

7) 황석영, 『오래된 정원』 상, 216면.

기 힘들었다. 애매하고 감성적인 태도는 부르주아의 소시민 근성이라 하여 단호하게 비판되었고, 그 대신 과학과 배타적 신념만으로 살아갈 것을 주문받았다. 하지만, 지금 생각하자면 자기와 다르다고 해서 매도하는 그런 태도를 결코 정상적인 것이라고 할 수 없을 것이다. 이마무라가 근대성을 논하면서 갈파한 대로, 그것은 자신이 의도하는 틀 속에 들어가지 않으면 아예 존재하지 않는 것으로 가정해서 처리하는, 주체의 일방적인 관점만을 고집하는 배제의 논리에 다름 아니다.[8] 주인공 현우가 그러한 경직된 시대와 가치를 대변한다면, 윤희는 그것을 비판하고 소시민적 가치의 소중함을 환기하는 타자적 인물인 것이다. 그렇기에 그녀를 중심으로 작품을 이해하자면, 『오래된 정원』은 1980년대 운동권의 경직된 가치를 비판하고 소시민적인 삶의 의미를 환기하는 내용이 되고, 윤희는 현우의 단순한 보조자가 아니라 당대를 한층 폭넓게 조망하도록 해주는 '타자'가 되는 것이다.

작품의 후반에서, 한윤희가 독일로 유학을 떠난 뒤 거기서 우연히 만난 이희수에게 급격히 빠져든 것은 그런 시대에서 비롯된 필연적 귀결로 볼 수 있다. 윤희가 서울에서 대학원을 마친 뒤 베를린 유학길에 오른 것은 현실적인 필요성 때문이었다. 대학에서 자리를 잡기 위해서는 유학이 필요했고, 또 오현우의 출감을 기다리기 위해서는 무언가 몰두할 일이 있어야 했다. 그래서 오현우와 사이에서 태어난 딸 은결마저 동생에게 맡기고 만리타국으로 날아간 것이다. 독일에서 그녀는 갈뫼에서처럼 자신의 일에 몰두하면서 고적한 생활을 했고 그만큼 사회 현실에는 관심이 없었다. 오히려 내적으로 심한 외로움에 시달리는 상태였는데, 그런 상태에서 우연히 만난 인물이 이희수였다. 이제 오현우와의 사랑은 그 실체가 아득해졌고 그렇다고 출감 후의 미래를 기약할 수도 없는 상황이다. 오랫동안 그녀는 '중성'이나 다름없는 존재로 지내왔던

8) 이마무라 히토시[今村仁司], 이수정 역, 『근대성의 구조』, 민음사, 1999, 1장.

것인데, 이희수는 그런 그녀의 잠재된 외로움을 환기하고 '여성'에 눈뜨게 하는 존재로 다가온 것이다. 1980년대는 인간의 기본적인 욕망마저 왜곡해 놓았던 것이고, 그 왜곡된 욕망이 분출되면서 두 사람은 이제 걷잡을 수 없는 운명 속으로 빠져든 것이다.

여기서 이희수 또한 오현우와는 다른 코드를 가진 인물로 주목할 수 있다. 그는 생태론자로 등장하여 자본주의를 비판하는 날카로운 안목을 보여주는데 곧, 사회주의나 자본주의는 하나같이 "풍족한 사회, 풍족함이 순간적인 일에 낭비되는" "생산성의 신화에 사로잡힌" 사회에 지나지 않는다는 게 그의 주장이다.

> 문명은 자연과 사람의 합치된 노력에 의해서만 전환됩니다. 알맹이를 바꾸면 껍데기는 붕괴하거나 새로운 모양이 될 거요. 양적 측면만 중요시하고 수치로 정해서 획일적으로 취급하면, 사물을 만들고 부수고 하는 아주 중요한 질적인 면을 알아차리지 못해요. 물질에 치우친 효율이라는 개념은 규모경제라는 신화로 이어집니다. (…중략…) 사회주의든 자본주의든 생산성의 신화에 사로잡힌 채로 시작한 건 마찬가지지요. 풍족한 사회, 풍족함이 순간적인 일에 낭비되는 사회는 세계 전체의 모델이 될 수 없어요. 풍족한 사회의 규범은 세계를 향해서, 우리의 기술과 개발방법을 따르기만 하면 당신들도 잘살 수 있다고 하지요. 이건 모두의 재난입니다. 다른 모델이 필요해요. **겸허하고 단순하고 생명력 있는 주체의 구체적 변화 없이는 시스템은 변하지 않을 겁니다. 노동과 자본에 관한 우리의 오랜 인문적 호소는 결국은 시스템 내부에 그치고 그것을 변화시킬 만한 힘은 갖게 되지 않을 겁니다.**[9] (강조는 인용자)

이런 지적은 사회주의권의 몰락 이후 분명해졌듯이, 자본주의나 사회주의는 모두 경제합리성과 기술합리성 내지 그것을 받쳐주는 생산력 중심주의를 지표로 해서 작동하는 근대의 쌍생아로, 이를테면 한쪽은 개별 기업의 자유경쟁 체제 중심이고, 다른 한쪽은 관리경제 체제라는

9) 황석영, 『오래된 정원』 하, 창작과비평사, 2000, 229~230면.

점에서 다소의 차이는 있을지라도 그것을 떠받치는 이념·규범·발상법은 전혀 다르지 않다는 것을 환기시켜 준다. 그런 맥락에서 보자면, 자본주의 이후는 사회주의이고 사회주의가 자본주의의 유일한 대안이라는 기존의 신념은 현실성을 갖지 못한 환상이었음을 알 수 있다.[10] 작중 정영태의 독설처럼, 사회주의란 자본주의에 맞서 "겨우 칠십 년 동안" 유지된 "반체제의 바리케이드"에 지나지 않았던 것이다.

이런 내용을 담고 있는 까닭에 『오래된 정원』은 한때 유행했던 이른바 후일담 소설과는 사뭇 다른 모습으로 다가온다. 후일담 소설이 운동에 투신했던 시절의 열정이 사라지고 시대가 변해버린 현실에서 지난 시절을 회상하고 동경하는 형태라면, 이 작품에는 그런 퇴영적 모습은 보이지 않는다. 황석영은, 과거를 반성한다는 것은 사회주의의 시각에서 과거를 되돌아보거나 혹은 운동권의 한계를 그 내부에서 비판한다고 해서 이루어질 수 없다는 것을 알고 있다. 작중 이희수의 지적처럼, 과거를 반성하고 새로운 길을 찾기 위해서는 무엇보다 "겸허하고 단순하고 생명력 있는 주체의 구체적인 변화"가 있어야 하고, "노동과 자본에 관한 우리의 오랜 인문적 호소는 결국은 시스템 내부에 그치고 그것을 변화시킬 만한 힘"을 갖고 있지 못하다는 것, 그렇기 때문에 기존의 이념과 논리가 아니라 과거와는 다른 코드로 시스템 자체를 반성할 때만이 새로운 가능성을 찾을 수 있다고 보는 것이다. 작품에서 '생태론이나 모성(母性)'이 중요하게 언급된 것은 이런 타자의 시각을 상당 부분 수용하고 있기 때문이다. 작품 말미에서 한윤희가 근년의 화두는 '어머니'였다고 술회하면서, 모성의 중요성을 강조했던 것도 그런 맥락이다. 사실 근대란 남성들의 '삭막하고 쓸쓸한 갈등의 시대'가 아니던가? 그것은 표면으로는 사랑의 메마른 웃음으로 위장하고 있으나 그 내면은, 잃어버린 또는 잃어버릴지 모르는 권력을 되찾거나 지키기 위해

10) 이마무라 히토시[今村仁司], 이수정 역, 『근대성의 구조』, 민음사, 1999, 1장 참조.

눈을 부릅뜨는 황량한 남성적 영혼들로 가득한 시대였다. 윤희는 그런 시대를 보내면서 자기 역시 거기에 동화되었음을 자각하고 "이 위대한 자연을 회복하고야 말 것"이라는 다짐에 이르는 것이다.

이와 같이 『오래된 정원』은 근대성 전반을 타자의 시선을 빌어서 성찰한 작품이고, 그래서 화자와 한윤희 · 이희수 · 정영태의 시선이 번갈아 교차되는 과정은 하버마스 식의 의사소통적 합리성이 구현되는 과정으로 볼 수 있다. 그래서 현우가 출옥한 뒤 갈뫼를 방문해서 윤희의 흔적을 더듬으면서 고백한 다음과 같은 진술은 오늘날 '주체'가 어떠한 모습을 갖고 있어야 하는가를 시사하는, 작품 전체의 주제를 집약한 말이라 하겠다.

> "갈뫼에 와서 윤희의 숨결과 접하면서 나는 상대방을 얻게 되었다. 상대를 통해서 나는 여기 구체적으로 존재한다. (……) 나는 이제 상대를 통하여 세속의 길로 돌아오는 중이다."

3. 현대사를 조망하는 탈주체의 시선

『손님』은 그 동안 역사 속에 묻혀 방치되었던 황해도 '신천양민학살사건'(이하 신천사건)의 비극을 조망한 작품이다. 분단에 따른 냉전과 반공주의의 압력 속에서 거의 외면되거나 방치되었던 게 신천사건인데, 그것을 작가는 북한에서의 경험과 뉴욕 체류 당시 전해들은 일화를 바탕으로 재구성해 놓았다.[11] 50여 년 전의 사건을 소재로 한 것이라는 점에서 작품은 외견상 역사소설로 보이기도 하지만, 작가의 시선은 과

11) 작품의 창작 과정에 대해서는 「문학을 찾아서; 황석영편」(『문학동네』, 1999년 봄) 참조

거사의 단순한 조망에 머물지 않고 그것을 통해 현대사 전반을 성찰하는 쪽으로 전개된다는 점에서 『오래된 정원』의 문제의식과 연결되어 있다. 작품의 제목이기도 한 '손님'을 기독교와 마르크스주의로 규정하고, 우리가 '자생적인 근대화'를 이루지 못한 것은 바로 이 "타의에 의하여 지니게 된 모더니티"[12] 때문이라는 주장에서 현대사 전반에 대한 작가의 깊은 통찰을 엿볼 수 있다.

작가가 신천사건에 관심을 갖게 된 것은 무엇보다 이 사건이 현대사의 비극을 상징적으로 보여준다는데 있다. 종종 한국판 '게르니카(Guernica)'라고 불려온 이 사건은 피카소가 1951년 그린 〈한국에서의 학살〉의 소재가 되었던 것으로 알려져 있으나, 실상은 남과 북에서 아직도 서로 다른 시각으로 이해되고 있다. 남한과 북한에서 신천사건을 서로 다르게 본다는 것은 그만큼 이 사건이 분단의 비극을 상징하는 복잡한 문제를 내포하고 있고 아직도 아물지 않은 환부로 지속되고 있다는 말이기도 하다.

북한의 주장에 따르면, 신천사건은 미제에 의한 "전대미문의 대규모적인 인간살륙 만행"이다. 작품에서 언급되듯, "신천지구 주둔 미군사령과 해리슨 놈의 명령에 따라 감행된 신천 대중학살은 그 야수성과 잔인성에 있어서 제이차 세계대전 시기 히틀러 도배들이 감행한 오스벤찜의 류혈적 참화를 훨씬 릉가"한 것으로, "오십이일 동안에 신천군 주민의 사분지 일에 해당하는 삼만 오천 삼백 팔십 삼 명의 무고한 인민들"이 "잔인하고 야수적인 방법으로 학살"된 사건이라고 한다.[13] 북한은 1958년 김일성의 교시로 신천박물관을 건설한 뒤 '미제의 포악성과 야만성을 폭로하며 미제에 대한 증오사상으로 교양하는 박물관'으로 활용하고 있다고 하는데,[14] 황석영 역시 북한의 안내로 이 박물관을 둘러

12) 황석영, 『손님』, 창작과비평사, 2001, 260~261면.

13) 앞의 『손님』 99면. 신천사건에 대한 북한의 주장은 『조선통사』 하(조선민주주의인민공화국 과학원 역사연구소, 1958, 417면) 참조.

14) 박명림, 『한국 1950-전쟁과 평화』, 나남출판, 2002, 628~629면.

봤고, 그때 받은 충격에서 『손님』을 쓴 것으로 보인다. 그렇지만 황석영은 북한의 시각으로 사건을 서술하지는 않는다. 신천박물관을 견학하는 과정에서 이미 북한의 선전과는 다른 "또 다른 진상"이 있을 것으로 믿었고, 그런 생각에서 사건 관련 자료를 모았다고 한다. 그래서 작품에는 북한의 주장이 간단히 소개될 뿐 나머지 대부분은 실제 인물들의 증언과 사료로 채워져 있다.

『손님』은 우선 형식에서 독특한 모습을 보여준다. 작품에서 이야기를 하는 사람들은 류요섭과 그의 외삼촌인 안성만을 제외하면 모두가 세상을 떠난 망자들이다. 작가는 이 망자를 소환하여 각자 자신의 얘기를 진술케 하고, 그 이질적인 구술을 바탕으로 독특한 형태의 리얼리티를 구축한다. 마치 남미의 환상적 리얼리즘처럼, 산자에게 죽은 자의 넋이 나타나서 과거의 진실을 이야기하고 또 서로 적대적이었던 사람들이 귀신으로 환생해서 자신의 이야기를 진술하여 궁극적으로 기독교인과 공산당원, 지주와 작인, 망자와 산자의 화해를 꾀하는 형국이다. 8장 '시왕' 편에서 볼 수 있듯이, 산자와 망자가 한 자리에 앉아 서로 자기 이야기를 주고받는 까닭에 화자와 청자는 마치 서로 간의 이해를 도모하는, 하버마스 식의 이해지향적인 의사소통을 하고 있는 듯이 보인다. 이들의 대화는 어떤 효용이나 목적을 전제로 하지 않는다. 단지 자신의 내면적 진실을 말하고 또 상대의 이야기를 들음으로써 과거의 오해를 풀고 서로가 서로를 이해하고자 할 뿐이다.[15] 작품의 형식으로 '황해도

15) 황석영은 이런 독특한 방식을 통해서 기존 리얼리즘에서 말하는 객관성(즉, 리얼리티)을 새롭게 구축하고자 한 것으로 보인다. 즉, 황석영은 과거의 리얼리즘 형식은 보다 과감하고 보다 풍부하게 해체하여 재구성해야 하고, 그러기 위해서 "주관과 객관은 분리되어서도 안 되고, 또 화자는 어느 누군가의 관점이나 인칭으로 고정되지 않고 등장인물 각자의 시점에 따라 서로를 교차하여 그려야 한다"고 주장한다. 그가 생각하기에 "한 인물과 사건을 두고도 모든 등장인물들이 보여주는 생각과 시각의 다양성으로 자수를 놓듯이" 써야 객관성을 획득할 수 있다. 그런 생각에서 작가는 서로 다른 타자들의 주장을 제시하고 그것을 통해서 "한반도에 남아 있는 전쟁의 상흔과 냉전의 유령들을 이 한판 굿으로 잠재우고 화해와 상생의 새 세기를 시작하자"는 작가적 전망을 제시하고자 한다. 그렇다면 이 작품은 현실을 생산력과 생산관계를 중심으로 이해

진지노귀굿' 열 두 마당을 기본 얼개로 차용하고, 사건의 당사자들을 마치 무당이 귀신을 불러오듯 소환해낸 것도 여러 입장들을 두루 제시하려는 의도로 볼 수 있다. 1장 '부정풀이'에서 시작하여 '신받음' '저승사자' '대내림' '맑은 혼' '베 가르기' '생명돋음' '시왕' '길 가르기' '옷 태우기' '넋반', 그리고 12장의 '뒤풀이'로 끝나는 일련의 구성은 무당이 굿을 시작해서 영신과 대리 구술의 단계를 거쳐 뒤풀이로 끝나는 일련의 과정을 그대로 옮겨 놓은 듯하다. 그렇다면 작가는 굿을 주재하는 무당이고, 작품은 이 무당에 의해 소환된 여러 귀신들이 각기 숨은 사연을 풀어내고 용서와 화해에 이르는 하나의 긴 굿판이 되는 셈이다. 이 독특한 굿판의 형식을 빌어서 작가는 북한의 일방적 시각에서 벗어나 한층 포괄적이고 복합적인 차원에서 사건의 진상을 재현하는, 이른바 탈(脫)주체의 사유를 보여주는 것이다.

작품에는 서로 다른 세 개의 입장이 교차된다. 하나는 학살을 주도한 사람들이고, 둘은 학살당한 사람들이며, 셋은 중립적인 사건의 목격자들이다. 기독교도의 입장을 대변하는 류요한과 상호·봉수 등이 첫 번째 인물이라면, 광산노동자 출신의 공산주의자 순남 아저씨나 머슴 출신의 일랑(일찌로)이 두 번째에 해당되고, 이들 모두를 비판하면서 중립적인 입장을 취하는 안성만과 요섭이 셋째 부류에 속한다. 이들은 신분상으로는 서로 다르지만 오랜 시간 함께 생활해온 친구이자 이웃들이다. 요한·요섭 형제나 봉수·상호는 중농 집안의 자식들로 모두 기독교인들이며, 일랑은 동네 머슴이고 순남은 요한의 집에서 머슴을 살다가 광산 노동자가 된 인물이다.

이들이 서로를 증오하고 도륙하는 비극의 당사자로 전락한 것은 해방 이후였다. 신천사건의 가해자가 된 '요한'이 보기에, 해방 후 기독교인들이 공산주의자를 증오하게 된 것은 무엇보다 해방 후의 정국이 지

하고 그것의 내적 운동성을 그려야 한다는 기존의 리얼리즘관을 새롭게 수정한 것이라 할 수 있다(황석영, 「작가의 말」, 앞의 책, 260~261면 참조).

주인 기독교도의 이익을 배반하는 쪽으로 전개되었기 때문이다. 공산당은 인민위원회를 결성한 뒤 사회개혁에 박차를 가했는데, 이 과정에서 기독교도를 격분시킨 건 토지개혁이었다. 지주들의 입장에서 볼 때 조상 대대로 물려받은 땅을 빼앗는 행위는 생활의 근거를 박탈하는 폭거였고 그래서 '천지가 개벽하는 듯한 충격'을 받는다. 더구나 토지개혁을 주도한 사람들은 대부분 "제 고장에서 대접 못 받던" "어중이떠중이에 머슴 건달 떠돌이 따위들"이었기에 지주들의 감정은 더욱 참담할 수밖에 없었다. 어려서부터 '코를 맞대고 함께 살'았던 이웃들이나 아니면 종처럼 부리던 아랫사람이 어느 날 갑자기 상전의 심판관이 되어 땅을 내놓으라고 협박하는 상황이 된 것이다. 후일 요한이 일랑과 순남 아저씨를 잔혹하게 살해한 것은 이 때 받은 인간적인 배신과 모멸감 때문이었다. 즉, 3월 5일 전국적으로 내려진 토지개혁령에 따라 요한의 아버지는 반동으로 지목되었고, 친구인 상호의 아버지 역시 반동으로 지목되어 목에 '악질지주'라는 팻말을 걸고 다녔다. 요한의 아버지는 토지를 분여하겠다고 해서 나왔으나 온몸에 피멍이 든 상태였는데, 이 일을 주도한 인물이 다름 아닌 농촌위원장 이찌로(일랑)였다. 일랑은 동네의 몇몇 자작농들이 추렴을 해서 고용한 동네 머슴에 불과했던 인물이어서 동네 사람들은 누구도 그에게 경어를 쓰지 않았고 단지 일본식으로 이찌로라고 불렀을 뿐이다. 그런 그가 '박일랑 동지로 둔갑'해서 아버지를 폭행하고 토지를 강탈했으니 요한에게는 "하늘과 땅이 뒤집힌 것" 같은 충격을 줄 수밖에 없었던 것이다. 이 충격에서 요한은 "빨갱인 거저 씨를 말려야" 한다는 결심을 굳히고, 이후 자신의 행위를 "성전을 위한 싸움과 순교"로 받아들이게 된다.[16]

16) 기독교도의 입장에서 신천사건을 기록한 대표적인 저술로는 『항공(抗共)의 불꽃』(조동환, 보문각, 1957)이 있다. 이 책은 사건이 발생한 7년 후의 시점에서 정리한 것이라는 점에서, 시각의 문제를 떠나 상대적으로 신빙성이 높은 것으로 판단된다. 황석영 역시 이 책을 검토했고, 특히 기독교도의 이야기는 상당 부분 이 책에 의존한 것으로 보인다. 물론 이 책은 "공산주의를 반대하고 자유를 선택한" 월남민의 시각이라는 점

이러한 입장에서 보자면, 신천사건은 토지개혁으로 모든 걸 잃게 된 지주들이 과거의 은혜를 망각한 채 파렴치한으로 돌변한 공산주의자에 대한 적대감에서 야기된 것으로 정리할 수 있다. 그런 까닭에 기독청년인 요한에게 공산주의자들은 사탄과 같은 존재였고 자신의 행위는 자연스럽게 사탄에 맞서는 성전으로 이해된 것이다. 사건이 확대되어 서로를 도륙하는 참혹한 상황에서도 요한이 전혀 죄의식을 느끼지 않았던 것은 그런 믿음에서였다. 하지만, 요한과는 정반대의 위치에 있었던 순남과 일랑의 입장에서 보자면 그것은 한갓 변명에 지나지 않는 것이다. 순남과 일랑의 입장에서 볼 때 요한의 부친을 비롯한 기독교인들은 모두 일제치하에서부터 권세를 누리던 '친일파'이자 '악질 반동'이었다. 순남과 일랑은 요한과는 전혀 다른 코드의 생각을 갖고 있었던 것이다.

공산주의자인 '순남이 아저씨'가 보기에, 해방 후 사회개혁의 과정에서 가장 큰 방해 세력은 친일 지주를 포함한 기독교인들이었다. 해방이 되었음에도 불구하고 일제에 빌붙어서 떵떵거리며 살았던 이들은 여전히 높은 자리에 앉아 호령하는 상황이 지속되고 있었다. 요한의 아버지와 할아버지는 일제 때 동척의 마름으로 땅마지기랑 과수원을 차지한 뒤 세율을 조작하는 등 작인들을 괴롭혔던 사람들이고, 광명교회 나가던 사람들도 대부분은 많건 적건 제 땅을 갖고 밥술깨나 먹던 사람들이었다. 그런데 이들은 해방이 된 뒤에도 여전히 건준(건국준비위원회)의 요원으로 자리 잡고 앉아 토지개혁을 반민족적 발상이라고 주장하는 등 기득권을 지키기에 여념이 없었다. 이런 상황에서 공산당은 계급투쟁을 보다 확실하고 가열차게 벌여야 하며, 우파라고 불리는 자들은 실제 '친일파이자 지주이며 자본가이고 또 인민의 적인 미국과 남쪽 반동들

에서 반공주의적 성격이 짙게 배어 있다. 책의 서문에 해당하는, 당시 국방장관이었던 김용우의 추천사에서 "6·25 전란이 일어나던 해 10월 13일 황해도 신천 재령의 젊은 청년학도들을 중심으로 일어난 반공의거는 수많은 무명용사들의 피를 흘려 국군과 UN군이 북한을 수복하기 전 전황해도 일대를 적구들의 치하에서 완전 해방시켰던 것입니다"라는 말에서 그런 사실을 단적으로 확인할 수 있다.

의 앞잡이'라는 사실을 폭로한다. 그리고 이들의 토지와 삼림을 국유화하여 토지개혁을 하고 소작제를 폐지하여 토지를 농민에게 무상분배해야 하고, 외세와 계급의 적들을 분쇄하려면 북한에 민주기지를 수립해야 한다는 것을 천명한다. 공산주의자들은 이를 바탕으로 이후 한층 '격렬하게 계급투쟁'을 전개하는데, 요한의 아버지를 폭행하고 토지를 강탈한 이찌로는 그 행동대원이었던 것이다. 이찌로는 화전을 일구어 살다가 일제의 대대적인 화전 단속에 걸려 형무소에 갔고 이후 공사판을 전전하다가 해방이 된 뒤 공산주의를 배운 인물로, '땅은 어디까지나 농사를 짓는 사람들의 것이 되어야 한다'는 신념에서 지주들의 토지몰수에 앞장선 것이다. 요한의 아버지를 끌어내고 토지문서를 강탈해간 것은 그런 신념에서 비롯된 행동이었다.

이런 입장에서 보자면, 순남을 포함한 공산주의자들의 행동은 친일분자들을 척결하고 토지를 경작자인 인민들에게 돌려주어야 한다는 대의를 실천한 것이 된다. 일제 시대부터 지주들에게 온갖 설움을 당했던 까닭에 이들은 "해방이 되어 일본을 몰아냈다는 확실한 증거는 국토를 인민이 되찾는 것"이라 믿었고, 그것을 실천하는 게 사회주의 건설이라고 본 것이다. 따라서 이들이 개혁하고자 했던 것은 지주와 토지제도였다. 그런데 공교롭게도 지주의 대부분이 기독교도였고, 그래서 외견상으로 기독교도와 대립하는 형국이 된 것이다.

이렇게 발단된 사건은 이후 서로간의 증오와 복수가 반복되는 대규모의 학살로 이어진다. 작가의 서술을 통해서 언급되듯이, 특히 재령과 신천에서 민간인이 대규모로 학살된 것은 낙동강까지 후퇴했던 미군이 삼팔선을 넘어 북으로 진격하던 때와 이후 중공군의 참전으로 유엔군이 다시 밀려 내려오던 시점이었다. 먼저 학살을 자행한 것은 기독교인들이었다. 미군이 인천에 상륙했고 머잖아 밀고 올라오리라는 기대에서 기독교인들은 재령을 미리 제압하기로 결정하고, 몇 안 되는 인민위원들을 간단하게 처단한 뒤 바로 재령을 장악하였다. 그런데 공교롭게도 그것이 서부전선에서 퇴각하던 인민군에게 알려졌고, 이에 흥분한 인민군 정규부대가 재령에 진입하여 그들에게 무자비한 복수를 감행한 것이다. 이틀 동안 읍내를 장악한 군부대는 퇴각하는 과정에서 "전부터 반동이라고 파악된 집은 물론이고 기독교인들 집까지 찾아가 상대방이 그랬던 것처럼 집안에서 온 가족을 처형"했고, 그 사흘 밤낮이 구월산 인근에서의 '피의 도화선'이 된 것이다.

사태가 이렇듯 급박해지자, 요한을 비롯한 기독청년들은 그냥 앉아서 당할 수는 없다는 생각에서 먼저 신천의 치안을 확보한 뒤 공산당과 맞서 과감히 싸울 것을 결의한다. 재령에서 피해 온 기독청년들과 연합한 이들은 곧장 신천 일대를 장악하고 공산주의자들을 검거하기 위한 대대적인 색출작업에 들어간다. 이 과정에서 요한은 일랑과 순남이 아저씨를 직접 처단하기 위해 집으로 쳐들어갔고, 가족들을 모두 죽인 뒤 일랑은 철사로 코를 꿰어 끌고 다녔으며, 순남 아저씨는 본인의 희망대로 그 자리에서 총살하였다. 이후 학살은 더욱 대담해져서, 특히 평양이 다시 인민군에게 탈환되었다는 소식이 전해진 뒤에는 기독청년들의 만행이 한층 무자비해졌다. 소식을 접한 청년단과 치안대는 후퇴를 준비하면서 읍내에서만 아니라 마을 곳곳에서 즉결처분을 시작했고, 심지어 수백 명을 한꺼번에 학살하기도 하였다. 이제 적과 아의 구분도 사라져서 같은 교인이라도 좌익에 관여한 경력이 있으면 바로 처단하는 상황이 된 것이다. 요한의 말대로, "우리는 시험에 들기 시작했고 믿음도 타락했"으며, 그래서 "더 이상 사탄을 멸하는 주의 십자군이 아"니게 되었다. 인민위원회에 관여했다는 이유로 상호는 친구인 요한의 누나와 그 자식들을 학살했고, 요한은 그에 대한 복수로 상호의 약혼자인 박명선의 세 여동생을 사살했다. 피가 피를 부르는 아비규환의 상황에 빠져든 것이다.

이렇듯 『손님』은 서로 상반된 입장을 동시에 보여줌으로써 신천사건을 보다 온전하게 이해할 수 있도록 해준다. 그 동안 북한은 순남이나 일랑의 시각에서 신천사건을 규정해 왔고, 남한의 일부 인사들 또한 그런 견해를 비판 없이 수용하고 있었다.[17] 북한은 이 사건뿐만 아니라 북한지역에서 발생한 모든 양민 피해, 즉 좌우의 투쟁과정에서 좌파는 물론 심지어 우파의 피해조차 전부 미군과 국군의 학살이라고 주장해 왔다.[18] 토착 좌우익의 대결과정에서의 피해나 토착 우익의 공격에 의한 노동당원의 피해조차 북한은 그렇게 설명해 온 것이다. 이를 통해서 북한은 미제의 야만성을 강조하고 체제 내부의 결속을 다져온 것인데, 신천사건 역시 그런 정치적 선전의 도구였던 셈이다. 그런데 요한은 북한의 그러한 주장이 터무니없다는 것을 말해준다. 공산주의자들의 급진적 개혁정책에 대한 거부감, 인간적인 모멸감, 종교적 사명감 등 기독교인들 역시 그들에게 맞서 싸우지 않을 수 없는 충분한 이유를 갖고 있었던 까닭이다. 실제로, 김일성 정권이 추진한 급진적인 혁명 노선은 구친일세력은 물론 자유주의 세력·기독교 세력 등 민족주의 노선에 공감하는 상당수의 중간층까지 그러한 개혁작업에 강력하게 반발하는 반혁명세력으로 결집시키는 결과를 가져왔다고 한다.[19] 급진적 혁명과정에서 극도의 공포심을 내보인 작중의 요한을 비롯한 기독청년들은 그런 현실을 단적으로 대변하는 셈이다.

따라서 두 입장을 동시에 고려하자면 양측 모두 타당한 근거를 갖고 있어 어느 하나만이 옳다고 말할 수 없을 것이다. 처지와 입장을 바꾼다면 서로를 이해할 수도 있겠으나, 자신의 입장만을 일방적으로 앞세운 까닭에 피차 씻지 못할 상처를 남긴 것이다. 그렇다면 신천사건은 눈앞의 현실에만 급급해서 미처 상대를 헤아리지 못했던 주체의 미성숙에서 비롯된 것임을 새삼 확인하게 되는데, 그런 사실을 암시하는 인

17) 북한과 동일한 주장을 하는 대표적인 경우로 박세길(『다시쓰는 한국현대사』 1권, 돌베개, 1988), 이재봉(「피카소가 고발한 신천사건」, 『노근리 그 후』, 월간 말, 1999)을 들 수 있다.

18) 김동춘, 『전쟁과 사회』, 돌베개, 2000, 195~281면.

19) 김동춘, 위의 책, 248면.

물이 요섭과 요한의 삼촌이 되는 안성만, 곧 '소메 삼촌'이다.

요한과 요섭의 외삼촌인 안성만은 신천사건이 발생할 당시 현장에 있었으나 다행히 목숨을 건져 아직도 북한에 생존해 있는 인물로, 그가 보기에 신천사건은 분별력이 약한 "혈기 많은 이들에 의해서 끌려간" 사건이었다.

> 나는 교단이나 당의 양측이 모두 혈기 많은 이들에 의해서 끌려간다고 생각했다. 대의원 투표일 문제로 다투던 것도 기억하고 있다. 성경에도 나오듯이 가이사의 것은 가이사에게로 돌려준다지 않는가. 안식일 예배를 보고 나서 오후에 귀가하여 투표를 하면 되었을 텐데. 나라에서는 투표일을 하루 늦추어 이튿날 오전까지 기회를 줄 수도 있었을 거다. 하지만 양쪽 다 투표의 거부와 강행은 핑계에 지나지 않았다. 가난하던 이들이 땅을 분여받아 굶주리지 않게 된 것은 예수님의 행적으로 보더라도 훌륭한 일이었다. 교회나 절이 가지고 있던 땅을 소작인에게 나누어준 일도 당연했다.
>
> 그 때 우리는 양쪽이 모두 어렸다고 생각한다. 더 자라서 사람 사는 일은 좀 너 복잡하고 서로 이해할 일이 많다는 걸 깨단게 되어야만 했다. 지상의 일은 역시 물질에 근거하여 땀 흘려 근로하고 그것을 베풀고 남과 나누어 누리는 일이며 그것이 정의로워야 하늘에 떳떳한 신앙을 돌릴 수 있는 법이다. 야소교나 사회주의를 신학문이라고 받아 배운 지 한 세대도 못 되어 서로가 열심당만 되어 있었지 예전부터 살아오던 사람살이의 일은 잊어버리고 만 것이다.[20]

작품에서 확인되듯이 요한·상호·봉수·일랑·순남 등 신천사건을 주도했던 양측의 인물들은 모두 젊은 청년들이었고, 또 하나같이 자신의 생각만을 절대시하는 독선적 사고의 소유자들이었다. 기독교도들은 해방 후 변화된 현실을 외면한 채 단지 공산주의자들이 자신들의 사회적 지위와 종교 활동을 탄압하지 않을까만을 걱정했고, 공산주의자들은 그런 그들의 입장을 고려하지 않고 '악질 반동'으로 몰아붙였다.

20) 황석영, 『손님』, 창작과비평사, 2001, 176면.

실제 역사를 참조할 때, 양측은 모두 해방과 더불어 전개된 급격한 상황 변화에 합리적으로 대응하지 못했던 것으로 보인다. 토지개혁은 불과 두어 달만에 이루어졌고, 이 과정에서 그것을 주도한 젊은 공산주의자들은 열정은 넘쳤으나 기존의 전통적인 경작방식이나 민족 부르주아들의 입장을 전혀 고려하지 않았다. 이를테면 조만식이나 그와 비슷한 기독교계의 지도자들이나 지방 향신층으로 이루어진 교계의 장로들을 포용하지 못했고, 이들 상반된 세력은 토지개혁에의 저항, 주일날 대의원선거의 강행과 불참, 그리고 테러와 체포·처형으로 맞대결하게 된 것이다. 이러한 조급성은 당시 급박했던 국제정세와 분단의 탓일 수도 있으나, 김일성을 중심으로 재편된 북한정권 자체가 항일 빨치산들을 중심으로 급조된 단체였다는 사실과 무관하지 않다.[21] 기독교인들 역시 미숙하기는 마찬가지였다. 평안도와 황해도의 서북지역은 조선에서 기독교 특히 개신교가 가장 먼저 퍼진 지역이었으며, 신자수도 장로교 전체의 절반 이상을 차지하였다.[22] 그리고 기독교 신자들은 일제시대 민중들의 생활수준보다 높은 중농(中農) 이상의 사회·경제적 지위를 갖고 있었다. 그런데 해방과 더불어 이런 사회적 지위에 심각한 변화가 생겼고 심지어 종교 활동까지 위협받았다. 그런 상황에서 기독교도들은 지하로 숨어들었고 그것이 자연스럽게 공산당에 맞서는 지하조직의 건설로 이어진 것이다. 백색테러로 유명한 서북청년단이나 한독당 또는 반공청년단의 정신적 근거는 사실 기독교, 그 중에서도 개신교와 깊게 관련되어 있었다. 이와 같이 서로가 미성숙한 주체였기에 사건은 격렬하고 야만적일 수밖에 없게 된 것이다.

작가는 이 '주체의 미성숙'이 우리 현대사를 왜곡한 가장 큰 원인이

21) 해방 후 북한의 상황에 대해서는 『한국분단사연구』(신복룡, 한울, 2001), 『북한 50년사』 1(임영태, 들녘, 1999), 『북한 현대사 101 장면』(고태오 외, 가람기획, 2001), 『다시 쓰는 한국현대사』 1~3(박세길, 돌베개, 2003) 참조.

22) 강인철, 「월남 개신교·천주교인의 뿌리」, 『역사비평』 1992년 여름. 당시 기독교인들의 대응은 앞에서 인용한 『抗共의 불꽃』을 통해서도 자세히 확인할 수 있다.

라고 보고 있다. "야소교나 사회주의를 신학문이라고 받아 배운 지 한 세대도 못 되어 서로가 열심당만 되어 있었지 예전부터 살아오던 사람 살이의 일은 잊어버리고" 말았다는 진술은 근대 이후 서양문화에 대한 우리의 맹신적 태도를 단적으로 비판한 말이다. '열심당'이란 주체의 신념을 절대시해서 타자를 배제하는 독선적 태도를 말하며, 실제로 우리 현대사는 작가의 통찰처럼 '손님'으로 상징된 외세와 그 추종자들에 의한 광기의 역사라 해도 지나친 말은 아닐 것이다. 그 광기의 역사란 푸코가 언급한 바, 타자를 감금하고 배제해온 독선적 주체의 역사인 것이다. 그렇다면, 신천사건의 진짜 주범은, 기독교도나 공산주의자들의 주장과는 달리, 사람살이의 근본을 망각한 채 '손님'만을 맹신한 우리의 왜곡된 현대사 그 자체인 것이다. 주체의 미숙한 시선에서 벗어나 사물을 공평하게 본다면 기독청년이나 공산주의자들은 서로가 서로를 증오하고 해코지할 하등의 이유가 없었던 것이다. 작가 황석영이 황해도 '진지노귀굿'이라는 독특한 형식을 빌어서 말하고자 한 것은 결국 이 주체의 반성과 근대성 전반에 대한 성찰인 것이다.

4. 소설교육과 타자의 지평

소설교육을 말하는 자리에서 이렇듯 '타자'의 문제를 언급하는 것은, 서로 다른 코드를 가졌음에도 불구하고 '윤희와 현우', '요한과 순남·일랑'이 마침내 서로를 이해하는 대화적 관계를 만들었듯이, 작품을 제대로 감상하기 위해서는 상호 이질적이고 맥락을 달리하는 요소들까지도 적극적으로 수용해야 한다는 생각에서였다. 주체의 시각만을 강요할 때 나타날 수 있는 현상은 타자를 배제한 독선과 아집일 뿐이다. 하지만 우리 사회는 서로가 서로에게 의존하면서 살지 않을 수 없는 까닭에 타자를 배제한 그런 태도를 결코 온당하다고 볼 수는 없을 것이다. 삶과 현실을 고려하지 않은 채 추상적 개념과 맹목적 정답만을 강요하는 교육은 이제 중단되어야 한다. 개인의 체험이란 상대화되었을 때 의미를 갖는 것이고, 소설이란 이 타자화된 주체를 서술하는 양식인 까닭이다.

『오래된 정원』을 '타자'에 주목해서 읽으면 주체를 중심으로 이해한 것과는 한층 다른 모습으로 드러난다. 1980년대란, 돌이키자면, 독단적 이념과 그에 수반한 배제의 논리가 횡행했던 시절이었다. 절대권력에 맞서는 변혁운동의 과정에서 선명한 이념과 강경한 투쟁은 무엇보다 중요할 수밖에 없었고, 그것은 자연스럽게 피아(彼我)를 구분하는 배제의 논리로 나타났다. 과학과 이성을 강변했음에도 불구하고 상황은, 타자를 이해하고 포용하기보다는 오로지 주체의 일방적인 관점만을 강요하였다. '나에게 타당한 것은 다른 모든 사람들에게도 타당하다'는 사고방식이란 사실 독선적 편견에 다름 아니다. 운동의 중심에서 벗어나 평범한 소시민의 삶을 갈망했던 한윤희에게 중요했던 것은 평화로운 일상의 나날이고, 운동과 이념은 그녀의 관심권 밖에 놓여 있는 것이었다. 사고의 중심을 그녀에게 놓는다면, 오현우로 대표되는 1980년대란 주체의 일방적 강조와 타자의 배제라는, 근대의 부정성에 깊게 침윤된 시기였음을 확인하게 된다. 『손님』은 이 독선적 주체가 역사 현실에서 어떻게 작동했는가를 보여주는 비극적 사례라 하겠다. 산 자와 죽은 자가 대화를 나누며, '신천 학살'이라는 동일한 사건에 대한 서로 다른 세 입장이 교차되는 과정을 통해서 작가는 남도 아니고 북도 아닌, 사건의 또 다른 실상을 형상적으로 재구해 낸다. 자신을 타자와 함께 상대화하는 즉, 자기를 중심으로 놓고 타자들을 배열하기보다 자신과 타자를 포함하는 전체 장(場)의 한 부분으로서 자신을 이해하는 것이다. 이 다원적 시선을 통해서 작가는 남한을 중심에 놓고 북한을 배제하는, 혹은 북한의 시각에서 남한을 규정하는 일방성에서 벗어나 남과 북을 동시에 상대화하는 탈주체의 사유를 보여주는 것이다. 통일이 어느 일방의 논리와 주장만으로 이루어질 수 없는 것이라면 이러한 시각은 앞으로 더욱 심화되어야 할 것이다.

소설교육이 추구해야 할 목표의 하나는 작품에 대한 포괄적이고 깊이 있는 이해와 감상능력의 배양이다. 소설교육에서 타자를 고려하는 것은 이러한 능력을 제고하는데 그것이 중요하게 고려되어야 할 항목인 까닭이다. 그런 맥락에서 소설교육에서 타자의 문제는 좀 더 다듬고 정교화 되어야겠지만, 다음과 같은 몇 가지는 강조할 필요가 있을 듯하다. 논리와 이성 대신에 감성 교육을 한층 강화할 필요가 있다. 소설교육은 한편으론 미를 향유하고 계발하는 예술교육이고 따라서 감성의 계발과 연마는 심미적 인간을 양성하는 중요한 과정이다. 논리와 이성으로 작품의 구조를 해석하면서 동시에 작중의 정황과 분위기와 인물의 내면을 감성으로 느끼고 즐길 수 있어야 한다. 다음으로 작품에 투사된 이질의 영역들을 적극적으로 포섭해야 한다. 개발과 진보의 논리에 맞선 생태·환경론자들의 주장이라든가 남성에 대한 여성, 남한에 대한 북한, 한국에 대비되는 동아시아, 주인물에 대한 부인물 등은 그동안 소홀히 다뤄온 이질의 영역들이다. 1990년대 이후 소위 '포스트(post)' 담론의 등장과 함께 이들이 적극적인 관심의 대상이 되었지만, 지금 보자면 그것은 일시적인 흥미 이상으로 진척되지 못한 듯하다. 이 타자의 영역들이 소설이라는 잡종의 형식 속에서 구현되는 양상을 고찰하고, 그것을 통해서 작품 감상의 방법을 개발하는 등의 보다 적극적인 노력이 요망되는 시점이다.

소설은 타자화된 주체를 다루는 양식인 까닭에 다른 교과목과는 달리 주체의 효율과 합리성보다는 타자를 이해하고 소통하는, 그래서 다원적 가치를 존중하는 사회적 주체를 양성하는데 중점을 두어야 할 것이다. 이제 사람들은 누구나 자신의 기준에 의해 보다 나은 것을 추구하고 그로 인해 진짜 좋은 것이 무엇인지도 모르는 상황이 되었다. 자유가 보편화함으로써 각자가 부자유스럽게 되었고, 이성이 보편화하고 정보량이 폭발적으로 증가함으로써 아는 일보다 모르는 일이 더욱 많아졌다. 이런 상황을 비추는 거울과도 같은 과목이 문학인 까닭에 이종적인 타자의 영역은 역설적으로 더욱 소중할 수밖에 없는 것이다. 더구나 문학교육은 본래, '있는 것'에 대해 거부하는 자세, '거부하는 정신'을 가르치는 것인[23] 까닭에 주체를 거부하고 미처 인식하지 못했던 타자의 영역을 변화의 계기로 수용하는 일은 더욱 필요할 수밖에 없다. 앞으로의 역사는 어쩌면 동혁과 같은 독선적 인물이 아니라 자기를 배제하고 타자에게 귀 기울이는 자들에 의해서 움직일지도 모른다.

23) 송하춘, 「창작교육의 의의와 전망」, 『문학과 문학교육』 2호, 문학과교육연구소 편, 푸른사상, 2001, 22면.

3부

분단 현실과 소설사의 지평

1970년대 분단소설의 성과와 의미

1. 분단소설의 형성

'분단문학'이라는 용어가 구체적인 내실을 갖고 문학사에 정착된 것은 1970년대 이후로 볼 수 있다. 그 이전까지는 '전쟁문학', '전후문학', '이산문학', '분단시대의 문학' 등 다양한 이름으로 회자되다가 1970년대 이후에야 구체적인 의미와 실질을 갖춘 용어로 널리 통용되기 시작하였다.

"남북분단의 역사와 현실이 투영된 문학"[1]이라거나, "6·25의 비극에 대한 인과율을 담고 있으며 세계사 속에서도 독특한 환경에 처해 있는 한국적 상황과 이를 형상화시킨 문학",[2] "통일을 이룩하는데 필요한

1) 김병익, 「분단의식의 문학적 전개」, 『문학과지성』, 1979년 봄, 84면.
2) 임헌영, 「분단시대 문학론고」, 『민족의 상황과 문학사상』, 한길사, 1986, 203면.

모든 것에 대한 인식이요 성찰이며 통일을 저해하는 온갖 것에 대한 반성과 부정의 문학",[3] "현재 우리가 몸담고 살아가고 있는 남한 사회의 분단 고착적 성격을 올바로 드러내고 통일을 위한 실천적인 가능성을 형상화시킨 소설"[4]이라는 규정은 강조점의 차이는 있을지언정 모두 분단 현실에 대한 합리적 인식과 극복 의지를 강조한 말들이다. 한 사학자의 말대로, 20세기 전반기의 민족사가 식민통치에서 벗어나는 일을 그 최고 차원의 목적으로 삼는다면, 후반기 즉 해방 후의 시대는 민족분단의 역사를 청산하고 통일 민족국가의 수립을 그 민족사의 일차적 과제로 삼는 시대이고, 따라서 그 시기를 '분단시대' 혹은 '분단 극복시대'라고 규정하는 것은[5] 어쩌면 당연한 일이기도 하다. 따라서 분단문학이란 분단이 시작된 시점에서부터 분단체제가 해체되는 미래의 어느 시점까지의 문학으로 정의해도 무방할 것이다. 그렇지만 이 용어가 단순한 분류의 차원에서 벗어나 민족문학의 맥락에서 실질적인 의미를 갖기 위해서는 분단의 원인에 대한 천착과 극복의지가 작품 속에 구체적으로 내재되어 있어야 할 것이다. 그래야 맹신적 반공주의 문학이라든가 분단을 항속화하려는 불순한 의도에 맞서 민족문학의 참의미를 획득할 수 있을 것이다.

분단 현실에 대한 문인들의 관심이 작품을 통해서 본격적으로 표출된 것은 1960년대 이후로 볼 수 있다. 1950년대 중반 이후 전후작가들은 전쟁의 상처를 가슴 깊이 간직한 채 작품 활동을 본격화했지만, 이들의 작품은 전쟁을 증언하고 전쟁의 폭력에 의해 와해된 주체의 분열과 혼돈을 그리는 수준에서 크게 벗어나지 못하였다. 사회 곳곳에는 여전히 전쟁의 상처가 흉한 몰골을 드러내고 있었고, 작가들은 그런 현실을 즉물적으로 그렸을 뿐 그것을 거시적으로 조망하는 능력과 원근법

3) 백낙청, 「분단시대 문학의 사상」, 『씨올의 소리』, 1976.6, 35면.
4) 황광수, 「분단과정의 소설적 표현」, 『삶과 역사적 진실』, 창작과비평사, 1995, 119면.
5) 강만길, 『분단시대의 역사인식』, 창작과비평사, 1978, 15면.

을 갖고 있지 못하였다. 손창섭과 장용학 등으로 대표되는 이 시기 문학은, 그렇기에 분단 극복에 대한 의지라든가 분단 현실에 대한 총체성 확보에는 현저히 미달될 수밖에 없었고, 기껏 단편적인 체험을 토로하는 수준이었다.

전후 경제복구기(1953~1958)를 거치면서 사회가 점차 안정되고, 또 민주주의에 대한 열망이 거족적으로 표출된 4·19를 경과하면서 분단소설은 점차 본궤도에 진입한다. 4·19 이후 확보된 민주와 자유의 공간을 활용하여 분단문제를 거시적으로 문제 삼은 최초의 작품인 『광장』(1960)에서 확인되듯이, 당시로서는 감히 상상할 수도 없었던 남과 북의 이데올로기를 동시에 문제 삼고 금제에 대한 과감한 도전을 시도한 것은 분단소설의 새 지평을 여는 시금석과도 같은 것이었다. 주인공 이명준은 남한의 자유주의 사회에 대한 불만으로 월북을 감행하지만 눈앞에 전개된 북한 사회주의 현실 역시 만족스러운 것은 아니었다. 은혜를 만나서 푸른 광장을 다시 꿈꾸지만 6·25 전쟁이 일어나고 은혜는 전쟁 중에 세상을 떠나며 이명준 역시 자살로 생을 마감한다. 남과 북을 비판한 뒤에 도달하는 이러한 허무주의적 결론은 당대 소설이 분단 극복의 전망을 마련하기에는 역부족이었음을 단적으로 보여준다. 이후 박경리의 『시장과 전장』(1964)에서도 이데올로기 문제가 지속적으로 탐구되지만, 그 역시 '사랑'이라는 보편적 주제로 문제의 본질을 얼버무리는 당대의 한계에서 크게 벗어나지 못하였다.[6)]

한편, 대표적인 분단작가의 한 사람인 이호철은 혈혈단신으로 남한 사회에 던져진 실향민을 통해서 돌아갈 수 없는 고향에 대한 회한을 실감나게 그려내고, 남한 사회에 뿌리내리는 힘겨운 과정에 주목하였다. 『소시민』(1964)에서 보이는 비정한 약육강식의 사회 여건 속에서 하루하루 연명하지 않을 수 없는 월남민들 참상과 그 과정에서 겪는 삶의 비애는,

6) 1960년대 박경리 문학에 대한 자세한 사항은 강진호의 「주체 확립의 과정과 서사적 거리감각」(『국어국문학』 122호, 1998) 참조.

단편 「판문점」(1961)에서 보여준 남북한의 이질화에 대한 고발과 더불어 이 시기 분단문학의 중요한 성과라 할 수 있다.[7] 민족 분단의 아픈 상처를 상징하는 판문점, 사상과 체제를 달리하는 남·북한 사이의 이질감, 이러한 비극을 극복하기 위한 에너지로서의 근원적인 사랑은 이 시기 소설이 보여준 분단문학에 대한 높은 관심을 대변하는 셈이다. 1960년대 분단소설은 이들 작가의 힘겨운 탐구를 통해서 전쟁의 원인을 천착하고 남북한의 이질감을 지적하는 등의 분단소설적 성과를 획득하는 것이다.

하지만 이 시기 분단문학은 분단으로 인한 이질화를 극복하고 통일을 준비하는, 이를테면 민족 동질성의 회복을 도모하는 수준에는 이르지 못하였다. 이호철 작품에서 단적으로 드러나듯이 민족의 이질화와 분단 고착화에 대한 안타까움과 회한이 작품의 중심을 이루지만 작가들은 그것을 넘어설 구체적 전망을 확보하지는 못했고, 심한 경우 최인훈처럼 전망 부재의 허무주의적 경향까지 노정하였다. 또, 창작의 주체가 대부분 전쟁 체험세대였던 관계로 개인적 체험에 긴박되어 그것을 객관화해서 조망하지도 못하였다. 이호철과 최인훈은 월남자로서의 뼈아픈 체험을 지닌 작가들이고, 박경리는 남편을 잃은 전쟁미망인이었다. 그런 개인적 체험에 사로잡혀 있었던 관계로 이들은 체험의 다양한 계기들에 대한 인식과 극복 방안에 대해서는 상대적으로 소홀할 수밖에 없었다. 1970년대 분단소설이 의미를 갖는 것은 이런 한계를 넘어서는 지점에서 본격적인 출발이 이루어졌다는데 있다.

---

7) 이호철에 대한 자세한 논의는 강진호의 「이호철의 『소시민』 연구」(『민족문학사연구』 11호, 창작과비평사, 1997) 참조.

2. 분단현실의 자기화와 주체적 인식의 심화

1970년대 분단문학은 1960년대의 성과를 이어받으면서 한층 진전된 모습을 보여준다. 이 시기에는 분단 현실에 대한 관심이 문단 전체로 확산되면서 앞 시기에 비해 훨씬 풍성한 양의 작품이 생산된다. 이호철·박경리·최인훈 등의 중견작가들이 왕성한 필력으로 분단 현실을 천착하였고, 김원일·윤흥길·박완서·문순태·황석영·이문구·조정래·전상국·이동하·신상웅·현기영·홍성원·한승원 등 갓 등단한 신진작가들까지 대거 가세하여 분단소설을 창작하는, 분단문학의 일대 장관을 연출하는 것이다.

당시 분단소설이 만개한 데는 다음 몇 가지 요인이 작용하였다. 우선, 이승만 정권 이래의 경직된 반공주의가 1972년 7·4 남북공동성명을 계기로 점차 해빙기에 접어들면서 분단 현실에 대한 관심을 증폭시킨 사실을 들 수 있다. 물론 사회 전반의 분위기는 유신체제의 출범과 더불어 한층 악화되었으나, "오오 통일!"을 외치는 감상적 시와 소설을 비롯하여 실향민으로서의 비애와 이데올로기적 폐해를 지적하는 작품 등이 다양하게 등장했던 것은 분단 현실에 대한 문인들의 관심이 그만큼 고조되었음을 뜻한다. 또 당시 본격적으로 발굴·채록된 증언과 수기 등의 영향 역시 분단소설을 번성케 한 중요한 요인이었다. 1970년대 말의 「민족의 증언」과 이병주가 작품(『지리산』)의 근거로 활용한 이태(본명 이우태, 1922~1997, 6.25 동란 중 남한 빨치산을 대표하던 '남부군'을 소재로 한 체험적 수기인 『남부군』의 저자)의 수기 등이 소개되면서 이념적인 금기가 점차 신비의 베일을 벗고 적나라한 본질을 드러내게 된 것이다. 게다가, 당시 활기를 띠기 시작한 현대사와 관련된 사회과학계의 연구 성과를 적극적으로 수용한 사실 또한 무시할 수 없다. 6·25 전쟁과 관련된 다양한 연구물이 출간되고 전쟁의 원인과 양상·결과에 대한 진전된 논의가

확산되면서 작가들은 분단의 심층에 한층 가까이 다가설 수 있었던 것이다.[8)]

하지만, 무엇보다 중요한 것은 1970년대 들어서 소년시절에 전쟁을 체험한 세대들이 작품 활동을 본격화한 사실에 있다. 김원일의 체험적 고백에서 짐작할 수 있듯이, 유・소년기에 전쟁을 체험한 세대들이 1970년대로 접어들면서 자신의 체험을 성찰할 수 있는 정신적 연령에 이르고, 자신의 삶을 근본에서 규율하는 6・25를 객관적으로 조망하는 거리감각을 확보하게 된다.[9)] 개인의 이해관계나 유용성과 결부시키지 않고 일정하게 거리를 둠으로써 과거의 체험들을 한층 객관적으로 조망하기에 이른 것이다. 작가들은 소설을 통해 과거사를 조망하면서 한편으론 그것을 현재화하고 치유의 가능성을 찾는 보다 적극적인 모색을 보여준다. 이 시기 소설의 상당수가 '회상 기법'을 도입한 것은 6・25와 관련된 과거사를 객관화하고 성장기에 체험한 그 상처를 어떤 식으로든 정리하고 치료하려는 의도로 볼 수 있다. 과거사를 서술하면서 어린이의 시점을 차용하고, 또 성인의 시점과 어린이의 시점을 병렬적으로 배치하면서 작가들은 과거와 현재를 계기적으로 이해하고 나아가 현재의 관점에서 과거사를 적극적으로 수용하고자 하는 것이다. 6・25가 여전히 현실적 삶을 가로막는 원체험으로 이해되고, 작가들은 그것이 한 개인뿐만 아니라 민족 전체의 삶을 질곡 하는 요인임을 깨닫는 것이다.

이런 점에서 이 시기 분단소설은 현재의 삶을 여러 요인들의 복합체로 파악하는 주체적 시각의 정립 과정으로 정리할 수 있을 것이다. 주체적 시각이란 현재의 삶을 대타적으로 이해하려는 태도와 자세로서, 자신의 존재 기반이 되는 현실적 근거를 주체의 특수한 정황과 결부지어 이해하는 태도라 할 수 있다. 이를테면, 국내・국제적인 정치의 영역

8) 이런 사실은 앞의 백낙청과 김병익의 글 및 김원일의 「분단현실과 분단지양의 문학」(『강좌, 민족문학』, 정민, 1990)에서 부분적으로 언급되고 있다.

9) 김원일, 「분단현실과 분단지양의 문학」, 『강좌, 민족문학』, 정민, 1990 참조.

이자 공산주의와 자본주의라는 이념과 경제의 영역이기도 한 분단체제[10]를 국내·외적 요소의 복합으로 이해하고 그 해결의 실마리를 모색하는 것으로, 이는 과거사에 대한 성찰과 그것을 극복하려는 실천적 의지를 수반할 때만이 가능한 일이다. 분단 극복의 가능성은 이러한 자각을 통해서 구체화되거니와, 따라서 이 시기 소설에서 두루 목격되는 민중과 민족사에 대한 주체적 인식과 분단 극복의 의지는 전 시기에는 볼 수 없었던 이 시기만의 소중한 성과라 하겠다.

1970년대 분단소설은 대략 세 부류로 나누어 볼 수 있다. 하나는 『노을』(김원일), 『순이 삼촌』(현기영), 「유형의 땅」·『불놀이』(조정래) 등과 같이 해방정국의 좌우 대립을 배경으로 분단의 원인을 사회·경제적인 측면에서 조망한 작품들이고, 둘은 『아베의 가족』(전상국)이나 『황토』·「거부반응」·「타이거 메이저」(조정래) 등에서 문제시되는 외세의 작용과 그로 인해 왜곡된 민족의 삶을 고발하는 내용의 작품이고, 셋은 「한씨 연대기」(황석영), 『나목』·「카메라와 워커」(박완서), 「앞산도 첩첩하고」·「폐촌」(한승원), 『관촌수필』(이문구), 「장마」(윤흥길) 등에서 볼 수 있듯 일상 속에 내재되어 있는 분단의 상흔과 질곡을 민중의 시각에서 수용하고 넘어서려는 의지를 담은 소설이다.

1) 분단 원인에 대한 역사적 조망

상처의 원인을 진단하지 않고서 수술의 칼날을 들이댈 수 없듯이, 우리의 삶을 근본에서 왜곡하는 요인들에 대한 탐구 없이는 문제 해결의 진정한 실마리를 찾기 힘들다. 그런 점에서 분단의 원인에 대한 탐구는

10) 김병익, 「분단의식의 문학적 전개」, 『문학과지성』, 1979년 봄, 99면. 이 분단체제라는 말을 한층 정교화하고 내포를 확충하여 실천의 차원에서 조망한 글이 백낙청의 『흔들리는 분단체제』(창작과비평사, 1998)이다.

분단문학이 성립되기 위한 전제조건에 해당한다. 최인훈이 『광장』에서 집요하게 추적한 이념의 문제라든가, 박경리가 『시장과 전장』에서 보여준 코뮤니즘의 맹목성에 대한 천착 역시 분단 원인에 대한 탐구와 무관하지 않은데, 작가들의 그런 노력에 의해서 분단 현실은 점차 객관적으로 이해되고 심층적인 탐구의 대상으로 떠오른다. 1970년대 분단소설이 1960년대의 성과를 전제하면서도 그보다 한층 진전된 모습을 보이는 것은 이런 사실에 바탕을 두고 있다.

1960년대의 작가들이 6·25 전시하의 현실을 배경으로 전쟁의 참상과 이념의 문제를 천착했던 것과 달리 1970년대의 김원일·조정래·현기영·신상웅 등은 시대 배경을 해방공간으로 소급해서 분단의 원인을 탐색하는 시각의 역사적 확장을 보여준다. 이들에 의하면 분단의 실질적 원인은 이데올로기의 대립뿐만 아니라 과거 오랫동안 우리의 삶을 구속해온 경제적·신분적 차별에 있다.

대표적인 분단작가로 평가되는 김원일·조정래·현기영 등이 일관되게 주목한 것은 분단의 자기화(自己化)와 분단 극복에 대한 열망이다. 월북한 부친을 둔 특수한 가족사와 "조국 분단문제야말로 이 시대의 가장 첨예한 이슈"라는 확고한 시대 인식을 바탕으로 왕성하게 분단소설을 창작한 김원일이나, 여순사건과 제주 4·3 사건과 같은 고향에서의 특수한 체험을 바탕으로 좌익의 역사적 진실에 주목한 조정래·현기영 등에 있어서 분단이란 사실 자신들의 삶을 규정하는 원체험과도 같은 것이었다. 그런 유년기의 상처가 이들의 삶을 무의식처럼 규율해 온 까닭에 작품에는 분단현실에 대한 고통과 거기서 벗어나려는 열망이 누구보다도 강렬하게 드러난다. 이들은 하나 같이 현재의 시점에서 과거를 회상하고 그것을 다시 현재적으로 의미화하는 등 과거와 현재를 교차하면서 작품을 전개하는데, 이는 현재는 과거에 의해서 규정되고 과거 역시 현재의 시각에서 조망되어야 한다는 생각을 표현한 것이다.

『노을』(김원일)에서 강조되듯이, 분단 현실이란 그것과는 전혀 무관한 것으로 보이는 중산층 소시민에게도 지울 수 없는 깊은 화인(火印)을 남겨 놓았다. "아버지의 시대와는 달리 그런 쪽(이데올로기)과는 담을 쌓고 살려는 나에게까지 남북의 극단적인 대치 상황이 그렇게 가깝게 영향력"을 미치고 있다는 사실을 문득 깨달았다는 진술은, 자신과는 무관하리라 여겼던 이데올로기와 분단 현실이 사실은 자신의 일상을 옭아맨 거미줄과도 같은 굴레였음을 확인시켜 준다.[11] 조정래가 「유형의 땅」에서 분단 현실을 '유형(流刑)의 땅'이라고 명명했던 것도 그런 이유에서다. 주인공 만석 영감은 세상이 엄청나게 변했음에도 불구하고 아직도 6·25 당시와 같은 현실의 변두리에서 벗어나지 못하는 삶을 살고 있다. 온갖 고초를 겪으면서 살아남기 위해 부단히 애를 썼음에도 불구하고 여전히 이전과 다를 바 없는 참담한 상태에서 벗어나지 못하는 것은 전적으로 6·25의 상처가 자신의 삶을 근원적으로 제약하고 있었기 때문이다.[12] 이런 깨달음을 통해서 작가들은 불행했던 과거사란 외면하거나 부정함으로써 치유되는 것이 아니라, 바르게 보고 객관화함으로써 극복될 수 있다고 생각하기에 이른다.

분단의 자기화(自己化)를 통해서 김원일 등은 분단 현실에 대한 한층 진전된 인식에 도달하는데, 그것은 구체적으로 아버지로 표상된 앞 세대의 비극을 사실적으로 조망하려는 노력으로 나타난다. 이들에게 있어서 '아버지'는 하나 같이 부정적 이미지로 채색된 '빨갱이'였고, 그것도 엄청난 만행을 자행한 살인마로 기억 속에 남아 있는 인물이었다. 『노을』에서 제시된 아버지는 '소백정'으로 성격이 포악하여 걸핏하면 어머니를 학대했고, 사회주의자가 된 뒤에는 그것을 맹신적으로 추종하는 인물로 돌변하여 무자비한 학살을 자행했으며 마침내 경찰에 쫓겨 스스로 목숨을 끊은 인물이다. 『불놀이』(조정래)에서 그려진 아버지 또한 이와 다르지 않다. 화자의 아버지인 배점수는 신씨 집성촌에서 대대로

11) 김원일, 「노을」, 『마음의 감옥』(『한국소설문학대계』 57), 동아출판사, 1995.
12) 조정래, 「유형의 땅」, 『불놀이』(『한국소설문학대계』 67), 동아출판사, 1995.

소작을 붙이던 소작인의 자식으로 성질이 괄괄해서 걸핏하면 지주집 아이들과 싸웠고 자신의 미천한 신분에 항상 불만을 품고 있었다. 대장장이로 일하던 중 사회주의에 세례를 받았고, 인민위원회 부위원장을 맡으면서부터는 그 권력을 이용하여 과거의 수모를 앙갚음하듯이 자그마치 38명이나 되는 신씨 일족을 잔혹하게 학살하였다. 이런 아버지를 두었던 까닭에 『노을』의 화자는 30년에 가까운 세월 동안 아버지를 잊으려 했고, 『불놀이』의 배점수는 자신의 출신과 고향을 완전히 바꾼 채 30년 가까운 세월을 다른 인생으로 살아왔던 것이다.

'핏빛'으로 얼룩진 이 아버지들의 과거사를 추적하면서 작가들은 이들이 왜 사회주의 사상에 물들었고 또 빨치산이 되었는가를 이해하게 된다. 곧, 빨치산이었던 아버지가 그토록 잔혹한 만행을 저질렀던 것은 단지 이데올로기 때문만은 아니었다. 백정이라는 최하층 신분으로서 당해야 했던 오랜 천대와 울분에서 이들은 해방 직후 인민 해방의 기치를 내건 사회주의를 맹신하게 되었던 것이다. 신분적 불평등과 차별 속에서 이들은 무의식적으로 계급적 적대감을 내면화하고 있었고, 그것이 해방 후 좌우 대립의 극한 와중에서 걷잡을 수 없이 폭발한 것이다. 이들이 자행한 참혹한 살육은 그런 억압 감정이 소위 '인간해방'의 기치를 앞세워 표출된 것이었다.

> "니한테 한 마디 묻겠다. 니는 여태꺼정 백정으로 천대받고 살아온 시월이 원쑤같지도 않나? 우리가 언제 사람대접 한분 받아 본 적이 있나 말이다. 그러나 인자 시상이 바낐으이 나도 한자리 할 끼데이. 우리 같은 사람을 더 떠받들어 준다카능 기 공산주이잉께 울매나 좋노. 니가 자꾸 이래 아가리를 때싸모 증말로 재미 적데이. 인자 내가 가만 아둘 끼라. 니는 반동잉께, 내가 반드시 니를 쥑이고 말 끼데이. 니 목숨 하니 쥑이능 거는 문제도 읎다!"[13]

13) 김원일, 「노을」, 앞의 책, 265면.

소를 잡던 도수장 안에다 지서 순경을 매달아 놓고, "갑자기 신명이 받치는지 덩실덩실 춤을" 추며 난도질했던 광기어린 행동에는 이처럼 이데올로기와는 상관없는 오랜 사감(私感)이 개입되어 있었다. 그렇기에 이들의 행위는 잔인할 수밖에 없었고, 그것이 또 다른 증오와 복수를 불러와 서북청년단 사건과 같은 또 다른 참극을 초래한 것이다. 물론 이들의 행동에는 오랜 신분적 구속에서 벗어나 차별 없는 세상에서 살고자 하는 강렬한 열망이 깃들어 있지만, 그것은 외형상의 명분에 불과할 뿐 사실은 누적된 복수심의 극단적 표출 외에 다른 무엇이 아니었다. 『불놀이』에서 배점수가 보인 광신적 살인행위는 그 외에는 달리 설명할 방법이 없다. "상것이고 가난하기" 때문에 당했던 그간의 수모에서 그는 사회주의 세상이 되자 자신을 멸시하고 천대했던 신씨 일족만을 골라서 의도적으로 살해했던 것이다.

「하늘 아래 그 자리」에서 전상국이 보여준 문제의식도 이와 전혀 다르지 않다. 상암리와 하암리로 나누어진 마을에서, 전쟁이 발발하면서 상암리 사람들에 의해 양반들이 사는 하암리가 무참하게 파괴되고 복수를 당한다는 내용은 반상의 적대감이 분단의 비극을 더욱 조장했다는 사실을 보여주는 또 다른 사례인 것이다.[14] 또 「순이삼촌」에서 목격되는 서북청년단들의 맹신적 반공주의 역시 같은 맥락에서 이해될 수 있다. 공산주의자들에게 농토와 가옥을 빼앗기고 강제로 월남하지 않을 수 없었던 이들에게 있어서 공산주의자란 가정과 개인의 삶을 송두리째 파괴한 원수나 다름없었고, 그런 까닭에 공비토벌과정에서 보인 이들의 광적인 만행은 이데올로기적 명분보다는 오히려 사적인 감정과 그에 따른 복수의 형태를 취했던 것이다.[15] 이 불행한 과거사를 조망하면서 작가는 6·25를 전후해서 자행된 처절한 살육은 과거 불합리한 신분제도와 수탈구조에서 비롯된 민족 내부의 오랜 갈등에 원인이 있음

14) 전상국, 「하늘 아래 그 자리」, 『전상국』(『제3세대 한국문학』 11), 삼성출판사, 1983.
15) 현기영, 『순이삼촌』, 창작과비평사, 1994년판.

을 설득력 있게 보여준다.

이런 점에서 이 부류 소설은 이른바 '빨치산 소설'의 본격적인 출발을 예고하는 전사(前史)로서의 의미를 갖는다. 문학사에서 좌익, 특히 빨치산에 대한 관심이 본격화되고 그 실상이 구체적으로 조망되기 시작한 것은 1980년대였다. 『남부군』(이태)이나 『태백산맥』(조정래)에 이르면 빨치산의 생성과 투쟁·소멸의 과정이 소상하게 그려지고, 그것이 어떻게 분단 구조 속에 용해되었는지가 사실적으로 규명된다. 특히 『태백산맥』은 빨치산이 생겨나게 된 직접적이고 본질적인 원인, 가령 일반 민중들의 경제적·정치적 요구가 해방 이후의 정치 현실 속에서 좌절되면서 공산주의 이데올로기와 결합하고 급기야 빨치산 항쟁으로 이어지는 일련의 과정에 대한 총체적인 조망을 통해서 이 부류 소설이 도달할 수 있는 최고 경지를 보여준 바 있다. 이들 작품과 비교하자면 1970년대 소설은 체험의 개별성에 폐쇄되어 개인적 체험과 역사적 사실이라는 두 영역을 유기적인 전체로 파악하지는 못하고 있음을 알 수 있다. 체험의 절실함과 생생함에 근거하면서도 개인적인 체험의 폐쇄성에 매몰되지 않기 위해서는 그것을 역사적 맥락에서 조망하는 역사주의적 시각을 견지해야 하지만, 이들 소설은 빨치산이 준동한 원인을 대부분 개인의 사감으로 이해하는 소박한 수준을 벗어나지 못했던 것이다.[16] 하지만 그럼에도 불구하고 이러한 노력에 의해 점차 좌익의 삶을 객관화하고 공산주의에 대한 새로운 인식을 계기를 마련한 것은 높이 평가되어야 할 것이다. 빨치산의 준동이 단순한 광기나 이념의 맹신적 추종이 아닌 사회·경제적 요인에 의해서 유발된 것이라는 인식은 그들의 인간적 진실에 대한 인정과 추인일 뿐만 아니라 사회주의에 대한 새로운 인식의 지평을 타개한 것이다. 1980년대 빨치산 소설이 독자들에게 널리 공감을 얻을 수 있었던 것은 이런 전사적 노력에 힘입은 바 크다

16) 정호웅, 「지리산론」, 『1970년대 문학연구』, 예하, 1994, 109면.

고 하겠다.

이런 시각에 기대자면, 분단 극복의 진정한 방법은 민족 내부의 갈등 요인을 제거하고, 누구나 인간으로서 기본적인 삶을 누릴 수 있는 평등한 사회를 만드는 데 있음을 확인할 수 있다. 김원일이 '노을'을 우울한 낙조로 보지 않고 새벽을 여는 '여명'으로 받아들였던 것이나, 조정래가 만행의 당사자인 배점수를 응징하되 그 죄를 자식 세대에까지 물려주지는 말아야 한다는 의지를 피력했던 것은 분단 극복이 현재적이면서 동시에 미래지향적이라는 사실을 새롭게 환기한 것이다. 그런 점에서 이 부류 소설은 분단소설의 새 지평을 열었을 뿐만 아니라 분단의 진실을 역사적 차원에서 규명하고 해결의 실마리를 적극 모색한 것으로 평가할 수 있다.

2) 외세와 민족사에 대한 주체적 인식

문학사에서 미국과 외세의 문제가 본격적으로 등장한 것은 1960년대 이후라고 할 수 있다. 물론 해방직후에도 「양과자갑」(염상섭)이나 「미스터 방」·「역로」(채만식) 등의 작품이 없었던 것은 아니지만, 민족 주체성의 시각에서 외세를 정면으로 문제 삼은 것은 1960년대 이후였다. 미국은 우리를 공산화에서 지켜준 은인이고 또 그 은덕으로 전후 복구사업을 수행하지 않을 수 없었던 상황에서, 더구나 당시 집권자들은 대부분 미국의 비호 아래 정권을 유지했던 까닭에 미국을 비판한다는 것은 국가 정책을 비판하는 것이자 동시에 반국가적인 불경죄를 범하는 것이기도 했다. 특히 박정희 정권이 들어서면서 본격화된 근대화정책은 경제구조의 대외의존도를 심화시켜 친미적 성향을 더욱 강화시켰고, 그것이 이승만 정권 이래의 반공주의와 결합되면서 사회 전반의 분위기를 동토처럼 경색시켜 놓았다. 그런 현실에서 미국과 외세를 문제 삼는다는 것은 엄청난 모험일 수밖에 없었다.

1965년 남정현의 '「분지」 필화사건'은 그런 시대의 야만성을 단적으로 보여주었다. 1965년 『현대문학』 3월호에 발표된 단편 「분지」가 북한의 조선노동당 기관지인 『조국통일』 5월 8일자에 실림으로써 작가가 반공법 위반으로 기소되어 실형을 선고받았다는 것은, 지금의 시점에서 보자면 결코 이해될 수 없는 일이었다. 하지만 그런 불행에도 불구하고 「분지」에서 제시된 작가의 문제의식은, 즉 민족의 정기를 바로 세우고 주체적 역사의식을 확립하기 위해서는 미국을 비판하고 극복해야 한다는 생각은, 이후 민족사의 전개과정에서 미국의 실상을 인식하고 우리의 위상을 바로잡는 중요하고도 본질적인 통찰을 담고 있었다.

1970년대 소설에서 외세에 대한 인식은, 「분지」에서 보인 문제의식이 한층 구체화되고 심화되어 드러난 형국이다. 조정래의 「거부반응」과 「타이거 메이저」[17]는 일상 현실에 내재되어 있는 외세의 문제를 조망한 것으로, 「거부반응」에서 보이는 옷가게 점원들의 태도, 즉 미국 옷을 판다는 것에 대한 자부심과 국산품을 사용하는 사람들에 대한 경멸감이나, 「타이거 메이저」에서 제시된 한국군과 미군 사이에 존재하는 심한 차별과 불평등은 전쟁으로 인해 잉태된 우리의 왜곡되고 굴종적인 심리가 사회 곳곳에 만연되어 있음을 환기시켜 준다. 특히 동등한 복무규정을 갖고 있음에도 불구하고 한국군에게 오만한 행동을 서슴지 않는 미군들의 행태나 그것을 당연한 것으로 받아들이는 한국 군인들의 비굴한 모습은 그런 문제가 궁극적으로 국가적인 차원에서 구조화되어 있음을 시사해준다. 작가가 이런 현실에 대해 강한 비판의식을 보였던 것은 「거부반응」에서 제시되었듯이, 미국은 우리에게 결코 긍정적인 존재만은 아니라는 역사적인 체험에 근거를 두고 있다. 한국전쟁 당시 '형태'에게 각인된 미군의 이미지는 한 마리의 난폭한 야수에 지나지 않는

17) 조정래, 『황토』, 열림원, 1993.

것이었다. 어머니와 고모를 겁탈하려 했던 미군의 모습은 "시커먼 얼굴에서 무섭게 빛나던 그 눈, 뒤집어 까진 그 두껍고 징그럽던 입술과 커다랗던 입, 그 속에서 유난히 희게 빛나던 이빨"의 이미지로 각인되어 지금까지 그를 괴롭혀 왔던 것이다.

한편, 전상국에 의하면 미군들의 사소한 행위는 한 가족의 삶과 의식을 근본에서 속박하는 불행의 원천으로 나타난다. 「아베의 가족」에서 초점인물로 등장하는 '아베'는 미군에 의해서 짓밟힌 우리 민족의 비극을 상징하는 인물이다. 아베가 지능지수 20도 안 되는 미숙아로 태어난 것은 어머니가 임신 팔 개월이 된 시점에서 미군들에게 집단으로 윤간을 당한 데 있다. 미처 사람의 형체를 갖추기도 전에 아베는 세상에 내던져 진 것. 아베는 동물과 다름없는 존재였고, 그런 아베를 양육하면서 어머니는 평생을 죄의식 속에서 살지 않을 수 없게 된다. 아베의 가족이 한국을 떠나 만리타향 미국으로 이민을 떠났던 것은 이 원죄와도 같은 땅과 과거의 기억으로부터 벗어나기 위한 실존적 결단이었다. 하지만, 거기서도 과거의 상처를 떨칠 수는 없었고, 급기야 그 치유책을 찾기 위해서 다시 고국으로 발길을 돌리지 않을 수 없게 된다. 화자가 미군이 되어 한국 근무를 지원했던 것은 어머니의 상처를 조금이나마 덜어주고자 하는 의도에서였고, 그래서 주변을 수소문해서 재혼하기 전에 어머니가 머물렀던 집을 방문해서 '아베'의 행방을 찾고자 한 것이다. 하지만 시어머니는 죽었고, 미국으로 건너오기 직전 어머니가 아베를 데리고 잠깐 다녀갔다는 흔적만을 확인하는 것으로 작품은 마무리된다.

미군은 이렇듯 한 가족의 삶을 철저하게 황폐화시킨 상처의 근원으로 나타난다. 물론 이 작품에서 전상국이 집중적인 관심을 보인 것은 외세보다는 그로 인해 치유되지 않은 상처를 간직한 사람들의 신산스러운 삶이지만, 거기에는 외세에 대한 고려 없이는 분단문제를 풀 수 없으리라는 믿음이 깃들어 있음을 알 수 있다.

분단의 비극은 이렇듯 단순히 남과 북의 대립에서만 연유하는 것이 아니라 외세의 개입에 의해서 더욱 심화되었음을 확인할 수 있는데, 그 것을 역사적으로 확장하여 보다 심도 있게 천착한 작가가 조정래이다. 중편 「황토」에서 작가는 외세의 문제를 역사적으로 조망하고 그 극복 가능성을 찾는데, 여기서 오욕으로 얼룩진 민족사의 비극을 대변하는 인물은 가난한 소작인의 딸 점례이다. 그녀가 걸어온 삶의 궤적은 외세에 짓밟힌 통한의 최근세사를 상징하는 것이라 해도 과언이 아닐 정도로 고통과 불행으로 얼룩져 있다.

식민지 시대, 과수원에서 품팔이를 하던 어머니가 일본인 주인에게 겁탈 당하려는 것을 목격한 아버지는 지주를 폭행했고, 그것이 계기가 되어 주재소에 갇히는 신세가 된다. 아버지를 살려내기 위해서 점례는 주재소장 야마다의 첩으로 들어가고, 야마다의 성적 노리개로 전락한 뒤에는 갖은 수모를 당한 끝에 아들까지 두지만, 야마다는 일본이 패망하자 야반도주하고 만다. 이렇게 시작된 그녀의 비극은 끝이 없어서, 해방 후에는 이모의 배려로 과거를 숨기고 총각과 정식으로 결혼식을 올리지만, 그것도 잠깐 공산주의자였던 그가 행방불명되자 이내 물거품이 되고 만다. 게다가 당국에 연행되어 조사를 받는 과정에서 뜻하지 않게 미군의 호의를 받지만, 그 역시 다시 한번 그녀를 비극으로 몰아넣는다. 미군의 성적 노리개로 전락했고 아들까지 낳았지만 그 역시 야마다처럼 본국으로 훌쩍 떠나버리는 것이다. 이 불행한 여인의 일대기를 추적하면서 작가는 그녀의 불행은 단지 그녀 혼자만의 것이 아니라 우리 민족 전체의 것임을 환기한다. 식민치하에서 그녀가 당했던 고통은 피지배 민족으로서 민족 전체가 당했던 수모와 동일하고, 좌익 남편을 둔 그녀의 비극 역시 이념에 희생당한 무고한 양민들의 수난사를 대변한다고 할 수 있다. 말하자면 그녀의 비극은 일제 강점기에서 오늘의 분단시대에 이르기까지 역사의 주체로서 지위를 누려야 했으나 사실은 생존권마저 유린당해야 했던 우리의 비극적인 역사를 상징적으로 보여주는 것이다.

그런데, 작가는 이런 참혹한 운명을 지녔음에도 불구하고 그녀가 누구보다도 강인한 생명력을 지녔다는 데 주목한다. 점례는 비극의 씨앗이라 할 수 있는 아비 다른 세 자식을 박씨의 호적(정식 결혼한 남편의 호적)에 편입함으로써 그들 모두를 자식으로 받아들이겠다는 넉넉한 모성을 보여준다. 야마다의 피를 받은 큰아들을 박태순으로, 공산주의자 남편의 피를 받은 딸은 박세연으로, 푸란더스의 피를 받은 막내아들은 박동익으로 가호적을 만들어 편입함으로써 그들 모두를 포용하겠다는 의지를 분명히 하는 것이다. 이후 그녀는 자식들의 교육과 뒷바라지에 온 정성을 쏟았고, 특히 모멸과 자학으로 일그러진 막내 동익을 보살피는 데 세심한 배려를 아끼지 않았다. 이를테면 한으로 얼룩진 자신의 삶을 넉넉한 모성과 강인한 생명력으로 승화시키고자 한 것이다. 작품의 제목이 '황토(黃土)'인 것은 그런 사실과 무관하지 않을 것이다. 생산과 풍요의 상징이기도 한 '황토'는 외세의 압력과 폭력으로 얼룩진 민족사를 자애로운 모성과 생명력으로 포용하겠다는 의지를 상징하는 것으로 이해할 수 있다. 작품 말미에서 그녀가 수난으로 점철된 자신의 생애를 기록하여 딸에게 물려주겠다고 한 것은 비극의 역사를 정리해서 다시는 그런 과오를 되풀이하지 않겠다는 단호한 의지를 피력한 것으로 볼 수 있다. 그런 점에서 이 작품은 한 여인의 비극적 삶을 통해 민족사를 증언하고, 외세에 대한 주체적 인식을 통해서 그 극복의 가능성을 암시한 진보적 작품이라 할 수 있다.

1970년대 분단문학은 이런 작품들을 통해서 분단의 비극이 단순히 남과 북의 이념적 대립에서만 기인하는 것이 아니라 외세의 개입에 의해 더욱 심화되었음을 사실적으로 확인시켜 준다.

3) 분단 현실의 민중적 수용과 극복 의지

1970년대는 민중의식이 본격적으로 성숙하고 사회 각 분야에서 민중의 시각으로 문제를 파악하려는 노력이 대대적으로 일어났던 때였다. 전태일 분신(1970)과 광주대단지 사건(1971)을 계기로 민중 현실에 대한 지식인들의 관심이 고조되면서 사회의 구조적 모순에 대한 민중적 천착이 본격화되었다. 당시 번성하였던 『장길산』을 비롯한 대하 역사소설은 역사를 민중의 시각에서 이해하고 재정립하려는 노력의 일환이었고, 큰 줄기를 형성하기 시작한 「객지」·『우리동네』 등의 노동자·농민소설은 민중의 열망을 예술로 승화시키려는 시대 분위기를 구체적으로 표현한 것이었다. 분단 현실에 대한 민중들의 관심을 적극적으로 포착해내고 그들의 입장에서 분단을 극복하려는 의지를 피력한 작품들이 다양하게 등장했던 것은 그런 시대 현실에 힘입은 것이었다.

남다른 사명감으로 의업에 종사해 왔던 한 양심 있는 의사가 월남민이라는 이유만으로 간첩으로 몰려 갖은 수모를 당한 끝에 폐인이 된다는 내용을 그린 황석영의 「한씨 연대기」[18]나, 고등학생인 조카의 진로를 결정하는 과정에서 이데올로기로 인한 과거의 비극을 떠올리면서 이과(理科)로 진로를 선택하게 한다는 내용의 박완서의 「카메라와 워커」[19] 등은 모두 민중 현실에 작용하는 분단의 상처를 되새기고 그 비극을 조망한 작품들이다. 그리고 6·25란 “잔인한 한발(旱魃)이 고사시킨 고목(枯木)”처럼 냉혹한 것이지만, 궁극적으로는 성인이 되는 과정에서 겪을 수밖에 없는 젊음의 내면혼란을 가중시키는 계기에 불과할 뿐이라는 생각을 토로한 박완서의 『나목(裸木)』[20] 역시 전쟁의 의미가 무엇인가를 새삼스럽게 질문하고 천착한 작품이다. 그리고, 전쟁으로 파괴된 한 집안

18) 황석영, 「한씨연대기」, 『객지』, 창작과비평사, 1993년 개정판.
19) 박완서, 「카메라와 워커」, 『도둑맞은 가난』, 민음사, 1981.
20) 박완서, 『도둑맞은 가난』, 민음사, 1981.

과 마을 사람들을 통해서 전쟁이 야기한 사회적·인간적 변모를 추적한 이문구의 연작소설 『관촌수필』[21]이나, 한 가족 내부에 틈입한 이데올로기로 인해 야기된 갈등과 그 극복의지를 피력한 윤흥길의 「장마」,[22] 이념적 상처에도 불구하고 두 남녀가 필연적으로 결합해야만 한다는 내용을 신화적인 발상을 통해서 그려낸 한승원의 「폐촌」[23] 등은 이념과 분단이 민중에게 어떠한 의미를 지니며 그것을 극복하기 위한 방안이 무엇인가를 구체적으로 천착한 작품들이다. 이런 일련의 작업을 통해서 분단 현실에 대한 민중적 이해는 한층 심화되는데, 여기서 특히 주목되는 것은 이문구와 윤흥길의 소설이다.

8개의 연작으로 구성되어 있는 『관촌수필』은 근대화의 물결에 의해 사라져버린 고향의 질박한 인정과 풍속에 대한 그리움을 배경으로, 공산주의자였던 아버지에 대한 회상과 인공치하에서 겪었던 일화를 소개한 작품이다. 여기서 특히 돋보이는 대목은 분단 현실을 담담하게 수용하는 민중들의 넉넉한 자세라고 할 수 있다. 그것은 작품 전반을 관통하는 작가의 민중적 시각과 그런 시각에서 과거사를 이해하고 포용하려는 작가정신을 통해서 드러난다. 가령, 사회주의 활동을 했던 아버지에 대한 화자의 태도는, 어린이의 시점을 빌어서 서술되기는 하지만, 은근한 자부심과 긍지로 가득 차 있다.

「일낙서산(日落西山)」에서 드러나듯이, 해방이 되자마자 아버지는 종래의 회고조의 가풍이나 실속 없는 사상을 뒤집어엎는데 앞장섰고, 사농공상의 서열을 망국적 퇴폐풍조로 생각하여 단호하게 부정하였다. 더구나 사회주의자였던 까닭에 "무산 계급의 옹호와 서민 대중의 사회적인 위치를 쟁취한다"는 생각을 몸소 실천했고, 그로 인해 숱하게 연행되어 구금되기도 했었다. 그렇지만 언제나 의기 왕성하고 투지만만했던

21) 이문구, 『관촌수필』, 문학과지성사, 1991.
22) 윤흥길, 『장마』, 민음사, 1982.
23) 한승원, 「폐촌」, 『해변의 길손』(『한국소설문학대계』 59), 동아출판사, 1995.

인물이다. 이런 아버지에 대해서 화자는 전혀 두려움이나 부끄러움을 갖고 있지 않다. 그것은 아버지가 "잡범이나 파렴치범"이 아닌 '뭔가 의미 있는 일을 하고 있으리라'는 믿음 때문이었다. 물론 이런 믿음에는 혈연관계에서 비롯된 원초적 신뢰가 작용하고 있으나, 근본적으로는 민중에 대한 작가의 깊은 애정이 바탕이 되고 있음을 확인할 수 있다. 아버지 때문에 수시로 일어나는 심야의 가택수색과 그에 얽힌 옹점의 일화(「행운유수(行雲流水)」)에서 볼 수 있듯이, 작품 전반을 관통하는 것은 민중의 질박한 심성에 대한 작가의 깊은 애정이다. 즉, 경찰들은 한 밤중이고 새벽이고를 가리지 않고 느닷없이 담을 넘어 들어와서 함부로 뒤져대기 때문에 온 집안 여자들은 아무리 무더운 복중이라도 겉옷을 벗고 잘 수가 없었고, 수시로 일어나 신문을 당해야 했다. 그런데 그런 수모를 누구보다 심하게 당했던 식모 옹점이의 푸념이란 기껏 "하루라도 좋응께 속것만 입구 자 봤으면 원이 읎겄유. 오뉴월 삼복에두 입은 채루 틀틀 감구 자장께 첫째루 땀떼기 땜이 못 살것유"라는 것이었다. 또 식모를 가장한 연락원으로 오인한 순경이 그녀의 치렁치렁 땋아 늘인 머리채를 풀고 무슨 암호문이나 찾듯이 빗기는 모멸적인 심문을 한 적도 있었다. 그렇지만 그런 수모에도 그녀는 "자던 사람 대이구 말시키면 하품 나와유"라는 재치로 위기를 모면하는 여유를 보여준다. 이런 넉넉한 품성을 통해서 작가는 그 참혹했던 시절을 견디어낸 민중의 지혜와 의지를 포착해내는 것이다. 물론 옹점이 역시 시대의 비극에서 예외가 아니어서, 결혼한 남편을 전장에서 잃는 비운의 당사자로 전락하지만, 그런 불운 역시 그녀의 강인한 생명력을 꺾을 수는 없었던 것이다.

민중의 강인한 생명력은 「공산토월(空山吐月)」의 석공(石工) 신씨를 통해서도 포착되고 있다. 석공 신씨가 부역행위로 5년형을 살았던 것은 6·25 전쟁의 어수선한 분위기 속에서 사회주의자였던 화자의 아버지를 존경하고 보살폈던 것 외에는 달리 이유가 없었다. 사상에 대해서는 전혀 관심이 없었지만 단지 평소 존경하던 어른이 구속되었다는 이유

하나만으로 마치 자신의 부친이 구속되기나 한 듯이 매일 사식을 나르면서 뒷수발을 했던 것이다. 그를 지배한 것은 이념이라기보다는 윗사람에 대한 존경과 연민의 마음이었다. 그런 관계로 그가 감내해야 했던 감옥살이 5년이라는 대가는 지나치게 가혹한 것이었다. 그런 부당한 옥살이를 하고 나온 뒤 아내에게 내놓은 고백에서 드러나듯이 그는 이념과는 무관한 순박하고 성실한 농민에 지나지 않았던 것이다. "형무소에 들 앉아 있는 동안 처자 다음으로 그립고 잡아보고 싶어 못 견딘 것이 낫 호미 쇠스랑이며, 밤마다 귓전에 들려 온 것이 도리깨 소리 탈곡기 소리였다"는 것. 농투성이로 땅을 일구고 살려는 질박한 농부였던 까닭에, 그는 출감 직후 곧바로 마을의 온갖 궂은일을 도맡는 억척스럽고 건실한 농군으로 변신하는 것이다. 이렇게 보자면 그에게 이념이란 한갓 스쳐 지나가는 바람에 지나지 않았던 것이다. 이는 「폐촌」에서 한승원이 분단의 비극을 "잘못 만난 시국 탓"으로 보는 시각과도 일치한다. 즉, "그렁께 우리 일단 이 자리서 과거지사를 싹 쓸어다가 잊어 뿝시다. 그라고, 그런 일이 씨도 없었든 것으로 치고, 다시 옛날 맹이로 오순도순 정답게 삽씨다"라는 진술은 이념이란 이들의 실제 삶을 구속하는 본질적인 요인이 아니었음을 시사해준다.

하지만 그 이념의 독기는 그들의 생각과는 달리 심각한 것이어서 신씨는 결국 감옥에서 얻은 병과 고문의 후유증으로 37살이라는 한창 나이에 생을 마감하고 만다. 죽음에 임박해서 토해놓은 짧은 절규에는 분단과 이념의 덫에 걸린 민중의 원망이 단적으로 어려 있다. "나는 살구 싶은디, 살구 싶은디 그여 데려가네…… 늙으신 부모를 두구 먼저 가다니, 어린 새끼들은 워칙허라구 나를 데려가까……" 늙은 부모와 어린 처자식을 남겨 둔 채 결코 죽을 수 없다는 절규는 민중해방과 평등사회를 앞세운 이념이 기실은 민중의 삶을 향상시키기보다는 왜곡하는데 일조했음을 보여준다. 이들에게 중요한 것은 시대의 격랑과는 무관하게 씨를 뿌리고 땅을 파는 일상의 노동이고, 그것을 작가는 이 일화를 통해 실감나게 포착해 놓은 것이다. 이런 데서 우리는 이문구의 넉넉한 심성과 민중 지향성을 다시금 확인할 수 있다.

윤흥길은 이 민초들에게 맺힌 한을 해한(解恨)의 차원으로 승화시킨 작가이다. 평판작 「장마」와 「무지개는 언제 뜨는가」에서 두드러지는 것은 일상에 틈입한 이데올로기와 그 폐해를 지적하고 치유하고자 하는 의지이다. 「장마」에서 사돈지간의 두 할머니가 우연히 한 솥밥을 먹게 된 것은 전쟁이 일어난 직후였다. 서울에서 피난 온 외할머니의 안타까운 사정을 알게 된 할머니는 아들에게 사랑방을 내주라고 일렀고, 난리가 끝나는 날까지 서로 의지하면서 살자고 위로했던 그야말로 돈독한 사돈지간이었다. 그런데 이데올로기가 개입하면서 그 돈독했던 관계는 이내 금이 가고 견원지간으로 악화된다. 국군에 입대해서 장교로 근무하던 외삼촌이 죽었다는 통지서가 날아들고, 외할머니는 그 충격에서 빨갱이들에 대한 저주를 퍼붓는데, 그것이 아이러니 하게도 빨치산 아들을 둔 할머니를 자극한 것이다. 이념과는 무관한 인물들이 자식을 사이에 두고 정반대의 입장이 되면서 서로를 적대하게 된 것이다. 그런데, 빨치산이 된 삼촌마저 국군에게 쫓겨 생사를 알 수 없는 상황이 되자 할머니 역시 외할머니와 같은 운명으로 전락한다. 하지만 아들의 생존을 굳게 믿는 할머니는 죽음을 부정하면서 점쟁이를 찾게 되고 급기야 아들이 "아무 날 아무 시"에 귀가하리라는 "신탁"을 받는다. 할머니의 지시로 음식을 장만하는 등 법석을 피우면서 기다리던 그 시간이 다가왔지만 예언과는 달리 삼촌은 나타나지 않았고 사람들은 하나 둘 실망감을 감추지 못한 채 자리를 떠난다. 그런데 그 초조한 기다림의 시간에 돌연 예기치 않았던 한 마리의 큰 구렁이가 나타난다. 구렁이의 난데없는 출현으로 할머니는 졸도하고, 집안은 삽시간에 혼란에 빠져드는데, 뜻밖에도 그 어수선한 상황을 수습한 것은 외할머니였다. 외할머니는 구렁이를 삼촌으로 생각하고 꼭 산사람을 대하듯이 말을 건넸고, 마치 '영혼의 안내자(psychopomp)'가 되어 이승에서의 미련을 떨치지 못하고 방황하는 원귀를 달래듯이 구렁이를 제 갈 길로 인도하는 것이다. 말하자면, 불행한 원귀가 되었을지도 모르는 삼촌의 영혼을 달래는 진혼굿과도 같은 행위를 연출했고, 그것이 결국 구렁이로 하여금 제 길을 가게 하고, 급기야 이데올로기의 독기를 중화하여 두 노인을 화해하게 만드는 것이다. 의식을 회복한 할머니가 외할머니의 노고를 전해 듣고 하염없이 감사의 눈물을 흘렸던 것은 자식을 향한 어머니의 원초적 심정을 이해한 때문이고, 그 동병상련의 심리 앞에서 이데올로기적 갈등이란 한갓 물거품과도 같은 것임을 작가는 말해주는 것이다.

이렇듯 이 부류 작품들은 분단의 장벽을 허물고 민족의 동질성을 회복하는 지난한 과정을 통해서 분단으로 야기된 상처를 확인하고 극복하려는 의지를 보여준다. 이 부류 작품들에서 목격되는 민중적 시선과 극복 의지는 근대화의 부정성에 대한 저항의지를 본격화한 노동소설과 더불어 민중적 관심으로 일구어낸 1970년대 소설의 중요한 성과라 할 수 있을 것이다.

3. '70년대 분단소설의 성과와 한계

새로운 세기도 벌써 10년을 바라보는 지금, 60년에 걸친 분단의 역사는 여전히 우리들의 정상적인 삶을 가로막는 완고한 옹벽으로 존재한다. 주변에는 분단 극복을 내세우기보다는 오히려 외면하는 경향이 늘고 있고, 특히 1990년대 이후 문단을 휩쓴 소위 '신세대 문학'에서는 분단 현실에 대한 고민을 거의 찾아볼 수 없다. 그렇지만 김원일이 『노을』에서 설파했듯이, 과거란 현재를 구속하는 원체험과도 같고 그러므로 그것은 외면하거나 부정한다고 해서 해소되거나 극복될 성질의 것은 아니다. 최근 소설에서 두루 목격되는 분단 현실에 대한 무관심은 현실을 천착하고 그 이면의 진실을 포착하는 작가 본연의 역할을 스스로 방기한 듯한 느낌이다. 문제의 본질을 직시하고 정직하게 수용하는 것이 작가가 지녀야 할 본연의 임무와 자세라면, 전후의 허무주의와 자기모멸의 감정에서 벗어나 분단 현실을 객관적으로 조망하고 그것을 자신의 문제로 수용한 1970년대 분단소설은 그래서 지금도 여전히 유효할 수밖에 없는 것이다.

한 평론가의 말대로, 분단문학이란 통일이 그 종점이 아니라 통일이 된 이후에도 인간 존재의 모든 비극성을 극복하려는 의지까지 담아내야 하는 것이라면,[24] 현실을 주체적 시각으로 수용하고 해결의 실마리를 모색한 70년대 소설은 분단 극복에 대한 작가들의 의지가 전 시기에 비해서 한층 고조되었음을 보여준다. 김원일 · 현기영 · 조정래 등이 해방정국의 좌우 대립을 통해서 분단 문제를 천착한 것은 분단의 원인을 민족 내부의 오랜 갈등에서 찾는 한층 진전된 인식의 표현이고, 전상국 · 조정래 등이 외세의 작용과 그로 인해 왜곡되는 민족의 삶을 비판적으로 천착한 것은 분단 극복을 위해서는 주체적인 시각이 정립되어야 한다는 필요성을 역설한 것이었다. 또 황석영 · 이문구 · 박완서 · 한승원 · 윤흥길 등이 분단의 상처를 민중의 시각에서 수용하고 극복하려 했던 것은 이 모든 문제가 궁극적으로 민중의 입장에서 이해되고 해결되어야 한다는 믿음을 담고 있다. 1970년대 분단소설의 성과란 바로 이러한 인식을 통해서 분단 현실을 주체적으로 수용하고 해결의 전망을 마련한 데 있을 것이다. 특히 빨치산에 대한 조망을 통해서 반공주의로 인해 경직된 이데올로기에 대한 이해의 지평을 넓힌 것은 이념의 상대화라는 측면과 아울러 이승만 정권 이래 지속된 정통성 약한 정권에 대한 과감한 비판이라는 측면에서도 매우 소중하다. 1980년대 들어서 분

24) 임헌영, 「분단인식과 민족문학」, 『민족의 상황과 문학사상』, 한길사, 1986, 242~243면.

단소설이 만개할 수 있었던 것은 이런 바탕 위에서 가능했다. 물론 1970년대 소설은 1980년대와 비교하자면 상대적으로 역사주의적 시각이 결여되어 있고 또 문제해결의 과정 역시 적극적이지 못했던 게 사실이다. 하지만, 이런 지난한 과정을 통해서 1980년대의 한층 성숙한 모습을 지니게 되었다는 점을 고려하자면 그 의의는 결코 가볍다고 할 수 없다.

분단소설에서 무엇보다 중요한 것은 민족의 동질성을 회복해야 한다는 구호적 내용의 나열이 아니라 동질성을 구성하는 현실의 구체적 항목들을 찾고 그것을 분단 극복의 차원에서 충족시켜 나가는 일이라 할 수 있다. 분단 반세기를 살면서 사실 남과 북은 같은 한국인이라는 동질성보다는 오히려 다른 민족보다도 더 많은 차이점을 갖고 있는 이질적인 체제와 이념에 익숙해져 왔다. 김병익의 지적대로, 서로 다른 체제하에서 기성세대든 분단 이후 세대든 상반된 경제적·문화적 특히, 교육적·사상적 훈련 속에 굳혀져 왔기 때문에 각각의 틀 안에서 고착된 그들의 인간관과 세계관을 혈연 기반 위에 어떻게 접할시킬 수 있느냐의 문제는 우리가 당면한 가장 큰 현안일 수밖에 없다. 남한과 북한이 군사분계선을 사이에 두고 마주해 있지만 그것의 거리는 지구상 어느 곳보다 멀리 떨어져 있는 형편이다. 언어의 이질성이 점차 확대되고 있고 역사 해석에서는 이미 현격한 심연을 드러내고 있다. 그런 상황에서 북한은 소통할 수 없는 이질적인 존재로 자리매김 되어 점차 사람들의 관심권에서 멀어지고 있다. 거기다가 1990년대 이후 대거 유입된 이른바 포스트 담론과 몰주체적 세계화의 이념들은 현실에 대한 관심과 탐구의 의지를 한층 희석화시키고 있다. 90년대 소설에서 분단을 제재로 한 작품을 거의 찾을 수 없는 것은 이런 시대 현실에서 야기된 필연적인 현상으로 이해할 수 있다. 그러기에 현실의 표면에 시선을 국한하지 말고 그 이면을 관류하는 문화의 동질적 국면들에 대한 섬세한 천착과 함께 분단 현실을 규율하는 세계적인 변화를 주시하고 대응하는 일은 한층 절실할 수밖에 없다.

아울러 분단 극복이란, 조정래나 김원일의 소설에서 암시되듯이, 민족 내부의 경제적 · 신분적 갈등을 해소하고 평등한 삶을 실현하기 위한 과정이라는 사실 또한 명심할 필요가 있다. 최근 우리 사회 전반에서 목격되는 계층 간의 불평등과 위화감의 심화는 현실 변혁에 대한 허무주의적 사고를 만연시켜 분단 현실 자체를 망각케 할 수도 있다. 나와 가족의 생계가 불안한 상황에서 이웃과 민족 현실에 대한 관심을 기대하는 것은 난망하다. 물론 나와 우리, 내 가족과 민족 현실이 서로 무관하게 존재하는 것은 아니지만, 전자에 몰두하다 보면 후자의 문제는 부차화될 수밖에 없는 것이다. 식민치하의 현실에서 식민치하에 살고 있다는 의식이 철저하지 못하다면 거기서 벗어날 수 없듯이, 분단시대를 살면서 분단시대에 살고 있다는 의식이 철저하지 못하다면 결코 그 극복의 방향을 찾을 수는 없을 것이다. 이런 점에서도 나와 우리, 내 가족과 민족 현실의 문제를 결합해서 인식하고 해결의 가능성을 모색한 1970년대 소설의 성과는 소중할 수밖에 없다. 분단 극복에 대한 관심이 저조한 오늘날도 1970년대 소설이 중요하게 음미되어야 하는 것은 그런 이유라 하겠다.

반공주의와 자전소설의 형식

박완서를 중심으로

1. 작품과 사회 현실

전쟁은 우리 사회를 구조적으로 변화시켰을 뿐만 아니라 개인들에게 지울 수 없는 상처를 남겨놓았다. 6·25 전쟁은 사회 구성원 모두를 의식적으로나 무의식적으로 제약하는 일종의 정신적 외상(trauma)이 되었으며, 더구나 전쟁에 뒤이은 분단은 우리 사회를 냉전의 희생양으로 전락시켜 아직도 서로 다른 두 체제를 반목하게 만들었고 개인에게는 이념적인 사시와 편견을 내면화시켜 놓았다. 현대문학사에서 가장 많이 활용되는 제재의 하나가 6·25 전쟁인 것은 그런 사실과 무관하지 않을 것이다. 현실을 긴밀하게 반영하는 문학의 특성상 작품은 전쟁의 상처로부터 자유로울 수 없고, 그래서 현대소설은 어떤 식으로든 분단 현실과의 길항관계 속에서 특유의 내용과 형식을 만들어 왔다. 1950년대 소설에서 작중 인물의 성격이 자기 모멸적이거나 파괴적인, 이른바 정상적인 주체의 모습을 갖고 있지 못한 것이나, 1960년대 이후의 소설이 타자를 의식하고 그 타자와 교섭하는 과정에서 스스로를 정립하는 한층 성숙한 모습을 보여주는 것 등은 모두 현실과의 관계 속에서 설명될 수 있다. 작품의 내용도 전후의 참상과 혼란, 전쟁의 광기와 인간 모멸의 경험 등이 1950년대의 주된 특징이었다면 1960년대 이후는 사회 전반의 문제라든가 개인의 실존 등으로 주제가 확대・심화되는 양상이다. 그런 점에서 현대소설을 살피는 과정에서 작품과 사회의 상관성을 해명하는 것은 연구의 중요한 과제일 수밖에 없다.

골드만이 일찍이 갈파한 대로 작품과 사회 현실은 긴밀한 상관성을 갖는다. 작품의 겉으로 드러난 내용이 아니라 작품이 갖고 있는 보이지 않는 구조나 특성에 주목하자면, 작가는 당대 사회의 중요한 습관이나 인습, 혹은 금기와 획일주의 등에 맞서면서 진정한 가치를 추구하는 문제적인 성격을 갖게 마련이다. 작품의 주인공이 진정한 가치를 추구하는 한 그 주인공은 당대 사회의 규율로부터 자유로울 수 없고, 사회와 개인 사이에는 뛰어넘을 수 없는 단절이 발생한다. 작품의 주인공이 타락한 방법으로 진정한 가치를 추구한다면 주인공과 사회 사이에는 타락이라는 양상에 의해 공동체가 될 수밖에 없고, 소설은 바로 이 과정에서 나타나는 주인공과 세계 사이의 대립과 한편으로 공동체의 구성원이라는 역설적인 관계 속에 존재하는 것이다.[1] 이를테면 작가가 추구하는 가치는 현실의 가치와는 상충되는 것이지만 그것은 한편으론 작가가 발 딛고 있는 현실을 배제한 게 아니라는 점에서 역설적인 관계에 놓이고, 바로 그러한 역설의 과정 속에 존재하는 것이 소설이다.

이런 사실은 우리의 경우 한층 구체적인 형태로 확인된다. 가령, 전후 한국 사회를 지배한 이념의 하나는 반공주의(反共主義)였다. 한국의

---

1) 루시앙 골드만, 조경숙 역, 『소설사회학을 위하여』, 청하, 1982, 1~2장 참조.

반공주의는 개념상으로는 공산주의에 대하여 적대적이고 배타적인 논리와 정서를 뜻하며, 그 중에서도 북한 공산주의 체제 및 정권을 절대적인 '악'과 위협으로 규정하고, 그것의 철저한 제거 혹은 붕괴를 전제하는 말이다. 또한 그것은 남한 내부의 좌파적 경향에 대한 적대적 억압을 내포하는 말이기도 하다.[2] 반공주의는 '남한=자유주의=선', '북한=공산주의=악'이라는 흑백논리와 조건반사적인 인식구조를 심어 놓았고, 개인들에게는 감시와 통제의 기제를 내면화시켜 놓았다. 그런 사실은 문학 분야에서도 예외가 아니어서 작가들 역시 반공주의라는 시대 분위기를 무의식적인 억압기제로 수용하여 예술 활동의 창의성을 방해받아 왔다. 사회적 금기에 대한 검열과 불이익에 대한 두려움으로 인해 작가들은 상상력의 제한을 받지 않을 수 없었고, 특히 분단과 이데올로기의 문제를 파헤치고자 할 경우 자칫 반공주의의 검열망에 걸려들지 않을까 하는 심한 강박관념에 시달렸다.[3] 반공이라는 동아줄로 꽁꽁 묶인 상황에서 분단의 본질을 해명하고 과거의 진실을 복원하는 것은 난망할 수밖에 없다. 사상의 자유가 없는 사회에서 문화와 예술이 꽃필 수는 없는 까닭이다. 그런데도 우리 문학은 그러한 억압적 현실에 맞서면서 자유로운 창작과 사상의 영역을 확장해 온 것이다. 1954년의 이른바 '「자유부인」 논쟁'이라든가, 1965년의 '「분지」 필화사건', 1994년의 '『태백산맥』 필화사건' 등은 모두 사회적 가치와 작가의 가치가 충돌하면서 일어난 사건들이었고, 이 지난한 과정을 거쳐 우리 문학은 오늘에 이른 것이다.[4]

---

2) 권혁범, 「반공주의의 회로판 읽기」, 『탈분단 시대를 열며』, 삼인, 2000, 32~33면.

3) 이러한 사실은 앞의 「반공주의의 소설·사회학적 기능」에서 언급한 다음과 같은 글을 통해서 확인할 수 있다. 박완서의 「구형(球型) 예찬」(『두부』, 창작과비평사, 2002) 및 좌담 「6·25 분단문학의 민족동질성 추구와 분단 극복의지」(『한국문학』, 1985.6), 김원일의 대담 「인간과 문학의 심오한 본질을 향한 도정」(『문학정신』, 1990.5), 홍성원의 「보완과 개작에 대한 짧은 해명」(『남과 북』, 문학과지성사, 2000) 등.

4) 반공주의와 문학의 관계에 대해서는 필자의 『탈분단 시대의 문학논리』(2001, 새미) 참조

이 글은 이런 사실을 염두에 두면서 현대소설사에서 목격되는 반공주의와 작품의 관련 양상을 박완서(朴婉緖, 1931~)를 중심으로 살펴보고자 한다. 여러 글에서 확인되듯이, 박완서는 해방과 전쟁기를 살아오면서 반공주의의 폐해를 몸소 겪었고 아직도 그 압력으로부터 자유롭지 못한 상황이다. 최근의 한 수필에서 박완서는 월드컵의 '붉은 물결'을 지켜보면서 "오랜 세월을 빨간 빛깔에 가위눌려 살아온" 과거를 회상하고, 지금도 "빨간 빛깔에 대한 거의 미신적인 피해의식"에 사로잡혀 있음을 고백한 바 있다. 박완서는 "빨간 빛깔이 연상시키는 건 떠오르는 태양도, 젊은 피도, 노을도, 장미도, 봉숭아도 아니고 특정 이념이었다"[5]고 말한다.

본고는 이런 사실을 전제하면서 반공주의와 소설의 상관성을 살피고자 하는데, 대상 작품은 『목마른 계절』(1971~72), 「부처님 근처」(1973), 「엄마의 말뚝 2」(1985), 『그 많던 싱아는 누가 다 먹었을까』(1992), 『그 산이 정말 거기에 있었을까』(1995) 등 작가의 개인사에 바탕을 둔 이른바 자전소설(自傳小說)들이다.[6] 여기서 자전소설을 대상으로 한 것은, 작중의 화자와 인물의 형상이 다양한 형태로 존재할 수밖에 없는 일반 허구와는 달리 자전소설에는 작가의 개인사가 비교적 충실하게 재현된다는 데 있다. 자전소설에는 작가의 현실에 대한 견해와 내면심리, 거기에 작용한 사회적 압력과 작가의 무의식적 검열 양상 등이 사실적으로 제시되어 있다. 특히 작중의 '화자(話者)'와 '인물의 형상'에는 현실에 대한 작가의 견해와 입장, 가치와 신념 등이 구체적으로 투사되어 있고, 그래서 그것을 통해서 작가와 반공주의와의 관련성을 검증해낼 수가 있다.

본고는 이런 맥락에서 동일한 내용의 개인사를 다루고 있는 1972년의 『목마른 계절』과 1995년의 『그 산이 정말 거기에 있었을까』에 특히

5) 박완서, 『두부』, 창작과비평사, 2002, 82면.
6) 자전소설에 대해서는 다음 책을 참조하였다. 『중국의 자전문학』(가와이 코오조오, 심경호 역, 소명출판, 2002) 및 『일본 사소설의 이해』(이토 세이 외, 유은경 역, 소화, 1997).

주목해서 화자와 인물을 살피고, 거기에 작용하는 반공주의의 개입 양상을 규명해보고자 한다. 미리 말하자면, 박완서는 1980년대 중반까지도 반공주의의 압력과 그로 인한 자기검열에서 자유롭지 못했으나, 1980년대 후반 이후 한국의 민주화운동과 동구 사회주의권의 몰락을 지켜보면서 점차 그로부터 벗어난 것으로 보인다. 『목마른 계절』을 끌어가는 화자가 과거의 상처로부터 벗어나지 못한 모습을 보여주는 반면, 『그 산이 정말 거기에 있었을까』에서는 그와는 달리 한층 공평하고 객관적인 태도로 과거사를 되돌아본다. 이 과정에서 특히 주목되는 것은 '오빠의 죽음'이다. 1985년 이전의 작품에서는 그것이 '인민군의 만행'에 의한 것으로 처리되었으나 1995년에는 그 책임이 남·북한 모두에게 있는 것으로 그려지는데, 바로 이런 데서 작가와 반공주의의 관련성이 확인되는 것이다.

2. 반공주의의 압력과 작가의 자기검열

박완서 소설의 중요한 특징의 하나는 비슷한 체험을 반복해서 다룬다는 데 있다.[7] 다양한 체험 중에서도 특히 전쟁기의 체험은 박완서 소설의 근간을 형성하는데, 이는 언급한 대로 그 시기의 체험이 작가에게 무엇보다 깊은 상처로 내면화되어 있었기 때문이다. 상처란 밖에서 가해진 공격이 아니라 그러한 공격이 남긴 심적 흔적을 말한다. 그래서 중요한 것은 충격이 아니라 상처의 원천으로서의 그 자국, 즉 감정을 떠맡고 있는 바로 그 영상이다.[8] 박완서가 전쟁의 기억을 반복해서 그

7) 박완서 소설에 대한 최근의 연구로는 이선미의 「박완서 소설의 서술성 연구」(연대 박사논문, 2001) 및 이경호·권명아 편의 『박완서 문학 길찾기』(세계사, 2000) 참조

려냈다는 것은 그 상처의 흔적이 그만큼 강렬하다는 뜻이다. "못이 녹슬고 썩고 삭아서 흙이 되고도 남을 세월이 지났건만 못자국의 통증은 자주 도진다"는 고백에서 알 수 있듯이 박완서에게 있어서 6·25 전쟁은 그 "기억의 원점"[9]에 해당하는 것이었다. 한창 감수성이 예민하던 시절에 전쟁을 겪었고, 또 작은아버지와 오빠의 죽음이라는 참척(慘慽)의 고통을 경험한 까닭에 박완서에게 있어서 전쟁은 남다른 기억으로 각인될 수밖에 없었던 것이다. 그래서 박완서는 자신의 소설을 그러한 체험으로부터 벗어나기 위한 "복수로서의 글쓰기"[10]라고 명명한다.

여러 수필과 작품을 통해서 고백한 바 있듯이, 박완서에게 있어서 상처의 원형을 이루는 것은 한 때 좌익에 관여했다가 전향한 오빠의 죽음이었다.

박완서의 오빠가 사회주의 사상에 빠져든 것은 "20대에 공산주의자가 아니면 하트가 없고 30대에서 공산주의자라면 브레인이 없다"[11]던 회고에서 짐작할 수 있듯이 젊은 정의감에서 비롯된 일시적 행동이었던 것으로 보인다. 젊은이였기에 민족의 참상을 외면한 채 좌우의 권력다툼에 골몰했던 해방 후의 현실에 울분을 느끼지 않을 수 없었고, 그런 심리에서 잠시 사회주의에 경도되었으나 좌익의 실상을 목격한 뒤에는 바로 전향했던 것이다. 박완서에게 상처를 준 것은 이 오빠가 죽음에 이르는 과정에서 목격한 인간의 개체적 존엄과 기품을 용납하지 않는 이데올로기와 체제의 잔혹함이었다. 좌익에 가담했다가 전향한 경력으로 인해 "한쪽에선 오빠를 반동으로 몰아 갖은 악랄한 수단으로 어르고 공갈치고 협박함으로써 나약한 지식인에 지나지 않았던 그를 마침내 폐인을 만들어 놓았고, 다른 한쪽에선 폐인을 데려다 빨갱이라고

---

8) 쥬앙 다비드 나지오, 표원경 역, 『히스테리의 정신분석』, 백의, 2001, 41면.
9) 박완서, 『두부』, 창작과비평사, 2002, 201면.
10) 박완서, 위의 책, 190면.
11) 박완서, 「나에게 소설은 무엇인가」, 『박완서 문학앨범』, 웅진출판, 1992, 123면.

족치기가 맥이 빠졌는지 슬슬 가지고 놀고 장난치다 당장 죽지 않을 만큼의 총상을 입혀서 내팽개"[12]쳤는데, 이 과정에서 오빠는 서서히 죽어갔다고 박완서는 믿고 있다. 오빠의 이 참혹한 죽음을 지켜보면서 박완서는 "불치의 상처"[13]를 입었고, 그래서 인간으로서의 최소한의 기품마저 용납하지 않는 "벌레의 시간"으로 '전쟁'을 기억한다. 게다가 당시 자신의 생명을 보존하기 위해서 겪어야 했던 수모와 고통은 이루 형언할 수 없는 것이었다. 좌익치하에서는 붉은 색으로 스스로를 위장하고 고된 부역을 감수해야 했으며, 우익의 세상이 되면서는 그것을 숨기기 위해서 갖은 연극을 꾸며야했다. 단지 살아남기 위해서 갖은 수모와 만행을 견뎌야 했고, 특히 인간 같지도 않은 자들 앞에서는 "오냐, 내가 벌레가 아니라, 네가 벌레라는 걸 밝혀줄 테다"라는 오기로 이를 악물었다고 한다. 이런 복수심으로 해서 박완서는 벌레가 되지 않고 최소한의 자존심이나마 지킬 수가 있었다고 하며, 바로 그 순간에 작가로서 자신의 운명을 봤다고 한다.[14]

박완서가 많은 양의 자전소설을 창작했고 그것을 통해서 계속적으로 오빠의 죽음을 언급했던 것은 이 모멸감을 증언하고 고발하기 위한 것으로 이해할 수 있다. 그렇지만 그것은 당대를 규율한 반공주의로 인해 쉽게 그 실체를 밝힐 수 없었고, 많은 시간이 흐른 뒤에나 가능했다. 박완서의 초기작 『목마른 계절』은 그러한 박완서의 심적 특성을 사실적으로 보여주는 작품이라는 데서 의미를 찾을 수 있다.

『목마른 계절』은 작가의 체험이 서사의 근간을 형성한다는 점에서, 전쟁기에 우연히 만난 박수근(朴壽根, 1914~1965) 화백의 일화를 소재로 한 『나목(裸木)』(1970)에 비해서 자전적인 성격이 한층 강화되어 있다. 대학에 갓 입학한 새내기로서 겪었던 1950년 6월에서 다음해 5월까지의 1

12) 박완서, 앞의 글, 124면.
13) 박완서, 앞의 글, 123면.
14) 박완서, 「내 안의 언어 사대주의 엿보기」, 『두부』, 창작과비평사, 2002, 191면.

년 간, 인민군과 국군이 번갈아 지배했던 서울에서의 체험을 소재로 한 이 작품은, 자전소설의 맥락에서 볼 때 박완서가 '오빠'를 이해하고 궁극적으로 개인사의 상처를 털고 민족사의 한 복판으로 나가는 계기가 되는 작품이다. 주인공이자 화자(話者)를 작가의 분신과도 같은 인물로 설정한 것은 그런 의도를 보다 직접적으로 드러내기 위한 장치이고, 화자인 '하진'의 생각과 행동은 작가의 그것이라 해도 과언이 아니다. 그렇지만 작품에서 드러나는 체험의 양상은 실제의 그것과는 달리 상당히 굴절되어 드러난다는 점에서 세심한 관찰이 요구된다.

작품의 전반부에는 하진이 자신의 행동을 반성하는 모습이 제시되는데, 구체적인 내용은 좌익에 관여했던 자신의 행동과 오빠의 죽음에 관한 것이다. 먼저, 좌익에 대한 진이의 태도는 매우 호의적인 것이었다. 그녀는 일찍이 B고녀 시절에 민청 지하조직에 관여했다가 정학처분을 당한 경험이 있고, 현재에도 거기에 깊게 관여하고 있다. 그런 까닭에 좌익에 관여했다가 전향한 오빠의 행동을 "변절이고 배반"으로 생각한다. 또 북한이 남침을 감행하자 "전쟁이 살육과 파괴만이 목적이 아닐진대 반드시 썩고 묵은 질서의 붕괴와 찬란한 새로운 질서의 교체가 뒤따를 것"이라는 믿음에서 "야릇한 흥분"을 느끼기도 한다. 대학에 갓 입학한 뒤 현실보다는 이상과 희망에 사로잡혀 있었고 더구나 좌익에 몸담고 있었던 까닭에 진이에게 6·25는 새로운 사회가 도래하는 극적인 과정으로 비쳤던 것이다. 그래서 병원 뒤뜰에 방치된 국군의 시체마저도 "혁명"의 과정에서 그럴 수밖에 없다고 생각하고, 서슴없이 S대학의 민청(民靑) 위원회에서 활동했던 것이다.

그런데, 전쟁을 구체적으로 체험하면서부터 하진의 태도는 서서히 변해간다. 포화가 가까워지고, 인민군의 만행을 직접 눈으로 확인하면서 진이는 혁명이나 전쟁이 결코 관념이 아니라는 것을 깨닫는데, 거기에는 다음과 같은 몇 개의 계기가 작용한다. 하나는 인민군 소년의 행동이다. 즉, 인민군이 밀려오는 광경을 지켜보던 한 노인이 군인들 속에 끼어 있는 어린 소년을 목격하고 측은한 생각이 들어서 "왜 학교를 안 가고 군인을 나왔어?"라고 묻자, 소년은 "공부보다는 남반부 인민의 해방이 더 중요하니까요"라고 대답한다. 이 말을 듣고 노인은 이 어린 소년마저 전쟁터로 내 몬 김일성의 처사를 비난하는데, 이에 대해 소년은 갑자기 노인에게 총부리를 겨누면서 "반동의 새끼"라고 격한 반응을 보인 것이다. 이 우발적인 사건을 목격하고서 진이는 "새 공화국의 억센 발걸음에 짓밟힌 낡은 질서 가운데 노인들의 권위"마저 용납하지 못하는 공산주의의 경직된 일면을 알게 된다. "왜 하필 거보(巨步)를 보기 전에 그 밑의 티끌을 보며, 얼굴을 찾지 않고 추한 내장을 찾으려 드는 걸까?" 하는 의구심을 갖는 것이다. 여기다가, S대학의 민청(民靑)에 관여하면서 진이는 공산주의의 실상을 한층 구체적으로 깨닫는다. 즉, 진이는 당(黨)을 자처하는 위원장 최치열 등과 함께 선전과 모금활동을 하는 과정에서 당을 앞세워 온갖 비인간적인 만행을 합리화하는 공산주의자들의 실상을 적나라하게 지켜본다. 특히 비행기 살 돈을 모금하는 과정에서 보여준 최치열의 잔인한 행동은 진이에게 더 없는 충격이었다. 당의 이름은 전제군주시대의 제왕처럼 온갖 희생을 타당화시키는데 남용되고 있었고, 그 제왕적 권력 앞에서 사람들은 굴복하는 듯했으나 실상은 마음으로 승복하지는 않고 있다는 것을 진이는 목격한다. 이 과정에서 오빠의 행방불명은 진이를 공산당으로부터 벗어나게 만든 결정적 사건이 된다.

즉, 벽제에 있는 중학교에 근무하고 있던 오빠는 학교에 간 뒤 행방불명이 되었고 진이 식구들은 얼마 후 인민군에게 끌려간다는 소식을 듣는다. 가족들이 미아리 고개로 달려갔을 때는 이미 같은 처지의 사람들로 발 디딜 틈이 없는 상황이었다. 하지만 대부분의 사람들은 인민군의 통제로 인해 가족을 만날 수 없었고, 운 좋게 만나는 사람들도 잠깐 스쳐 지나듯이 얼굴을 볼 수 있을 뿐이었다. 이런 혼란 속에서 진이는 한 생명의 소중함과 더불어 그것을 너무나 쉽게 생각하는 공산주의의 비정함을 다시금 확인한다. 미아리 고개를 넘어 북으로 끌려가는 오빠를 본 순간 한 사람의 생명 뒤에는 그 몇 배나 되는 사람들의 사랑과 아픈 마음이 깃들어 있다는 것, 그런데 그 소중한 생명을 이렇듯 마음대로 하는 "비정의 거인"은 도대체 누구일까 의구심을 갖는 것이다. 진이가 오빠의 전향을 이해하게 되는 것은 이런 체험을 통해서였다. 한때는 변절자고 비겁하다고 비난했으나 자기 스스로 공산주의의 실상을 체험하고는 오빠 또한 그러한 과정에서 전향하지 않았을까 하고 이해하는 것이다.

이와 같이 하진은 좌익에 대해 매우 우호적인 입장을 보이다가 이후 점차 멀어지는 인물로 그려지는데, 이런 태도는 화자가 바로 작가의 분신이라는 사실을 염두에 두자면 공산주의에 대해서 박완서가 매우 부정적인 태도를 갖고 있음을 시사해준다. 그것은 작품의 상당 부분이 공산주의자들의 만행과 그들에 대한 민중들의 배반감을 묘사하는데 할애된 사실로도 확인되거니와, 가령 진이의 눈에는 폭격에 쓰러진 수많은 시체들이 목격되고, 그런 시체를 나무토막이나 돌멩이처럼 예사롭게 지나치는 행인들의 모습이 비쳐진다. 또 인간의 목숨이 벌레만도 못한 상황에서 민중들이 공산당에게 싸늘하게 등을 돌린 광경이 묘사되며, 특히 인민군이 두 번째로 서울을 점령했을 당시의 상황은 더욱 냉담한 것으로 그려진다. 부자는 물론이고 가난한 사람마저 거의 남아 있지 않는 서울의 거리는 인민군에 대한 민중들의 이반(離反) 상태가 얼마나 심각한 것이었는가를 말해준다. 이런 상황에서 인민군들은 광적으로 젊은 사람들을 모으고 북으로 호송하려 했지만 그 역시 민중들의 외면으로 부질없는 행위가 되고 만다. 작가는 이렇듯 인민군 치하의 서울과 하진의 체험을 통해서 좌익의 실상을 고발하고 있고, 그렇기에 『목마른 계절』은 공산주의의 허구적 실상을 고발하고 거기에 동참한 자신의 행위를 반성하는 작품으로 이해될 수도 있다.

그런데, 박완서가 추구하는 것은 오빠의 진실이었고, 그것은 앞에서 언급한 대로 남북한의 두 체제와 이데올로기를 동시에 비판하는 일이었다. 그런데도 이 작품에서는 오빠의 죽음이 실제 사실과는 달리 인민군에 의해서 사살된 것으로 처리되는 독특한 모습을 보여준다.

작품에서 오빠를 죽인 것은 인민군 황소좌였다. 황소좌는 인민군 중에서도 상대적으로 인간적이었으나, 서울에 진주한 뒤에는 몹시 지치고 실망한 상태였다. 특히 가난한 산동네에서 느낀 실망감은 그를 광적인 흥분상태로 몰아갔는데, 그것은 자신이 목숨을 바치면서까지 신뢰했던 가난뱅이, 이른바 무산계급마저 자신들에게 등을 돌렸기 때문이다. 황소좌가 생각하기에 적어도 이번 전쟁은 무산계급, 피압박계급을 위한 투쟁이었다. 그래서 자신은 가족까지 잃고 혈혈단신 남조선 해방의 최전방에 섰지만, 가난뱅이들마저 등을 돌린 상황에 직면해서는 도저히 전쟁의 명분이 서고 혁명사업이 고무적일 수 없는 것이었다. 그런 반감에서 황소좌는 남조선 인민들을 “영원히 해방될 길이 없는 천성의 노예들”이라 생각하고, 그들에게 앙갚음하듯이 진이 오빠에게 총을 난사한 것이다.

> 황소좌의 눈이 광희(狂喜)로 번들거렸다.
>
> 「역시, 역시 내 예감이 맞았구나. 넌 넌 국방군의 부상한 낙오병이지? 그렇지?」
>
> 까만 총구가 바로 열의 가슴팍을 겨눴다. 서여사가 매달리고 열이 아니라고 그랬다. 아니라고 아니라고 모자(母子)가 악을 썼다. 구구한 변명을 늘어놓기에는 총구가 너무 가까워 아니라는 악이 고작이었다.
>
> 「넌 국방군이야. 넌 내 손에 죽어야 돼. 내 식구도 너희 국방군놈의 총에 죽었어.」
>
> 총은 난사됐고 열은 나동그라졌다. 처참한 외마디 소리를 지르는 서여사에게 황소좌는 조용히 말했다.
>
> 「나는 원수를 갚은 것뿐이오.」[15)]

---

15) 박완서, 『목마른 계절』(『전집』 6), 세계사, 1994, 321면.

이렇듯 오빠는 인민군에 의해서 국방군 낙오병으로 오인되어 처참하게 사살 당하였다.

그렇다면 작가는 왜 오빠를 죽인 살인자로 공산주의자를 지목하고 이렇듯 부정적인 모습으로 그린 것일까? 앞서 언급한 대로 오빠의 죽음은 공산주의자의 광기가 아니라 남·북한 양 체제의 갈등에 의한 것이었다. 그런데도 박완서가 공산주의자의 만행에 의한 것으로 오빠의 죽음을 처리한 것은 우선, 개인적인 적대감에서 비롯된 것으로 이해할 수 있다. 즉, 작품에서 언급되듯이 박완서는 공산주의에 대한 강한 거부감을 갖고 있었고, 그런 심리에서 오빠를 공산주의자에 의해 희생된 것으로 처리했다고 볼 수 있다. 실제로 박완서는 여러 수필에서 공산주의에 대한 적개심을 토로한 바 있고, 또 자신의 심경을 가식 없이 고백한 『그 산이 정말 거기에 있었을까』에서도 그것을 강하게 피력한 바 있다. 하지만 보다 근본적인 것은 이 작품이 발표된 당대의 사회 분위기 때문이었다고 할 수 있다. 작품이 발표된 1971~1972년은 유신체제가 본격화되면서 반공주의가 국시(國是)가 되다시피 한 시기였고, 박완서 역시 그러한 시대의 압력 속에서 과거사를 떳떳하게 말할 수 없었던 것이다. 이런 내용을 감히 말할 수 있을까 하는 의구심, 나아가 그것을 표현했을 때 초래될 수 있는 사회적 탄압에 대한 두려움 등이 개개인들의 의식을 규제하였고, 박완서 또한 그로부터 자유롭지 못했던 것이다. 반공을 국시로 하는 정권의 입장에서 볼 때 만행의 주체로 남한을 지목한다는 것은 자칫 현 체제를 비난하는 것으로 오인될 수도 있었던 까닭에 오빠의 죽음을 인민군의 소행으로 처리할 수밖에 없었던 것이다. 그런 사실을 박완서는 다음과 같은 방식으로 고백한 바 있다.

> 박완서 저는 스무살에 6·25를 겪었습니다. 그런데, 글을 쓰기 시작하면서부터 그때의 체험들이 문학적으로 굉장한 보고(寶庫)라고 느끼기 시작했습니다. 다른 나이도 아닌 열아홉, 스무 살 때 전쟁 체험을 했다는 점에 저는 대단

히 집착하게 되었습니다. (…중략…) 6·25에는 분명히 두 가지 형태의 죽음이 있었습니다. 그 하나는 반동이라고 해서 이북에서 죽인 것이고, 다른 하나는 빨갱이라고 해서 이남에서 죽인 죽음입니다. **그런데도 저는 모든 죽음을 빨갱이가 반동이라고 해서 죽인 것으로만 썼었습니다. 이렇게 정직하지 못했던 것, 정직할 수 없는 것이 앞으로의 전쟁문학에서도 큰 문제라고 생각됩니다.** 양쪽이 다 이데올로기에 눈이 멀어 얼마나 비인간적이며 잔혹했던가를 똑같이 증언하고 싶은데 못했던 것, 이것은 제 경우만이 아니라 다른 작가들에게도 공통되는 문제라고 생각합니다.[16] (강조는 인용자)

여기서 박완서는 소설을 쓰면서 특히 남북한 모두가 이데올로기에 눈이 멀어 저지른 비인간적인 만행을 증언하고 싶지만 그것을 정직하게 쓰지는 못했다는 사실을 고백하는데, 특히 주목되는 부분은 "모든 죽음을 빨갱이가 반동이라고 해서 죽인 것"으로 처리할 수밖에 없었다는 것, 그런데 그것은 단지 자기 개인만의 문제가 아니라 전쟁을 소재로 한 문학이 갖는 공통점이라는 대목이다. 여기에 비추자면 『목마른 계절』에서 '오빠의 죽음'은 그런 전형적인 경우에 해당한다고 하겠다. 작가는 의도적으로 남한보다 북한의 소행으로 죽음의 원인을 돌렸던 것이다.

이런 사실은, 한편으로 1985년 이전에 씌어진 작품에서 오빠의 죽음이 모두 "빨갱이가 반동이라고 해서 죽인 것"으로 처리되어 있는 사실로도 증명될 수 있다. 가령, 1973년에 발표된 「부처님 근처」에서는 오빠가 인민군 동지로부터 사살 당한 것으로 되어 있고, 1985년의 「엄마의 말뚝 2」에서는 인민군에게 총상을 입고 죽어간 것으로 처리되어 있다. 그런 점에서 위의 작품은 반공주의가 작가의 창작에 직접 개입해서 인물의 형상마저도 왜곡한 소설사의 이례적인 경우로 볼 수 있을 것이다.

『목마른 계절』이 전쟁기의 참상을 증언하고 있음에도 불구하고 다분

16) 박완서 외, 「(좌담)6·25 분단문학의 민족동질성 추구와 분단 극복의지」, 『한국문학』, 1985.6, 48~49면.

히 반공주의적 냄새를 풍기는 것은 이렇듯 현실의 압력에 작가가 무의식적으로 굴복했기 때문이고, 그렇게 보자면 박완서는 적어도 1985년도까지는 반공주의의 압력으로부터 자유롭지 못했음을 알 수 있다. 물론, 작품을 전개하면서 작가는 단순히 공산주의자들의 만행만을 강조하지는 않는다. 국군이 서울에 입성한 뒤의 행태 역시 한때 부역행위를 했던 자신과 같은 사람에게는 결코 유리한 것이 아니었음을 고백하고, 또 서울 함락이 임박한 시점에서 국민들을 안심시켜 놓고는 오히려 야반도주한 이승만 정권의 비열한 행태에 대한 비판 역시 존재한다. 하지만 남한체제에 대한 비판은 『그 산이 정말 거기에 있었을까』에 비하면 상대적으로 미흡하고 대신 공산주의에 대한 비판이 작품의 대부분을 차지하는데, 이는 반공주의의 압력에서 비롯되었다는 게 필자의 판단이다.

3. 작가의 균형감각과 성찰의 시선

『그 많던 싱아는 누가 다 먹었을까』와 『그 산이 정말 거기에 있었을까』는 박완서가 자전소설이라는 사실을 밝히고 쓴 작품들이라는 점에서 각별한 의미를 갖는다. 이는 그 이전에 자전적인 소설을 쓰지 않았다는 것이 아니라, '소설로 쓰는 자화상'이라는 부제까지 붙이면서 본격적으로 자전소설을 쓴 것이 이들 작품인 까닭이다.

박완서가 『그 많던 싱아는 누가 다 먹었을까』부터 자전소설을 표방하고 작품을 쓴 것은, 작가의 고백에 따르자면, 나이가 들수록 기억이 흐려지는 까닭에 더 늙기 전에 자신이 살았던 과거 1940년대에서 1950년대의 사회상, 풍속, 인심 등을 증언하고 싶었기 때문이라고 한다. 이를테면, "화가가 자화상 한두 장쯤 그려보고 싶은 심정"으로 작품을 썼고, 따라서 "순전히 기억력에만 의지해서 (……) 쓰다 보니까 소설이나 수필 속에서 한두 번씩 울거 먹지 않은 경험이 거의 없었다. 그러나 (……) 이번에는 있는 재료만 가지고 끼 맞춰 집을 짓듯이 기억을 꾸미거나 다듬는 짓을 최대한으로 억제한 글짓기"를 했다고 한다.[17] 그래서 작품에는 과거 소설에서 단편적인 삽화의 형태로 제시되었던 개인사가 종합적으로 집약되어 있고, 그것을 바라보는 작가의 시선 또한 한층 성숙하고 객관화되어 있다. 이 과정에서 특히 주목되는 것은 『목마른 계절』과는 달리 반공주의에서 벗어나서 과거의 상처를 한층 사실적으로 회상하고 고백하는 형평심(衡平心)을 보여준다는 데 있다. 이 작품을 앞의 『목마른 계절』과 비교하자면 크게 두 가지 점에서 차이를 발견할 수 있다. 하나는 화자의 성격이 한층 자기 고백적이고 성찰적인 모습을 보인다는 점이고, 다른 하나는 오빠의 죽음이 수필에서 언급된 사실 그대로의 모습으로 그려진다는 점이다. 이를 통해서 반공주의라는 무언의 압력에서 벗어나 있는 작가의 모습을 확인할 수 있다.

먼저, 화자는 『목마른 계절』에서보다 한층 적극적으로 자신의 행위를 고백하여 과거와는 다른 모습을 보여준다. 언급한 대로, 『목마른 계절』에서는 좌익에 자발적으로 관여했다가 점차 그로부터 멀어진 사실을 회상하면서 좌익에 대한 증오감을 토로한 바 있다. 그런데 『그 산이 정말 거기에 있었을까』에서는 좌익에 관여한 행위가 자발적인 것이라기보다는 다분히 상황적인 필요에 의한 것으로 회상된다. 적 치하에서 민청에 관여한 것이나 또 국군 치하에서 향토방위대에 관여한 것이 모두 생존을 위한 불가피한 보신책이었다. 병자인 오빠와 노모, 그리고 올케와 어린 자식들을 홀로 감당할 수밖에 없었던 상황에서 화자는 단지 살기 위해서 인민군들의 눈치를 살폈고, 미력하게나마 그들에게 협조하지 않을 수 없었다. 그리고 국군치하에서도 자신의 부역행위와 오빠의

17) 박완서, 「작가의 말」, 『그 많던 싱아는 누가 다 먹었을까』, 웅진출판, 1992, 5~7면.

과거사를 숨기기 위해서 그들의 요구를 받아들이지 않을 수 없었고, 그런 이유로 국군을 도와 청년조직인 향토방위대에 출근했던 것이다.

자칫 기회주의적으로 비칠 수도 있는 행위를 이렇듯 상세하게 고백한 것은 '머리말'에서 언급한 대로 과거의 기억을 "꾸미거나 다듬지 않고" 있는 그대로 서술하려는 심리와 관계된 것으로 이해할 수 있다. 물론, 좌익에 관여한 것이 『목마른 계절』에서처럼 과연 자발적인 것인지 아니면 상황에 따른 불가피한 것인지는 작품을 통해서 판별할 수 없다. 그럼에도 작품의 고백이 진실하게 느껴지는 것은, 그 동안 숨겨왔던 작가 개인의 '사특한 이기심'을 고백하고 반성하는 모습을 보인 데 있을 것이다. 말하자면 작가는 그 동안 다른 작품에서 한 번도 언급한 적이 없었던, 가족을 버리고 홀로 피난길에 올랐던 자신의 이기적 행동을 서슴없이 고백하고 뉘우치는데, 이는 『그 많던 싱아는 누가 다 먹었을까』에서 언급한 바 있는 "자기 미화의 욕구"를 극복하려는 의도로 볼 수 있다. 그 동안 박완서는 작품을 쓰면서 가족이나 주변 인물들에 대해서는 '세밀하고 가차 없는 묘사'를 했으나 자기 자신에 대해서는 '모호하게 얼버무리거나 생략한 경우가 많았다'고 한다. 말하자면 자기 "자신에 정직하기가 가장 어려웠"[18]다는 것인데, 이 작품은 바로 그러한 자신의 치부를 과감히 고백한 것이라 할 수 있다. 여기서 고백의 내용은 가족들을 버리고 홀로 피난길에 올랐던 과거의 행동에 대한 것으로, 공교롭게도 그것 또한 오빠로부터 비롯된 것이었다. 즉, 관통상을 입은 후 오빠는 피난 생활을 몹시 힘들어했고 서서히 무너지고 있었다. 이런 상황에서 인민군이 다시 서울로 쳐들어오자 오빠는 극도의 신경 분열적인 모습을 보였고, 어떻게든 피난을 떠나지 않을 수 없게 되었다. 이 때 오빠가 피난처로 정한 곳은 천안에 있는 죽은 전처의 집이었다. 그것도 올케를 비롯한 온 가족을 동반하고 '거기'로 피난을 가자고 우겼는데,

18) 박완서, 앞의 글, 7면 참조.

이는 화자가 보기에 도저히 받아들일 수 없는 일이었다. 올케와 어머니의 입장을 고려하자면 그런 행위는 전쟁이라는 극한의 상황을 감안하더라도 "졸렬한 응석"으로밖에 비치지 않았던 것이다. 그럼에도 오빠는 마치 "첫사랑에 순(殉)하기를 동경해 마지않는 소년 시대로 퇴영(退嬰)한 것"처럼 그곳을 고집했고, 그 구차스러운 행색을 지켜보면서 화자는 가족을 외면한 채 홀로 향토방위대를 따라 피난길에 올랐던 것이다. 물론, 그런 행위를 하면서도 화자는 자신의 행동을 뉘우치는 모습을 곳곳에서 보여준다. 수레를 구해서 오빠와 가족을 싣고 함께 피난을 떠났어야 했던 게 아닐까 하고 뉘우치며, 특히 피난을 다녀온 뒤에는 오빠가 죽자 하루만에 매장한 것으로 인해 심한 죄의식에 시달리기도 한다.

이와 같이 작가는 화자의 입을 빌어서 그 동안 마음 깊이 숨겨두었던 죄의식을 고백하는데, 이는 그만큼 과거사에 대해서 솔직해졌다는 의미이자 동시에 그 죄의식으로부터 멀어졌다는 것을 뜻한다. 마음 속 깊이 각인되어 있던 죄의식은 그 동안 작가를 구속하는 심리적 억압요인이었고, 그것을 사실적으로 털어놓음으로써 그로부터 벗어나 정신적 해방을 찾고자 했던 것이다. 고백이란 상처의 본질을 응시하고 조망함으로써 그로부터 자유롭고자 하는 행위이고, 따라서 그것은 일종의 심리적 자기치유와도 같은 것이다.[19] 그런 심리에서 과거사를 회상하고 기록한 까닭에 이 작품은 이전과는 달리 한층 고백적이고 심지어 참회록과도 같은 느낌을 주는 것이다.

오빠의 죽음이 『목마른 계절』과는 달리 한층 사실적으로 그려진 것도 화자의 이러한 태도와 관계될 것이다. 화자는 사뭇 담담한 태도로 오빠의 죽음이 남·북한 양 체제의 압력에 의한 것이었음을 고백한다. 즉, 화자가 보기에 오빠는 전향을 한 이후 서서히 죽어가고 있었다. 인민군과 국군이 번갈아 지배하던 서울에서의 생활이 전향한 경력이 있

19) E. 프롬, 호연심리센터 역, 『정신분석과 듣기 예술』, 범우사, 2000, 53~60면.

는 오빠에게는 이중의 고통을 안겨주었는데, 인민군 치하에서는 국군의 패잔병이 아닌가 하는 의심 속에서 숨을 죽여야 했고, 국군치하에서는 과거 좌익이었던 경력이 탄로 날까봐 안절부절못하였다. 그런 상태였기에 오빠는 인민군이 미처 장악하기 직전의 현저동 시절에 매우 비정상적이고 정신분열적인 모습을 보인 것이다. 화자와 올케에게 바깥의 동정을 살피라고 조바심치는 오빠의 표정에는 단지 "우리가 누구 치하(治下)에 있나"만이 관심사일 뿐 주변에 이웃이 있고 없고, 혹은 이데올로기의 진공상태에서 누구의 억압도 존재하지 않는다는 사실은 전혀 중요한 것이 아니었다. 오빠는 그런 상황에서 "사색이 되어 좌불안석, 시시각각 언어 능력조차 퇴화해" 갔던 것이다. 오빠의 붕괴는 이후 점차 그 정도를 더해 가서, 인민군이 다시 서울로 진입을 하자 막무가내로 피난을 가야 한다고 우기는 대목에서는 마치 죽음을 앞둔 사람의 주문처럼 섬뜩한 광경으로 그려진다. 이러한 몰락 과정 속에서 오빠는 총 맞은 지 팔 개월만에 싸늘한 주검으로 변한 것이다. 화자는 이런 사실을 담담하게 기록할 뿐 죽음에 따른 절통한 심정이라든가 현실에 대한 적개심을 전혀 내보이지 않는다.

> 오빠는 죽어 있었다. 복중의 주검도 차가웠다.
>
> 그때가 몇 시인지 우리는 아무도 시계를 보지 않았고 왜 엄마 혼자서 임종을 지켰는지도 묻지 않았다. 엄마도 자다가 옆에서 끼쳐 오는 싸늘한 냉기 때문에 깨어났을지도 모른다. 체온 외엔 오빠가 살아 있을 때하고 달라진 건 아무 것도 없었다. 눈 똑바로 뜨고 지키고 앉았었다고 해도 아무도 그가 마지막 숨을 쉬는 순간을 포착하지 못했을 것이다. 총 맞은 지 팔 개월 만이었고, '거기' 다녀온 지 닷새 만이었다. 그는 죽은 게 아니라 팔 개월 동안 서서히 사라져 간 것이다. 우리는 아무도 그의 임종을 못 본 걸 아쉬워하지 않았다. 그 대신 그의 너무도 긴 사라짐의 과정을 회상하고 있었다.[20]

---

20) 박완서, 『그 산이 정말 거기 있었을까』, 웅진닷컴, 1995, 177~178면.

주관적인 느낌이나 논평을 최대한 배제하고, 있는 그대로의 모습을 복원해냄으로써 작가는 과거사를 한층 객관적으로 재현해내고 있다. 감정의 앙금이나 적의가 없는, 마치 증류수와도 같은 심경이 엿보이고, 그래서 이 작품은 『목마른 계절』처럼 반공주의로 인한 내면의 검열 양상이 거의 드러나지 않는다. 1985년 이전 작품에서는 반공주의라는 시대적 압력 속에서 인민군의 만행에 의해 오빠가 사살된 것으로 처리했다면, 여기서는 수필에서 밝힌 그대로의 모습인 바, 이는 작가가 시대의 압력에서 벗어나 형평심을 바탕으로 과거의 상처를 회상하고 있음을 보여주는 것이다.

작품에서 남·북한에 대한 비판이 어느 한쪽에 치우치지 않고 한층 균형 잡힌 시각을 유지하는 것도 그런 이유로 설명할 수 있다. 가령, 작품에서 인민군에 대한 비판이나 국군에 대한 비판은 양적으로도 비슷하고, 또 비판의 내용 역시 남한과 북한의 어느 한쪽보다는 양쪽 모두의 이데올로기적 잔혹함을 향하고 있다. 적치하의 생활을 서술하면서 작가는 공화국의 하늘 아래서 살고 싶지 않은 가장 큰 이유로 "사람 사는 세상에 대한 최소한의 믿음과 상식이 전혀 안 통하는 데 있"다고 말하며, 또 국군에 대해서도 결코 호의적인 태도를 보이지 않는다. 남한 체제 역시 상식이 통하지 않는 불합리와 비인간성에 바탕을 두고 있다고 보는 것이다. 인간을 외면한 양쪽의 이데올로기적 갈등으로 인해서 오빠가 죽었고, 남북한 모두가 그 책임의 당사자라는 생각이다. 그리고 또 작품에는 전쟁을 직접 체험하지 않고 들은 이야기로, 또는 짐작이나 상상으로는 쓸 수 없는 세세한 풍경과 장소와 인물과 사건과 감정들로 채워져 있다.[21] 가령, 수복 직후의 서울 돈암동 시장과 회현동 미군 PX의 풍경 등은 기록 영화를 보는 듯이 생생하고, 특히 어느 한쪽에도 동조하지 못한 채 남·북한 사이에 끼어 좌불안석 공포에 시달리는 화자

21) 이남호, 「그 때 거기에 있었던 슬픔과 아름다움에 대하여」, 앞의 책, 321면.

를 비롯한 일반 시민들에 대한 묘사는 이 작품만의 독특한 성과라 할 수 있다. 이러한 증언적인 서사로 인해 이 작품은 극적 갈등이나 서사적 긴장 없이 담담하게 술회되고 있음에도 불구하고 시종일관 독자를 사로잡는 매력을 발휘하는 것이다.

작가의 이런 객관화된 시선으로 인해 작품에는 이전 소설에서 볼 수 없었던 새로운 내용들로 채워지게 된다. 그 중의 하나가 생명(혹은 생존)의 소중함에 대한 자각인 바, 그것은 삶에 대한 화자의 강렬한 욕망으로 표현된다. 즉, 작품 전반에 걸쳐서 화자를 사로잡고 있는 것은 "오로지 배고픈 것만이 진실이고 그 밖의 것은 모조리 엄살이요 가짜"라는 생각이다. "인민위원회에 나가는 일에 그다지 몸을 사리지 않았던 것도 깊은 마음은 식량 문제와 닿아 있었"기 때문이고, 향토방위대를 도와주었던 것도, 그리고 그들을 따라서 피난길에 올랐던 것은 식량 걱정을 하지 않아도 된다는 이유에서였다. 생명에 대한 이러한 집착에서 화자는 도둑질도 주저하지 않았고, 또 그런 자신에 대해서 심각한 죄의식을 느끼지 않았던 것이다. 올케 역시 갖은 수모를 감내하고 양공주들을 찾아다니면서 행상을 했고, 화자 또한 모멸을 감수하면서 미군 PX부에서 양키들에게 웃음을 팔았던 것이다.

이 과정에서 화자가 공산주의에 대해서 심한 환멸감을 느꼈던 것은 삶에 대한 이 원초적 본능마저 외면하는 파렴치함 때문이었다. 인민군 치하에서 강제로 관람하게 된 연극은 공산주의 체제의 그런 희극적 성격을 보여주는 상징적 장치로 이해할 수 있다. 이를테면, 화자는 칠흑의 밤길을 걸어서 인민군들이 베푸는 공연을 감상한 적이 있었다. 무대에는 한 소녀가 작업복에다가 머리를 질끈 동여매고 망치와 낫을 들고 있었고, 분홍 드레스를 입은 다른 한 소녀는 하프 비슷하게 생긴 반짝거리는 장난감을 들고 있었다. 두 무용수가 격렬하게 엇갈리고 쫓고 쫓기는가 했더니 마침내 분홍 드레스가 무대 한가운데 힘없이 무너져 내렸다. 낫과 망치를 든 소녀가 두 발을 모두고 역동적인 춤을 추다가 분홍 드레스 허리를 밟고 서면서 무용이 끝났다. 말하자면 노동자의 승리를 암시하면서 종결된 것이다. 이를 보고 화자가 느낀 것은 "먹어야 산다는 만고의 진리"마저 외면한 '공산주의의 벌거벗은 모습'이었다.

> 나는 이불 속에서 외롭게 절망과 분노로 치를 떨었다. 이놈의 나라가 정녕 무서웠다. 그들이 치가 떨리게 무서운 건 강력한 독재 때문도 막강한 인민군대 때문도 아니었다. 어떻게 그렇게 완벽하고 천연덕스럽게 시치미를 뗄 수가 있느냐 말이다. 인간은 먹어야 산다는 만고의 진리에 대해. 시민들이 당면한 굶주림의 공포 앞에 양식 대신 예술을 들이대며 즐기기를 강요하는 그들이 어찌 무섭지 않으랴. 차라리 독을 들이댔던들 그보다는 덜 무서울 것 같았다. 그건 적어도 인간임을 인정한 연후의 최악의 대접이었으니까. 살의도 인간끼리의 소통이다. 이건 소통이 불가능한 세상이었다. 어쩌자고 우리 식구는 이런 끔찍한 세상에 꼼짝 못 하고 묶여 있는 신세가 되고 말았을까.[22)]

이런 심경이 담담하게 토로되는 까닭에 작품에서 반공주의에 의한 굴절은 거의 드러나지 않으며 대신 전쟁기를 견뎌온 한 여성의 눈물겨운 고백만이 생생하게 들려오는 것이다.

사실, 굶주림과 정신적인 고통 속에서 가정을 유지하기 위해 발버둥지는 일련의 과정은 한편으로 우리 여성들의 눈물거운 역사를 대변한다고 해도 과언이 아니다. 더구나 화자가 걸어온 길은 남성이 부재하거나 제 역할을 하지 못하는 상황에서 이루어진 것이라는 점에서 남성을 대신하는 민족의 끈질긴 생명력을 상징적으로 보여준다. 작품 말미에서 화자가 그 동안 오해하고 심지어 증오하기까지 했던 어머니를 이해하고 수용하는 것은 그런 사실과 관계될 것이다. 작품에서 어머니는 시종일관 화자에 대해서 냉담하고 심지어 비정하기까지 한 모습을 보여주었다. 인민군 숙소에 불을 때주기 위해서 화자가 늦은 밤에 인민군을 따라 갔을 때 어머니는 무관심한 척 외면했고 식량을 구하기 위해서 남

22) 앞의 책, 57면.

의 담장을 수시로 넘나들 때도 그 노고를 한 번도 위로해 주지 않았다. 그랬던 어머니에 대해서도 화자는 '에필로그'를 빌어서, 자신이 지금껏 살아 온 힘은 순전히 어머니 때문이었음을 고백한다. 어머니의 넉넉한 사랑과 자식들에 대한 본능적인 모성이 다시 가족의 생명력을 부활시키고 자기로 하여금 새로운 가족을 갖게 만들었다는 것. 이 작품이 화자의 개인사에 얽힌 눈물과 고통을 변주하고 있음에도 불구하고 작품을 읽고 난 뒤 넉넉한 포용력과 인간적인 애정에 훈훈한 감화를 받게 되는 것은 화자의 이 넓고 깊은 시각에서 비롯된 것이다. 그런 점에서 이 작품은 한 여성의 수난사를 통해서 가족의 소중함을 환기하고 민족의 끈질긴 생명력을 포착해낸 증언적 기록이 되는 것이다.

4. 자전소설의 의미와 지평

자전소설이란 자신의 삶을 회상하고 소환함으로써 현재를 성찰하는 계기를 제공하는 양식이다. 여기서 과거의 삶을 회상하고 재구해낸다는 것은 과거를 현재화하고, 한편으론 그러한 복원을 통해서 자기를 치유하는 과정이라 할 수 있다. 자신의 상처를 회상하고 분석한다는 것은 상처의 근원을 찾고 그것을 드러냄으로써 그로부터 해방을 얻고자 하는 행동인 것이다. 그래서 자기 분석이 주는 효과는 자기 자신의 진정한 갈등을 찾음으로써 자유를 증가시키는데 있다고도 말한다.[23] 인간이란 본질적으로 자유를 갈망하는 존재이고, 그 자유는 단지 육체적인 데만 머물지 않고 정신적인 것까지를 포함하는 것이다. 박완서가 과거의

23) E. 프롬, 호연심리센터 역, 『정신분석과 듣기 예술』, 범우사, 2000, 53~60면.

체험을 계속적으로 서사화했던 것은 이런 맥락에서 이해될 수 있다. "작품을 쓰면서 정직하지 못한 구석을 남겨놓고 있었"다는 진술에서 스스로 정직해지고 싶고 그것을 통해서 심리적 구속에서 벗어나고 싶다는 의지를 목격할 수 있는 것이다.

그런데 어떤 한 사람을 형성하고 조형하고 행동을 결정짓는 요인은 개인적인 것과 함께 그가 속한 사회의 구조라 할 수 있다. 프롬이 지적한 대로, 사람들은 사회의 필요에 따라 만들어진다.24) 그렇게 보자면 박완서에게 있어서 극복해야 할 또 하나의 요소는 사회적인 억압이고, 그것은 구체적으로 반공주의였다. 박완서는 그 압력으로 인해 상상력과 창작에 상당한 제약을 받았고 심지어 인물의 형상마저 왜곡된 형태로 제시하지 않을 수 없었다. 화자의 태도와 인물의 형상을 중심으로 살필 때 박완서 소설이 1990년 이전과 그 이후가 사뭇 다른 모습을 보이는 것은 이런 사실로 설명될 수 있을 것이다. 여기서 1990년이라 말한 것은, 박완서가 그 시점부터 반공주의에서 벗어났다는 것을 뜻하는 게 아니라 한국 사회의 급속한 변혁을 통해서 군부독재를 청산하고 민주주의의 가능성을 확인한 1987년의 민주화투쟁과 그 이후 급전직하 허물어진 동구 사회주의의 몰락을 지켜보면서 반공주의의 내면화된 기율에서 벗어난 것이 1990년을 전후한 시기였음을 의미한다.

실제로 박완서는 이러한 심적 변화과정을 수필을 통해서 암시한 바도 있다.25) 이런 변화는 물론 박완서의 경우에만 해당하는 것은 아니다. 반공주의가 맹위를 떨치던 1970년대의 현실에서 홍성원 · 김원일 · 조정래 등은 모두 같은 문제를 감당해야 했다. "아버지가 월북함으로 인하여 아버지의 비밀을 장자로서 끝까지 지켜야 된다는 관념을 어릴 때부터 어머니로부터 훈계조로 교육받았는데, 이것이 일종의 억압심리로서 내 의식 속에 존재했다"는 김원일의 고백이나,26) 대하장편 『남과

24) 『정신분석과 듣기예술』, 107면.
25) 「구형(球型) 예찬」(『두부』)과 「나에게 소설은 무엇인가」(『문학앨범』) 참조.

북』(1976)을 발표하면서 홍성원이 좌익 쪽의 이야기를 빼놓고 쓸 수밖에 없었던 것은 그런 사실과 관계될 것이다. 이후 25년의 세월이 흐른 뒤 홍성원은 개작을 통해서 좌익 쪽 주인공을 등장시켜 비어 있던 반쪽을 채웠고,[27] 김원일도 1970년대에는 미처 할 수 없었던 이야기를 『불의 제전』(1980~97)에서 거침없이 쏟아 놓은 바 있다. 조정래 역시 보수 우익의 압력을 뚫고 민족사를 새로운 시각으로 재구성한 대하장편 『태백산맥』을 완성할 수 있었다. 그렇기에 박완서가 받았던 상처와 창작상의 제약은 그 자신만의 것이라기보다는 시대 전체의 것이라고 할 수 있겠다.

하지만 그럼에도 불구하고 김원일이나 조정래 등이 시대와 현실의 억압을 뚫고 삶의 새로운 지평을 열어 놓았다면 박완서는 그와는 달리 시대의 압력에 굴복했고 1990년대 이후에야 그로부터 자유로워졌다는 점에서, 1980년대 소설의 경우 분단문학의 견지에서 볼 때 그리 만족스럽지는 못하다. 오빠의 형상이나 작품 전반을 관통하는 반공주의적 시선은 온몸으로 그것을 부정하는 과정을 통해서 새로운 진실을 획득한 작가들에 비하면 상대적으로 안이하고 소극적이다. 필화사건으로까지 비화되어 혹독한 고초를 겪었고 그런 고투를 통해서 분단문학의 새로운 국면들을 타개했던 작가들에 비하자면 박완서의 시야와 관심 범위는 상대적으로 개인의 울타리를 벗어나지 못했으며, 그것이 작품의 성취를 상대적으로 제한한 것이다. 소설이 편벽되지 않는 지공무사의 심리로 사회 현실을 담아내기 위해서는 새삼스럽지만 시대의 질곡에 온몸으로 맞서는 작가적 고투(苦鬪)를 전제하지 않을 수 없다. 소설은 눈에 보이고 경험된 현실의 구조를 드러내기보다는 체제가 표방하는 것 뒤에 감추어진 눈에 보이지 않는 진실을 천착하는 까닭에 그런 노력은 더욱 절실하다. 박완서 소설이 능숙한 입담과 묘사로 전쟁기의 참상을 증

26) 김원일, 「인간과 문학의 심오한 본질을 향한 도정」, 『문학정신』, 1990, 5, 20면.
27) 홍성원, 「보완과 개작에 대한 짧은 해명」, 『남과 북』, 문학과지성사, 2000, 5~8면.

언하는 문학적 성과를 획득하고 있음에도 불구하고 분단 현실에 대해서 어떤 새로운 전망을 제시하지 못하는 이유는 여기에 있다. 개인적 상처에다 시대적 질곡을 동시에 간직한 채 한 평생 그 상처와 싸워온 작가로서 박완서의 고통에 공감하면서도 한편으로 아쉬운 것은 바로 이 대목일 것이다.

'국어' 교과서와 분단문학

7차 교과과정과 '국어' 교과서

1. 7차 '국어'의 새로움

2002년부터 고등학교에서 시행되는 '제7차 교육 과정'은 여러 면에서 의미 있는 변화를 보여주었다. 10학년까지는 공통적으로 이수해야 할 '국민 공통 기본교육과정'을 두고, 그 이후에는 '수준별 교과 과정'을 배치하여 학생들의 수월성을 제고하려 한 점이라든지, 학생들의 선택폭을 넓혀 기존의 획일성에서 벗어나게 한 점 등은 6차에서 볼 수 없었던 대목이다. 이러한 개편은 시대 상황의 급변에 따른 필연적인 대응으로 이해된다. 학생들의 인식과 감성이 급속히 변화된 현실에서 구태를 벗지 못한다면 창의적인 인재 육성이란 공염불에 지나지 않을 것이다.

국어 교과서를 일별해 볼 때 변화와 갱신의 모습은 곳곳에서 목격된다. 외형상으로 교과서 지질이 누런색의 중질지에서 상질지로 바뀌었고, 색도도 단색에서 2색도 이상을 사용해 사진과 삽화의 선명도를 높였으며, 편집 디자인도 상당히 세련된 형태로 바뀌었다. 내용 면에서도 학생들의 편의를 고려하여 어려운 말에는 설명을 달고, 시의성이 떨어지는 고답적인 내용들은 거의 배제하였다. 또 학생들의 수준을 고려해서 단계별로 학습활동을 배치하여 수월성을 제고하려 했다. 이 과정에서 무엇보다 파격적으로 다가온 것은 현대문학에서 최근 작품을 적극적으로 수용하고, 컬러 사진과 함께 작가들을 소개한 점이다. 박완서의 「그 여자네 집」은 1997년도 작품이고, 윤흥길의 「장마」는 1973년도의 작품이며, 이청준의 「눈길」은 1975년도 작품이다. 또 '학습 활동'의 지문으로 인용된 이문열의 「우리들의 일그러진 영웅」은 1987년도 작품이고, 『광장』은 1960년도 작품이다. 6차 교과서에 수록된 「화랑의 후예」(김동리), 「메밀꽃 필 무렵」(이효석), 『삼대』(염상섭), 「동백꽃」(김유정)이 모두 1930년대 작품이었던 데 비하면 커다란 변화와 개편인 셈이다. 현대시의 경우도 김소월의 「진달래꽃」과 이육사의 「광야」를 재수록한 외에는 정지용의 「유리창」을 새로 추가하였고, 특히 다른 작품 속에 삽입되거나 '학습 활동'의 지문으로 김용택의 「그 여자네 집」, 임화의 「하늘」, 박재삼의 「추억에서」 등이 추가되어 상당한 변화를 보여준다. 또 필자들의 연령도 젊어져서, 수필 「곡성역에서 만난 할아버지」의 공선옥은 1963년생이고, 드라마 작가 진수완은 1970년생이다. 그 외에도 빌 게이츠라든가 영화 〈나 홀로 집에〉, 연재만화 〈광수 생각〉, 대중 음악 〈가시나무〉, 각종 인터넷 사이트가 소개되고, 이사벨라 버드 비숍의 『조선과 그 이웃나라들』의 한 대목이 소개되고 있다.

이렇듯 여러 장르에 걸쳐서 교과서의 내용이 개편된 것은 현실의 변화를 적극적으로 수용한 것이라는 점 외에도, 한편으론 문학사 전반에 대한 새로운 의미화를 전제한 것으로 이해할 수 있다. 현대문학은 이제 한 세기에 이르는 시간의 축적을 가졌다. 현대문학은 개화기 이래 지금까지 수많은 작품을 산출하였고, 그에 따른 연구 역시 엄청난 양으로 축적되었다. 이런 일련의 과정을 통해서 작품의 의미와 맥락은 새롭게 규정되고 또 새로운 가치들을 산출하였다. 가령, 1987년 정부 당국에 의해 금단의 베일이 벗겨지기는 했으나 교육 현장에서 납·월북작가들은 여전히 불온시된 인물이었다. 6차 교과과정의 『국어』 교과서에서 이들의 작품을 찾을 수 없었던 것은 그만큼 이들에 대한 사회적 편견과 거부감이 완강했다는 반증일 터이다. 하지만 냉전 이데올로기가 완화되고 연구가 본격화되면서 이들의 문학적 가치가 새롭게 조망되었고 또 이들이 추구한 문학과 이념의 내용이 금기가 아니라 이해하고 포용해야 할 대상이라는 사실이 새삼스레 확인되고 있다. 그런 점에서 임화[1]나 백석, 정지용의 수용은 때늦은 감이 없지 않다. 그리고, 이번 교과서에서 주목되는 또 다른 특징은 분단 극복의 의지를 담고 있는 작품들을 적극적으로 수용한 데 있다. 「그 여자네 집」이나 「장마」와 『광장』의 수록은 6차 교과 과정에 비하자면 분단 극복을 위한 시대적 의지가 그만큼 고조되었음을 보여준다. 남과 북의 정상이 마주 앉아 현안을 논의하는 상황에서 이러한 측면은 더욱 강화되어야 할 것이다. 마지막으로 타자의 시선을 수용한 점이다. 이사벨라 버드 비숍의 『조선과 그 이웃나라들』은 우리가 아닌 타인으로 눈으로 본 우리의 옛 모습이다. 주체란 타자를 전제할 때만이 온전할 수 있듯이, 타자의 시선을 빌어서 주체를 대상화했다는 것은 그만큼 주체가 성숙했음을 말해주는 것이다.

이 글은 이러한 긍정성을 인정하면서도 작품의 선별과 배치에서 목격되는 기능주의적 발상과 태도를 문제 삼고자 한다. 기능주의란 효율과 합리성에 바탕을 둔 것이기는 하지만, 대상의 본질에 대한 이해를 전제하지 않을 경우 자칫 내용 없는 형식주의로 전락할 가능성을 갖고

1) 임화의 경우는 박완서의 단편 「그 여자의 집」에 시 「하늘」의 일부가 인용되면서 소개된다. 오른편 상단 날개에서 임화에 대한 간략한 소개가 나온다. 다소 옹색하지만, 남한을 부정하고 북한을 선택했던 인물을 이렇게나마 소개한 것은 그 자체로도 큰 의미를 갖는 것이라 하겠다.

있다. 사실 7차 교육과정은 시장 논리에 바탕을 둔 경쟁 원칙을 수용한 것이라는 점에서 기능주의와 도구성에 대한 비판은 이미 예상되었던 일이다.[2] 정보화 사회를 주도할 인재를 육성한다는 것은 현대 사회를 이끌 합리적 주체를 기른다는 말이고, 그러한 목적을 달성하기 위한 도구가 바로 교과서인 것이다. 물론 교과서 집필 과정에서 각각의 단원과 지문의 기능성을 고려하지 않을 수는 없겠으나, 내용과 맥락에 대한 깊이 있는 고려가 전제되지 않을 경우 자칫 구색 맞추기 식의 형식론에 빠질 가능성을 배제할 수 없다.

이 글에서는 교과서 전반에서 목격되는 이러한 측면들을 염두에 두고 현대 소설에 국한해서 논의를 진행하고자 한다. 수록된 현대소설들을 살피고, 특히 분단문학으로 범주화할 수 있는 작품들을 선별해서 그 특성을 고찰할 것이다. 이를테면, 문학사에 대한 인식과 작품의 의미, 나아가 작품이 갖는 문제점 등을 분단문학이라는 측면에서 살펴보고, 그 연장에서 교육 현장과 교사의 역할에 대한 견해를 덧붙이고자 한다.

2. 북한에 대한 향수와 퇴영적 사고

7차 과정의 『국어』 교과서에는 모두 여섯 편의 소설이 수록되어 있다. 「그 여자네 집」·「봄봄」·「장마」·「눈길」이 본문으로 수록되어 있고, 「우리들의 일그러진 영웅」과 『광장』은 '학습 활동'의 지문으로 삽입되어 있다. 여기서 분단문학의 견지에서 주목할 수 있는 작품은 「그 여자네 집」과 「장마」, 그리고 『광장』이다.

2) 전국교직원노동조합, 『(자료집)7차 교육과정 이해와 비판』, 2000년 참조.

「그 여자네 집」은 6차 교과서의 「화랑의 후예」·「메밀꽃 필 무렵」·「수난이대」에 비하자면 한층 신선한 느낌으로 다가오는 작품이다. 김용택의 시가 작품의 첫머리에 소개되고, 작가회의(민족문학작가회의)가 언급되며, 또 최근 사회 문제가 된 정신대와 중국 여행에 따른 일화가 삽입되어, 마치 친근한 일상의 이야기를 능란한 입심으로 구술하는 형국이다. 또 지면 곳곳에 작품 내용과 관계되는 그림이나 사진, 설명을 첨가하여 시각적 이미지에 친숙한 학생들의 흥미를 유발한 점 또한 눈길을 끈다.[3)]

작품은 김용택의 동명의 시 「그 여자네 집」에 대한 인용으로 시작된다. 사랑하는 여인에 대한 그리움을 평화로운 농촌 풍경과 결합시켜 놓은 이 시가 작품의 중심 모티프이고, 이 시를 통해서 화자는 기억 속에 묻혔던 고향에서의 추억으로 들어간다. 만득이와 곱단이의 지순한 사랑이 회상되고, 일제 말의 징용으로 불행하게 끝난 두 사람의 사랑이 그려진다. 만덕이가 일본 제국주의의 희생이 되어 곱단이와 헤어지지 않을 수 없게 된 것, 이 과정에서 곱단이를 향한 만덕이의 속 깊은 사랑이 그려진다. 징용이란 사지(死地)로 가는 것이고, 후일을 기약할 수 없는 일인 까닭에 가족들은 만덕이와 곱단이의 혼례를 서두르지만 만덕이는 끝내 결혼식을 올리지 않는다. 한 여인에 대한 사랑이 어느 일방의 욕심일 수만은 없다는, 그것은 오히려 상대에 대한 세심한 배려와 믿음이라는 것을 웅변해 주는 대목이다. 하지만 곱단이 역시 시대의 거센 소용돌이 속을 벗어날 수는 없는 존재여서, 그녀 역시 정신대를 피하기 위해 엉뚱한 사람의 재취로 들어가는 비극을 겪는다. 그리고 신의주로 떠난 곱단이는 전쟁이 나고 분단이 굳어지면서 더 이상 소식을 알 수

3) 하지만 그림과 삽화의 지나친 배치가 필자에게는 그리 긍정적이지 않았다. 활자에 익숙한 세대이고, 또 소설의 재미를 활자를 통한 상상의 즐거움에서 찾는 까닭에 삽화와 사진의 과도한 배치는 사고의 흐름을 방해하고 제한하였다. 과연 소설을 이렇게 배워야 하는 것일까 하는 의문이 들었던 게 솔직한 심정이다.

없는 존재로 기억 속에 묻히고 만다.

작품의 후반부는 만덕이와 결혼한 순애의 이야기를 통해서 그 이후의 후일담을 전해주는 식이다. 순애는 아직도 만덕이가 곱단이를 잊지 못하고 있다고 믿는다. 시를 쓰면서 읊조리는 내용이나, 중국 여행 시 신의주를 앞에 두고 선상에서 통곡하던 장면은 모두 그런 심리에서 비롯되었다는 게 그녀의 생각이다. 얼마 후 순애가 죽고, 그 죽음을 통해서 화자는 평생 보이지 않는 연적(戀敵)을 앞에 두고 괴로워했을 순애의 불우한 삶을 떠올려본다. 그런 연민의 심정을 갖고 있던 차에 '정신대 할머니를 돕기 위한 모임'에 들렀다가 화자는 우연히 만득이를 만난다. 만덕이가 그 모임에 나온 것을 곱단이에 대한 그리움 때문으로 이해한 화자는 그에게 다짜고짜로 따지듯이 대들지만, 그로부터 나온 대답은 전혀 뜻밖의 것이었다. 작품이 다시 한번 반전을 거듭하는 순간이다. 곱단이를 잊지 못한다는 건 순전히 순애의 지어낸 생각이라는 것, 자신의 감정은 단지 젊은 시절에 대한 그리움일 뿐이었다는 것, 그리고 중국 여행 시 두만강에서 운 것은 '남의 나라에서 바라보니 이렇게 지척인데 내 나라에선 왜 그렇게 멀었을까' 하는 서럽고 부끄러운 감정 때문이었다고 고백한다. 아울러, 그가 그날 정신대 할머니 돕기 행사에 참여하게 된 것은 정신대 문제를 애써 대수롭게 여기지 않으려는 일본 사람들에게 분통이 터졌고, 정신대 문제는 정신대 피해자인 할머니들의 문제만이 아니라 곱단이처럼 그것을 면한 사람들이 겪었을 한(恨)까지 함께 생각해야 한다는 내용을 토로하는 것이다. 이러한 결말부는 작가의 현실 인식을 보여주는 대목이기도 하다. 작가는 순결한 사랑이 역사의 격랑에 의해 짓밟히는 과정을 보여주는데 머물지 않고 민족적인 비극에 대한 현재적인 질문까지도 유도해내고 있는 것이다.

작가는 만덕과 곱단의 일화를 통해 일본 제국주의의 만행이 단순히 정신대라는 특정한 범주에만 해당하는 것이 아니라 동시대인 모두에게 깊은 상실의 고통을 남긴 상처의 근원지라는 것을 고발하고 있다. 또한 만덕의 상처가 한편으로 분단 현실과도 결합되어 있다는 점을 환기시킨다.

> 오늘 여기 오게 된 것도, 글쎄요, 내가 한 짓도 내가 설명할 수 있을 것 같지 않지만…… 아마 얼마 전 우연히 일본 잡지에서 정신대 문제를 애써 대수롭게 여기지 않으려는 일본 사람들의 생각을 읽고 분통이 터진 것과 관계가 있겠죠. 강제였다는 증거가 있느냐, 수적으로 한국에서 너무 부풀려 말한다, 뭐 이런 투였어요. 범죄 의식이 전혀 없더군요. 그걸 참을 수가 없었어요. 비록 곱단이의 얼굴은 생각나지 않지만 나는 지금도 생생하게 느낄 수 있어요. 곱단이가 딴 데로 시집가면서 느꼈을, 분하고 억울하고 절망적인 심정을요. 나는 정신대 할머니처럼 직접 당한 사람들의 원한에다 그걸 면한 사람들의 한까지 보태고 싶었어요. 당한 사람이나 면한 사람이나 똑같이 그 제국주의적 폭력의 희생자였다고 생각해요. 면하긴 했지만 면하기 위해서 어떻게들 했나요? 강도의 폭력을 피하기 위해 얼떨결에 십 층에서 뛰어내려 죽었다고 강도는 죄가 없고 자살이 되나요? 삼천 리 강산방방곡곡에서 사랑의 기쁨, 그 향기로운 숨결을 모조리 질식시켜버리니 그 천인공노할 범죄를 잊어버린다면 우리는 사람도 아니죠. 당한 자의 한에다가 면한 자의 분노까지 보태고 싶은 내 마음 알겠어요? 장만득씨의 눈에 눈물이 그렁해졌다.[4]

그런 점에서 이 작품은 일견 황순원의 「소나기」와 비견된다. 「소나기」가 청소년기의 지순한 사랑을 중심축으로 내세운다면, 이 작품은 거기에 틈입한 역사의 거친 소용돌이를 또 다른 축으로 제시한다. 「소나기」의 사랑에는 역사와 현실의 이념 따위는 배제되어 있다. 그러나 「그 여자네 집」에서는 역사와 현실의 적극적인 개입이 드러난다. 주인공들의 운명을 뒤바꿔놓는 것은 전쟁과 징용, 정신대라는 이름으로 자행된 폭력적인 현실 상황이었다. 역사와 현실에 대한 시선을 적극적으로 담고 있다는 점에서 「그 여자네 집」은 무채색에 가까운 「소나기」의 시선에서 몇 걸음 더 나아가 있는 셈이다.

---

4) 서울대 국어교육연구소, 『국어』 상, 교육인적자원부, 2002, 48면.

분단문학을 남북 분단의 역사와 현실이 투영되고 그것을 극복하려는 의지를 담고 있는 문학이라 한다면,5) 작품에서 식민통치와 분단 현실은 부정해야 할 역사의 폭력으로 나타난다. 작가는 만덕의 일화를 통해서 분단 극복의 의지를 내 보이고, 더구나 그것을 청순한 사랑마저 용납하지 않은 현대사의 비극에 대한 성찰과 더불어 환기한다는 점에서 이 작품이 갖는 분단문학적 의의는 결코 가볍지 않다. 한 개인의 사랑을 파괴했다는 점에서 일제의 식민통치와 분단은 동질의 것이라 할 수 있는데, 작가는 그것을 이렇듯 쉽고도 평이한 방식으로 보여주는 것이다.

하지만, 이러한 긍정성에도 불구하고 작품에는 '북한'에 대한 퇴영적 시각이 내재되어 있다는 점에서 세심한 고찰이 요구된다. 이를테면, 작품 속의 공간은 북한이라는 역사성을 지닌 장소가 아니라 추억 속에 각인된 무시간적이고 원초적인 공간이다. 그곳은 청소년기의 아름다운 추억만이 인화지의 영상처럼 존재하는 곳이다. 만덕의 기억 속에 존재하는 북한이나, 화자가 회상하는 북한은 현실의 북한이 아니라 노년에 반추하는 젊음과 더불어 존재하는 미화된 공간이다. 그것은 작품의 중심 모티프이자 주제를 집약하고 있는 김용택의 시가 기억 속에 각인된 무시간성의 세계를 그린 것이라는 사실과도 관계된다.

시 속의 '그 여자네 집'은 "그 여자가 꽃 같은 열아홉 살까지 살던 집 / (…중략…) / 지금은 아, 지금은 이 세상에 없는 그 집 / 내 마음속에 지어진 집"으로 나타난다. 봄이면 살구꽃이 피고, 가을이면 은행나무 은행잎이 노랗게 물들며, 저녁연기가 곧게 올라가고, 목화송이 같은 눈이 사흘이나 내리던 그런 집이다. 박완서는 시의 이런 이미지를 소설 속에 그대로 옮겨 놓았고, 그래서 소설 속 북한의 이미지는 그와 전혀 다르지 않다. 거기에다, 작품 중간에 배치된 '학습 활동'의 시는 북한에 대한 이러한 이미지를 더욱 강화하는 결과를 낳고 있다. 작품과 관련된 문제를

5) 분단문학의 개념과 특성에 대해서는 필자의 『탈분단 시대의 문학 논리』(새미, 2001) 2장 참조.

제시하여 작품에 대한 이해를 높이려는 의도로 삽입된 학생의 시 「잃어버린 고향」[6]은 북한의 이미지를 한층 부정적인 것으로 만든다. 시에서 말하고자 하는 것은 쓰레기로 황폐화된 '잃어버린 고향'이다. "푸른 하늘이 넘실거리고" "추억이 서려 있는 고향"은 이제 농약병이 뒹굴고, 흑빛 아스팔트로 도배되어 꿈속에서나 볼 수 있는 곳일 뿐이라는 내용은 추억 속의 공간인 북한이 지금은 그 본래의 모습을 잃어버린 황폐화된 곳으로 변했다는 사실을 무의식적으로 환기시킨다. 이를테면, 가곡 〈그리운 금강산〉의 한 구절처럼 북한은 회복할 수 없는 "더렵혀진" 공간으로 암시되고, 이로 인해 북한은 원형과도 같은 향수의 대상으로 자리 잡는 것이다.

북한에 대한 이러한 시각이 문제인 것은 그것이 북한에 대한 정당한 인식을 방해한다는 데 있다. 분단 현실을 극복한다는 것은 북한을 추억 속의 공간이 아니라 구체적인 실체로서 인정하는 태도를 전제하거니와, 그것은 북한을 일정한 체제와 이데올로기의 규율 속에 놓여 있는 삶의 현장으로 보는 시각에 바탕을 두어야 한다. 하지만 북한을 추억 속의 공간으로만 기억할 경우 이런 점은 외면될 수밖에 없다. 그것은 1998년도의 여러 신문에 '특집' 형식으로 연재된 '방북기'를 통해서 그 단면을 간접적으로 확인할 수 있다. 가령, 고은 · 김주영 · 유홍준[7] · 이호철[8] 등이 북한을 방문하고 돌아 온 뒤 그 심경을 토로한 '방북기'에서 목격되는 북한의 이미지는 「그 여자네 집」에서 회상된 북한의 그것과 거의 흡사한, 동경과 향수의 대상으로 나타난다. 즉, 금강산과 원산과 백두산을 둘러본 뒤 고은에게 각인된 북한의 인상은 '고향의 원형'이자 동시에 '한민족의 원형질'이었다. "부드럽게 언덕진 밭은 첫물 수확을 앞두

6) 『국어』, 29면. 첫 연과 마지막 연을 소개하면 다음과 같다. "푸른 하늘이 넘실거리고 있을 그 곳은 / 추억이 서려 있는 고향이 아니었다. // (…중략…) // 그래, 잃어버린 고향이었다. / 그래, 잃어버린 고향이었다."

7) 『중앙일보』, 1998년 12월 〈특집 : 유홍준의 북한 문화 유산 답사기〉 참조.

8) 『동아일보』, 1998년 9월 〈특집 : 9박 10일 방북기〉 참조.

고 어머니의 부픈 가슴 같았"고, 더운 날에도 반소매를 입지 않고 단추 하나 풀지 않은 여자들의 옷매무새와 비가 와도 굳이 비를 피하지 않고 일을 하는 사람들의 모습은 마치 "한민족 원형질"과도 같은 것으로 다가온다.[9] 고은과 동행했던 유홍준이 느낀 심정도 비슷하다. 유홍준은 "외래문화가 범람하는 도회적 분위기에 익숙해져 있는 나에게 60년대 어린 시절에 본 것 같은 거리 풍경 등이 그대로 남아 있는 북녘의 모습은 하나의 문화적 충격"이었다고 하면서 거기서 목격되는 "천진성"을 강조한다. 그런 심정을 이호철은 다음과 같이 표현하고 있다.

> 북한 체류기간 중 내 머릿속에 첫 인상으로 깊이 꼬나박혀 들어왔던 것은 우선은 접대원 아주머니들이었다.
>
> 남쪽 우리네 40,50년대에는 온 나라에 지천으로 널려있다시피 많았고, 60년대 70년대까지도 맥을 이어왔던 우리네 원(原)조선 여성상, 한국 여성상이 이곳에는 고스란히 온존해 있었다. 푸근함 공손함 절제 예의바름 성실 짜디짠 살림 꾸리기, 그런 미덕들이 두루두루 모아진 기본 품격. 발랑 까지지 않은 깊숙하고 넉넉한 우리네 재래의 여성상(像).[10]

이런 시선은, 가난에 찌들고 호전적인 존재로 북한을 보는 냉전적 사고와는 달리 북한의 현실을 인정하고 그 속에 깃든 미덕을 찾고사 한 것이라는 점에서 한층 성숙한 모습인 것은 분명하다. 이질적인 측면보다는 동질적인 것을 발견하고 흥분과 감격을 토로하는 것은 동포로서 당연한 일이기도 하다. 하지만 이런 시각의 한편에는 북한의 실상을 직시하기보다는 미화하고 동경하는 또 다른 신비화의 위험성이 내재되어 있음을 부인할 수 없다. 최근의 여러 연구와 증언을 통해서 확인되듯이, 북한 역시 남한과 다를 바 없는, 아니 그 이상으로, 정치권력 중심적이고 가족을 강조하고, 국민을 도구화시키고, 여자들을 남자들에게 봉사

9) 유홍준, 「유홍준의 북한 문화유산 답사기」, 『중앙일보』, 12월 10일.
10) 이호철, 「방북기」, 『동아일보』, 1998.9.8.

하게 하는 사회이다. 게다가 건국 초기부터 수령을 중심으로 한 유일체제를 유지해 왔던 까닭에, 인민들은 수령이라는 절대적 가치를 위해서 죽고 사는 존재가 되었다.[11] 몇 년 전 남북정상회담 과정에서 목격한 김정일의 자신감이란 기실 이런 체제에서나 가능한 일이다. "내가 마음만 먹으면 통일이 멀지 않다"는 생각은 절대화된 권력의 한 단면을 보여줄 뿐만 아니라, 한편으론 남한의 '국민'에 해당하는 '인민'이 실상은 '시민'이 아니라 '신민(臣民)'에 가까운 존재라는 것을 입증해 준다. 이렇게 보자면 북한 여성들의 모습이란, 자발적이고 자율적인 것이라기보다는 체제에 의해 강요된 희생과 봉건적인 절제에 바탕을 둔 것인지도 모른다. '더운 날에도 반소매를 입지 않고 단추 하나 풀지 않은 여자들의 옷매무새'와 '비가 와도 굳이 비를 피하지 않고 일을 하는 사람들의 모습'이란 획일적인 국민 동원체제가 고착화된 과정에서 야기된 특수한 인간형인 것이지 결코 한국인의 '원형'은 아닐 것이다.

박완서 등의 소설을 읽으면서 이런 생각을 했다는 것은 지나친 기우로 이해될 수도 있다. 하지만, 고은 등의 시각이란 어쩌면 기억 속에 각인된 북한의 옛 모습에 대한 향수와 무관한 게 아니라는 점에서 전혀 근거 없는 것은 아닐 것이다. 언급한 대로, 「그 여자네 집」의 공간은 북한이라는 현실의 장소가 아니라, 추억 속에 각인된 무시간적이고 원초적인 공간이다. 그런 까닭에 그러한 시선의 한 구석에는 퇴영적 사고가 잠재되어 있고, 그것이 북한에 대한 바른 인식을 저해할 가능성을 갖고 있는 것이다. 이호철과 고은 등이 목격했던, 아니 목격하고자 했던, 것은 어쩌면 이 기억 속의 공간일 것이고, 작가 박완서의 무의식 속에 각인된 공간 역시 그와 크게 다르지 않은 것이다.

11) 조한혜정·이우영 엮음, 『탈분단 시대를 열며』, 삼인, 2000, 134~160면 참조.

3. 분단 극복에 대한 안이한 낙관성

「장마」(윤흥길)는 「그 여자네 집」보다는 한층 적극적으로 분단 현실을 문제 삼은 작품이다. 두 할머니의 갈등과 반목이 화해로 나가는 과정을 통해서 작가는 이데올로기로 인한 갈등을 넘어서려는 하나의 방안을 내보인다. 이 작품이 대표적인 분단소설로 평가되는 것은 분단의 실질적인 원인이 되는 이데올로기의 문제를 가족이라는 가까운 인물들의 갈등을 통해서 포착해냈다는 점, 샤머니즘적인 토속신앙의 모티프를 차용한 점, 그것을 빌어서 분단 극복 의지를 강하게 내보였다는 점 등이 될 것이다. 그런 점에서 이 작품은 6차 교과서에서는 볼 수 없었던 분단 극복에 대한 시대적 의지를 한층 적극적으로 수용한 것으로 이해할 수 있다.[12)]

「장마」는 어린 화자 '동만'의 시선을 빌어서 서술되는 작품이다. 즉, 친할머니와 함께 살던 동만은 전쟁이 발발하면서 피난 내려온 외할머니와 함께 살게 되었다. 사이가 좋았던 두 할머니였지만 어느 날부터 돌연 서로를 미워하는 처지가 된다. 두 할머니의 자식들이 각기 서로 다른 이데올로기의 신봉자가 되었고 그로 인해 두 할머니 역시 이데올로기의 실상을 알지도 못하면서 서로를 미워하게 된 것이다. 할머니의 아들(화자의 삼촌)은 빨치산이었고, 외할머니의 아들은 국군이었던 까닭에 살아남기 위해서는 어느 하나를 부정할 수밖에 없고, 그러한 대립 관계 속에 사돈 간인 두 할머니가 휘말려 든 것이다. 두 할머니의 관계가 회복할 수 없을 정도로 악화된 것은 빨치산에 대한 토벌이 본격화되

12) 물론 이 작품은 6차의 『문학』 교과서에 수록된 바 있고, 또 수학능력시험에 출제되어 학생들에게 널리 알려진 작품이다. 그런 점에서 보자면 그리 새로울 것은 없으나, 국민 기본 공통 교과목인 『국어』에 수록되었다는 것은 분단 극복에 대한 국민적인 공감대를 보다 적극적으로 수용한 것으로 이해할 수 있다.

고 그 과정에서 삼촌이 죽었을지도 모르는 상황이 발생하면서부터였다. 외할머니는 자식을 근심하는 마음에서 어서 빨치산이 토벌되기를 바라지만, 할머니는 그것을 자기 아들이 어서 죽기를 바라는 저주로 받아들이는 아이러니한 상황에 처하고 급기야 서로를 질시하게 된 것이다. 화해와 관용보다는 어느 하나를 일방적으로 부정할 수밖에 없었던 1970년대의 냉전적 현실이 암시되는 순간이다.

교과서에 수록된 부분은 이 이후를 다룬 대목으로, 두 할머니 사이에 형성되었던 갈등이 구렁이의 등장과 주술행위를 통해서 해소되고, 마침내 화해한다는 내용이다. 즉, 아들이 돌아오기를 간절하게 기다리던 할머니는 점쟁이가 예언한 날이 되어도 아들이 나타나지 않자 끝내 졸도하고 만다. 그런데 뜻하지 않게 아들 대신에 구렁이가 나타나고, 그것을 아들의 혼령으로 받아들인 외할머니는 정성스레 구렁이가 갈 길을 인도하는 의식을 거행한다. 마치 주술사가 되어 하늘로 오르지 못하고 구천을 떠도는 영혼을 인도하는 의식을 거행하는 것이다. 정신을 회복한 뒤 이런 사실을 전해들은 할머니는 감격의 눈물을 흘리면서 외할머니와 화해한다는 게 작품의 내용이다.

이 작품의 문제성은 이러한 내용을 통해서 분단 극복의 가능성을 암시했다는 데 있다. 외할머니나 할머니는 모두 비슷한 나이의 자식을 두었고, 그것도 전쟁이라는 극한의 상황에 자식을 내놓은 까닭에 사실은 동병상련의 처지라 할 수 있다. 그런데 전쟁은 이들의 의지와는 무관하게 이데올로기라는 비극의 씨앗을 뿌려 놓았고, 급기야 서로를 적대시하게 만든 것이다. 이들의 갈등은 서로가 서로를 부정할 수밖에 없는 이데올로기의 대립에서 비롯된 것이라는 점에서 해결의 실마리를 찾기란 결코 쉬운 일이 아니다. 삼촌이 죽은 것으로 암시된 데서 알 수 있듯, 어느 하나가 제거되어야만 다른 한쪽이 살 수 있는, 어쩌면 냉전체제 하의 남북한의 현실과 흡사한 형국이다. 하지만 두 할머니는 동물적인 모성의 소유자들이고, 또 자식을 매개로 한 갈등 역시 적대적인 것이라기보다는 해결의 가능성을 내재한 상황적인 것이다. 두 할머니의 갈등은 서로간의 공감을 확인함으로써 극복 가능한 것이라 할 수 있는데, 작가는 그것을 민족의 전통 정서인 '뱀'으로 상징된 주술행위를 통해서 찾는다. 즉, 민족 보편의 정서를 환기함으로써 작가는 외래적인 이데올로기를 넘어서는 근원적인 공감대를 마련하고, 궁극적으로 분열된 민족이 통일될 수 있다는 믿음을 드러낸 것이다.

「장마」의 문제성은 이처럼 민족 고유의 정서를 통해서 외래적인 이데올로기를 극복하고 민족 통합의 길을 제시한 데 있다. 물론, 1950~60년대 소설에서 분단 현실을 문제 삼은 작품이 없었던 것은 아니지만, 그것을 정면에서 문제 삼고 극복 가능성을 암시한 것은 거의 없다고 해도 과언이 아니다. 손창섭·이호철·하근찬 등이 분단 현실에 대한 적극적인 문제의식을 갖고 작품 활동을 했으나 대개는 전쟁과 분단으로 인해 황폐화된 현실이나 왜곡된 삶 등을 주로 문제 삼는 식이었다. 그런데, 윤흥길은 그런 현실을 구체적 상징을 통해서 형상화하고 그 극복 가능성을 암시했다는 점에서 분단소설을 한 단계 끌어올리는 역할을 했던 것이다.

교과서에 수록된 부분에서 아쉬운 것은 이 작품이 갖는 이러한 의의가 충분히 전달되지 못하고 있다는 데 있다. 반목으로 일관하던 두 할머니가 극적으로 화해하는 대목만을 소개한 까닭에 갈등의 원인이라든가 전쟁의 참상, 가령 남과 북을 가리지 않고 군인들이 저지른 만행에 대한 고발 등은 모두 서두의 요약문으로 대체되고, 지문은 단지 그 결과만을 보여주는 식이다. 주술적인 행동을 통해서 두 할머니가 화해한다는 정도의 이야기만을 들려주는 까닭에 분단소설의 측면에서 보자면 무엇보다 중요한 대목을 생략한 셈이다. 또 하나, 이 작품은 아직도 냉전 이데올로기가 횡행하는 오늘의 현실에서 보자면 자칫 통일에 대한 안이한 낙관론을 조장할 가능성도 갖고 있다. 분단과 이데올로기의 갈등을 해소해야 한다는 전언은 귀담아 들을 대목이지만, 그것이 현실성을 갖기 위해서는 남과 북의 실상에 대한 이해를 전제해야 한다. 왜 목숨을 내 놓으면서까지 자유민주주의를 수호하려 했는지, 반대로 왜 목숨까지 바치면서 그 고통스러운 빨치산 투쟁에 가담했는지 등의 문제가 제대로 해명되어야 문제 해결의 구체적 가능성이 포착될 것이다. 더구나 오늘의 시점에서 통일이란 남과 북의 단순한 통합을 의미하는 것이 아니라는 사실도 이해되어야 한다. 최근 TV나 각종 매체를 통해서 확인되고 있듯, 남한과 북한은 50년 이상을 서로 다른 이데올로기와 체제에서 살아온 까닭에 서로 이질적인 집단이라고 해도 지나친 말이 아니다. 통일이란 단순한 통합이 아니라 서로 다른 문화와 체제를 발전적으로 조정하는 과정이고, 그렇기 때문에 서로에 대한 객관적인 이해가 무엇보다 필요한 것이다.

이러한 점이 충분히 고려되지 않았기에 작품의 다음과 같은 문제 해결방식에 쉽게 동의할 수 없는 것이다. 작가의 전언이 추상화되어 전달될 수밖에 없는 소설의 특성을 감안하더라도 주술적인 의식을 통해서 두 할머니의 갈등이 봄눈 녹듯이 사라진다는 것은 쉽게 납득할 수 없다. 더구나 할머니의 경우는 자식의 죽음을 확인도 하지 않은 채 단지 죽었을 것이라고 믿고 행동한다는 점에서 더욱 그러하다. 삼촌이 죽은 것으로 작품에서는 암시되지만, 그것이 바로 할머니의 믿음으로 전화될 수는 없다. 생사가 확인되지 않은 자식을 죽은 것으로 가정하고 그 자식의 혼령을 천도한 사돈 노인의 행동에 감동한다는 것은 작품의 논리상 현실성이 떨어지는 것이다.

> "고맙소."
>
> 정기가 꺼진 우묵한 눈을 치켜 간신히 외할머니를 올려다보면서 할머니는 목이 꽉 메었다.
>
> "사분도 별시런 말씀을 다……."
>
> 외할머니도 말끝을 마무르지 못했다.

"야한티서 이애기는 다 들었소. 내가 당혀야 헐 일을 사분이 대신 맡었구랴. 그 험헌 일을 다 치르노라고 얼매나 수고시렀으꼬."

"인자는 다 지나간 일이닝게 그런 말씀 고만두시고 어서어서 뫼이나 잘 추시리기라우."

"고맙소, 참말로 고맙구랴."

할머니가 손을 내밀었다. 외할머니가 그 손을 잡았다. 손을 맞잡은 채 두 할머니는 한동안 말을 잇지 못했다. 그러다가 할머니쪽에서 먼저 입을 열어 아직도 남아 있는 근심을 털어놓았다.

"탈없이 잘 가기나 혔는지 몰라라우."

"염려 마시랑게요. 지금쯤 어디 가서 펜안히 거처험시나 사분댁 터주 노릇을 톡톡이 하고 있을 것이요."[13]

말하자면 작품의 결말은 작가가 직접적으로 자신의 생각을 내민 것이고, 따라서 작가의 관념을 생경하게 노출한 형국이다. 언급한 대로 이 작품은 1973년에 발표되었고, 작품이 갖는 의미 또한 그 시대의 문학사적 지장에서 자유로울 수 없다는 점에서 이해되지만, 그로부터 30년이 경과한 오늘의 시점에서 과연 이러한 해결 방식이 호소력을 가질 수 있을지는 의문이다. 그렇기 때문에 이 작품을 학생들에게 읽히는 과정에서 세심한 주의가 필요할 것으로 보인다. 이데올로기의 갈등에 대한 안이한 인식이라든가, 통일에 대한 낙관론, 빨치산의 만행이 자칫 반공의식을 강화할 가능성 등에 대한 세심한 고려가 병행되어야 할 것이다. 이 작품에서 돋보이는 대목은 어린 화자의 천진한 시선으로 포착된 전쟁의 비인간성과 참혹성, 그리고 그것을 통해서 환기된 화해의 의지가 아닐까.

『광장』(최인훈)을 다루는 대목에서도 분단문학에 대한 안이한 태도는 확인된다. 문제의 지문으로 인용된 『광장』의 한 대목은 이명준이 남한도 북한도 아닌 제3국을 선택하는 과정을 그린 부분이다. 여기서 이명

13) 『국어』 상, 275면.

준이 북한과 남한의 심사관을 통과하면서 겪는 선택의 과정이 제시되는데, 지문에서는 왜 이명준이 제3국을 선택했는가 하는 근거가 전혀 암시되지 않고 있다. 남과 북을 모두 외면하고 왜 제 3국을 선택할 수밖에 없었는지, 그러한 선택을 하게 된 내면 심리는 무엇인지 등이 밝혀져야 이명준의 행동은 구체적인 맥락을 갖게 될 것이다. 물론『광장』전편을 읽었다면 이런 점들은 쉽게 이해되겠지만, 그것이 생략된 채 원고지 20매 분량의 짧은 지문만이 제시된 까닭에 이명준의 제3국행은 논리의 뒷받침을 받지 못하고 만 것이다. 이러한 점은 지문의 선정이 작품 내용에 대한 충분한 고려 없이 형식주의적 구색 맞추기 식으로 이루어진 것이 아닌가 하는 의구심을 갖게 한다. 사실,『광장』의 문제성은 이데올로기 문제를 정면으로 다루면서, 인간의 삶을 전쟁과 분단이라는 사회·역사적 맥락 속에서 파악한 데 있다. 하지만 이러한 점은 교과서에 수록된 부분에서는 전혀 확인할 길이 없다.

4. 균형감각과 교사의 역할

몇해 전 부시 대통령의 '악의 축' 발언이 문제되었던 것은 단순히 북한을 자극하고 남북관계를 경색시켰다는 데만 있는 것은 아니다. 북한을 악의 축으로 돌리고, 필요하다면 전쟁까지 불사하겠다는 발언은 자기와는 다른 코드(code)의 존재인 타자를 철저하게 무시한 독아론(獨我論)의 전형적 형태라는 데 있다. 그것은 나와 다른 존재를 이해하기보다는 자기의 시각으로 일방적으로 규정하고 왜곡하는 독선적 주체의 한 단면을 보여주는 것이다. 그런데 문제는 이러한 시각이 남북한의 경제적 격차와 이질화가 심화될수록 곧바로 우리들의 시각으로 전환될 가능성을 내재한다는 데 있다. 우리 사회의 발전 정도가 높아질수록 우리들의 사고방식은 미국식으로 변해가고 있으며, 특히 물질만능의 가치관이 확산되면서 이기주의가 만연되고 있음을 감안하자면 이러한 우려는 결코 기우가 아닐 것이다. 몇 해 전의 한 여론조사에서 초등학생들이 통일을 원하지 않는 이유로 거지들이 몰려올지도 모른다고 응답한 사실은 그 단적인 사례가 아닐까.

게다가 분단 50년 동안 우리 사회에 각인된 적색 공포증이라는 무의식적 기제는 북한에 대한 정당한 인식을 더욱 어렵게 만들고 있다. 역대 정권들은 전후의 냉전의식에 힘입어 반공 이데올로기를 의도적으로 조장하여 왔고, 그것을 통해서 정권의 취약한 기반을 만회하려 하였다. 전후의 혼란스러운 민심을 수습하고 자유 민주주의를 수호한다는 미명 아래 이승만 정권에 의해 널리 유포된 이래 과거 정권들은 분단된 현실과 북한의 호전성을 끊임없이 강조하고 세뇌시켜 흑이 아니면 백이라는 극단의 부정과 양가치적(兩價値的) 사고를 확산시켜 놓았다. 남한의 생존을 위협하는 북한 공산주의 집단이 존재하고 있고, 자칫 방심했다가는 언제든지 6·25와 같은 비극이 되풀이될 지도 모른다는 강요된 경계심은, 민족의 생존이라는 최상의 가치를 위해서는 민주주의를 비롯한 모든 가치가 희생될 수 있다는 금기와 독선의 신화를 만들어 낸 것이다. 정부의 정책을 반대하거나 비판적인 입장을 취하면 가차 없이 '빨갱이'로 몰아붙였고 심지어 공교육에서는 반공을 국시로 삼아 국민의 무의식까지 통제하려 들었던 게 그 동안의 실상이었다. 북한을 대하는 우리의 시선이 사시(斜視)와 편견의 그림자로부터 자유롭지 못한 것은 이런 사정과 무관하지 않을 것이다. 그런 까닭에 북한 혹은 분단문학을 가르치는 과정에서 무엇보다 중요한 것은 북한에 대한 균형 잡힌 시각이라고 할 수 있고, 그 주체는 현장의 교사일 수밖에 없다.

북한에 대한 바른 인식은 그 동안 북한에 덧씌워진 왜곡과 과장의 굴레를 벗겨내고 북한을 내적 논리와 역사를 가진 타자로 보는 데서 시작되어야 한다. 타자란 나와 동질적인 것이 아니고, 또한 나와 적대하는 또 하나의 자기의식도 아니다. 공통의 언어 게임(공동체) 안에서 출발하는 것이 아니라 그러한 것을 전제할 수 없는 장소에 섰을 때 만나는 것이 타자이다.[14] 남과 북은 50년의 세월을 서로 다른 사상과 이념, 제도와 문화 속에서 생활해 왔다. 민족적인 동질감이 유지되고는 있으나, 그보다는 이질감이 더욱 증폭된 형국이고, 그런 점에서 북한은 동질적이기보다는 오히려 이질적인 존재라 해도 과언이 아니다. 통일이 북한을 남한의 체제 속에 편입하는 것이 아니라면 우리는 이 이질적인 국면들을 냉정하게 인정하고 수용해야 할 것이다. 7차 교과 과정에서 월북작가들을 수용하고, 특히 이방인의 눈으로 본 한국인에 대한 글을 수록했다는 것은 그런 점에서 매우 고무적인 일이다. 사실, 문학이란 있을 법한 인물과 사건을 형상적으로 보여준다는 점에서 본질적으로 타자 지향적인 속성을 갖고 있다. 분단문학이 통일에 대한 의지와 필요성을 심어주는 계몽 담론으로 전락하지 않기 위해서는 작가나 독자 모두 작중의 인물과 삶을 타자화할 수 있는 열린 자세를 갖추어야 할 것이다. 그런 점에서 교육 현장에서 교사의 역할은 중요할 수밖에 없다.

사실, 교과서의 내용은 시대 흐름에 민첩하게 대응하지 못하는 측면이 많다. 교과서의 개편 주기라든가 교과 과정의 편제, 또 교과서가 갖는 정전(正典)적 성격으로 인해 교과서는 시대 흐름에 민감하기보다는 상대적으로 둔감하다. 그렇기 때문에 교과서와 실제 현실의 괴리는 어떤 식으로든 매개되어야 하고, 그 주체는 '교사'가 될 수밖에 없다. 교과서에서 미처 수용하지 못한 시대 흐름의 직접적 경험자이자 대응의 주체인 교사는 대오를 이끄는 향도(嚮導)와도 같은 셈이다. 더구나 교과서는 당대의 사회적 가치와 지향을 담고 있는 정치적 성격을 갖는다는 점 또한 고려되어야 한다. 한 국가를 유지하고 통제하는 가장 강력한 수단

14) 가라타니 코오진, 『탐구』 1, 새물결, 1998, 1장 참조.

은 군대와 학교와 국회라는 그람시의 말을 떠올리지 않더라도, 교육은 당대의 이데올로기와 정치적 교의를 전파하는 중심 기제이다. 이데올로기와 정치적 교의는 억압적이고 체제 고착적인 속성을 갖는다는 점에서 교사는 그것을 끊임없이 비판하고 반성하는 주체로서의 역할을 수행해야 할 것이다.

교육은 교사들의 열정적인 참여를 통해서 이루어진다. 교사의 참여는 정치적인 것을 보다 교육적으로 만들고자 하는 비판적 반성과 행동을, 억압에 저항하고 일상의 삶을 인간적으로 만들기 위한 신념을 실천하는 사회적 기획의 한 부분으로서의 역할[15]을 해야 한다. 이제 누구나 동의하는 만인의 교과서란 존재하지 않는다. 만인의 교과서는 정신과 자연, 개인과 사회, 주관과 객관의 분열을 막아 주는 역할을 했으나,[16] 이제는 그런 역할을 기대할 어떤 지침이나 교의도 존재하지 않는다. "교과서는 수많은 학습 자료나 교재 중의 하나이다. 이 교과서에 선정된 제재 역시 절대적인 것이 아니라 교육 과정의 목표와 내용을 실현하는 데 비교적 적절하다고 평가된 자료"[17]에 불과하다. 그러므로 보 다른 교과서를 환기하고 제시해 줄 수 있는 교사의 역할은 더욱 중요할 수밖에 없다. 바람직한 교사의 모습을 기대해본다.

15) 정정호, 『세계화 시대의 비판적 페다고지』, 생각의나무, 2001, 26~40면 참조.
16) 김인환, 「동아시아 문학교육의 전통, 『문학교육의 민족성과 세계성』(한국문학교육학회), 태학사, 2000, 211면.
17) 앞의 『국어』 상권의 「일러두기」 참조.

'아비 부재' 시대의 아비 찾기

한승원과 윤흥길의 경우

1. 문학과 '아비' 찾기

최근 들어서 가족과 가정에 대한 소설적 담론이 늘어가고 있다는 것은 우리 사회가 커다란 정신적 위기상황에 처해 있음을 의미한다. 한국 사회는 이제 산업자본주의 단계에서 독점자본주의 단계로 이행하고 있는 바, 사회 각 부분에서는 새로운 패러다임이 등장하며, 중심의 소멸, 가치의 해체 등 급격한 변화를 보이고 있다. 가정도 예외가 아니어서 아버지의 지위와 권위가 땅에 떨어져 죽음까지 당하는 처참한 혼란상을 드러내는데, 이는 우리 시대의 정신적 '아비'가 더 이상 존재하지 않고 있음을 말해준다. '아비' 부재란 규범의 부재이자 권위의 부재이고 가치관의 혼란을 뜻하는 것이다. 몇 년 전 어느 대학 교수의 살부(殺父) 사건이 우리에게 커다란 충격을 주었던 것은, 그것이 존속살해라는 반인륜적 성격 외에도 근본적으로는 이러한 시대적 혼란상을 대변하고 있기 때문이다. '아버지를 극복하기 위해' 아버지를 살해했다고 고백한 아들의 행위는 '아비'로 대변되는 권위와 가치가 더 이상 힘을 발휘하지 못하고 있음을 말해주는 것이다.

소설 속에서 아버지의 역할과 권위에 대한 문제는 그 동안 꾸준하게 작가들의 관심사가 되어 왔다. 소설 속의 아비는 독재정권 하에서 정치적 무의식이 되어 자식 세대를 억압하기도 했으며, 경제개발과 치열한 경쟁 과정에서 탈락하고 도태되어 아비로서의 자격을 상실한 무능하고 무기력한 형상으로 나타나기도 하였다. 이런 아비는 각기 성격을 달리하면서 아들 세대와 갈등을 빚어 왔는데, 그러한 갈등이 본격화된 것은 '분단' 이후부터라고 할 수 있다. 이를테면, '분단'은 현대사에서 아비의 권위를 추락시킨 정신사적 사건이었다. 서로 다른 이데올로기를 가진 두 명의 아비에 의해서 국토는 양단되었고, 그로 인해 자식들은 엄청난 고통을 겪었다. 이문열에게 있어서 '애비는 남로당원'이었고, 김원일에 있어 '애비'는 '월북한 공산주의자'였다. 자식들은 현재를 살면서도 과거 아버지의 잔영에서 벗어나지 못하여 갖은 수모와 질곡의 삶을 사는, 말하자면 이들에게 아비는 권위를 상징하기보다는 삶을 왜곡하고 가로막는 어두운 역사의 그림자와도 같은 존재였다. 한편 산업화는 아비의 존재를 극도로 빈약하게 만들었다. 김한수의 『봄비 내리는 날』에서 솔직하게 고백되었듯이 작가에게 있어서 '애비'는 '노동자'였다. 아버지는 고속질주의 산업화 과정에서 도태하여 정상적인 가정을 꾸리지 못하고 알코올과 폭력으로 자식들에게 깊은 정신적 상처를 남겼으며, 자식들은 그런 아버지를 저주하고 넘어서려 했지만 현실의 벽은 너무나 완강한 것이어서 운명적으로 아버지의 무능을 대물림하지 않을 수 없는 가난한 처지에 놓여 있다.

이렇듯 분단 이후의 혼돈과 정치적 격변 속에서 이 땅의 '아버지'들이 처한 운명은 지극히 불안정한 것이었다. 더구나 최근에는 탈중심적, 탈이성적 움직임이 본격화되면서 시대의 중심 가치라고 할 수 있는 '아비'의 권위는 더욱 추락하고 있는데, 최근 소설에서 자주 등장하는 파괴된 가정과 근친상간 등은 그러한 위기의식의 단적인 표현이다. 문학이 시대의 내면을 어떤 식으로든 담아내야 하는 책무를 갖고 있다면, 작가들은 이제 이 '아비'에 대한 나름의 주석을 달아야 하는 시점에 이른 셈이다. '아비 찾기'란 시대적 규범의 모색이자 아울러 혼란에서 벗어나 중심을 찾는 행위를 말한다. 시대가 어두울수록 더욱 강렬한 불빛이 요구되듯이 혼돈의 시대에 정신적 '아비'를 찾는다는 것은 이념 부재 시대에서 이념을 찾는 작업과도 같은 것이다.

다음에서 살펴볼 한승원과 윤흥길은 작품은 이와 같은 우리 시대의 아버지를 각기 다른 방법으로 문제삼은 작품들이다. 한승원의 『아버지를 위하여』는 우리 시대의 바람직한 아버지 상에 대한 작가의 주석이라고 할 수 있으며, 윤흥길의 『낫』은 이 작가의 꾸준한 관심사인, 이념과 결부된 아버지의 역사적 복권과 관계되는 작품이다.

2. '부자'라는 공동 운명체

한승원의 『아버지를 위하여』는 이 '아버지'의 자리를 놓고 부자간에 전개되는 갈등과 화해를 다룬 작품이다. 이 작품은 출간 당시 대학 교수의 살부사건을 모델로 했다고 하여 화제가 되기도 했었는데, 실제로 작품의 구성은 원로배우 이거석과 변호사 아들 신명의 대립과 갈등을 중심축으로 하면서, 실제 인물 김성복 부자를 모델로 하여 배우 이거석이 아버지의 입장을 대변하게 하고 변호사 이신명이 존속살해범 박기백의 변호를 맡아 아들의 진실을 추적하는 액자 형식으로 되어 있다.

가해자 아들과 피해자 아버지의 내면세계를 연극 대본의 형식을 빌어서 무대에 올리는 방식은 사회적으로 매장되어 발언의 기회마저 박탈당했던 아들의 입장을 되살리려는 작가의 의도를 반영한 것이고, 그런 의도가 연극과 소설적 구성을 교묘하게 결합한 독특한 서사방식을 택하게 한 것이다.

이 작품에서 흥미로운 것은 실제 인물이나 다름없는 작중의 대학 교수 박기백의 살부 행위를 작가가 정신분석학적으로 해명하고 있는 점이다. 이를테면, 모든 존재하는 것들은 자기 보존을 위해서 영토를 확장하며, 그러기 위해서 자기 이웃을 공격한다는 점, 그 공격은 인간에게서도 똑같이 나타나는데 아버지와 아들 사이에도 그러한 공격이 나타나고, 부부 사이 혹은 형제나 자매, 오누이 사이에서도 공격은 어떤 모양새로든지 나타난다는 것이다. 동물학자가 쓴 '공격'에 관한 이론을 차용한 이러한 서술을 통해서, 작가는 박기백의 살부 행위를 '자기 존재를 보호하기 위해 최대한의 공격을 가한다'는 정신분석적 이유로 설명하고, 그것을 통해서 아들의 행위를 이해하려 하고 있다.

이 이론에 의존하자면, 아들의 살부 행위는 마치 노예와도 같은 아들이 주인인 아버지의 억압으로부터 해방되기 위해서 사슬을 끊는 자유를 위한 투쟁이 된다. 말하자면 현대판 오이디푸스라 할 수 있는 박기백의 행위는 아버지의 폭력으로부터 자신의 삶을 보호하려는 일종의 방어 행동이자, 무대에 오른 박기백의 입을 빌리자면, 역사의 변화·발전과도 상통하는 행위이다.

> 이 이야기는 이 세상의 모든 아들들의 아버지라는 존재에 대한 극복하기일 것이고, 이 세상의 모든 신하들의 왕 극복하기의 문제를 말하고 있는 것입니다. (…중략…) 저는 저 개인의 아버지만을 죽인 것이 아닙니다. 세상의 모든 권위적인 아버지, 하나만 알고 둘을 모르는 이기적인 폭군같은 아버지들, 독선을 휘둘러대는 모든 기득권 세력들을 다 죽인 것입니다. 아닙니다. 저는 아

버지를 죽이지 않았습니다. 한 사람의 노예가 한 사람의 잔혹한 인간을 죽인 것입니다. 아니, 진실이라는 밝음이 허위라는 어둠을 죽인 겁니다.[1]

여기서 '아버지'란 누구이며 어떤 존재여야 하는가 하는 의문이 새삼 제기되는데, 작가는 아들 이신명의 입을 빌어서 그것을 다음과 같이 서술한다. 즉 아버지는 아들 딸에게 있어서만은 적어도 신처럼 늘 완벽하고 이지적인 존재여야 하며, 그렇지 않다면 증오와 극복의 대상으로 전락할 수밖에 없다. 아버지는 아들 딸이 어느 정도 자리매김을 할 때까지는 분명하게 필요한 존재이지만, 가부장제도 하에서 능력 있는 아버지가 너무 장기집권을 하는 것은 아들 딸의 능력을 발휘하지 못하게 하는 불행한 결과를 초래한다. 아버지의 순리는 아들 딸로 하여금 자기를 극복하도록 힘을 북돋워 주고 키워주는 것이며, 아들 딸의 순리는 아버지로 하여금 정상에서 가장 명예롭게 추락하게 하는 것이다. 그래서, 작가는 이 시대의 진정한 효는 아들 딸이 아버지가 비워 놓은 자리를 차지한 다음, 그것이 흔들리지 않도록 굳게 지키는 것이라는 결론을 제시한다.

그렇지만 주목할 점은 아들의 배반으로 충격에서 헤어나지 못하는 아버지 역시 예전에 아버지를 배반한 전력을 갖고 있다는 사실이다. 즉, 이거석의 아버지는 어느 날 고기잡이를 나갔다가 우연히 바다 속에서 보물을 발견하고, 그것을 몰래 감추어 두었다가 훗날 자식에게 유산으로 물려주지만, 아버지의 무능과 괴팍스런 행동에 반감을 갖고 있던 아들 이거석은 아버지의 뜻대로 살지 않으려는 결심에서 그것을 단호히 거부하였다. 말하자면 '아버지 시대에 분명한 획 하나를 그어 모든 것을 정리하고 저 혼자만의 힘으로 살고 싶었던 것'이고 그래서 아버지를 부정했던 것이다. 이런 삽화를 통해서 작가는 자신들의 세대 역시 아버지를 배반하고 성장했다는 점을 고백하고 있다. 여기서 작가의 의도가

1) 한승원, 『아버지를 위하여』, 문이당, 1995, 244면.

구체적으로 드러나는데, 즉 사람은 결국 회유성 동물이어서 모든 세대는 아들의 자리에서 아버지의 자리를 반복한다는 것, 인간의 역사는 아버지 극복하기와 아버지 찾아가기라는 두 개의 바퀴를 타고 굴러가는 것이며 세상의 모든 아들 딸들은 아버지의 지향점이었던 더 높은 곳을 향해 나아가다가 다시 그 나아가기를 뒤따라 오는 자기의 아들 딸들에게 물려주고 사라지기 마련이라는 게 작가의 생각이다.

무대 위에서 배우 이거석이 관객들을 향하여 웅변하는 "아버지 찾기와 아버지 죽이기라는 그 두개의 자전거 바퀴, 그 슬픈 사랑 만다라 때문에 이 세상의 모든 아버지들은 죽어갑니다. 그러할 지라도 세상의 모든 아버지들은 결코 사라져 없어지지 않고 이 세상 모든 아들딸들의 시간 속을 영원히 비행하고 있는 거예요"(135면)라는 대사는 사실상 작가의 주제를 고해성사하는 대목이라고 해도 지나치지 않다. 소설의 말미에서 다리가 부러진 아버지를 엎고 산에서 내려오는 장면은 이러한 주제의식을 보다 구체화한 것으로 부자간의 극적인 화해를 상징한다. 애국계몽기의 『소경과 앉은뱅이 문답』을 연상시키는 이 장면에서 작가는 다시 한번 부자간이라는 것은 결국 서로에게 의지하여 한 평생을 살아갈 수밖에 없는 '공동운명체'임을 강조하는데, 이 작품이 우리에게 의미를 갖는 것은 바로 작가의 이러한 문제의식 때문이다. 평범하지만 늘상 망각하고 있는 사실, 그것을 작가는 아버지와 자식의 존재방식을 통해서 환기시켜 주며, 궁극적으로 아버지와 자식 세대가 갖고 있는 내밀한 진실과 진정한 관계에 대한 중요한 암시를 제공하는 것이다.

그렇지만 작품은 작가의 의도가 너무 직설적으로 토로되어 강한 계몽주의적 성격을 드러내는데, '소설이야말로 가장 차원 높은 인간교육의 한 방편'이라는 머릿말에서 이점은 이미 암시되었거니와, 특히 작품의 후반부에서 보이는 부자간의 화해 장면에 이르면 그것은 더욱 확연해진다. 작품 곳곳에서 도덕 교과서를 보는 듯한 지리한 언술이 두드러지는 것은 이런 데 원인이 있다. 더구나 아버지 세대에서 아들 세대로 계승되는 인간의 역사를 '세대 쟁투'라고 서술하는 것은 문제를 너무 단순화시킨 것이 아닌가 하는 생각을 지울 수 없다. 최근의 살부사건이나 패륜 범죄는 작가가 주장하는 '부단한 지향과 파괴를 통한 계승'과는 거리가 먼 사회의 기형적 발전에 따른 과도한 욕망과 왜곡된 가치관에 기인한 것이라는 점을 염두에 두자면, 박기백의 패륜 행위는 근본적으로 그가 아버지 세대를 이해하기에는 역사적 안목이 짧고 인생의 연륜 또한 부족했기 때문이 아닌지.

3. '아비'의 복권과 역사화

『낫』은 6·25라는 동족상잔의 비극을 현재의 시점으로 불러낸 소설이다. 이 작품은 작가의 말대로 비극을 잊어가는 아들 세대로 하여금 묻혀진 아버지의 역사를 다시 한번 되새기게 하려는 의도를 갖고 있다. 6·25를 아직은 잔해의 형태로 역사 속에 편입시킬 때가 아니라는 점, 체험 세대뿐만 아니라 그들의 후손인 미체험 세대까지도 여전히 전쟁의 후유증 속에 살고 있다는 데 작가의 문제의식이 놓여 있다. 그래서 작품의 시점은 부단히 과거와 현재를 넘나든다. 아들 귀수가 생부인 배낙철의 고향을 찾아가는 과정은 아버지의 실체 찾기 과정이며, 오욕과 분열로 얼룩진 분단의 역사를 현재화하는 과정인 셈이다. 이런 점에서 이 작품은 「장마」 이래 작가의 문제의식에 접맥되어 있다.

평범한 회사원인 엄귀수는 임종을 앞둔 어머니의 고백을 통해서 생부에 얽힌 비밀을 알게 되며 큰 충격과 혼란에 빠져든다. 그러나 그에게 생부의 존재란 지금까지 엄씨 성으로 공인되었던 자신의 존재를 전면 부정하는, 별로 달갑지 않은 일이다. 생부의 출현은 성을 바꿔야 할

지도 모르는 절차상의 복잡함이나 사회의 이목을 비롯한 여러 가지 현실적인 번거로움을 의미할 뿐이다. 이런 심경은 엄귀수가 아버지의 고향이자 자신의 본향이라 할 수 있는 '산서'에 들어섰을 때 '지극히 낯설기만한 타향'이라고 느끼며 무덤덤한 감정을 보이는 대목에서도 드러난다. 그가 식솔들을 이끌고 산서에 온 것은 단지 손이 끊긴 것으로 되어 있는 조상들의 산소를 벌초해 달라는 어머니의 유언을 거행하기 위해서였다. 그는 해질녘까지 대충대충 낫질하는 흉내만 내고 있다가 어두워지기 전에 슬그머니 돌아갈 심산이었고 그 정도의 성의 표시로 어머니의 약속을 마무리하고자 하는 얄팍한 속셈을 가지고 있었던 것이다.

그런데 산서 마을로의 진입은 현재의 귀수를 급작스럽게 과거의 역사적 공간 속으로 옮겨 놓는다. 먼지바람과 무더위, 극심한 가뭄으로 민심이 흉흉해 있는 산서는 작가에 의해 치밀히 연출된 연극 무대와도 같은 공간이다. 그 곳은 사방이 산으로 둘러싸여 있고, 과거의 쓰라린 상처가 아물지 않은 채 응고되어 있으며, 최선생과 최미금이라는 봉건시대의 군주와도 같은, 힘과 권위를 행사하는 인물이 살고 있다. 이런 공간을 배경으로 작가는 지금은 존재하지 않지만 여전히 산서 마을 곳곳에 스며있는 아버지 세대의 비극을 불러낸다. 소설 초반에 제시된 철물점 황대장의 출현은 귀수의 행보가 자못 심상치 않을 것임을 암시하는데, 이제 그 복선대로 엄귀수는 아버지의 슬픈 역사와 해후하는 것이다.

엄귀수의 생부 배낙철은 산서 주민들에게 양민들을 무참히 학살한 흉악범으로 각인된 인물이다. 그렇지만 원래 배낙철은 명석한 두뇌에다가 강인한 정신력을 타고나서 장차 큰 인물이 될 재목으로 한 때는 산서 사람들의 기대를 한 몸에 받았던 사람이다. 최교장의 진술대로, 배낙철은 만약 나라가 튼튼하고 백성들이 편안한 태평성대에 태어났더라면 산서 고을이 배출한 가장 훌륭한 인물이 되었을 지도 모른다. 그런데 불행하게도 세월을 잘못 만나서 일제치하에 태어났고, 나라를 되찾을 궁리로 고심하던 끝에 사회주의의 물을 먹었으며, 그것이 결국 길을 잘

못 든 결과가 되어서 6·25 때 그 많은 인명을 살상하는 끔직한 만행을 저지르게 되었다.

이런 엄청난 과오를 범했기 때문에 산서 사람들이 배낙철을 흉악범으로 보는 것은 당연하지만, 작가는 그를 단순한 흉악범으로 서술하지는 않는다. 배낙철의 행동에는 분단이라는 어두운 역사의 그림자가 드리워져 있기 때문에 작가는 그를 분단시대를 짊어진 일그러진 아버지의 초상과도 같은 존재로 바라보는데, 이는 작품 속에서 배낙철이 낫을 직접 휘둘러 인명을 살상한 현장을 목격한 사람이 아무도 없었다는 진술에서 단적으로 확인된다. 사실상 배낙철은 흉악범이라기보다는 시대를 잘못 만나서 엄청난 죄를 저지른 희생양이었다. 그럼에도 불구하고 산서 주민들 대부분은 자기네 고향땅에서 벌어진 모든 살상 행위가 순전히 배낙철 한 사람의 낫질에 의한 것으로 착각하고 있다. 이런 데서 작품 속의 배낙철은 특정 개인이 아니라, 당시 역사적 현장 속에서 비극의 담당자가 될 수밖에 없었던 민족의 한 분신, 즉 작가에 의해 창조된 상징임을 알 수 있다.

그렇지만 과거의 상처를 직접 체험하고 여전히 그 질곡에서 벗어나지 못하고 있는 산서 사람들에게 귀수의 출현은 결코 반가운 일이 될 수 없다. 그의 존재는 옛 상처를 환기시키고, 숨어 있던 적개심을 불러일으키는 불씨와도 같은 것이다. 배낙철의 아들임을 직감한 마을 사람들이 돌연 옛날의 상처를 떠올리며 귀수에게 복수하고자 하는 것은 아직도 상처가 아물지 않은 채 응고되어 있었기 때문이다. 그렇지만 귀수는 그들의 분노를 도저히 이해할 수 없다. 그것은 얼굴조차 알지 못하는 아버지 배낙철의 죄값을 단지 자식이라는 이유로, 그것도 30여년이나 지난 시점에서 받아야 하는 것이기 때문이다. 귀수는 분노한 산서 주민들과 완강히 맞서면서 가족들을 피신시키지만, 성난 파도와도 같은 주민들의 분노를 혼자서 감당하기에는 역부족이다. 최씨 문중의 재당으로 간신히 몸을 피한 귀수는 분노와 혼란을 주체하지 못하지만, 사려 깊고 독실한 신앙심을 지닌 최미금과 최교장과의 만남을 통해서 점차 산서 사람들의 분노와 사건의 본질을 이해하게 되는 것이다.

여기서 작가는 사건의 비극적 본질을 해명하기 위해서 '낫'이라는 상징물을 제시하는데, 말하자면 배낙철은 '낫'과 같은 존재였다. 낫이란 두 개의 얼굴을 가졌는데, 하나는 누렇게 익은 벼논에 들어가서 풍년 곡식을 거두는 데 쓰는 유익한 농기구로서의 얼굴이고, 다른 하나는 어수선한 시국을 만나 편이 갈려서 죽기 아니면 살기로 싸울 적에 여반장으로 사람 목숨을 해치기도 하는 무시무시한 흉기로서의 얼굴이다. 배낙철은 불행하게도 세월을 잘못 만나 농구로서의 얼굴이 아니라 흉기로서의 얼굴을 갖게 되었고, 같은 민족 사이에서 벌어진 골육상잔과 광기의 희생물로 전락하였다. 최 교장의 표현을 빌리자면, '사용자를 잘못 만나는 바람에 그만 흉기로 둔갑해 버린, 그래서 자신의 생애뿐만 아니라 남들의 생애까지 불행 속으로 몰아넣고 만 한 자루 조선낫'과도 같은 존재가 바로 배낙철이다.

> "누가 사용하느냐에 따라 얼마든지 달라질 수도 있었지. 풍년 가을을 거둬들일 때 절대로 없어선 안 될 훌륭한 연장이 될 수도 있고, 여차직하면 피를 뿌리고 죽음을 불러들이는 지독한 흉기로 사용될 수도 있었지. 두 얼굴을 가진 인물이었어. 다시 말해서 자네 선친은 어쩌다 주인을 잘못 만난 한 자루 불행한 조선낫이 었다네."[2)]

이러한 인식을 공유하면서 산서 사람들과 배귀수는 서로간의 적개심을 누그러뜨리고 화해의 분위기를 형성하는데, 그것을 상징적으로 보여주는 것이 바로 '비'이다. 빗소리가 굵어지자 마을회관에서 귀수와 대치하고 있던 사람들은 귀수 일을 까마득히 잊은 듯이 돌연 회관을 뛰어나가 들판으로 달려간다. 마치 「장마」에서 구렁이의 출현으로, 국군에 입

---

2) 윤흥길, 『낫』, 문학동네, 1995, 302면.

대했다가 죽은 아들을 가진 외할머니와 빨치산이 되어 밤에나 찾아오는 아들을 둔 할머니가 극적으로 서로를 이해하게 되듯이, 한줄기 소나기로 말미암아 무더위와 아픈 상처로 얼룩진 산서 사람들의 응어리가 스르르 풀어지는 것이다. 여기서 찌는 듯한 무더위는 격변과 고난으로 이어지는 치욕과 비극의 역사를 환기하는 시대적 분위기가 되고, 단비는 산서 사람들과 귀수의 극적인 화해를 상징하는, 소설이 극단적인 대립에서 갈등의 해소로 접어들고 있음을 암시하는 상징이 된다.

그러나 작가는, '이제 일이 다 끝난 게 아니라, 이제 겨우 시작 단계에 이르렀을 뿐'이라는 최교장의 발언을 통해서, 진정한 문제 해결의 주체는 쓰라린 역사를 가진 주인공 엄귀수 자신이라는 점, 그가 이제 본격적으로 부친의 과거사에 대해 매듭을 풀어야 할 것임을 환기시켜 주고 있다. 그것이 곧 아들 세대에게 부과된 숙제이자 아버지 역사에 대한 올바른 접근과 해명의 방법이라는 것이다.

이렇듯 『낫』은 평범한 소시민 배귀수에게 내재된 숨은 역사를 '낫'이라는 상징을 통해서 환기시켜 주고, 아울러 그 상처가 여전히 아물지 않은 상태로 현실적 삶을 구속한다는 사실을 암시하고 있다. 말하자면 한 개인이 간직하고 있음직한 과거의 비극을 우리 민족 전체의 그것으로 환치하여 제시하고 그를 통해서 우리 민족 내부에서 분출한 그 골육상잔의 광기를 객관화하여 극복하려는 의도를 보여주는데, 이는 궁극적으로 점차 초라해져만 가는 이 시대 아버지를 역사화하고 다시 권위와 위엄을 갖춘 아버지로 복권하는 작업이라고 할 수 있다. 이 작품이 의미를 갖는 것은 바로 이점이다. 그렇지만 이 작품은 지리하고 산만한 서술과 묘사로 중편 정도의 분량으로 끝냈으면 좋았을 것을 무리하게 늘려 놓았다는 혐의를 갖고 있다. 이야기의 밀도를 높이고 장면 묘사와 서술을 좀더 집약적으로 처리했더라면 작품의 완성도는 더욱 높아졌을 것이기 때문이다.

분단문학의 전개와 전망

1. 정보화 시대의 분단문학

분단문학을 논하기 위해 최근의 작품들을 뒤적이면서 느낀 심정은 막막함이다. 글의 첫머리에서 막막함을 토로하는 것이 우스운 일일 수 있으나, 이런 심경을 토로하지 않을 수 없는 것은 최근 작품 중에서 분단문학이라 칭할 만한 것을 거의 찾을 수 없었기 때문이다. 계간지에 발표된 작품들을 뒤적이고, 또 신간들을 찾아 읽으면서 분단문학은 이제 과거의 기억 속에나 존재하는 것이 아닌가 하는 의구심까지 들었다. 나무에서 물고기를 구할 수는 없듯이 대상이 없으니 당혹스러울 수밖에. 그렇다고 작가들의 활동이 위축된 것으로 보이지는 않는다. 신진작가들이 줄기차게 등장하고 있고 또 이들의 활동에 힘입어 작품의 영역 또한 다양하게 확장되는 추세다. 인간의 몸, 불행한 가족사, 친구의 배신, 인터넷에 얽힌 일상의 이야기로부터 이혼과 성, 가족과 죽음 등등에 이르기까지 1990년대 이후 소설사의 주류가 되다시피 한 신변잡사들이 최근에는 한층 미분화되어 유통되는 형국이랄까.

그럼에도 최근 작가들이 유독 분단 현실에 대해서 관심을 돌리지 않는 이유는 무엇일까. 우선, 1990년대 이후의 변화된 사회 전반의 분위기와 연관지어 생각해 볼 필요가 있다. 90년대 이후 본격화된 정보 통신 매체의 급격한 발달, 영상 이미지의 확산, 물신주의와 개인주의 등은 작가들로 하여금 문학과 사회의 근원적 문제에 대한 관심을 다른 곳으로 이동시켰고, 컴퓨터와 인터넷의 실용화에 따른 생활양식의 변화와 더불어 작가들의 상상력 또한 이른바 멀티미디어적 상상력으로 변화시켰다. 인터넷을 통해서 일상 현실과는 다른 감각과 쾌락을 추구하듯이, 문학 작품에서도 그것을 적극적으로 차용하고 있는 게 최근의 현실이다. 환상과 이미지의 적극적인 도입은 그러한 변화의 구체적 양상이고, 이를 통해서 작가들은 비일상의 즐거움, 이른바 사이버 세계의 가상적 즐거움에 빠져드는 모습을 보여준다. 물론 이런 현상을 부정적으로만 받아들여서는 안 될 것이다. 일상과 비일상, 실제와 사이버 공간의 구분이 점차 와해되는 현실에서 작품에 그것을 반영한다는 것은 새로운 변화에 대한 대응으로 이해할 수 있고, 적극적으로 의미를 부여하자면 그런 사이버 세계와의 결합을 통해서 현실을 역투시하려는 의도로 읽을 수도 있다. 하지만 최근의 작품이 과연 그러한 경지를 보여주고 있는가에 대해서는 회의적이다. 작품이 보여주는 공통점은 현실에 대한 진지한 성찰이나 고민이 아니라 감각과 문체, 비일상적 체험 등을 즐기고 추구하는 시류적인 성격이 강하다. 이런 상황에서 분단문학이 끼어 들 틈을 찾기란 결론 쉬운 일이 아니다.

작가들이 분단 현실에 관심을 돌리지 않는 근본 이유는 무엇보다 사회 전반에 만연된 탈정치적 경향을 들 수 있다. 사이버 세계와 신변 일상의 세계에 대한 관심도 사실은 그것을 거시적으로 규정하는 정치 현실과 떼어놓고는 고찰될 수 없다. 정치와는 무관해 보이는 듯한 그러한 흐름에서 더 강한 정치성을 감지할 수도 있기 때문이다. 하지만 그럼에도 불구하고 작가들은 정치적 맥락은 배제한 채 그 이면에 놓인 일상의 미시적 현상만을 천착한다. 그러다 보니 본질적으로 정치의 영역에 속할 수밖에 없는 분단문제에 대한 관심은 점점 더 희미해질 수밖에 없는 것이다.

또, 분단문학을 "통일을 이룩하는데 필요한 모든 것에 대한 인식이요 성찰이며 통일을 저해하는 온갖 것에 대한 반성과 부정의 문학"(백낙청)이라고 한다면, 그것은 필연적으로 민족 현실과 관련되지 않을 수 없을 것이다. 분단을 극복한다는 것은 민족의 생존과 존엄을 지키고 그것을 방해하는 제반 요소와의 투쟁을 전제하고, 그러므로 분단문학이란 민족문제를 극복하기 위한 실천적 형태일 수밖에 없다. 1980년대 문학이 민족과 통일, 외세, 반파시즘, 혁명 등과 운명을 같이 했던 것처럼, 분단문학 역시 그러한 정치 현실과 연동할 수밖에 없는 것이다. 그런데, 사회주의권의 몰락은 현실에 대한 이러한 관심 자체를 박탈시켜 버렸나. 여기다가 전쟁을 겪지도 않았고, 이산의 아픔을 느껴본 적도 없고, 국가보안법의 칼날을 의식해 보지 않은 젊은 작가들이 늘어남으로써 통일을 자기 문제로 받아들이는 경우가 더욱 줄어들고 있고, 그것이 급기야 발딛고 있는 현실 자체를 외면하게 한 것이다. 그렇기 때문에 작가들에게 분단문학을 주문한다는 것은 현실의 일반 흐름과는 구별되는 예외적인 경험을 강요하고 고립된 존재로 살기를 주문하는 행동일 수 있다. 분단극복의 가능성을 확보하지 못한 상황에서 분단 극복의 의지를 표현하라는 것은 자칫 근거 없는 관념을 양산하라는 주문이고, 낙관적 공상가가 되라는 강요일 수도 있는 것이다.

현실이 이러함에도 불구하고 분단문학을 논해야 하는 이유는 무엇인가. 그 이유는 아직도 우리의 삶이 분단의 규정성으로부터 자유롭지 못한 억압과 질곡의 상태에 놓여 있기 때문이다. 분단으로 인한 고통을 어찌 다 헤아릴 수 있을까. 통일이란 남한과 북한의 단순한 통합이 아니라 서로 다른 이념과 체제를 발전적으로 조정하는 일이고, 동시에 남북한 모두가 지금보다 더 잘 사는 사회를 만드는 일이라 할 수 있다. 문학은 분단체제에서 유래하는 은밀한 억압과 질곡을 포착해내는 한편, 분단에서 통일로 나아가는 과정의 정치적 · 심리적 지형도의 미세한 변화와 함께 그것이 구체적으로 인간의 자유와 행복에 어떻게 관여하는가를 반성적으로 성찰하는 양식이다. 정치가 현실을 억압하는 것이라면 문학은 반대로 그것을 전복하고 자유를 추구한다. 분단문학이란 이 전복을 통해서 삶을 억압하는 분단의 장벽과 대결하고 나아가 새로운 가능성을 포착해 내는 것이다.

분단문학의 또 다른 존립 근거는 정치와는 다른 문화의 영역에서 찾을 수 있다. 분단과 통일은 궁극적으로 정치의 문제일 수밖에 없지만, 문학을 통해서 그것을 문제 삼는다는 것은 그보다는 한층 근원적이고 본질적인 삶의 일상적 국면에 주목한다는 말이다. 분단을 극복한다는 것은 남한과 북한 사이에 가로놓인 장벽을 제거하는 것만을 의미하지 않는다. 서로 다른 문화를 이해하고 발전적으로 조정해 나가는 과정을 통해서 통일은 달성되는 것이고, 그런 점에서 문학은 현실의 깊은 심층으로부터 통일의 가능성을 길어 올리는 역할을 해야 한다. 신동엽이 시 「봄은」에서 갈파한 대로, "대륙 밖에서 온 온갖 매서운 눈보라"에 맞서 "가슴 속" 깊은 곳으로부터 "봄을 움트게" 하는 게 문학이고, 그렇기 때문에 분단 현실에 대한 문학적 탐구는 분단이 극복되는 그날까지 계속되지 않을 수 없다.

2. 전쟁과 이데올로기

최근의 경향이 무관심의 징후를 보여준다 해도 분단문학은 여전히 현대문학의 중심 영역에 자리 잡고 있다. 우선, 작품의 양이나 성과 면에서 분단문학은 현대문학의 한 가운데 놓여 있거니와, 사실상 분단 현실에서 씌어진 모든 문학은 분단의 규정성으로부터 자유로울 수 없다. 더구나 분단문학은 6·25를 소재로 한 작품만을 지칭하는 것은 아니다. 멀리는 38선으로 분할된 8·15 해방에서 그 기원을 찾을 수 있다. 가령, 해방공간에서 발표된 염상섭의 『효풍』은 지금과는 많은 시차를 두고 있지만 여전히 분단 현실의 본질을 꿰뚫는 지혜를 담고 있다. 작품 말미에서 염상섭이 "아니올시다. 천만에요. 애국주의자일 따름입니다. 모스크바에도 워싱턴에도 아니 가고 조선에서 살자는 주의입니다"라고 했던 일갈은 분단문학이 지향해야 할 바를 단적으로 암시하는 선언으로 이해할 수 있다. 조선에서 조선 사람이 하나 되어 살자는 것.

이후 분단문학은 소재와 영역을 넓히면서 다양하게 창작되었고, 특히 1970년대에 이르러 일대 장관을 이루게 된다. 박경리·이호철·최인훈 등 1960년대부터 본격적으로 활동했던 중견 작가들이 왕성하게 분단 현실을 파고들었고, 1960년대 이후 등단한 김원일·윤흥길·홍성원·문순태·황석영·이문구·조정래·전상국·이동하·신상웅·현기영·박완서·한승원 등의 신예들까지 가세하면서 분단문학은 민족문학의 중심에 우뚝 선 것이다. 1980년대 분단문학의 화려한 개화는 사실 이러한 성과를 자양분으로 하고 있다.

분단문학이 이룩한 성과는 먼저 분단을 근본에서 규정하는 이데올로기에 대한 탐구를 본격화한 데서 찾을 수 있다. 이데올로기는 남북 분단의 실질적인 원인일 뿐만 아니라 아직도 그 폐해가 지속되는 허위의식이라는 점에서 작가들의 관심을 끌었고, 분단문학의 중요한 탐구 주제가 되었다. 1960년대의 박경리나 최인훈은 말할 것도 없고 그 이후의 이문구 · 김원일 · 한승원 · 홍성원 · 윤홍길 등이 관심을 집중했던 것도 이데올로기로 인한 갈등과 그 폐해였다.

박경리가 『시장과 전장』에서 주목한 것은 공산주의의 실체란 도대체 무엇인가 하는 점이었다. 그것을 작가는 세 인물의 대비를 통해서 보여준다. 아나키스트인 석산과 낭만적 공산주의자인 장덕삼을 양쪽에 두고, 그 사이에 하기훈을 설정하여 공산주의의 실체를 질문한다. 석산은 바쿠닌 사진을 벽에 걸어 놓고 숭상하며 '개인의 자유'를 무엇보다 중시하는 인물로, 그의 눈에 비친 공산주의자들은 교조적 믿음만을 갖고 있을 뿐이지 결코 현실을 사랑하지 않는 사람들이다. 미래의 행복이라는 공수표를 통해서 개개인의 자유를 박탈했고, 그리하여 민중을 '영혼' 없는 기계로 전락시켰다. 장덕삼은 이와는 달리 낭만적 열정의 소유자이다. 그는 남한 지주 출신의 인텔리로, 학생시절부터 "연인을 생각하듯 컴뮤니즘을 동경"했던 인물이고, 실제로 애인으로부터 배반을 당하자 월북하여 공산주의자가 되었다. 그러나 장덕삼의 눈에 비친 공산주의는 인간 해방을 명분으로 인간을 "사회주의 경쟁을 위한 수단으로" 전락시키는 존재였다. 이 두 인물의 대비를 통해서 작가는 공산주의의 본질이 대의명분을 위해서 인간을 도구로 전락시킬 뿐만 아니라 개인의 자유를 철저하게 파괴하고, 종국에는 자기 기만적인 허위의식에 빠져 있다는 것을 간파한다. 작가가 주인공 하기훈을 통해서 말하고자 한 것은 바로 그런 점이었다.

최인훈의 『광장』에서 이명준이 남과 북을 부정하고 제3국을 택하는 과정에서 작용한 것도 이데올로기였다. 철학도 이명준의 꿈이란 인간다운 삶을 살고 싶다는 것, 보람 있게 청춘을 불태우고 맘껏 사랑하며 살고 싶다는 것이었다. 남한에서 벗어나 북한으로 월경한 것도 그런 꿈을 실현하기 위한 공간을 찾아서였다. 작가는 그런 심리를 밀실과 광장이라는 상징적 메타포를 통해서 그려낸 것이다.

작가들은 이렇듯 남한과 북한 사회를 지배하는 이데올로기의 허구성을 간파하는 한편, 전후 남한 사회를 규율하는 반공주의의 억압적 횡포와도 맞서야 했다. 전후 이승만 정권에 의해 구체화되어 남한 사회를 정치적·심리적으로 장악한 반공주의는 공산주의에 대하여 적대적이고 배타적인 논리와 정서를 의미하는 것이었다. 그 중에서도 특히 북한 공산주의 체제 및 정권을 절대적인 '악과 위협'으로 규정하고 그것의 철저한 제거 혹은 붕괴를 전제하는 이데올로기이자, 동시에 한국 내부의 좌파적 경향에 대한 적대적 억압을 내포한 것이었다. 전후 현대문학의 전개 과정은 바로 이 반공주의의 폭압에 맞서면서 시대와 삶의 진실을 추구하는 지난한 과정이었다.

최인훈이 『광장』에서 절묘하게 갈파해 냈듯이, 반공주의는 개인의 자유를 철저하게 유린하는 억압의 장치였다. 월북한 아버지의 조종을 받는 간첩이라는 누명을 씌우고 그것을 빌미로 개인의 자유를 유린하는 반공주의란 이명준의 고뇌에서 드러나듯이 인간의 존엄성을 근본에서 부정하는 절대 권력과도 같은 것이었다. 흑이 아니면 백이라는 극단의 양가치적 사고만을 요구하였고, 따라서 그것을 비판한다는 것은 당시로서는 엄청난 모험을 수반할 수밖에 없었다. 하지만 최인훈은 그러한 탄압을 무릅쓰면서 그 실상을 날카롭게 포착해 낸다.

> 우리 가슴 속에서 불타야 할 자랑스런 정열, 그것만이 문젭니다. 이남에는 그런 정열이 없었습니다. 있는 것은 비루한 욕망과, 탈을 쓴 권세욕과, 그리고 섹스뿐이었습니다. 서양에 가서 소위 민주주의를 배웠다는 놈들이 돌아와서는, 자기 몇 대조가 무슨 판서 무슨 참판을 지냈다는 자랑을 늘어놓으면서, 인민의 등에 올라앉아 외국에서 맞춘 알른거리는 구둣발로 그들의 배를 걷어차고 있었습니다. (…중략…) 저는 새로운 풍토로 탈출하기로 결정했습니다. 월북했습니다. 어리광을 피려는 저의 손길을, 위대한 인민공화국은 매정스레 뿌리치더군요. 편집장은 저한테 이런 말을 했습니다. 〈이명준 동무는, 혼자서 공화국을 생각하는 것처럼 말하는군. 당이 명령하는 대로 하면 그것이 곧 공화

국을 위한 거요. 개인주의적인 정신을 버리시오〉라구요. 아하, 당은 저더러는 생활하지 말라는 겁니다. 일이면 일마다 저는 느꼈습니다. 제가 주인공이 아니고 〈당〉이 주인공이라는 걸. 〈당〉만이 흥분하고 도취합니다. 우리는 복창만 하라는 겁니다. 〈당〉이 생각하고 판단하고 느끼고 한숨지을 테니, 너희들은 복창만 하라는 겁니다.[1)]

최인훈이 작품의 서문에서 "이런 소재가 아무리 구미에 당기더라도 감히 다루지 못하리라는 걸 생각하면서 빛나는 4월이 가져온 새 공화국에 사는 작가의 보람"을 느낀다고 했던 것도 그런 저간의 사정을 암시한 것이다.

이런 천착을 통해서 분단문학은 반공주의에 맞서 이데올로기에 대한 심도 있는 탐구의 길을 열게 되고, 궁극적으로는 양가치적 사고를 부정하고 이념과 가치의 상대성을 추인하는 중요한 성과를 얻게 된다. 이데올로기란 시대와 상황에 따라 각기 다른 역할을 하는 것이지 시공을 초월한 절대적인 진리가 될 수는 없다. 이를테면, 과거 6·25를 전후한 시기에 준동했던 좌익의 활동 역시 관점을 달리하자면 그 자체의 진실을 갖고 있는 것이었다. 『태백산맥』에서 실감나게 그려졌듯이, 빨치산이 생겨나게 된 직접적이고 본질적인 원인은 과거로부터 이어온 불합리한 사회제도와 수탈구조에 있었다. 민중들이 갖고 있던 불평등에 대한 자각이 해방 후 정치적·경제적 요구로 구체화되고, 그것이 현실에서 좌절되면서 새로운 희망처럼 공산주의 이데올로기와 결합했던 것이다. 『태백산맥』이나 『불의 제전』 등에서 사회주의자들의 진실을 천착하고 하층민들이 혁명의 전위로 나서게 된 사회·역사적인 배경에 주목했던 것은 사회주의가 갖는 역사적 진실에 대한 믿음을 전제한 것이고, 1980년대 이후 한국 사회에서 사회주의에 대한 관심이 고조된 것이나, 다원적 가치를 존중하는 분위기가 성숙한 것은 문학 분야에서 본격화된 이러한

1) 최인훈, 『광장 / 구운몽』, 문학과지성사, 1976, 121～122면.

천착과 무관하지 않을 것이다.

이데올로기에 대한 천착은 또한 전쟁의 원인과 과정에 대한 깊은 탐구로 이어져 한국 사회에 대한 인식의 지평을 크게 확장시켜 놓았다. 한국 전쟁의 기원에 대해서는 아직도 합의된 결론이 없는 상태이지만, 대체로 외인론(外因論)과 내인론(內因論)으로 양분된다. 외인론이란 국제적인 이데올로기의 갈등과 세력 다툼이 한반도에서 폭발한 것이라는 견해이다. 김원일이 『불의 제전』의 후반에서 절묘하게 그려낸 '닭싸움'은 그러한 상징으로, 투계장에서 닭들은 서로를 물고 뜯는 처절한 싸움을 벌이지만, 싸움을 조종하고 전리품을 챙기는 것은 그 뒤에서 싸움을 관전(觀戰)하는 '닭 주인'이다. 남과 북의 형상이란 두 마리의 싸움닭과도 같고, 그것을 조종하는 주인은 미국과 소련이라는 생각을 단적으로 표현한 것이다. 반면, 내인론은 민족 내부의 오랜 갈등, 이를테면 계층간의 갈등이 전쟁을 불러온 중요한 원인이라는 견해이다. 『태백산맥』, 『불놀이』(조정래) 등에서 적절하게 표현되고 있듯이, 해방 직후 요원의 불길처럼 하층민들 사이에 사회주의가 퍼졌고, 인민해방을 내건 그들의 요구가 폭발하면서 남과 북의 전쟁으로 이어졌다는 견해이다. 『태백산맥』 등은 이 두 관점을 일정하게 수용하면서도 내인론에 좀 더 비중을 둔 형국이다. 물론 이러한 견해가 전쟁의 발발 원인을 모두 설명해주는 것은 아니지만, 분단의 원인을 규명하고 극복하기 위해 참고해야 할 중요한 시각인 것은 분명하다.

이런 시각을 통해서 6·25에 대한 보다 합리적인 이해가 가능하게 되었고, 분단 극복의 길이 궁극적으로는 단순한 통일을 의미하는 것이 아니라는 사실이 확인되었다. 이러한 시각에 의하자면 진정한 의미의 분단 극복은 민족 내부의 갈등 요인을 제거하고 누구나 인간다운 삶을 누릴 수 있는 사회적 여건을 만드는 것이고, 동시에 그러한 현실을 조종하는 외세와의 관계 또한 평등하게 재정립해야 하는 것임을 알 수 있다.

3. 분단과 소시민의 일상

분단문학의 또 다른 성과는 일상 속에 내재된 분단의 폐해에 대한 천착을 통해서 이루어졌다. 작가들이 전쟁과 분단을 거시적으로 문제 삼은 한편에서는 소시민의 일상에 가해진 전쟁과 분단의 의미를 미시적으로 천착하는 또 다른 영역을 개척하였다. 현재의 삶이 과거의 기억으로부터 자유로울 수 없듯이 전쟁을 체험한 사람에게 있어서 전쟁은 평생 지울 수 없는 상처와도 같은 것이다. 전쟁을 겪은 지 2, 30년이 지났음에도 불구하고 전쟁의 악몽에서 벗어나지 못하는 것은 전쟁이 종결형이 아니라 '분단'이라는 외피를 쓰고 여전히 진행되고 있음을 말해준다. 진정한 의미의 분단 극복은 바로 이 일상의 삶과 개인들의 기억 속에 각인된 억압과 질곡을 바로잡는 데 있는 것이다. 박완서의 『그해 겨울은 따뜻했네』를 비롯한 많은 단편들, 황석영의 「한씨 연대기」, 이호철의 『심천도(深賤圖)』, 김원일의 『노을』, 박경리의 『표류도』, 오정희의 「중국인 거리」 등은 바로 이 일상 속에 내재된 전쟁의 상처와 그것의 현재적 의미를 묻고 있는 작품들이다.

일상 현실에 대한 천착은 우선 분단과 소시민의 허위의식에 대한 탐구를 통해서 구체화된다. 등단 이래 꾸준히 전쟁과 그 참상에 대한 기억을 회상하듯이 서술해 온 박완서 문학의 일관된 주제의 하나는 바로 이 점이다. 「카메라와 워커」에서 박완서는 전쟁의 상처가 소시민의 삶에 어떻게 개입하고 있는가를 보여준다. 즉, 주인공인 화자에게는 유복자인 조카가 하나 있다. 전쟁의 포화 속에서 아버지와 어머니를 참혹하게 잃은 뒤 천애 고아로 전락한 조카에게 화자는 육친적인 애정을 갖고 있었고, 그래서 결혼한 뒤에도 친아들과 다를 바 없는 애정을 쏟았다. 조카만은 "이 땅에 뿌리 내리기 쉬운 가장 무난한 품종"으로 키우고 싶다는 소망에서였다. 하지만 그러한 애정에도 불구하고 성장한 조카로부터 돌아 온 것은 화자에 대한 증오와 적의였다. 화자의 애정을 조카가 그리 달갑게 받아들이지 않았던 것인데, 그것은 화자의 애정이 조카에게는 억압의 요인으로 작용했기 때문이다. 말하자면, 조카에 대한 화자의 행동에는 전쟁의 상처가 깊게 각인되어 있었고, 그것이 허위의식이 되어 조카의 삶을 억압했던 것이다. 가령, 조카 훈이가 고등학교 이 학년이 되면서 문과를 선택한 것을 알고, 화자는 담임선생을 찾아가서 애걸하다시피 해서 이과로 바꾸는 기민한 행동을 보이는데, 이는 화자의 기억 속에 각인된 오빠에 대한 상처 때문이었다. 오빠는 전문학교 시절에 문과에 적을 두었고, 평생 사회 활동을 해 본 적이 없었음에도 불구하고 까닭 없이 죽음을 당해야 했다. 이러한 까닭에 화자에게 '문과'란 정상적인 사회생활과는 거리가 먼 불온한 사상의 오염지와도 같은 것으로 기억된다. 그런 피해의식에서 그녀는 조카의 진로를 바꾸고, 조카가 대학에 들어간 뒤에는 데모에라도 끼지 않을까 노심초사했고, 졸업한 뒤에는 친구 남편에게 청을 넣어 '측량 기사보'로 취직을 시켰던 것이다. 그런데, 그러한 행동은 조카의 꿈과 의지를 고려한 것이 아니었고, 그래서 조카에게는 억압적으로 느껴질 수밖에 없었다. 조카를 잘 키워서 "내가 겪은 더럽고 잔인한 전쟁에 대해 통쾌한 복수를 할 수 있고 그때 받은 깊숙한 상처의 치유를 확인 받을 수 있다"는 화자의 생각은 전쟁이 심어준 또 다른 상처였던 것이다. 이런 사실을 통해서 작가는 전쟁은 단순히 전쟁 체험세대만이 아니라 그 다음 세대에게도 깊은 상처를 남겼음을 환기시켜 준다.

『그해 겨울은 따뜻했네』는 이보다 한 걸음 더 나아가 전쟁이 소시민의 삶을 왜곡하는 허위의식의 원천이라는 것을 보여준다. 주인공 수지가 과거 일곱 살 시절의 기억을 더듬으면서 작품은 시작된다. 그녀에게 일곱 살이란 전쟁과 더불어 원초적 죄악이 싹튼 시기였다. 허기진 배를 채우기 위해서 두 살 아래의 동생을 길거리에 버렸던 때가 바로 전쟁이 발발한 일곱 살 적이었다. 피난민이 넘쳐나는 길거리에서 동생의 손목을 놓아 버렸고, 결국 동생의 생사를 확인하지 못한 채 20년의 세월이 흘렀다. 다행히도 부모가 남긴 재산이 넉넉했던 까닭에 전쟁이 끝난 후 수지 남매는 쉽게 상류층에 편입할 수 있었고, 또 그러한 생활에 어울리는 적당한 허영심을 소유하게 되었다. 하지만, 마음 한 구석에는 일곱 살 적에 버린 어린 동생에 대한 기억이 자리 잡고 있었고, 그런 죄의식에서 그녀는 고아원을 찾아다니며 가난한 사람들을 계속 도와주었던 것이다. 그런데 그 자선사업은 그녀의 허영심과 결합되어 있었던 까닭에 과거사에 대한 진정한 반성은 아니었다. 그것은 우연히 후원한 고아원의 소녀가 자신의 친동생임을 간파하고 나서도 그런 사실을 결코 말하지 않는 비정한 모습으로 드러난다. 고아인 오목이를 친동생으로 받아들이는 것을 수지의 허영심이 허락하지 않았는데, 그것은 오목이가 단지 지우고 싶은 과거의 상흔에 지나지 않았기 때문이다.

수지의 오빠 수철은 이보다도 더 비정한 모습을 보여준다. 그는 처음에는 동생을 찾기 위해서 백방으로 노력하는 듯했으나, 사실은 동생을 만나는 것을 두려워하고 있었다. 오목이가 친동생임을 알았음에도 불구하고 그녀를 친동생으로 받아들이지 않았던 것은, "정체 모를 고아를 내가 애써 가꾼 오붓한 가정에 들이고 싶지가 않"다는 데 있었다. 단란한 자신의 생활이 그녀로 인해 균열이 생기지 않을까 불안했고, 그런 이중 심리에서 결국 그녀를 잊기로 작정한 것이다. 이를테면 수지나 수철은 과거의 상처로부터 벗어나고자 하는 인물들이고, 또 중산층의 허위의식에 깊게 빠져 있는 인물이다. 그런 점에서 이들은 전쟁을 딛고 일어선 세대들의 허위의식을 단적으로 대변한다. 이들은 과거의 상처를 아파하면서도 한편으로는 안락한 생활에 취해 그것을 의식적으로 부정하는 이중적인 심리의 소유자들이고, 또 사랑과 연민을 앞세우면서도 과거의 기억에서 하루 빨리 벗어나기를 원하는 사람들이다. 그래서 이들에게 친동생 수인의 존재란 "난만한 꽃밭"을 더럽히는 "병충해"에 지나지 않았던 것이다.

하지만, 이들의 허위의식이 고조될수록 고아로서 수인의 삶은 갈수록 비참해져만 간다. 고아라는 신분으로 사회적인 천대를 두루 겪은 뒤 마지막으로 고아원 오빠와 신접살림을 차리지만, 그때는 이미 실패한 사랑의 씨앗을 잉태한 상태였고, 그로 인한 남편의 학대를 십 년 동안이나 견뎌야 했다. 남편의 학대와 가난, 5남매나 되는 연이은 출산으로 그녀의 몸은 황폐해졌고, 급기야 폐결핵으로 죽음을 맞기에 이르는 것이다.

이 세 남매의 대조적 삶을 통해서 작가는 전쟁의 상처가 한 인간의 삶을 어떻게 파괴했는가를 보여주고, 한편으로는 그런 상처로부터 벗어나고자 하는 열망이 허위의식으로 부활하여 자신을 기만하고 있음을 갈파해 낸다. 이런 시각에 기대자면 분단 극복은 우리 내부 깊숙이 자리 잡은 허위의식과 외상을 치유하는 지난한 과정임을 새삼 확인할 수 있다.

이호철은 이러한 허위의식이 서로가 서로를 불신하는 감시체제로 내면화된 현실에 주목한다. 분단이 남긴 가장 큰 해악의 하나는, 민족이 살기 위해서 다른 모든 가치가 부정되어도 좋다는 논리와 마찬가지로, 나와 내 집단이 살아남기 위해서 다른 집단은 얼마든지 부정될 수 있다는 배타적 사고를 개개인들의 마음속에 각인시킨 데 있다. 전쟁과 분단으로 인한 남북한의 체제경쟁 과정을 겪으면서 국가의 안보를 최상의 가치로 설정한 까닭에 시민의식이나 민주의식은 뒷전으로 밀려나고 대신에 서로를 적대시하고 배제하는 이기심과 폐쇄적 집단주의가 사회 전반에 고착되었는데, 이호철이 『심천도』에서 주목한 것은 바로 그 점이다. 정부의 정책을 비판하는 주인공 이원형에 대한 아버지의 태도는 그러한 억압적 현실의 한 단면을 보여준다.

가령, 최근 몇 년 사이에 농촌의 생산량은 급격히 증가되었으나 실질소득은 줄어든 기이한 현상이 발생했는데, 이는 농촌이 구조적으로 문제가 있기 때문이고, 또 정부의 시책으로 기업농이나 협업농이 제시되고 있으나 그것은 사실 먼 장래에나 가능한 것이지 현재는 불가능하다는 게 이원형의 주장이다. 그런데, 이런 비판을 지켜보던 아버지는 그러한 주장이 "빨갱이들 비슷하다"는 말로 묵살해버린다. 아버지의 체험 속에는 주장이 강하고 선동에 능한 공산주의에 대한 부정적 의식이 무의식처럼 각인되어 있었고, 이원형 주사의 정연한 논리와 주장은 바로 그 잠재된 무의식을 건드린 것이다. 이를테면, 근본적인 구조문제를 제기하면 곧바로 용공분자와 동일시하는 당대의 왜곡된 사유구조가 부자간의 대화마저 차단한 것이다.

"가마안, 난 지금 곰곰이 생각하고 있었는데, 이제야 생각이 났다. 네 하는 소리나 지껄이는 투는 꼭 빨갱이들 비슷하다는 얘기다. 얘기 내용도 더러 그런 냄새가 풍기고. 너무 진지한 체를 해도 꼭 그놈들 비슷해진다는 말이다. 네 생각도 충분히 옳고 일리가 없지는 않겠다마는, 그런 식은 자칫하면 빨갱이로 오해받을 수도 있다는 말이다. 조심해야지."

아버지의 이 소리에 이원형 주사는 웬만큼 술기운이 오른 속에서도 온몸에서 모든 기운이 수울 빠져나가는 듯하였다. 멍청하게 입을 벌린 채 아버지를 건너다보다가 나지막한 소리로 받았다.

"그렇게 나오면 이편에서는 더 할 소리가 없어지지요. 할 소리가 없어지는 것은 할 소리가 없어서 없어지는 것이 아니라, 이편에서도 빨갱이와 비슷하다는 것만도 기분이 나빠지니까요. 허지만 아버지와 같은 그런 식의 시점과 히스테리가 있는 한, 객관적인 사태를 냉정하게 제대로 볼 수 있는 길은 없어지고, 조국 근대화도 구두선에 그친다는 얘기입니다.[2]

이원형의 주장은 지극히 온당하고, 사실 그러한 비판을 통해서 문제를 인식하고 해결의 실마리를 발견할 수 있는 것이지만, 그런 행동을 '빨갱이 짓'으로 몰아붙인다는 것은 문제 해결의 과정을 원천적으로 봉쇄하는 것이다. 시민 사회가 건강성을 갖기 위해서는 이성의 추구, 과학

---

2) 이호철, 『소시민/심천도』, 청계연구소 출판국, 1991, 293면.

적인 사고, 사상과 양심의 자유 등이 마땅히 존중되어야 하지만, 사회 전반에 만연된 분단의 상처는 그런 자유를 근본에서 부정하는 억압의 기제로 작용했던 것이다.

황석영의 「한씨 연대기」는 이러한 현실이 한 개인의 삶을 어떻게 파괴했는가를 문제 삼고 있다. 「한씨 연대기」를 통해 주목한 것은 선량한 개인의 삶이 죽음으로 내몰리는 적나라한 과정이다. 주인공 한씨는 남다른 사명감으로 의업에 종사해 왔던 양심 있는 의사였다. 그의 비극은 월남민이라는 데 있었다. 월남을 했다는 이유로, 마치 『광장』에서 이명준이 월북한 아버지를 둔 탓에 심한 고문에 시달렸던 것처럼, 한씨는 간첩으로 몰려 갖은 수모를 겪게 되고 끝내는 폐인이 되어 삶을 마감한다. 분단은 소시민의 평범한 삶마저 허용하지 않는 폭력성을 내장하고 있었고, 그것을 작가는 한 인물의 몰락을 통해서 보여주고자 한 것이다. 반공주의가 지배하는 현실에서, 월남인이라는 것은 불온의 꼬리표를 달고 사는 것과 같고, 한씨는 결국 그 집요한 감시체제 속에서 생명력을 압살 당한 것이다.

이렇듯 분단문학은 일상 현실에 내재된 허위의식과 억압적 기제에 대한 천착을 통해서 분단 현실을 비판하고 그 상처를 치유하고 했다. 분단 극복이란 단순한 통일이 아니라 이렇듯 전쟁으로 인한 상처의 치유와 병행되어야 한다는 것은 다시금 확인할 수 있다.

4. 분단문학의 반성과 전망

전쟁이 끝난 지 이제 50년 이상의 세월이 흘렀다. 분단과 전쟁으로 인한 분단 체제는 너무 길게 지속되고 있고, 그로 인한 수많은 비극의 잔해들이 분단문학이라는 형태로 쌓이고 있다. 그런데, 분단문학은 분단이라는 한국의 특수한 현실을 전제로 한 것이지만, 그 지향점은 궁극적으로 인간의 자유와 존엄이라는 근원적 가치라는 점에서 한편으론 보편문학이라 할 수 있다. 이데올로기에 대한 탐구와 소시민층의 허위의식에 대한 천착은 인간다운 삶을 가로막는 제반 요소에 대한 저항이고, 궁극적으로 인간의 존엄성을 고양시키는 투쟁이다. 그런 점에서 분단문학은 한국산(産) 휴머니즘 문학이라 해도 지나친 말은 아니다.

이제 분단문학은 통일 이후를 대비하는 새로운 변신을 꾀해야 할 시점에 놓여 있다. 과거의 상처와 비극을 탐구하는 데서 한 걸음 더 나아가 민족공동체의 동질성과 민족 화합에 기여하는 새로운 문학의 길을 개척해야 할 시점이다. 분단 극복이란 남한이나 북한 어느 일방의 논리와 주장만으로 이루어질 수 없고, 서로 다른 양자의 입장을 조정하는 지난한 과정을 요구하는 것이라는 점에서 그 동안의 분단문학을 냉정하게 반성할 필요가 있다. 분단문학에 대한 반성은 크게 두 가지로 정리될 수 있을 것이다. 하나는 사회주의와 자유주의의 이데올로기 중에서 상대적으로 사회주의의 입장에 경도되었다는 점이고, 다른 하나는 분단문학의 탐구 영역이 남한 사회 내부의 문제로 한정되었다는 점이다.

전자는, 지금까지의 분단문학이 두 이데올로기를 동시에 고려하기보다는 남한 내부의, 그것도 수난자로서의 좌익의 입장을 상대적으로 강조하는 식으로 드러났다. 분단문학을 대표하는 『태백산맥』을 비롯해서 『불놀이』, 『황토』, 『불의 제전』 등은 정도의 차이는 있을지언정 모두 좌익에 우호적이었고, 그런 시각에서 그들의 꿈과 투쟁을 파헤쳐 왔다. 물론 그것의 의미와 이유를 이해 못하는 것은 아니다. 반공주의의 서슬 위에서 사회주의에 경도된 인물들을 추적하고 그것을 통해서 새로운 진실을 포착해냈다는 것은 그 자체로도 값진 것이다. 하지만 그런 긍정성에도 불구하고 이제는 그러한 시각이 갖는 문제점 또한 동시에 반성되어야 할 것이다. 과거의 냉전의식이나 사회주의에 대한 편향에서 벗어나 좀 더 온당한 시각에서 과거사를 재조명해야 할 필요가 있다. 역사를 보는 작가의 시각과 당대를 규율하는 이데올로기는 모두 상대적이고 상황적인 것이지 결코 절대적 진리일 수는 없다. 중요한 것은 인간의 존엄과 가치를 고양하는 일이고, 과거사에 대한 성찰 또한 당연히 그런 측면에서 이루어져야 할 것이다. 특히 통일의 기운이 고조되는 상황에서 민족공동체의 동질성과 민족 화합에 기여하는 방향으로 과거사를 정리하고 이해하는 태도는 두 체제를 지양하고 하나의 공동체를 만들기 위해서 절실한 일이다.

후자는, 분단문학이 분단 극복을 지향하는 문학임에도 불구하고 남한만의 작업으로 제한되어 왔다는 사실과 관계된다. 남북한의 분단에 따른 제약으로 북한에 대한 정보를 거의 갖고 있지 못했고, 또 반공의 시퍼런 서슬 앞에서 북한에 관한 이야기를 함부로 말할 수도 없는 상황이었다. 그런데 최근 들어서 남과 북의 교류가 확대되고 또 북한을 출입할 기회가 늘어나고 있다. 물론 북한에 대한 정보가 한층 풍부해졌다고는 하지만 아직도 미미한 수준이라는 것을 모르는 바는 아니다. 더구나 소설은 구체적 실감에 바탕을 두는 양식인 까닭에 이차적인 자료만으로 작품을 쓰는 것도 쉽지 않을 것이다. 그렇지만 마음만 먹으면 탈북자들을 쉽게 만날 수 있고, 또 중국을 배회하는 난민들의 소식 역시 쉽게 접할 수 있다. 이들을 통해서 북한의 현실을 탐구하는 분단 극복의 새로운 공간을 마련할 수도 있을 것이다. 그런 점에서 최근 황석영의 『손님』은 많은 시사점을 제공한다. 환상적 리얼리즘을 연상케 하는 기법의 문제는 차치하고도, 이 작품에는 좌와 우의 양 시각을 대비적으로 교차하는, 한층 성숙한 관점을 담고 있다. 산 자와 죽은 자가 대화를 나누며, '신천양민학살사건'이라는 동일한 사건에 대한 서로 다른 두 입장이 교차되는 과정을 통해서 작가는 남도 아니고 북도 아닌, 역사의 실상을 객관적인 형상으로 재구해 낸다. 말을 바꾸자면, 자신을 타자와 함께 상대화하는 것, 자기를 중심으로 놓고 타자들을 배열하기보다 자신과 타자를 포함하는 전체 장(場)의 한 부분으로서 자신을 이해하는 시각을 보여준다. 작가는 이러한 성숙한 시각을 통해서, 남한을 중심에 놓고 북한을 배제하는, 혹은 남한의 시각에서 북한을 규정하는 일방성에서 벗어나 남과 북을 동시에 상대화하는 탈주체의 사유를 보여주는 것이다. 통일이 어느 일방의 논리와 주장만으로 이루어질 수 없는 것이라면 이러한 시각은 앞으로 더욱 필요할 것이다.

글을 마무리하면서 몇 해 전 영화계를 강타했던 〈공동경비구역〉의 열풍을 떠올려 본다. 개봉 한 달만에 백만 인파를 돌파하고 한국 영화계의 새 장을 열었다는 영화 〈공동경비구역〉의 성공은 사실 분단 현실의 특수성에 힘입은 것이었다. 그것은 한국민의 가슴 깊이 내재된 통일에 대한 열망을 촉매로 한 것이었다. 이것은 분단 현실에 대한 국민들의 관심이 항상 잠재되어 있었음을 일깨워준다. 영화 흥행의 열쇠는 그것을 어떻게 촉발시키느냐에 있었다. 문학 또한 마찬가지가 아닐까. 현대문학의 중심 영역에 분단문학이 자리 잡고 있듯이, 분단 현실이란 여전히 고갈되지 않은 문학의 원천이자 거대한 광맥과도 같은 것이다. 문제는 그것을 어떻게 현실의 시야로 끌어올리느냐 하는 것. 앞으로의 분단문학은 이 숨어 있는 광맥에 대한 정밀한 탐사와 섬세한 분석을 통해서만 가능할 것이다.

ㄱ

ㄴ